Tout pour Jésus
ou voies faciles de l'amour divin

Père Frédérick-William Faber

Tout pour Jésus
ou voies faciles de l'amour divin

La Caverne du Pèlerin

Tout pour Jésus ou voies faciles de l'amour divin, par le R.P. Frédérick-William Faber. Texte tiré de la cinquième édition parue en 1859 aux Éditions Ambroise Bray, libairie-éditeur.

Le but de cette édition est de perpétuer et de propager la Tradition de l'Église, au coût d'impression le plus bas possible et pour le bien du plus grand nombre.

Retrouvez toutes nos parutions sur www.lacavernedupelerin.fr

© La Caverne du Pèlerin, 2022
Image de couverture : *L'Agonie dans le jardin des oliviers,* par Giovanni Bellini (vers 1430 - 1516).
Texte de couverture : Partiellement inspirée de la page Wikipedia sur le Père Frédérick William Faber, et sur l'introduction du livre.
Date de publication : 04/2022
ISBN : 9798809763615

Cette œuvre appartenant au domaine public, son contenu ne rentre pas dans le cadre du copyright. Toute représentation ou reproduction intégrale ou partielle de son contenu peut être faite par quelque procédé que ce soit, sans le consentement de l'auteur ou de ses ayants cause.

TOUT POUR JÉSUS
OU
VOIES FACILES DE L'AMOUR DIVIN

par le R. P. Frédérick-William Faber,
Supérieur de l'Oratoire de Saint-Philippe de Néri, de Londres
Traduit par F. de Bernhardt

Cette traduction est la seule reconnue et autorisée par l'auteur.

Réunissez vos enfants au cœur pur, afin qu'ils louent saintement, qu'ils chantent sincèrement de leurs bouches innocentes Jésus-Christ, le guide des enfants.
St Clément d'Alexandrie

Informations sur la précédente édition
Cinquième Édition
Paris
Ancienne Maison Sagnier et Bray
Ambroise Bray, librairie-éditeur
Rue des Saints-Pères, 66
1859

Tout pour Jésus
Archevêché de Paris

Paris, le 23 octobre 1854

Monsieur,

Je vous prie d'agréer mes remercîments pour la bonté que vous avez eue de m'offrir le livre que vous venez d'éditer sous ce titre : *Tout pour Jésus*, par le P. Faber. Il règne dans cet ouvrage un accent de foi et une onction de piété qui émeuvent l'âme, et lui font le plus grand bien. L'auteur sait rendre la dévotion aimable en la présentant sous son vrai jour, et il fait connaître à ses lecteurs, avec beaucoup de science, les voies qui mènent sûrement à Dieu. Son livre, écrit pour la gloire de Notre-Seigneur, me paraît propre à atteindre son but et utile aux pieux fidèles.

Recevez, Monsieur, l'assurance de ma considération distinguée.

M. D. Auguste, *Archevêque de Paris.*

Notice
sur la Conférence du Précieux-Sang

La Confrérie du Précieux-Sang, aujourd'hui érigée dans l'église de l'Oratoire de Londres, a pris naissance dans les circonstances suivantes : Pendant son séjour à Saint-Wilfrid, dans le comté de Strafford, le R. P. Faber, jugeant que la dévotion au Précieux-Sang serait en harmonie avec le génie du peuple anglais, établit une Association en son honneur, et, quand il fut devenu supérieur de l'Oratoire de Londres, il érigea la Confrérie actuelle, en vertu d'un rescrit pontifical, avec la permission du cardinal archevêque de Westminster (le 1er janvier 1851). D'abord, l'Association ne compta guère d'autres membres que les habitués de l'Oratoire, mais elle se propagea rapidement dans d'autres localités, et aujourd'hui elle compte environ 17,000 associés, tant en Angleterre, qu'en Écosse et en Irlande, y compris une partie considérable des couvents et établissements religieux du royaume. D'autres Confréries ont été établies dans plusieurs villes, dans diverses paroisses ; à Londres, dans l'Église de l'Assomption (Warwick-Saint), dans celle de Saint-Thomas (de Cantorbéry), à Julham, aussi bien qu'à l'Oratoire de Birmingham, à Liverpool et ailleurs. Monseigneur Cullen, archevêque de Dublin, a également obtenu un rescrit et érigé une Confrérie dans sa Métropole, de sorte que la dévotion au Précieux-Sang promet de devenir bientôt l'une des plus florissantes du Royaume-Uni. L'idée dominante qui a présidé à l'érection de notre Confrérie a été de fonder une Association vouée à la prière. Les catholiques prévaricateurs, les protestants, les âmes du purgatoire, tels sont les objets incessants de sa vive sollicitude, et l'on conseille à chaque Associé de choisir, parmi ces trois catégories, une âme pour laquelle il offre ses prières. Pour montrer combien cette Confrérie est agréable à Dieu, il suffira d'indiquer les bénédictions signalées dont il l'a comblée. Depuis les premiers jours de l'Association, ses membres ne se sont pas assemblés une seule fois (et ces réunions ont lieu toutes les semaines), sans qu'on ait signalé quelque grâce nouvelle qui parût le fruit des prières de la semaine précédente ; et, en plusieurs circonstances, on a vu le nombre de ces faveurs célestes s'élever jusqu'à vingt et même jusqu'à trente. Lorsque l'Oratoire était situé dans *King William Street (Strand)*, les membres de la Confrérie se réunissaient à huit heures tous les vendredis soir. Mais depuis que les RR. PP. ont transféré leur résidence à Brompton, les réunions ont lieu deux fois par semaine : l'une, le vendredi soir, comme par le passé, dans laquelle on prêche un court sermon sur la Passion avant le Chemin de la Croix ; mais l'Assemblée principale de la Confrérie se tient maintenant le dimanche soir, à sept heures. La Conférence commence par un cantique ; puis on récite les sept offrandes du Précieux-Sang : après quoi on fait connaître aux associés les différentes intentions pour lesquelles ils doivent prier dans le cours de la semaine, ainsi que les grâces qui ont couronné leurs prières dans la semaine précédente.

Ensuite, on récite sept *Pater* et sept *Ave*, aux intentions dont nous venons de parler, puis un *Pater* et un *Ave* pour le Souverain Pontife, et un autre pour les membres défunts de l'Association. Alors on entonne un second cantique, suivi d'un germon sur un sujet propre à exciter à la dévotion au Précieux-Sang, et à inspirer aux membres de la Confrérie une plus grande confiance dans la puissance et dans l'efficacité de la prière, Comme le nombre des Associés continue à se propager rapidement, il est permis d'espérer que les grâces obtenues par leurs prières croîtront en proportion. Les fidèles qui jetteront les yeux sur cette courte notice, sont instamment priés de dire un *Ave* à cette intention.

D.O.M

Aux fidèles
de l'Oratoire de Saint Philippe de Néri
à Londres

Mes chers amis, mes bienfaiteurs,

Plus d'un motif m'invite à vous offrir la dédicace de ce petit livre. Je voudrais qu'il demeurât comme un monument de ma reconnaissance pour les relations affectueuses que vous avez bien voulu entretenir avec les enfants de Saint-Philippe-de-Néri, relations auxquelles des liens étroits rattachaient les intérêts les plus sacrés, et partant les plus chers de vos existences. Pendant plus de quatre ans vous avez fait votre cause de la nôtre, vous avez triomphé de nos succès, et vous avez gémi sur nos afflictions, comme s'il se fût agi des vôtres ; tandis que, de notre côté, vous le savez, nous prenions à vos douleurs et à vos inquiétudes, à vos angoisses et à vos épreuves toute la part que nous permettait la mesure de notre faible amour, et nous en allégions le poids autant qu'il est donné à un cœur de soulager un autre cœur en Jésus-Christ.

Les sacrements, la prière et la prédication de chaque jour ont formé le triple lien qui nous unissait ensemble, jusqu'au moment où nous étions arrivés, pour ainsi dire, à confondre nos pensées et nos émotions, nos douleurs et nos joies, nos espérances et nos craintes dans le sein de notre père commun, saint Philippe. Nous savions tous cependant que cette douce effusion ne devait pas durer toujours. Ainsi que l'Apôtre des Gentils à Rome, nous étions comme prisonniers dans une maison qui n'était pas la nôtre, et notre adorable Sauveur, dans son auguste sacrement, était humilié au-delà, non de ce que sa miséricorde lui fait supporter pour nous, mais de ce que notre amour nous permettait de supporter pour lui. Mais les circonstances, dans cette immense ville, ne laissent pas toujours aux catholiques une entière liberté dans le choix du séjour qu'ils destinent à leur Dieu et à eux-mêmes. Que d'efforts furent tentés dans l'espace de deux ans pour procurer à notre Saint un abri près du champ de ses premiers travaux ! Et pourtant, si, après mille démarches et mille déceptions, nos tentatives demeurèrent sans succès, nous devons croire que la volonté de Dieu en avait décidé ainsi : et nous avons été entraînés dans une autre région de ce désert habité.

J'ai donc une autre intention en vous dédiant ce livre : c'est de prendre congé d'une grande partie d'entre vous ; et je désire que cet ouvrage ne soit pas seulement un gage de notre affection réciproque, mais aussi qu'il répande autour de vous comme le parfum du Christ, et la vertu de sa bénédiction. Vous retrouverez dans ces pages des choses que vous avez entendues souvent, et dont la fréquente répétition vous a fait sourire. Vous y lirez de douces pensées, de suaves paroles sur Jésus et sur Marie que nous avons dérobées aux saints pour les méditer ensemble. Plus d'une ligne vous semblera aussi vieille que la ritournelle d'une chanson favorite, ou la mélodie d'un cantique de l'Oratoire. Plus tard (si toutefois ces choses méritent un souvenir), ces pages vous rappelleront l'aspect simple et familier de l'antique chapelle, avec son autel où se pressaient les ministres de Dieu, et son rempart de confessionnaux rangés autour de Notre-Seigneur et de sa petite Jérusalem, avec son aimable image de notre Mère Immaculée, son tableau de saint Philippe, au teint pâle, et tenant entre ses bras le Sauveur des hommes encore enfant ; enfin, avec son Crucifix qui semble vivre, et au pied duquel une adoration presque perpétuelle amène le pieux fidèle. Paroles et expressions, anecdotes et textes, tout, un jour, nous deviendra également précieux à vous et à moi, à cause des souvenirs qu'ils réveilleront dans nos cœurs : et peut-être Dieu daignera-t-il y attacher le feu et le souffle de la grâce pour allumer en nous la céleste flamme de son amour. Je pourrais en dire bien davantage, car la reconnaissance a des souvenirs fidèles, et les paroles coulent aisément de ses lèvres : mais un plus long discours ressemblerait à une apologie, et pour vous qui nous connaissez si bien, il serait superflu.

Nous avons appris ensemble à aimer Jésus. Nous nous sommes instruits les uns les autres, nous nous sommes aidés mutuellement. Chaque mois qui s'écoulait, chaque fête qui revenait avec ses neuvaines, ses octaves et ses triduums, avec ses conférences, ses prières et ses cantiques, rendait tous les jours plus vif notre amour pour notre doux Sauveur. Prions donc maintenant les uns pour les autres, afin qu'au milieu de tous les changements et de toutes les séparations nous restions attachés au Seigneur ; et que ce que nous nous sommes efforcés d'être dans notre chère retraite de l'ancien Oratoire, nous le devenions de plus en plus dans cette vie et dans l'autre. — Tout pour Jésus qui lui-même est Tout pour nous !

Frédéric W. FABER,
Prêtre de l'Oratoire.

Fête de saint Antoine de Padoue, 1853.

Préface

En offrant ce petit Traité au public, deux choses seules m'ont paru demander quelque explication. D'abord, je parle sans cesse de la Confrérie du Précieux-Sang. Cela vient de ce que cet ouvrage était destiné à servir de manuel spirituel aux membres de cette Société ; niais il n'en faut pas conclure qu'il ne puisse également être utile à tous les pieux catholiques. En second lieu, tout en me reposant sur la charité de mes lecteurs pour voir les passages douteux ou obscurs de mon livre interprétés dans le sens seul qu'ont adopté les écrivains orthodoxes, je voudrais cependant me mettre en garde contre un malentendu. On pourrait me faire cette objection : « Toutes ces pratiques, toutes ces dévotions n'ont rapport qu'à l'amour affectif, et non à l'amour effectif » ; d'où l'on viendrait à conclure que je ne cherche qu'à inspirer l'un sans m'inquiéter de l'autre. Sans doute, pour être parfait, l'amour doit être effectif, et cette condition exige une complète abnégation de soi-même. Ce n'est qu'à ce prix qu'on s'élève dans la sainteté. Mais tel n'est point le sujet que je me propose de traiter ici. Mon but n'est point de montrer ce qui est parfait, mais ce qui est aisé. Je ne veux point conduire les âmes dans les voies de la spiritualité la plus sublime ; il y aurait autant de folie que de vanité à le tenter. Comme enfant de saint Philippe, je dois exercer mon ministère principalement dans le monde, parmi des gens qui vivent dans le monde, qui cherchent à demeurer chrétiens et à se sanctifier dans les conditions ordinaires de la vie. C'est à ces hommes que je m'adresse, et je leur propose non pas des sacrifices au-dessus de leurs forces, mais des dévotions remplies d'attraits, qui contribueront à ranimer leur ferveur, à exciter leur amour, et à augmenter pour eux cette douceur ineffable qu'offre la pratique de la religion et des devoirs qu'elle impose. Je désire faire paraître la piété brillante et douce à ceux qui, pour être pieux, ont, comme moi, besoin de pareils secours. Je n'ai point osé porter mes vues plus haut. Si cet ouvrage augmente dans un seul cœur la flamme de son amour pour notre adorable Sauveur, quelque peu que ce soit, Dieu aura béni et le livre et l'auteur bien au-delà de leurs mérites.

Sydenham Hill, fête de saint Philippe de Néri, 1853.

Préface de la seconde édition

Une édition considérable de ce livre ayant été épuisée dans le cours du mois qui a suivi sa publication, j'ai mis tous mes soins à préparer celle-ci, et j'ai suivi autant que possible, dans ce travail, les avis d'une judicieuse critique. En remerciant les amis et les étrangers qui m'ont favorisé de leurs lumières, j'aime à reconnaître les obligations toutes spéciales que je dois à Monseigneur l'Évêque de Birmingham, pour la bienveillance qu'il m'a montrée en cette occasion. Qu'on me permette de saisir ce moment pour le remercier de cette même bonté, je devrais dire de cette indulgence dont il a fait preuve à mon égard en d'autres circonstances, quand il se dérobait à la multitude de ses travaux apostoliques pour mêler à la critique la plus judicieuse, aux avis les plus sages, quelques-unes de ces paroles d'affection et d'encouragement, si précieuses à un auteur converti, et dont, plus que tout autre, un converti sait apprécier la valeur, pour en jouir sans orgueil.

En confiant de nouveau mon faible ouvrage aux catholiques d'Angleterre et d'Irlande, je désire leur exprimer combien j'ai été touché de l'accueil qu'il a reçu parmi eux. Je m'en réjouis, non à cause de l'honneur qui peut en rejaillir sur moi, mais parce qu'il m'a été prouvé que le nom de Jésus ne peut être prononcé sans trouver un écho, et que la voix qui parle de lui, quelque faible qu'elle soit, suffit pour exciter, pour apaiser et pour gagner les cœurs. J'ai goûté, plus que toutes les louanges, le bonheur de voir que mon succès était dans mon sujet.

À l'Oratoire de Londres, fête du saint Nom de Marie, 1853.

Préface de la quatrième édition
Dans cette édition, j'ai, suivant le désir d'un certain nombre de mes lecteurs, partagé les chapitres trop longs en paragraphes moins étendus. J'ai aussi opéré différentes modifications, et je remercie bien sincèrement ici ceux qui les ont réclamées : Mgrs les Évêques de Birmingham et de Southwark, Mgr News Ham, le Père Cardella du Collège-Romain, et également, l'auteur de l'article, beaucoup trop indulgent, de la *Revue de Dublin*, qui contenait une critique très-juste de quelques expressions inexactes. J'ai aussi retouché trois autres passages de mon livre, à la prière de quelques supérieures de maisons religieuses, envers lesquelles j'ai, pour ma publication de la *Vie des Saints des derniers siècles*, des obligations qu'il ne me sera jamais possible d'acquitter.

Pour ce qui est de la mortification, il m'a été fait quelques observations, dont le résultat final a été de me porter à plus de vigilance sur mes paroles dans un endroit ou deux, et à introduire un paragraphe, qui a déjà paru dans la troisième édition. Mes lecteurs ont prêté à mon livre un but plus élevé que celui que je me suis proposé. Jamais il n'a été dans mes intentions d'en faire un traité complet de la vie spirituelle ; il n'en est qu'une partie, comme l'indique son titre : Voies faciles de l'Amour divin. Évidemment, ce n'est pas là que l'on doit trouver les voies difficiles de l'amour. Je ne me persuade pas qu'une personne, qui mettrait en pratique tous les enseignements qu'elle trouverait dans mon livre. Vivrait d'une vie bien parfaite, ou, pour me servir du terme propre, marcherait à grands pas dans la voie de la perfection. Loin de là. Mais j'ose avancer que, pour une âme pieuse aidée d'une direction sage, mon livre serait un guide qui la conduirait à la pratique de la mortification, et l'empêcherait de s'endormir dans une vie lâche et une trop facile dévotion. Après un long et consciencieux examen de ces observations, je me suis décidé à ne pas ajouter un chapitre sur la mortification, parce qu'il détruirait l'unité de mon livre, et, peut-être, en ferait manquer le but. Mon livre a vu le jour au sein de la ville la plus vaste de l'univers et, peut-être aussi, la plus adonnée au luxe, dans un siècle où la mollesse et l'amour de ses aises sont portés à un excès effrayant ; et je l'ai écrit pour combler un vide, pour offrir aux âmes faibles une nourriture légère qui puisse, en quelque sorte, les guérir des maladies chroniques, et ainsi, les préparer à l'aliment plus fort, plus substantiel d'une généreuse mortification. À ceux donc de mes amis et de mes frères dans le sacerdoce et la religion, qui m'ont fait l'observation, je répondrai, tout en conservant le respect que je dois à leur expérience et à leurs vertus : « Il y a des milliers d'âmes qui sont pour nous une source d'espérance ; mais elles ne peuvent s'élever immédiatement aux hauteurs que vous occupez déjà ; laissez-moi les guider vers vous ; je ne puis prétendre à rien de plus ! Puis, quand elles seront à votre portée, alors recevez-les de ma main et attirez-les plus haut, beaucoup plus haut, et aussi rapidement que vous pourrez : c'est mon vœu le plus ardent ; il est au-dessus de mes forces de le réaliser ! » Ou bien, pour me servir d'une autre comparaison : « Allez, gagnez bravement la haute mer, jetez-y vos filets aux poissons les plus gros, mais laissez-moi, humble pêcheur, me contenter du fretin des bas-fonds et des sables du rivage. »

De l'Oratoire de Brompton, fête de saint Vincent Ferrier, 1854.

1
Les intérêts de Jésus

Jésus est tout à nous, tout pour l'amour de nous

Jésus nous appartient ; il daigne se mettre à notre disposition ; il nous communique de lui-même tout ce que nous en pouvons recevoir. Il nous aime d'un amour qu'aucun langage ne saurait exprimer, il nous aime au-delà de ce que notre intelligence peut comprendre, au-delà de ce que notre imagination peut concevoir et il condescend à désirer avec une ardeur vive, indicible comme son amour, que nous l'aimions et que nous concentrions sur lui toute la ferveur de nos affections. Ses mérites peuvent être appelés les nôtres aussi bien que les siens. Ses satisfactions sont moins ses trésors que les nôtres. Les sacrements sont autant de moyens que son amour a choisis pour se communiquer à nos âmes. De quelque côté que se portent nos regards dans l'Église de Dieu, Jésus est là. Il est pour nous le commencement, le milieu et la fin de toute chose ; il nous aide dans nos pénitences, nous console dans nos peines, nous soutient dans nos épreuves. Il n'est rien de bon, rien de saint, rien de beau, rien d'agréable que ses serviteurs ne trouvent en lui. Pourquoi serait-on pauvre, quand, si l'on veut, on peut avoir Jésus en sa possession ?

Pourquoi s'abandonner à la tristesse, puisque Jésus est la joie du ciel, et que sa joie est d'entrer dans les cœurs affligés ? Nous pouvons exagérer bien des choses, mais jamais nous ne pourrons exagérer nos obligations envers Jésus, ni la grandeur des miséricordes et de l'amour de Jésus pour nous. Pendant toute notre vie, nous pourrions parler de Jésus, sans jamais épuiser cette douce et aimable matière. L'éternité ne suffira pas pour apprendre tout ce qu'il est, ou pour le louer de tout ce qu'il a fait ; mais alors, qu'importe ? nous serons avec lui pour toujours, et nous n'avons rien de plus à désirer.

Il ne nous a rien refusé ; il n'est pas une faculté de son âme humaine qui n'ait contribué à notre salut ; il n'est pas un membre de son corps adorable qui n'ait souffert pour nous ; il n'est pas une douleur, pas un opprobre, pas une ignominie dont il n'ait, pour nous, épuisé le calice amer jusqu'à la lie. Pour nous, il a versé jusqu'à la dernière goutte de son précieux sang, et chaque battement de son sacré Cœur est un acte d'amour pour nous. Nous lisons des choses surprenantes dans la Vie des Saints touchant l'amour qu'ils avaient pour Dieu, choses tellement merveilleuses que nous n'oserions songer à les imiter. Ils pratiquaient des austérités effrayantes, ils passaient des années entières sans rompre le silence, ou bien ils étaient dans des extases et des ravissements perpétuels ; d'autres se montraient passionnément épris des humiliations et des souffrances, ou bien, dans leur sainte impatience, ils languissaient dans cette vie, soupirant sans cesse après la mort, enfin ils la recevaient avec joie, au milieu des tortures du plus cruel martyre. Chacune de ces choses en particulier nous remplit d'étonnement, et cependant, mettez-les toutes ensemble ; représentez-vous tout l'amour de Pierre, de Paul, de Jean, de Joseph et de Madeleine, de tous les apôtres, martyrs, confesseurs et vierges, qui, dans tous les siècles, ont illustré l'Église ; réunissez, dis-je, toutes ces ardentes affections, et jetez-les dans un cœur qu'un miracle aurait rendu assez fort pour contenir tant d'amour ; ajoutez-y tout l'amour dont neuf chœurs d'Anges innombrables brûlent pour leur Dieu ; couronnez le tout de cet amour miraculeux qui consume le cœur immaculé de notre sainte Mère, et pourtant, loin d'en approcher, vous n'aurez qu'une pâle imitation de l'amour que Jésus a pour chacun d'entre nous, malgré notre bassesse, notre indignité et nos péchés ! Nous savons nous-mêmes combien nous en sommes indignes. Nous nous haïssons à cause des péchés que nous avons commis ; nous ne pouvons supporter la vue des faiblesses, des misères de notre nature ; nous sommes fatigués de nous voir nous-mêmes si pervers et si méprisables. Et pourtant, malgré tout cela, Jésus nous aime d'un amour ineffable, et il est prêt, si cela était nécessaire, comme il l'a révélé à l'un de ses serviteurs, à descendre du ciel pour être crucifié de nouveau pour chacun de nous.

Ce qui doit nous étonner, ce n'est point qu'il pousse aussi loin son amour, mais simplement qu'il ait de l'amour pour nous. Si nous considérons ce qu'il est et ce que nous sommes, nous trouverons-nous un seul droit à son amour, sinon la profondeur de notre misère, qui nous plongerait dans le désespoir sans la grâce de Jésus ? Nous n'avons d'autres droits auprès de lui que ceux que lui-même, dans sa miséricorde, a daigné nous donner. Quoi de moins aimable que nous ? quoi de moins généreux ? quoi de plus ingrat ? Et pourtant il nous aime avec cet excès d'amour ! Oh ! comment cette pensée peut-elle un instant s'éloigner de notre esprit ! comment pouvons-nous trouver quelque intérêt hors de cet amour infini d'un Dieu pour ses créatures déchues ! Ne sommes-nous point quelque peu étranges quand nous allons avec autant d'insouciance remplir les devoirs ordinaires de la vie, et que, semblables aux hommes dont le cœur s'est enflammé pour quelque créature, nous n'oublions pas de prendre notre nourriture et notre repos en nous voyant, à chaque heure du jour et de la nuit, l'objet de la plus généreuse tendresse ; en nous sentant inondés de l'amour d'un Dieu tout-puissant et éternel, en qui viennent se perdre toute sagesse, toute perfection, toute beauté ? O la plus incroyable des plus étonnantes merveilles ! Jésus amoncelle sur nos têtes les bienfaits, jusqu'à ce que nous soyons, pour ainsi dire, courbés sous leur poids. Sans cesse il ajoute les grâces aux grâces, au point que nous essayerions en vain de les compter. Chaque matin, sa tendresse et sa miséricorde se renouvellent pour nous. Et ensuite, après toutes ces faveurs, doit venir la récompense que l'œil n'a jamais vue, que l'oreille n'a jamais entendue, que le cœur n'a jamais conçue ! Voilà ce que Jésus fait pour nous.

Hélas ! ô notre doux Sauveur ! jusqu'à ce jour, qu'avons-nous fait pour vous ? Et voyez tout ce qu'il a tait pour nous ; ce qu'il a tait pour gagner notre amour ? Nous jetons les yeux sur un crucifix, et à peine cette vue nous touche-t-elle ; nous entendons le récit douloureux de sa Passion, mais nos yeux sont sans larmes et nos cœurs sans pitié; nous nous agenouillons pour prier, mais nous ne pouvons tenir notre pensée fixée sur lui pendant un quart d'heure ; nous nous rendons en sa sainte présence, et nous fléchissons à peine le genou devant le tabernacle, dans la crainte de gâter nos vêtements ; nous voyons les autres hommes pécher, mais que nous importe que Jésus soit offensé, tant que nous ne risquons pas le salut de nos âmes en l'offensant nous-mêmes ? Oh ! voilà d'étranges marques d'amour ! Certes, Jésus doit occuper une bien faible place dans nos cœurs, si tels sont nos sentiments envers lui. Et pourtant cela n'est que trop vrai ! Chacun n'écoute que soi-même, et n'obéit qu'à ses volontés. Notre grande occupation est de satisfaire tous nos désirs : la vie doit être pour nous un sentier bordé de roses, et nous prenons soin d'en arracher les épines. Quant à la pénitence, on en use avec modération. Il nous faut toutes les commodités de la vie il nous faut toutes les jouissances du monde, et notre existence spirituelle ne doit consister que dans l'abondance des consolations intérieures, sans lesquelles notre âme souffre, parce qu'elle n'est pas en repos. Si nous rendons un culte à Dieu, c'est pour nous-mêmes ; si nous faisons du bien aux autres, c'est nous-mêmes que nous cherchons jusque dans nos charités. Pauvre Jésus-Christ ! s'écriait saint Alphonse, pauvre Jésus-Christ ! qui pense à lui ? qui veut épouser ses intérêts ?

Cependant, l'unique but de notre Confrérie du précieux Sang est de prendre en main les intérêts de Jésus, et de les faire valoir par tous les moyens que Dieu a mis en notre pouvoir. Regardez dans le monde, est-il quelque objet important auquel ne se rattache une association chargée d'en défendre les droits et d'en faire valoir les intérêts ? Pourquoi les intérêts de Jésus seraient-ils seuls délaissés ? La science a ses réunions et ses sociétés de correspondants. Les hommes se liguent pour faire triompher une opinion politique ; ils organisent des compagnies pour exploiter les chemins de fer, les bateaux à vapeur et les mines de houille. Pourquoi n'établirions-nous pas une association pour y traiter les affaires de Jésus, protéger ses droits et avancer ses intérêts ? Or, tel est précisément le but de la Confrérie du précieux Sang. En y entrant, il faut laisser l'égoïsme à la porte, car on n'y vient pas pour soi ; là, tout est pour Jésus ; c'est là que se traitent les intérêts de Jésus.

Maintenant, essayons de nous former une idée de ce que sont les intérêts de Jésus ; autrement, comment pourrions-nous faire quelque chose pour les avancer ? L'homme ne peut pas travailler dans l'obscurité, il faut qu'il sache à quoi il s'applique. Vous savez ce que j'entends par *avoir un intérêt*. Jetez les yeux autour de vous, et vous verrez que, dans le monde, chacun a un intérêt à cœur, pour lequel il travaille jour et nuit. Autant d'hommes sur la terre, autant d'intérêts différents. Tous ceux que vous rencontrez dans les rues poursuivent un but quelconque. Vous pouvez le lire sur leur visage, dans le feu de leurs yeux, dans la rapidité de leur marche ; tous tendent à un but. Pour les uns, c'est la politique ou les belles-lettres ; pour les autres, c'est le commerce ou la science ; pour d'autres enfin, c'est simplement la mode, l'ambition ou le vice. Mais, quel qu'il soit, chaque homme a épousé l'intérêt de son choix, et se fait un devoir de le servir. Il y travaille avec ardeur pendant tout le jour ; il y pense en allant prendre le repos du soir, et, le matin, cette pensée s'éveille avec lui. Et même le dimanche, ce sont plutôt ses bras qui se reposent, sa tête et son esprit travaillent à son intérêt. Voyez tout ce que font les hommes, seuls ou réunis, pour abolir l'esclavage, pour obtenir le libre-échange, pour enlever une forte commande à un rival, pour accélérer le service des postes ou pour créer de nouvelles lignes de chemins de fer. Il est évident que les hommes ont en grande abondance des intérêts dans le monde, qu'ils les chérissent tendrement, et qu'ils y travaillent avec énergie.

Oh ! si tout cela était pour Dieu, pour Dieu si bon et si miséricordieux, pour Dieu qui est éternel !

Le démon a aussi ses intérêts dans le monde. Il lui a été donné d'établir un royaume en opposition avec celui de Dieu, et, comme tous les souverains, il a une multitude d'affaires. Aussi a-t-il partout des agents actifs et diligents, esprits invisibles qui se glissent par milliers dans les rues des villes pour presser les intérêts de leur maître. Ils tendent des embûches au laboureur dans son champ ; ils cherchent à circonvenir le moine dans son cloître et l'ermite dans sa cellule ; même dans les églises, durant la sainte messe ou le salut, ils sont à l'œuvre, poursuivant leur tâche infernale. Ne voit-on pas aussi des milliers d'hommes, nos semblables, s'offrir à devenir ses agents ? Oui, une multitude d'entre eux n'hésitent pas à servir gratuitement ses intérêts, et, ce qui est le plus déplorable encore, beaucoup d'entre eux, en travaillant pour lui, s'imaginent presque qu'ils travaillent pour Dieu, tant ce qu'ils font leur paraît bon et irréprochable. Combien de catholiques ne cessent de s'opposer au bien, de tourner en dérision les personnes vertueuses ? Et pourtant ils se feraient un scrupule de devenir les agents du démon, s'ils savaient que tel est le résultat de leur conduite. Qui pourrait énumérer tous les intérêts que poursuit l'ennemi du genre humain ? Faire commettre le péché mortel, inviter aux fautes vénielles, anéantir les fruits de la grâce, empêcher la contrition, éloigner des sacrements, disposer à la tiédeur, jeter la calomnie sur les personnes qui servent Dieu et sur les évêques et les ordres religieux, étouffer les vocations, semer la médisance, troubler la prière des fidèles, inspirer aux hommes l'amour des frivolités du monde, leur persuader de dissiper leur fortune en jouissances, en meubles de luxe, en vaines parures, en bijoux, en mille bagatelles au lieu de faire l'aumône aux pauvres de Jésus-Christ, les pousser à mettre leur confiance dans les princes et à capter la faveur des partisans du pouvoir, les remplir d'un amer esprit de critique les uns envers les autres, et les rendre aussi susceptibles de se scandaliser que des enfants, diminuer la dévotion à la très-sainte Vierge, faire croire au peuple que l'amour divin n'est que de l'enthousiasme et du fanatisme : tels sont les principaux intérêts du démon. Il y travaille avec une étonnante énergie, et rien n'égale la profonde scélératesse et l'horrible habileté avec laquelle il les fait triompher dans le monde. Ce serait un spectacle digne d'admiration, s'il ne nous faisait trembler pour le salut de notre âme, et si tout ce qui s'élève contre Dieu n'était voué à l'abomination et à la haine des hommes. Le Créateur, dans ses desseins cachés, a réservé à son ténébreux ennemi des succès qui nous étonnent parmi cette création sur laquelle le Dieu trois fois saint daigna jeter un regard de complaisance, et qu'il bénit dans sa bonté ineffable. Les intérêts des hommes leur font écarter les intérêts de Jésus, souvent comme une contrainte, presque toujours comme un objet insignifiant. Les intérêts du démon sont complètement opposés à ceux de Jésus, et partout où ceux-là triomphent, ceux-ci s'effacent, s'ils ne succombent pas entièrement.

Quels sont les intérêts de Jésus

Jetons maintenant un coup d'œil sur les intérêts de Jésus, et sur l'Église qui est son épouse. Portons d'abord nos regards dans le ciel, vers l'Église triomphante. L'intérêt de Jésus demande qu'à chaque heure du jour et de la nuit la gloire de la très-sainte Trinité reçoive, autant que possible, un nouvel accroissement, et cette gloire, qu'on appelle la gloire accidentelle de Dieu, s'accroît par toute bonne pensée, par toute bonne parole et action, par chaque coopération à la grâce et chaque résistance aux tentations, par chaque acte de dévotion, chaque sacrement bien administré ou humblement reçu, par chaque tribut de louange ou d'amour offert à la sainte Vierge, par chaque invocation des saints, chaque dizaine du rosaire, chaque signe de croix, chaque goutte d'eau bénite, par chaque douleur endurée avec patience, chaque injure supportée avec douceur, chaque bon désir, demeurât-il sans effet ; pourvu que tout cela soit fait avec une intention pure et en union avec les mérites de notre doux Sauveur. Chaque heure, nous aimons à le croire, une nouvelle âme monte au ciel du purgatoire ou de la terre, et commence son éternité de délices et de louanges ; chaque âme qui vient grossir le nombre des adorateurs prosternés devant l'Éternel, chaque faible voix qui vient se mêler aux chœurs des Séraphins, ajoute quelque chose à la gloire de Dieu. Aussi l'intérêt de Jésus demande-t-il que les bienheureux adorateurs viennent en plus grand nombre, et que, chaque fois, ils apportent avec eux un mérite de plus et un nouveau degré d'amour. Jusque dans le ciel, la Confrérie du précieux Sang a des travaux qui l'attendent et le pouvoir de les exécuter. Le ciel est l'un de nos bureaux, et dans ces magnifiques palais il ne manque pas d'affaires à expédier dans les intérêts de Jésus, affaires qu'il a à cœur, et que, par conséquent, nous devons prendre en main.

Ensuite, portons nos regards sur le vaste royaume du purgatoire. Tous ces milliers d'âmes qui l'habitent sont les chères et fidèles épouses de Jésus-Christ. Et pourtant dans quel étrange abandon, dans quel abîme de douleurs son amour les laisse plongées ? Il soupire après leur délivrance, après ce moment où elles quitteront cette région, au-dessus de laquelle la douleur plane comme un nuage perpétuel, pour la céleste patrie où brille un soleil sans aurore et sans déclin. Et pourtant il s'est lié les mains ou à peu près. Il ne leur accorde plus de grâces ; il ne leur laisse plus de temps pour faire pénitence ; il ne leur permet plus d'acquérir de nouveaux mérites ; bien plus, quelques docteurs ont pensé que ces âmes infortunées ne peuvent plus prier. Quel est donc l'état de la question par rapport aux âmes qui souffrent dans le purgatoire ? Ce que nous allons dire offre bien matière à méditation. Ces âmes dépendent plus de la terre que du ciel ; elles comptent, pour ainsi dire, plus sur nous que sur Jésus ; ainsi l'a voulu celui de qui seul tout dépend. Évidemment l'intérêt de Jésus est là ; il veut la délivrance de ses captifs.

Ceux qu'il a rachetés, il nous supplie maintenant de les racheter à notre tour, nous qui lui devons notre vie, nous qu'il a lui-même déjà rachetés. Chaque satisfaction offerte à Dieu pour ces âmes souffrantes, chaque oblation du précieux sang au Père éternel, chaque messe entendue avec dévotion, chaque communion humblement reçue, chaque pénitence volontairement entreprise, la discipline, la haire, la chaîne à pointes piquantes, chaque indulgence gagnée, chaque jubilé dont les conditions ont été remplies, chaque de profundis que nos lèvres ont récité avec recueillement, chaque aumône, chaque obole jetée à un plus pauvre que nous, à l'intention de ces chers captifs, avancent d'heure en heure les intérêts de Jésus dans le purgatoire. Voyez avec quelle ardeur les matelots travaillent aux pompes à bord d'un navire, quand ils luttent pour sauver leur vie contre une voie d'eau. Oh ! si nous avions assez de charité pour mettre ainsi en œuvre la douce ressource des indulgences, et travailler à la délivrance des saintes âmes du purgatoire ! N'avons-nous pas à notre disposition et les satisfactions infinies de Jésus, et les douleurs de Marie, et les souffrances des martyrs, et la persévérance héroïque avec laquelle les confesseurs ont suivi le rude sentier de la vertu ? Jésus ne veut pas ici se venir en aide à lui-même, parce qu'il aime à se voir aider par nous, et qu'il pense que notre amour se réjouira de pouvoir faire quelque chose pour lui. Il y a eu des saints qui ont consacré leur vie tout entière à une seule œuvre, et ils ont travaillé au soulagement des âmes du purgatoire, comme on exploite une mine ; et à quiconque voudra réfléchir selon les maximes de la foi, cette conduite cessera de paraître étrange. Qu'on me pardonne une comparaison absurde, folle, parce qu'elle est trop faible, il est certainement bien moins glorieux d'avoir gagné la bataille d'Austerlitz ou inventé la machine à vapeur que d'avoir délivré une seule âme du purgatoire, et j'aurais peine à croire qu'il y ait un seul membre de la Confrérie qui n'ait pas déjà fait plus.

Tournons maintenant nos regards vers l'Église militante sur la terre. Ici Jésus ne manque point d'intérêts : la moisson est riche et abondante. Il y a des choses à faire et des choses à défaire ; des cœurs à persuader et des cœurs à dissuader. Tel est le nombre des travaux, que la difficulté est de savoir par où commencer, et ce qu'il faut entreprendre d'abord. À ceux qui n'aiment point Jésus, il faut inspirer de l'amour pour lui ; à ceux qui l'aiment, il faut inspirer un amour mille fois plus ardent. Que chacun de nous choisisse une fonction spéciale, et il y trouvera plus de travail que son temps ne lui permettra d'en achever. Avez-vous jamais calculé combien il y a d'hommes dont chaque minute du jour voit l'agonie et la mort sur toute la surface du globe ? Oh ! à quels dangers les plus chers intérêts de Jésus sont exposés sur ces lits de douleur ! Satan redouble d'énergie ; les tentations fondent sur eux plus nombreuses que les flocons de neige dans un ouragan d'hiver, et selon qu'il y a victoire ou défaite dans ce combat, c'est Jésus ou le démon qui triomphe pour l'éternité ; car la lutte est finie et ne doit plus recommencer. Ici ce sont des catholiques que de longues années n'ont vus s'approcher des sacrements, et là ce sont des saints pour lesquels un demi-siècle de mérites et d'amour héroïque est sur le point de perdre tous ses fruits ; il ne leur manque qu'une chose, que toutes les souffrances du monde ne sauraient leur mériter, il ne leur manque qu'une chose, et c'est la persévérance finale. Il y a des hérétiques qui n'ont jamais soupçonné leur hérésie, et des hérétiques de mauvaise foi qui ont calomnié l'Église et outragé la Mère de Dieu. Ici ce sont des juifs descendus de ceux qui ont crucifié Notre-Seigneur, et là des mahométans qui sont maîtres de Jérusalem. Il y a des Hottentots qui adorent des images dégoûtantes, et des Indiens d'Amérique pour lesquels l'éternité se borne au plaisir de chasser sans cesse, et dont les mérites s'élèvent en raison des meurtres qu'ils ont commis. Il y a des hommes blanchis sous des neiges perpétuelles, d'autres dont le soleil du Midi a bruni le visage ; il y en a sur le sommet des montagnes, dans le fond des vallées, dans les villes et dans les solitudes, sur terre et sur mer, dans les cachots infects et dans les palais dorés ; tous meurent, chaque minute en emporte une foule, et le chrétien frémit en voyait l'état dans lequel ils vont être surpris par ce moment suprême. Et cependant Jésus est mort pour chacun d'entre eux, aussi exclusivement que si sa mort n'eût été utile qu'à lui, et il est prêt à descendre des Cieux et à mourir encore pour chacun de nous, si cela était nécessaire. Suivez-le dans le cours de sa longue Passion, remarquez chacun de ses pas, chacune de ses larmes, chacune des gouttes de son sang ; comptez les épines qui percent sa tête, les coups qui l'accablent, les crachats qui couvrent son visage auguste, les chutes qui le meurtrissent ; sondez l'abîme intérieur de ses humiliations et de ses douleurs, les tortures et les angoisses de son cœur sacré. Eh bien ! Tout cela était pour ce pauvre Indien qui, à cette heure, meurt inconnu au pied des Andes ; et, s'il meurt dans le péché, toute cette passion devient inutile. La dernière agonie des hommes ne forme qu'une partie spéciale des intérêts de Jésus, et saint Camille fut suscité de Dieu pour fonder un Ordre uniquement dévoué au service des agonisants.

L'agonie et les dangers du lit de mort étant devenus l'objet d'une dévotion spéciale, il ne sera pas indifférent de rappeler ici que Pie VII a attaché à la récitation de trois *Pater* et de trois *Ave* pour les agonisants, en honneur de l'agonie de Jésus, des indulgences que l'on trouvera dans le *Recueil*. Une foule de saints et de personnes pieuses ont pratiqué cette dévotion spéciale en faveur de l'âme des mourants. Nous lisons dans la vie d'une des premières religieuses de la Visitation, qu'étant en adoration devant le Saint-Sacrement pendant la nuit du Jeudi-Saint 1644, elle fut témoin, dans une vision, de l'agonie de Notre-Seigneur, et qu'elle reçut en même temps des lumières nouvelles et des grâces particulières pour prier efficacement pour les personnes agonisantes : « Hélas! a s'écriait-elle, l'agonie de ces pauvres créatures est une heure terrible ; » et, en réalité, ce moment qui décide de notre éternité est la seule affaire importante dont nous ayons à nous occuper dans ce monde. Depuis le moment où elle reçut cette grâce admirable, elle paraissait souvent prêter l'oreille aux soupirs de quelque moribond, et tel fut sur elle l'effet de ce prodige que toujours dans la suite elle récita matin et soir les prières de l'Église pour les agonisants. Elle méditait souvent sur ces paroles que Notre-Seigneur lui-même prononça quelque temps avant sa mort : « Le prince du monde est venu, et il n'a rien trouvé en moi, » comme si toute notre vie ne devait tendre qu'à ce but, nous mettre en état de nous appliquer, en quelque sorte, ces paroles à nous-mêmes, à l'heure de notre mort. On raconte un autre trait de la même religieuse. L'évêque de Genève étant venu le jour de la fête de saint Jérôme pour consacrer l'église de l'Ordre à Annecy ; comme la supérieure témoignait le désir qu'une des six chapelles fût dédiée à saint Joseph, cette bonne Sœur le supplia de la laisser consacrer à saint Joseph mourant entre les bras de Jésus et de Marie. « Ah ! ma bonne mère, s'écria-t-elle, Dieu m'a fait connaître que, par cette dévotion à saint Joseph mourant, il voulait bien, dans sa miséricorde infinie, accorder d'abondantes grâces aux agonisants. Et comme saint Joseph ne monta pas tout d'abord dans le ciel, puisque Jésus ne l'avait pas encore ouvert, mais qu'il descendit dans les limbes avec ses pères, la plus salutaire dévotion pour les agonisants et pour les âmes du purgatoire est d'offrir à Dieu la résignation du grand saint Joseph sur le point de mourir et de quitter Jésus et Marie, et d'honorer la sainte patience avec laquelle il attendit tranquillement que se levât l'aurore de Pâques, lorsque Jésus ressuscité vint le a mettre en liberté. » Nous nous sommes arrêtés assez longtemps sur cette dévotion ; mais, je le répète, je ne finirais jamais si je voulais décrire tous les intérêts de Jésus sur la terre.

Il n'y a point de taverne ou de café, de théâtre ou de bal, de réunion privée ou publique ; il n'y a point de boutique ou de marché, point de voiture ou de vaisseau, point d'école ou d'église où les intérêts de Jésus ne soient en danger à toute heure, et où il ne nous appelle pour les défendre. Ce sont les combats de l'Église ; pourquoi s'étonner s'il y a tant de travail, et si peu de temps pour l'exécuter ? Toute chose a deux côtés : l'un est à Jésus, et l'autre, contre lui. Le péché pur et simple n'est pas le seul intérêt du démon. Il peut combattre Jésus avec de faibles armes, et réussir presque aussi bien qu'avec le péché mortel. Parfois, un poison lent tue les âmes plus sûrement que le venin le plus violent. Voyez donc quels sont les intérêts de Jésus ; ils sont innombrables, ils sont partout, ils sont pressants, et c'est pour les surveiller tous que nous sommes devenus membres de la Confrérie.

Quelle que soit l'impossibilité d'entrer dans tous les détails des intérêts de Jésus sur la terre, il est nécessaire cependant de s'en former une idée plus claire et plus distincte, si nous désirons nous acquitter de nos devoirs et travailler comme il convient à des membres de la Confrérie. Si nous étudions le sacré Cœur de Jésus, tel qu'il nous l'a révélé dans l'Évangile, dans l'histoire de l'Église, dans la Vie des Saints, et tel que nous l'avons trouvé nous-mêmes dans la prière, nous verrons que la multitude immense des intérêts de Notre-Seigneur bien-aimé peuvent se partager en quatre catégories, et une rapide esquisse de chacune d'elles nous donnera une idée claire de ce que nous avons à accomplir. Les premiers intérêts de Jésus sont, sans contredit, au fond de notre âme. Le royaume des cieux est au dedans de nous. Toutefois, quelle que soit son importance, la question de notre propre sanctification n'est pas celle qui doit, du moins directement, nous occuper en ce moment. Sans sainteté personnelle, nous n'obtiendrons aucun résultat : mais ce n'est ici ni le temps, ni le lieu d'en parler. Les quatre grands intérêts de Jésus auxquels nous faisons allusion, sont : 1° la gloire de son Père ; 2° le fruit de sa Passion ; 3° l'honneur de sa Mère ; 4° enfin, l'estime de la Grâce. Disons un mot de chacun d'eux.

Les quatre principaux intérêts de Jésus
La gloire de son Père
Lorsque nous étudions notre divin Sauveur tel qu'il est représenté dans les saints Évangiles, rien, si nous pouvons hasarder une pareille expression, rien ne ressemble plus à une passion dominante en lui que ce désir si vif, si ardent pour la gloire de son Père. Depuis le jour où, à l'âge de douze ans, il quitta Marie pour rester après elle dans Jérusalem, jusqu'à sa dernière parole sur la croix, ce dévouement à la gloire de Dieu éclate à chaque page du livre sacré. De même qu'il a été dit de lui, en d'autres circonstances, que le zèle de la maison de Dieu le dévorait ; ainsi, nous pouvons dire qu'il était dévoré par une faim et une soif continuelles de la gloire de son Père. C'était comme si la gloire de Dieu avait été perdue sur la terre, et qu'il fût venu pour la chercher : et combien son sacré Cœur était resserré jusqu'à ce qu'il l'eût retrouvée ! C'est ainsi qu'il est devenu notre modèle, et son intention, en nous donnant la grâce, est que nous

Remployions à glorifier son Père qui est dans les cieux. Maintenant, comment peut-on jeter les yeux autour de soi dans le monde, et ne pas voir combien la gloire de Dieu est perdue sur la terre ? L'intérêt de Jésus demande que nous la cherchions et que nous la trouvions. Sans parler de ces scandales publics que donnent les grands pécheurs, n'est-il pas douloureux de voir comme Dieu est oublié, complètement oublié par la plupart des hommes ? Ils vivent comme si Dieu n'existait pas. Ils ne se révoltent pas ouvertement contre lui, mais ils ne songent pas à lui, ils l'ignorent. Il est dans ce monde, qu'il a fait de ses mains, comme un objet importun au milieu de sa propre création. Aussi l'a-t-on tranquillement mis de côté, comme une idole qui a fait son temps et qui devient gênante. Les savants et les hommes d'État sont d'accord sur ce point, les gens d'affaires et les financiers ont jugé qu'il était infiniment sage de se taire sur Dieu ; car il est difficile d'en parler ou de s'en faire une idée, sans être disposé à lui accorder beaucoup trop. Là s'élève un obstacle terrible, et sans la grâce nous pourrions dire un obstacle désespérant, aux intérêts de Jésus, dans cette masse profonde, impénétrable d'oubli de Dieu, d'ignorance de Dieu. Oh ! combien un pareil spectacle déchire notre cœur, et nous fait soupirer après une autre vie ! car, que faire dans un cas aussi désespéré ? Cependant, essayons. Un chapelet et une médaille bénits à la main, que ne pouvons-nous faire ? et la puissance d'une seule messe n'est-elle pas infinie ?

Ensuite, nous l'avouons les larmes aux yeux, il est un grand nombre de personnes pieuses qui sont loin d'accorder à la gloire de Dieu la place qui lui convient, beaucoup de gens qui font profession de dévotion et qui ne veulent cependant pas lui offrir les prémices de toutes choses. Ils ont besoin de lumière pour connaître la gloire de Dieu quand ils la voient ; ils manquent de discernement pour découvrir les dangers du monde et les pièges du démon, et c'est ainsi qu'ils privent Dieu de la gloire qui lui revient ; ils manquent de courage pour braver l'opinion du monde, et de fermeté pour mettre constamment leur vie en harmonie avec leur croyance.

Pauvres, âmes ! elles sont la peste même de l'Église, et cependant elles sont bien loin de le soupçonner ; l'intérêt de Jésus demande qu'elles se voient elles-mêmes, ainsi que tout ce qui les entoure, sous leur véritable jour. Là encore, nous trouverons une œuvre à accomplir. Prions pour tous les gens vertueux, surtout pour ceux qui s'appliquent à le devenir, afin qu'ils connaissent ce qui est pour la gloire de Dieu, et ce qui lui est opposé. Oh ! que de pertes nous coûte chaque jour ce manque de discernement !

Ensuite, il existe des ordres religieux qui, chacun à leur manière et selon le but de leur institution, vont, avec la bénédiction de l'Église, travailler à la gloire de Dieu. Il y a des évêques et des prêtres dont tous les efforts sont dirigés avec une persévérance singulière et une perfection admirable vers ce but unique. On compte un nombre infini d'associations et de confréries ; quel en est l'objet, sinon la gloire de Dieu ? Nous avons des maux à souffrir, des dangers à affronter, des scandales à supporter ; la destinée de l'Église est de courber la tête aujourd'hui devant le monde, et demain de régner sur lui ; l'intérêt de Jésus veut tout cela. Une demi-douzaine d'hommes parcourant le monde et ne recherchant que la gloire de Dieu, pourraient remuer des montagnes. Telle est la récompense promise à la foi ; pourquoi les hommes ne l'obtiendraient-ils pas ?

Le fruit de sa Passion

Tel est le second des grands intérêts de Jésus. Toutes les fois que nous pouvons empêcher de commettre un péché, quelque léger qu'il soit, nous avons fait beaucoup pour les intérêts de Jésus. Nous serons mieux en état d'apprécier la grandeur d'un pareil service si nous faisons cette réflexion : quand même nous pourrions fermer à jamais l'enfer, sauver toutes les âmes qui y gémissent, faire évacuer le purgatoire et rendre tous les hommes sur la terre aussi saints que les bienheureux apôtres Pierre et Paul, en disant le moindre mensonge, nous ne devrions pas le faire ; car la gloire de Dieu souffrirait plus de ce petit mensonge, qu'elle ne gagnerait par tout le reste. Quel service on rend donc aux intérêts de Jésus en empêchant un péché mortel ! et pourtant, combien cela est facile ! Si, chaque soir, avant de prendre notre repos, nous priions la sainte Vierge d'offrir à Dieu le précieux sang de son cher Fils, à l'effet d'empêcher un péché mortel d'être commis quelque part dans le monde pendant la nuit, et si nous renouvelions la même prière chaque matin pour les heures du jour, certes une pareille offrande, faite par de telles mains, ne saurait manquer d'obtenir la grâce désirée ; et ainsi chacun de nous pourrait probablement empêcher un grand nombre de péchés mortels chaque année. Supposons maintenant que mille d'entre nous veuillent faire cette offrande et persévérer dans cette conduite pendant vingt ans, cela ne nous coûterait aucune peine, et, sans parler des mérites que nous pourrions acquérir, nous aurions empêché plus de quatorze millions de péchés mortels, et si tous les membres de la Confrérie suivaient cet exemple, il faudrait multiplier ce chiffre par dix. Ah ! de cette façon, comme les intérêts de Jésus avanceraient dans le monde, et quelles jouissances, quel bonheur ne nous préparerions-nous pas à nous-mêmes !

De même encore, toutes les fois que nous pouvons persuader à une personne, qui en a besoin, de se confesser, quand même elle n'aurait que des péchés véniels à accuser, nous avons augmenté le fruit de la Passion de notre Rédempteur. Chaque acte de contrition qu'un homme formule à notre instigation, chaque prière que nous faisons à l'effet de lui obtenir cette grâce, accroît ces fruits de bénédiction ; chaque austérité nouvelle, chaque légère pénitence que nous provoquons, concourt à la même fin ; il en est de même de tous nos efforts pour mettre en honneur la fréquente communion. Toutes les fois que nous persuadons à quelqu'un de partager nos dévotions à la Passion de Notre-Seigneur, de la lire ou de la méditer, nous avançons les intérêts de Jésus. Quelqu'un a dit (et, si ma mémoire ne me fait défaut, c'était Albert le Grand) qu'une seule larme donnée aux souffrances de notre doux Sauveur était plus précieuse à ses yeux qu'une année entière de jeûne au pain et à l'eau. Que serait-ce donc si nous pouvions engager les autres à mêler leurs pleurs aux nôtres, et à s'unir à nous dans le sentiment d'une tendre pitié pour la Passion de Jésus ! Oh ! combien grands sont les fruits d'une faible prière ! Doux Jésus ! pourquoi sommes-nous si secs, si froids ? Oh ! allumez en nous ce doux feu que vous êtes venu apporter sur la terre !

L'honneur de sa Mère

Ceci est un autre des principaux intérêts de Jésus, et l'histoire entière de l'Église fait voir quel prix y attache son sacré Cœur. Ce fut son amour pour Marie, qui, plus que tout le reste, le fit descendre des cieux, et ce furent les mérites de Marie qui fixèrent l'époque de l'Incarnation. Sur elle s'était arrêté le choix de la très-sainte et indivisible Trinité, elle était la fille chérie du Père, la Mère prédestinée du Fils, et l'Épouse choisie du Saint-Esprit. La véritable doctrine de

Jésus a été, dans tous les temps, intimement liée à la véritable dévotion à Marie ; et les coups qui frappent la Mère doivent passer par le Fils. Aussi, Marie est-elle l'héritage de l'humble et obéissant catholique. La sainteté croît en raison de la dévotion qu'on professe pour elle. Les saints se sont formés à l'école de son amour. Le péché n'a point de plus grand ennemi que Marie ; penser à elle suffit pour le conjurer, et les démons tremblent au bruit de son nom. Nul ne peut aimer le Fils, sans que l'amour de la Mère ne s'accroisse également en lui ; nul ne peut aimer la Mère, sans que son cœur ne s'enflamme en même temps pour le Fils. Aussi, Jésus l'a-t-il placée devant son Église pour être le gage des grâces qu'il répandrait par elle, et la pierre d'achoppement pour ses ennemis. Pourquoi s'étonner alors s'il prend un tel intérêt à l'honneur de sa Mère ? Si, en réparation des blasphèmes dont les hérétiques souillent sa dignité, vous faites un acte d'amour ou un acte d'actions de grâces en honneur de sa Conception immaculée et de sa Virginité perpétuelle, vous aurez chaque fois une occasion de favoriser les intérêts de Jésus. Tout ce que vous pourrez faire pour propager son culte, et surtout pour inspirer aux catholiques une tendre dévotion envers elle, sera une œuvre méritoire aux yeux de Jésus qui ne manquera pas de vous récompenser généreusement. Attirer les fidèles à la Taille sainte le jour des fêtes de Marie, s'enrôle^ dans ses confréries, conserver quelque image d'elle, obtenir des indulgences pour les âmes du purgatoire qui ont eu pendant leur vie une dévotion spéciale envers elle, dire le chapelet chaque jour : voilà des choses que tout le monde peut faire, et qui toutes concourent aux intérêts de Jésus. Ah ! il est une dévotion que je veux suggérer, et puissé-je l'inspirer à tous ! nous ferions alors prospérer les intérêts de Jésus, et Notre-Seigneur en retirait dans tout l'univers un redoublement d'amour ! c'est d'avoir plus de confiance dans les prières de notre divine Mère ; de nous reposer avec moins d'hésitation sur elle ; de lui adresser nos demandes avec plus de hardiesse ; en un mot, d'avoir plus de foi en elle. On aurait plus d'amour pour Marie si l'on avait aussi plus de foi en Marie ; mais nous vivons dans un pays hérétique, et il est difficile de demeurer parmi les glaçons sans se refroidir. O Jésus ! ranimez notre confiance en Marie, non-seulement afin que nous travaillions à vos aimables intérêts, mais que nous y travaillions de la manière que vous désirez, sans permettre à aucune créature d'occuper plus de place dans notre cœur que celle qui occupait plus de place dans le vôtre, que toutes les créatures ensemble !

L'estime de la grâce
Voici un autre des quatre grands intérêts de Jésus. Le monde aurait une physionomie toute différente, si les hommes estimaient la grâce à sa juste valeur. Existe-t-il dans l'univers entier un seul objet qui ait quelque grâce par lui-même, excepté la grâce ? Oh ! avec quel enfantillage nous nous laissons aller à toute espèce de folies qui n'ont rien de commun avec les intérêts de Jésus ! quel aveuglement ! quel temps nous perdons ! quel mal nous faisons ! quel bien nous négligeons ! Et cependant, malgré cela, avec quelle douceur, quelle patience Jésus nous traite-t-il ! Si chacun savait dignement apprécier la grâce, tous les autres intérêts de Jésus viendraient à bonne fin. Quand ils souffrent, c'est précisément parce qu'on n'accorde pas à la grâce l'estime qu'elle mérite. Les grâces viennent sans cesse, et les mérites se multiplient presque aussi rapidement que les battements du cœur sacré de Jésus. Et, pendant que ce cœur palpite pour nous de l'amour le plus passionné, nous disons : « Je ne suis pas obligé de faire ceci, je n'ai pas besoin de sacrifier ce plaisir ; il faut modérer l'enthousiasme religieux. » Oh Dieu ! je voudrais bien savoir quel est cet enthousiasme qu'il faut restreindre ! O Jésus-Christ ! ô bien aimable Jésus-Christ ! Voilà où en viennent ceux qui ne savent pas dignement apprécier la grâce. Il vaut mieux mourir que de perdre le fruit de la grâce. Le croyons-nous tous ? Non ; mais nous prétendons le croire. Si les fonds devaient baisser de moitié demain, cet événement serait moins important que si un pauvre Irlandais, malade dans quelque réduit obscur, perdait sa plus faible augmentation de grâce. Voici ce que disent à ce sujet les théologiens : « Quand on recevrait tous les dons de la nature, toutes les perfections des anges, ces avantages ne seraient rien, comparés à l'addition d'un seul degré de grâce, telle que Dieu nous en donne en abondance si nous résistons pendant un quart d'heure à un sentiment de colère ; car la grâce est une participation à la nature divine. » Oh ! mettons-nous cette théorie en pratique dans notre propre vie, avant de venir persuader aux autres de le faire ? Montrez-moi dans l'Église un abus,

un mal quelconque, et je suis prêt à vous prouver que jamais rien de semblable ne serait arrivé si ses enfants avaient su dignement correspondre à la grâce, et de plus, que tout serait dans l'ordre demain, si les fidèles voulaient commencer à apprécier la grâce à sa juste valeur. Que servirait à un homme de gagner le monde entier, s'il devait pour cela sacrifier son âme immortelle ? Allez propager cette doctrine parmi vos amis ; montrez-leur quels trésors ils peuvent amasser à l'aide de la grâce, montrez- leur comment une grâce en attire une autre, comment elle devient un mérite, enfin comment les mérites conduisent à la gloire éternelle dans les cieux. Ah ! vous servirez réellement les chers intérêts de Notre-Seigneur si vous agissez ainsi, et vous les servirez beaucoup plus que vous ne le pensez. Priez seulement afin que les hommes conçoivent une idée plus haute et plus véritable de la grâce, et vous deviendrez en secret l'apôtre de Jésus. Toutes les grâces sont en lui : il en est la source et la plénitude ; il brûle du désir de les répandre en abondance sur des âmes qui lui sont chères, sur des âmes pour lesquelles il est mort, et elles ne veulent pas le lui permettre ; car il leur faut correspondre aux grâces qu'elles ont obtenues avant d'en obtenir de nouvelles. Allez aider Jésus. Pourquoi une seule de ces âmes, pour lesquelles il a donné sa vie, irait-elle se perdre ? Oui, pourquoi une seule se perdrait-elle ? C'est une chose affreuse que de songer à la perte d'une âme. Et pourquoi se perdrait-elle ? pourquoi ? N'existe-t-il pas du précieux sang pour ceux qui veulent le demander, et ce sang ne donne-t-il pas la grâce ? Mais les hommes ne s'inquiètent point de la grâce. Saint Paul a consacré sa vie entière à prêcher aux hommes la doctrine de la grâce, à prier Dieu de la leur envoyer et de permettre qu'ils en fissent un usage salutaire quand ils l'auraient obtenue. Après une fervente communion, quand la source de toutes les grâces jaillit dans notre cœur comme une fontaine d'eau vive, demandons-lui d'ouvrir les yeux des hommes à la beauté de sa grâce et à notre prière, il doublera ses grâces. Ainsi nous ferons prospérer les intérêts de Jésus, car telle est la nature de ce bon maître, que plus il donne, plus il devient riche. O roi bien-aimé des âmes ! comment pouvons-nous consumer nos jours pour un autre que lui ? Songer qu'il nous permet de prendre en main ses intérêts, n'est-ce pas une pensée qui nous remplit d'admiration ? Pour moi, je m'étonne qu'elle ne nous fasse point tomber en extase. Mais nous ne connaissons pas nos propres privilèges ; et pourquoi ne les connais-sons-nous pas ? C'est que nous n'étudions pas suffisamment notre aimable Sauveur. Pourquoi ne commencerions-nous pas dans le temps ce qui doit faire notre bonheur dans toute l'éternité ? Étudions Jésus. Le ciel n'est ciel que parce que Jésus est là ; et je ne comprends pas pourquoi la terre n'est pas également le ciel, puisque Jésus est aussi sur la terre. Hélas ! c'est qu'il nous a laissé la misérable faculté de l'offenser. Otons cette misère, et nous aurons ici-bas sinon le ciel, du moins le purgatoire qui est la porte du ciel. Doit-il réellement venir ce jour où nous cesserons de pécher, où nous ne blesserons plus le cœur sacré de Jésus ? O Dieu d'amour ! qu'il se lève bientôt le soleil qui ne doit point se coucher avant d'avoir vu ce glorieux privilège devenir le nôtre. Pourquoi s'agiter et demander si tout d'un coup nous aurons le ciel en partage, ou s'il nous faudra d'abord passer par le purgatoire ? Qu'importe ? La grande question est de perdre la puissance de jamais offenser encore le Dieu de notre amour !

Comment nous pouvons avancer les intérêts de Jésus

Tels sont les intérêts de Jésus, et l'objet de notre Confrérie est de les faire prospérer, ou plutôt ce ne sont pour ainsi dire que des exemples, des spécimens de ces intérêts. Il peut paraître étrange que notre divin Sauveur daigne faire usage d'instruments aussi faibles, aussi vils pour un ouvrage aussi sublime ; mais c'est le même Dieu qui arracha de pauvres pêcheurs à leurs filets pour en faire des apôtres et les envoyer convertir le monde. Il est vrai que nous avons en nous-mêmes assez de péchés L expier, assez d'imperfections pour nous aliéner le cœur de notre céleste Époux ; il est vrai qu'il n'est pas, dans le monde entier, un endroit où les intérêts de Jésus soient autant compromis qu'en nous-mêmes. Et pourtant, malgré tout cela, nous devons être des apôtres ; malheur à nous si nous ne sommes pas apôtres ! Nous devons aider les autres à sauver leur âme, au milieu même des préoccupations que nous donne la nôtre. L'Évangile est une loi d'amour, et la vie du chrétien est une vie de prière. Selon la recommandation de l'Apôtre, nous devons intercéder pour toute espèce d'hommes. Du reste, nous ne travaillerons jamais avec fruit au salut de notre âme, si nous ne nous efforçons de faire prospérer les intérêts de Jésus dans l'âme des autres. Beaucoup se plaignent du peu de progrès qu'ils font dans la vie spirituelle, et des difficultés qu'ils rencontrent à dompter leurs mauvaises passions, leur penchant au péché et l'amour-propre qui les domine. Ils en sont précisément au même point où ils étaient l'année précédente, et cela les décourage. Cela arrive le plus souvent parce qu'ils sont égoïstes, parce qu'ils ne songent qu'à eux-mêmes. Ils ne se préoccupent nullement de l'âme des autres, ni des intérêts de Jésus ; jamais, dans leurs prières, ils n'intercèdent pour qui que ce soit de leurs frères. Aussi ne s'élèvent-ils pas au-dessus du niveau vulgaire, parce qu'ils ne font rien pour mériter des grâces plus abondantes. La Confrérie attend une autre conduite de nous, et nous donne des instructions bien différentes.

Mais il est important de faire comprendre que les intérêts de Jésus ne procèdent pas comme les intérêts du monde. Si nous perdions de vue cette pensée, nous ne tarderions pas à nous décourager, en présence du peu de bien que nous semblons faire. Les intérêts de Jésus sont, pour la plupart, invisibles. Il faut d'abord que nous ayons foi dans la puissance de la prière. Nous ne saurons jamais, avant le dernier jour, le succès qu'ont obtenu nos prières, ni l'action qu'elles ont exercée sur l'Église pendant le cours des siècles. Prenons, par exemple, la prière de saint Étienne pendant qu'on le lapidait ; elle eut pour résultat la conversion de saint Paul qui, pendant ce temps, gardait les habits de ses bourreaux. Songez seulement à ce que saint Paul a fait, à ce qu'il fait chaque jour, et à ce qu'il continuera de faire jusqu'à la fin des siècles ; or ce qu'il accomplit est aussi l'œuvre de saint Étienne, car c'est le fruit de sa prière. Ainsi, que quelqu'un se recommande aux prières de la Confrérie pour voir disparaître les obstacles qui l'empêchent de suivre sa vocation pour la vie religieuse ou pour l'état ecclésiastique, et peut-être, quelque vendredi soir, Dieu daignera-t-il exaucer nos prières. Cet homme devient prêtre ; il sauve des milliers d'âmes ; ces âmes en sauvent d'autres qui deviennent prêtres, ou qui entrent dans un ordre religieux, ou qui enfin deviennent dans le monde des pères et des mères selon le cœur de Dieu. Et c'est ainsi que la prière va répandant partout ses fruits de bénédiction, et peut-être poursuivra-t-elle son œuvre jusqu'au sein de cette nuit où la terre se réveillera pour voir Notre-Seigneur venir à l'Orient.

Aussi, ne devons-nous point autant nous arrêter aux fruits visibles et aux résultats publics. Ce que le monde appelle un malheur tourne souvent à l'avantage de Jésus. Par exemple, un homme a beaucoup à souffrir parce qu'il est catholique ; vous priez pour lui ; l'injustice a son cours ; les protestants triomphent et se montrent plus fiers, plus insolents que jamais. Vous croyez que votre prière n'a pas été exaucée ; vous ne pourriez commettre une plus grande erreur : Jésus veut faire un saint de cet homme ; il vaut mieux pour lui être la victime innocente de l'injustice. Cependant, par le mérite de vos prières, Jésus lui a accordé une abondance de grâces auxquelles il a correspondu. De sorte que votre *Pater* et votre *Ave* lui ont mérité dans les cieux une place bien plus élevée que celle qui lui était réservée. Sur sa couronne étincellera une pierre précieuse qui n'y eût jamais brillé autrement ; vous l'admirerez un jour dans les cieux, et vous saurez que c'est votre prière qui l'y aura placée Ainsi en est-il du Pape, de l'Église, des ordres religieux, et en définitive de tout ce qui a rapport à Jésus. Ses intérêts suivent, non les règles du monde, mais les règles de la grâce. Pour en connaître la grandeur, il nous faut les mesurer avec d'autres mesures que celles dont on use dans le monde. Nous devons employer les mesures et les poids du sanctuaire. Jamais Jésus ne fut plus triomphant que le jour où il se laissa clouer sur la croix ; et pourtant le monde, dans sa folie, croyait avoir vaincu et se donnait tout l'honneur de la journée. Il est important pour vous d'avoir cette pensée toujours présente à l'esprit ; il est de foi que Dieu exauce toujours une fervente prière de la manière que nous attendions le moins, et bien au-delà de nos plus hautes espérances ; mais il ne nous laisse pas toujours connaître la voie qui conduit à ses fins. Ayons foi en lui, et, dans l'avenir, nous serons exaucés.

La prière, moyen principal d'avancer les intérêts de Jésus

Il nous reste quelques mots à dire sur la manière dont il nous est donné d'avancer les intérêts de Jésus. Mille chemins nous sont ouverts pour parvenir à ce but : donner de bons exemples, prêcher, écrire des livres, prêter des livres édifiants, raisonner doucement et persuader, user de son influence où l'on en possède, exercer son autorité de père, d'instituteur ou de maître. Tous ces moyens sont bons ; et si nous avons un amour réel pour Jésus, nous ne négligerons jamais de les employer quand l'occasion s'en présentera et que nous pourrons le faire sans sortir de la modestie que nous imposent notre condition et notre place dans la société. Les membres de la Confrérie, non-seulement peuvent, mais doivent même agir ainsi quand les circonstances le permettent. Mais le moyen, le véritable moyen et, pour mieux dire, l'unique moyen de succès de la Confrérie, c'est la prière.

On prie très-peu de nos jours. Oh ! qu'il est triste de voir le peu de foi que les hommes ont dans la prière ! Ils croient tout faire par leur propre habileté, à force de se remuer, de s'agiter et de travailler ; ils pensent que les mêmes causes qui ont fait de ce pays une grande et fière nation serviront aussi les intérêts de Jésus, et avanceront son règne sur la terre. Aujourd'hui on n'a plus foi qu'en ses yeux. Si les catholiques entreprennent une œuvre quelconque, et qu'ils n'en obtiennent d'abord que des résultats médiocres, ils se laissent abattre et désespèrent du succès. On donne une mission, une âme est sauvée ou un péché évité ; c'est le fruit de quinze jours de travail et d'une dépense de plus de trois cents francs. Quelles pertes ! Et pourtant, pour ôter à la gloire de son Père la souillure d'un seul péché, Jésus est prêt à redescendre du ciel pour être crucifié de nouveau ! Si nous ne pouvons pas citer des chiffres, et faire voir de grands résultats comme les membres des sociétés bibliques protestantes, qui publient bien haut qu'ils ont expédié un million de Bibles en Chine, sans ajouter que les dames chinoises de toute une province en ont fait des pantoufles ; si nous ne pouvons satisfaire le monde, ou ce qu'on appelle le public, et lui prouver que nous faisons une œuvre grande, même à ses yeux, nous nous mettons à l'œuvre, pleins de fiel les uns contre les autres, et nous péchons ; nous formons des réunions publiques, et nous péchons ; nous parlons inconsidérément, et nous péchons; nous assemblons des comités où la charité ne règne pas, et nous péchons; nous abandonnons l'œuvre, et nous péchons ; puis chacun écrit une lettre dans un journal, où probablement il pèche encore, et reprend sa manière de vivre comme auparavant. Nous avons tenté de faire une bonne œuvre, mais, parce que nous nous sommes appuyés sur des principes humains, elle s'est terminée par un nombre indéfini de péchés. Tout cela vient de ce qu'on ne prie point, ou qu'on n'a pas assez de foi dans la puissance de la prière. Ainsi rappelez-vous que la devise de la Confrérie doit être : Prière continuelle ! Soyons certains que, dans un siècle et un pays sans foi, la prière d'un cœur pur sera précieuse devant le Seigneur, et qu'il y attachera une récompense spéciale. N'est-il pas admirable de voir comme Dieu s'est souvenu de ceux qui, non semblables au trop grand nombre, n'avaient pas oublié Sion. Oh ! prions, prions au sein d'une nation qui a oublié la prière, qui se repose sur elle-même, et qui s'appuie sur un bras de chair. Prions, et Dieu sera avec nous comme jamais il n'y a été ; prions, et les intérêts de Jésus prospéreront sur la terre. Oh ! les intérêts de Jésus ! plaise à Dieu qu'ils enflamment nos cœurs nuit et jour ! La vie est courte, et nous avons beaucoup à faire, mais la prière est puissante et l'amour est plus fort que la mort. Mettons-nous donc à l'œuvre avec joie et en chantant, mettons-nous à l'œuvre, anges et hommes, pécheurs et saints, et travaillons tous pour les intérêts, qui doivent être nos plus chers, nos uniques intérêts pour les intérêts de Jésus.

2
De la sympathie pour Jésus

La sympathie pour Jésus est une preuve de sainteté
Tandis que Jacob exilé habitait chez Laban, il devint épris de Rachel, fille de Laban, et il dit à son père : « Je vous servirai sept ans si vous voulez me donner Rachel, votre plus jeune fille. » Et l'Écriture sainte ajoute : « En conséquence, Jacob servit sept ans pour obtenir Rachel, et ils s'écoulèrent pour lui comme quelques jours, tant son amour était grand. » Pour nous, ne trouvons-nous pas parfois que la vie est bien longue, et les jours ne pèsent-ils jamais sur nous ? La persévérance ne finit-elle pas par nous fatiguer, et le devoir n'est-il pas souvent accompagné d'ennui ? Il arrive que nous voudrions voir venir le terme de notre vie, et que nous désirerions rompre les liens qui retiennent notre âme pour être avec Jésus-Christ. Le péché, la facilité de le commettre, la crainte d'y succomber nous deviennent insupportables, et nous languissons après Dieu comme les hommes languissent après l'objet absent de leur amour. Mais ce n'est point à ces sentiments que je fais allusion. Notre vie, et surtout notre vie spirituelle se traîne avec peine souvent, pour différentes raisons. Il est dur d'avoir sans cesse à lutter contre ses mauvaises passions ; il

est décourageant d'obtenir des résultats aussi faibles. Les tentations nous harcèlent, les scrupules nous fatiguent, et dans notre ambition chagrine, nous bornons nos désirs à nous voir morts, enterrés et tranquilles dans le purgatoire. Et d'où vient ce souhait ? De ce que nous ne servons pas Jésus par amour. Si nous le faisions, il en serait de nous comme de Jacob ; les années nous paraîtraient des jours, à cause de la grandeur de notre amour. Examinons maintenant s'il nous est réellement impossible de servir Notre-Seigneur par amour.

Nous avons posé en principe que l'objet de la Confrérie est de faire prospérer les intérêts de Jésus, et que, pour obtenir ce résultat, le meilleur moyen est la prière. Or, le choix seul que nous avons fait de ce moyen spécial montre quelque chose de plus. Il est certainement possible de servir Dieu et de faire quelque chose pour les intérêts de Jésus avec un cœur sec et froid, absolument comme nous pouvons rendre un service à quelqu'un de mauvaise grâce, et comme si cela nous coûtait beaucoup de peine. Mais il n'est pas possible de servir Dieu par la prière, d'avancer les intérêts de Jésus par la prière sans affection ni tendresse. Une prière des lèvres où le cœur ne prend pas sa part est une irrévérence ou une distraction. Ainsi, vous le voyez, la Confrérie nous oblige en quelque sorte à servir Dieu par amour, et comme nous aimons notre Confrérie et que nous désirons la voir prospérer, nous devons, pour cette raison encore, chercher à servir Jésus par amour. Oh ! si je pouvais seulement persuader à un seul d'entre vous de le faire, quelle joie ce serait pour le ciel, quel bonheur pour Marie, quelle consolation pour le sacré cœur de Jésus ! Une âme de plus dans le monde qui sert Dieu par amour ! O doux Sauveur ! des milliers d'années passées dans la pénitence n'achèteraient point trop cher le plaisir de vous offrir une telle consolation ! Le soleil couchant et ses voiles de pourpre, les cieux et leur couronne d'étoile, les montagnes et leur parure, les mers et leur reflet brillant, les bois et leurs parfums, les fleurs et leur émail, sont loin d'égaler la beauté d'une âme qui sert Jésus par amour, au sein des douleurs de la vie commune dans cette vallée de larmes.

Chacun voudrait devenir un saint. Personne ne contestera cette proposition. On voudrait aimer Dieu comme les saints l'ont aimé ; comme eux, on voudrait toujours se sentir inondé d'une joie intérieure ; comme eux, on voudrait aller droit au ciel sans s'arrêter dans le purgatoire, et une fois dans le ciel monter bien haut, à cause de la grandeur de son amour. Nous pouvons savoir que nous sommes bien loin d'être des saints, et nous avons lieu de craindre de ne jamais le devenir. Nous n'avons pas la force de pratiquer comme eux de grandes austérités et des mortifications corporelles, nous n'avons pas le courage d'imiter leur généreux détachement des choses du monde, nous n'avons pas leur goût surnaturel pour les croix et les souffrances. Chacun sait cela, et pourtant qui ne voudrait devenir un saint, si cela était en son pouvoir ?

Mon intention n'est point ici de vous proposer de pénibles devoirs, encore moins de cruelles austérités. Je ne veux point vous entraîner au-delà des limites de la grâce, mais je désire vous faire une observation. Regardez tous les saints de tous les siècles, quelles qu'aient été leur histoire et leur place dans la société. Vous trouverez, en les comparant entre eux, que ce ne sont point leurs austérités qui les ont rendus saints. Ils diffèrent beaucoup les uns des autres, et pourtant ils se ressemblent tous. Quelques-uns ont opéré des miracles toute leur vie, comme saint Joseph de Copertino, religieux de l'ordre de Saint-François ; d'autres, comme saint Vincent de Paul, ont fait très-peu de prodiges. Quant à saint Jean-Baptiste, dont Notre-Seigneur a dit des choses si merveilleuses, il n'opéra jamais un seul miracle.

Plusieurs saints ont pratiqué des austérités effrayantes, et parmi eux sainte Rose de Lima ; beaucoup d'autres se sont contentés de se soumettre à la volonté de Dieu quand elle les éprouvait, et de lui sacrifier leur propre volonté : de ce nombre était saint François de Sales. Mais qu'ils aient opéré des miracles ou non, qu'ils aient ou non pratiqué des mortifications corporelles excessives, il est constant que tous sont marqués d'un caractère particulier qui leur appartient. Ils ont certains goûts, certaines inclinations auxquelles nous pourrions les reconnaître si nous les rencontrions. Et ce qui devrait nous remplir de joie, c'est que les principales marques de leur sainteté sont à notre portée, et nous pourrons, quand il nous plaira, nous les approprier sans faire des miracles étonnants ou des pénitences effrayantes.

Je n'entends point par-là que nous puissions facilement devenir des saints. Non ! mais je veux dire que les chemins qu'ils ont suivis pour arriver à aimer Dieu et à servir les intérêts de Jésus, nous sont également ouverts, et nous pouvons, quand nous le voudrons, acquérir ce qui les a rendus si chers au sacré cœur du Sauveur. Oui, leur héritage sera le nôtre si nous voulons seulement être des membres fervents de la Confrérie. En un mot, bien que les saints, différents entre eux sur presque tous les autres points, il y en a trois sur lesquels ils s'accordent tous, et ce sont : 4° le zèle pour la gloire de Dieu ; 2° la susceptibilité pour les intérêts de Jésus ; 3° enfin une active sollicitude pour le salut des âmes.

Mais avant de rien dire sur ce point, je dois chercher à prévenir toute erreur de votre part. Je serais bien affligé si ce que j'ai dit pouvait vous faire désespérer de devenir des saints avant votre mort. Quelques faibles que soient les probabilités, je me reprocherais toujours d'avoir été cause qu'il y ait un saint de moins sur la terre, et ce serait porter une grave atteinte aux intérêts de Jésus que ce petit livre a pour objet de faire prospérer. Permettez-moi donc de vous rapporter un trait de l'histoire d'une sainte, Hyacinthe Mariscotti, qui fut canonisée par Pie VII, en 1807. C'était une dame italienne de grande noblesse, et elle montra dès son enfance un goût très-vif pour la toilette et les parures. Ses parents l'envoyèrent dans un couvent pour faire son éducation ; mais, tout le temps qu'elle y passa, elle ne s'occupa que des vaines frivolités du monde. Son adolescence s'écoula ainsi au milieu de la dissipation. Plus tard elle désira se marier ; mais sa sœur ayant trouvé une heureuse alliance, tandis qu'elle ne recevait aucune offre, le dépit et l'envie s'emparèrent d'elle. Son caractère s'aigrit, et elle devint si désagréable, que personne ne pouvait l'approcher.

Son père, par folie ou par un sentiment plus déplorable encore, témoigna le désir de la voir prendre le voile, et bien qu'elle ne sentît en elle aucune vocation, elle pensa qu'autant valait faire cela qu'autre chose, et elle entra dans un couvent du tiers-ordre de Saint-François, à Viterbe. Quand elle y fut, on ne remarqua pas le moindre changement dans ses goûts ni dans ses habitudes ; le couvent paraît avoir été aussi relâché qu'il pouvait l'être, et elle n'y faisait absolument que ce qu'il lui plaisait. Saint Alphonse avait coutume de dire qu'il est plus aisé à une âme de se sauver au milieu des délices du monde, que dans un ordre religieux où la règle n'est pas respectée, et peu d'hommes ont eu autant d'expérience que lui dans la vie spirituelle.

La première chose que fit notre sainte fut de se faire construire un vaste appartement à ses frais ; elle le meubla dans le dernier goût et le décora, dit son biographe, avec somptuosité. Elle négligeait la règle, et ce qu'elle en suivait n'était, comme on peut le supposer, observé que de la manière la plus tiède et la moins satisfaisante. Elle devint de plus en plus vaine et ne pensait qu'à elle du matin au soir. Singulier apprentissage de la sainteté ! Et telle fut sa vie pendant dix ans. Alors Dieu lui envoya une maladie qui la mit aux portes du tombeau. Elle fit demander le religieux de Saint-François, qui était le directeur du couvent ; mais, à la vue de la magnificence de ses appartements, le saint prêtre refusa d'entendre sa confession, disant que le paradis n'était point ouvert aux personnes de sa sorte. « Eh quoi ! s'écria-t-elle, ne serai-je point sauvée ? » Il lui répondit que la seule chance de salut qui lui restât était de demander pardon à Dieu, de réparer le scandale qu'elle avait donné, et de commencer une nouvelle vie. Elle fondit en larmes, et, descendant au réfectoire où toutes les religieuses étaient assemblées à cette heure, elle se prosterna devant elles, et demanda pardon du scandale qu'elle avait donné.

Cependant, malgré tout son repentir, on n'aperçut point dans sa conduite de changement considérable, ou du moins héroïque. Elle ne remit pas tout d'un coup ses beaux meubles aux mains de la supérieure ; mais peu à peu et par degré elle améliora sa vie. De temps en temps il était nécessaire que Dieu lui envoyât quelque maladie pour qu'elle s'abandonnât entièrement à la grâce ; mais, enfin, le remords de sa conscience accomplit son œuvre avec une douce opiniâtreté ; chaque jour il s'enfonça de plus en plus dans ce cœur, jusqu'à ce qu'il se changeât en amour, et elle devint une sainte.

Cette histoire n'est-elle pas consolante ? Nous ne sommes que trop disposés à croire que les saints ont été, dès leur berceau, des gens extraordinaires qui, par une grâce spéciale, n'ont jamais perdu l'innocence du baptême, qui ont à peine senti la révolte des mauvaises passions, et qui certainement n'ont jamais connu la plus cruelle de toutes les luttes, un combat perpétuel contre les habitudes mauvaises et enracinées. Ou si telles ne sont point les idées que nous nous formons d'eux, nous pensons, du moins, que ce sont des personnes en faveur de qui Dieu est intervenu d'une manière extraordinaire, comme dans la conversion de saint Paul ou de saint Ignace. Aussi ne songeons-nous même point à devenir des saints. Mais l'histoire de sainte Hyacinthe nous offre un point de vue entièrement différent : à des années passées dans la tiédeur, les péchés véniels et une indigne vanité, succède une demi-conversion, suivie peu à peu de nouveaux progrès dans le bien, comme il pouvait arriver à plusieurs d'entre nous.

Voyez comme cette histoire fait ressortir une excellente et consolante remarque du Père Baker[1] : « Quant aux âmes, dit-il, que des motifs extérieurs ont engagées à embrasser la vie religieuse, qu'elles n'aillent pas, dans leur désespoir, penser qu'elles ne peuvent retirer aucun profit de ce saint état, parce qu'elles y sont entrées d'une manière peu convenable; non, qu'elles espèrent plutôt que, par un effet particulier de la providence de Dieu, elles ont été, en dépit de leurs intentions et de leur volonté, amenées à un genre de vie qui, si elles en remplissent les devoirs, sera pour elles une source de bénédictions. Beaucoup de personnes se sont trouvées dans ce cas, et sont devenues de grands saints, après que Dieu leur eut accordé la lumière pour voir la perversité de leurs intentions et la grâce pour les rectifier. Par ce moyen, « eux qui avaient commencé par la chair ont fini par l'esprit. » Combien de personnes, dans les maisons religieuses, dans l'état ecclésiastique, ou même de celles qui mènent une vie dévote dans le monde, pourront puiser un nouveau courage dans ces paroles, dans cet exemple, pour commencer une vie nouvelle, quand même elles l'auraient déjà mille fois tenté en vain ! Ce qui nous manque maintenant, c'est d'imiter les dernières années de sainte Hyacinthe.

Et comment parviendrons-nous à suivre l'exemple de cette sainte ? En gravant profondément en nous-mêmes les trois traits caractéristiques qui marquent les saints : le zèle de la gloire de Dieu, un tendre dévouement aux intérêts de Jésus, et une grande sollicitude pour le salut des âmes ; car en ces trois choses consiste la sympathie avec Jésus. Or, la sympathie est à la fois le fruit et l'aliment de l'amour, et l'amour c'est la sainteté. Un saint n'est autre chose qu'une âme qui aime Jésus au-delà des limites d'une dévotion ordinaire, et qui, en retour, reçoit des grâces extraordinaires et peu communes.

---

1   *Sancta Sophia*, 1, 175.

Ce qui caractérise les saints. Le zèle pour la gloire de Dieu.

La vérité première et fondamentale de la religion est que notre fin, dans ce monde, est de glorifier Dieu en sauvant nos âmes : tel est notre unique objet, notre unique affaire ; tout le reste est en dehors du but qui nous est prescrit. Nous trouvons dans les autres créatures autant de secours ou autant d'obstacles dans l'accomplissement de notre tâche, et suivant qu'elles sont l'un ou l'autre, nous devons nous en rapprocher ou nous en éloigner. En partant de ce principe fondamental, et en vertu des deux préceptes de l'amour de Dieu et de l'amour du prochain, nous arrivons à cette conclusion : qu'il est de notre devoir de chercher la gloire de Dieu dans le salut de l'âme de notre prochain, aussi bien que dans le salut de la nôtre. Or, il est évident que si nous aimons Dieu, nous serons zélés pour sa gloire, et plus notre amour sera grand, plus grand aussi sera notre zèle. Quand nous avons pris à cœur une entreprise quelconque, il est certain que nous la poursuivrons avec ardeur et persévérance. Eh bien ! lorsqu'un homme aime Dieu avec passion, toutes ses idées se tournent vers un point fixe et unique. Il envisage tout sous un seul point de vue. Il considère le commerce et les autres professions de la vie comme autant d'inconvénients qu'il faut subir, mais qui le détournent de son unique ouvrage. Il cherche partout et en toute chose la gloire de Dieu. Telle est la dernière pensée avec laquelle il s'endort, la première qui le réveille. S'il obtient quelque crédit, quelque autorité, quelque influence, il se demande d'abord : « Quel usage pourrai-je faire de cette puissance pour la gloire de Dieu ? » S'il lui survient quelque infortune, telle est également la première question qu'il s'adresse à lui-même. Qu'un héritage lui apporte quelques biens, il songe tout d'abord à les consacrer au service de Dieu. Il s'intéresse à l'Église et aux pauvres, à l'éducation de l'enfance, à la réforme du vice, parce qu'en toutes ces choses la gloire de Dieu abonde. Un homme du monde, par exemple, jette les yeux sur cet immense système de chemins de fer et de bateaux à vapeur qui enveloppe le globe comme un réseau. Il calculera les effets probables de cette invention sur les gouvernements, les constitutions des peuples sur la littérature, le commerce et la civilisation. Ce problème l'absorbe tout entier. L'homme de Dieu, en présence du même spectacle, songe combien ce système va favoriser les entreprises des missionnaires, comment il rapprochera les catholiques, à quel point il facilitera les communications avec le Saint-Siège, ce qui constitue la liberté de l'Église ; en un mot, il calcule tous les avantages que, sous ces rapports et sous mille autres semblables, la gloire de Dieu pourra retirer de l'invention de la vapeur. Quand l'esprit d'un homme s'est livré à la politique, qu'il s'est enrôlé sous un drapeau, soit celui du gouvernement, soit celui de l'opposition, tout ce qui vient à tomber sous ses regards lui apparaît au point de vue de l'intérêt qu'il a embrassé. Il envisage sous un seul rapport l'état des moissons, les chances d'une mauvaise récolte, nos relations à l'étranger, les mécontentements intérieurs, les ouvriers en grève, les bulles du Pape, et il se dit : « Quelle sera l'influence de ces différents objets sur la cause que je sers ? » Il en est de même de l'homme qui aime Dieu ; il envisage toute chose sous le rapport plus ou moins probable qu'elle peut avoir avec la gloire de Dieu. Je ne prétends point dire qu'il y pense sans cesse, et que son intention soit toujours fixée sur ce point ; cela serait presque impossible, presque au-dessus de la nature humaine. Mais je veux dire que c'est sa pensée de prédilection, et qu'il y revient sans cesse, comme fait un homme qui aime avec passion ou qui convoite ardemment une chose.

Or, cela n'est pas bien pénible et n'oblige à aucune austérité. Nous pouvons commencer tranquillement, sans nous fatiguer d'abord, et ensuite laisser les choses prendre leur cours : c'est ainsi que se forment et se développent les habitudes. Adressons chaque matin une courte prière à Dieu, afin qu'il nous accorde son amour pour chercher sa gloire, et sa lumière pour la trouver durant toute la journée. Renouvelons ensuite, deux fois chaque jour, notre intention de nous vouer tout entiers à la recherche de sa gloire. Demandons cette grâce dans nos communions, à la fin de notre chapelet, et dans nos examens de conscience. L'oublions-nous parfois : ne nous en inquiétons pas ; l'habitude réformera tout, et Dieu lui-même ne tardera pas à venir à notre aide d'une manière surnaturelle, quand nous aurons persévéré quelques mois dans cette pratique ; mais pas auparavant, rappelez-vous-le bien. Telles sont ses voies ordinaires ; il attend, pour voir si nous persévérerons, tout en nous prodiguant effectivement des secours pendant ce temps, car autrement nous ne saurions persévérer ; mais il se réserve de nous venir en aide d'une autre manière encore, à un intervalle peu éloigné. Il n'y a rien de pénible dans tout cela ; et pourtant, si nous étions fidèles à cette pratique, combien aurions-nous franchi de cette distance qui nous sépare des saints ! quels progrès auraient faits les intérêts de Jésus avant qu'une année fût écoulée !

Une grande sensibilité en ce qui touche les intérêts de Jésus
Je dirai plus, la susceptibilité au sujet de ces intérêts. J'emploie à dessein ce mot, parce qu'il exprime parfaitement ma pensée, et je ne connais pas d'autre terme qui puisse la rendre aussi bien. Nous savons tous ce que c'est que d'être susceptible quand il s'agit de nos propres intérêts ou des intérêts de ceux qui nous sont attachés par les liens du sang ou de l'amitié. Comme nous prenons feu au moindre soupçon, à la moindre alarme, nous sommes toujours sur nos gardes avec une jalouse vigilance, comme si nous remarquions dans tous ceux que nous rencontrons le dessein de nous nuire. Comme nous sommes prompts à nous plaindre, parfois, si nous ne prenons garde, nous sommes portés à juger les autres sévèrement, ou bien nous nous emportons et nous parlons sans ménagement. Appliquez maintenant cette conduite aux intérêts de Jésus, et vous aurez une idée parfaitement juste de ce qu'est un saint. Pourtant, il n'est pas rare de rencontrer des personnes pieuses qui ne comprennent point cette manière d'agir, qui la blâment comme étant également extravagante et indiscrète ; et elles parlent ainsi simplement, parce qu'elles ne savent pas servir Dieu, ou du moins le servir par amour. Un homme qui a une pareille susceptibilité touchant les intérêts de Jésus, vient-il à apprendre quelque scandale, il s'en afflige profondément. Il y songe le jour et la nuit ; il en parle l'amertume dans le cœur ; et tout le temps que dure le scandale, il ne saurait goûter aucune jouissance. Ses amis ne peuvent concevoir l'importance qu'il y attache, ni la douleur qu'il en éprouve. Cette affaire, disent-ils, ne le concerne point et ne jette sur lui aucun déshonneur. Ils sont prêts à l'accuser d'affectation ; mais ils ne voient pas l'amour dont il brûle pour Jésus, et le chagrin réel qu'il ressent de voir les intérêts de son bien-aimé Rédempteur ainsi compromis. Ils s'indigneraient pendant un mois des vexations que leur coûte quelque procès injuste et odieux ; mais qu'est-ce que cela comparé au moindre obstacle jeté dans la voie des intérêts de Jésus ? Certes, un homme qui n'est point

convaincu de cette vérité mérite à peine le nom de chrétien.

Une autre manière de faire éclater cette susceptibilité pour les intérêts de Jésus, c'est un tact particulier pour découvrir, pour détester l'hérésie et toutes les fausses doctrines. L'intégrité de la foi véritable constitue l'un des plus chers intérêts de Jésus ; aussi, un cœur pénétré d'un amour sincère pour son Seigneur et son Dieu, souffre-t-il au-delà de toute expression quand il entend exposer de fausses doctrines, surtout parmi des catholiques. Toute opinion qui tend à faire oublier Notre-Seigneur on mépriser sa grâce, à porter atteinte à l'honneur de sa Mère, à avilir les sacrements ou à diminuer tant soit peu des prérogatives de son Vicaire sur la terre, chacune de ces propositions, dans le cours d'une conversation ordinaire, le blesse au point qu'il en ressent même une douleur physique. Les gens qui ne réfléchissent pas se sentiront scandalisés de ce que j'avance ; et pourtant, qu'on ose attaquer devant eux l'honneur ou la chasteté de leur mère ou de leur sœur dans un langage insolent et grossier, il n'est point de violence, fût-ce l'effusion du sang, à laquelle ils ne se croient en droit de recourir. Cependant, qu'est-ce que l'honneur d'une mère en comparaison de la dignité de Jésus ? qu'est-ce que la réputation d'une sœur comparée au plus faible titre de la majesté de Marie ? Et ne trouverai-je pas mille fois davantage l'amour d'une mère et l'affection d'une sœur dans le Siège de saint Pierre que dans tous mes parents, ces êtres de chair et de sang réunis ensemble ? Je ne suis pas obligé en conscience à mourir pour sceller de mon sang ma foi en la vertu de ma mère, mais je serais un misérable si j'hésitais à sacrifier ma vie pour l'honneur légitime du Saint-Siège. Aussi, ne trouverez-vous pas un seul saint qui, dans le fond de son cœur, n'ait entretenu cette douleur causée par l'amour, cette peine à souffrir la voix de l'hérésie et des fausses doctrines ; et, quand cette pieuse horreur n'existe pas, alors, aussi vrai que le soleil brille dans les cieux, l'amour de Jésus est faible et languissant dans le cœur de l'homme.

Cette susceptibilité peut éclater, selon les circonstances, au sujet de tous les intérêts de Jésus, que nous avons mentionnés dans le premier chapitre. Nous devons cependant ajouter une remarque. Il peut arriver parfois que l'amour d'un homme pour Notre-Seigneur dépasse les bornes de sa vertu ordinaire, et que, dans son zèle, il devienne indiscret, impatient, violent ou acariâtre ; il soupçonne quand rien ne donne lieu au plus léger soupçon, et il ne supporte point l'indolence ou la froideur des autres, comme il devrait le faire s'il était plus familier avec les habitudes de la charité. Cette conduite est souvent nuisible à la dévotion ; car nul n'est jugé avec moins d'indulgence, avec une plus froide rigueur que ceux qui font profession de suivre la vie dévote. Ils doivent pourtant avoir leurs défauts et leurs imperfections ; ils ont à traverser les phases les plus dures de la vie spirituelle, mais ils doivent se consoler en pensant que souvent, tandis que les hommes les blâment, Jésus les loue ; il n'est point jusqu'aux imperfections mêmes de leur amour naissant qui ne lui soient chères, tandis qu'il hait les sages critiques et la pompeuse modération de leurs censeurs.

Il n'est certainement pas bien pénible d'entretenir en soi cette susceptibilité pour les intérêts de Jésus ; et pourtant, c'est un des traits principaux du caractère des saints. Ne trouvons-nous point l'expérience digne d'être tentée ? Peut-il être dans la vie un plaisir aussi grand que d'aimer Jésus et de le servir par amour ? Commençons aujourd'hui : l'entreprise n'a rien de pénible, nous n'avons qu'à méditer un peu davantage sur l'amour divin, prier Dieu de l'accroître en nous, et alors nous sommes bien sur la route. Sans nous imposer aucun lien, aucune obligation, la Confrérie nous met en état de partir sur-le-champ.

La sollicitude pour le salut des âmes
Tel est le troisième et dernier instinct des saints, qui forme la sympathie entre Jésus et nous. Le monde et les intérêts purement matériels s'élèvent tous contre nous ; ils nous emportent comme un tourbillon. Ce qui frappe nos yeux produit beaucoup plus d'impressions sur nous que ce que nous croyons. Pourtant Jésus est venu dans le monde pour sauver les âmes ; il est mort pour elles ; c'est pour elles qu'il a versé son précieux sang. Ses intérêts prospèrent en raison du nombre d'âmes qui se sauvent ; et réciproquement, plus il se perd d'âmes, plus les intérêts de Jésus souffrent ; notre âme seule mérite que nous pensions à elle. Songez seulement ce que c'est que d'être perdu, perdu pour l'éternité ! Qui peut sonder cet abîme d'horreur ? qui saurait peindre, dans leur réalité, et cette désolation complète, et cette misère incommensurable, et ces insuppor-

tables tortures, et ce désespoir impuissant et furieux ? Et pourtant, sainte Thérèse vit les âmes des hommes se précipiter en foule par les portes béantes de l'enfer, comme ces tourbillons de feuilles mortes que le vent d'automne emporte avec soi. Et Jésus est resté suspendu pendant trois heures à la croix pour chacune de ces âmes à jamais perdues ! et toutes pourraient maintenant briller pures et radieuses dans le royaume des cieux ! et elles nous ont aimés peut-être, et nous les avons aimées et elles étaient dignes de l'être ! Elles étaient généreuses, bonnes, dévouées ; mais elles ont aimé le monde, elles ont été subjuguées par leurs passions, et, sans y penser à peine, elles ont de nouveau crucifié Notre-Seigneur. Et maintenant les voilà perdues, perdues pour l'éternité !

Pourquoi s'étonner si les serviteurs de Jésus pleurent sur ces âmes quand lui-même a pleuré sur elles ! Aussi, est-ce pour cela qu'on voit ces fidèles amis du Christ toujours occupés de fonder des missions, des écoles, des ordres religieux, d'ouvrir des retraites, des jubilés et de gagner des indulgences. Ils ont mille pieux projets en tête, et s'ils ne peuvent les mettre à exécution, ils prient ; ils ne s'occupent guère que des âmes ; ils sacrifient tout pour les âmes. Peu leur importent et les outrages qu'ils essuient, et les désappointements qu'ils rencontrent, et les erreurs dans lesquelles ils tombent d'abord. Ils sont tout aux âmes ; ils tendent chaque matin de nouveaux filets pour prendre les âmes ; ils ne se laissent point abattre quand ils ne voient pas tout d'abord sur quels trésors, sur quels hommes ils peuvent compter pour les aider dans l'exécration de leurs pieux desseins ; mais ils se consolent en pensant que toute œuvre, qui a pour objet les âmes, est une œuvre complète par elle-même, aussi longtemps qu'elle dure ; car propager les effets de la grâce et les mérites du précieux Sang est une chose désirable par elle-même et bénie de Dieu. Aussi l'Église, cette Mère des âmes, encourage-t-elle tous ces exercices qui viennent de temps en temps ranimer la piété des fidèles, les retraites, les missions et les jubilés ; parce qu'une de ces choses est complète en soi-même et pendant tout le temps qu'elle dure. Pendant que quelques-uns parlent, considèrent, critiquent, se découragent et affaiblissent la main et le cœur des autres, ceux qui aiment Jésus continuent leur œuvre en toute simplicité, sans s'inquiéter du lendemain.

On pourrait écrire des volumes entiers sur cette passion pour les âmes ; elle vient naturellement dans les cœurs où règne un véritable amour pour Jésus. Ce n'est point à Pierre seul, mais à tous ceux qui aiment qu'il a été dit : « Une fois converti, affermissez vos frères dans la foi ; » et encore : « M'aimez-vous plus que ceux-ci ? paissez mes brebis. » Et chacun de nous n'a-t-il pas à sa disposition une foule de moyens à l'aide desquels il peut concourir au salut des âmes ? Et du moins, quand nous intercédons en faveur de nos frères, l'Église n'est-elle point ouverte à l'influence puissante et régénératrice de nos prières, comme au Pape lui-même ?

Voilà donc les trois choses principales qui font les saints : le zèle pour la gloire de Dieu, la susceptibilité pour les intérêts de Jésus et la sollicitude pour le salut des âmes. La réunion de ces trois vertus transforme l'âme, lui donne quelque chose d'angélique, et, plus que tout le reste, nous assure notre salut éternel. Tels sont les trois caractères que la Confrérie cherche à développer en nous. Nous avons vu combien cela est aisé, si nous voulons seulement apprendre à aimer Jésus et à le servir par amour. Ni le sexe, ni l'âge, ni la position sociale ne sont des obstacles à la pratique de ces vertus. Et comme le monde changerait de face si quelques fidèles voulaient sérieusement imprimer ce triple caractère à leur âme, et s'ils poursuivaient tranquillement leur œuvre chaque jour de la vie, et dans la prière de chaque jour !

Quand un homme meurt, ses amis disent parfois de lui, pour faire l'éloge de son activité, de son énergie et de la concentration de ses idées sur un seul point : « Il a consacré toute sa vie à l'achèvement de cette importante ligne de chemins de fer ; ou encore, l'unique but de ses travaux a été d'arracher au gouvernement un système d'éducation plus développé pour le peuple ; ou bien, il s'est dévoué tout entier à la cause du libre échange, ou enfin, il est mort martyr de ses efforts en faveur de la cause contraire. Il n'avait que cette seule idée ; elle a grandi avec lui ; il ne pouvait penser à autre chose : ni le temps, ni l'argent n'étaient épargnés pour avancer d'un pas le triomphe de sa cause favorite a et de l'intérêt qu'il avait épousé. Il a consacré sa vie à emplir sa tâche, et il l'a bien remplie, parce qu'il s'y a est dévoué tout entier, qu'il y a mis son cœur et son âme ; le monde lui doit beaucoup. » — Eh bien ! je vous le demande, pourquoi ne dirait-on pas de nous : « Il n'est plus ; cet homme n'avait qu'une idée, il n'avait qu'un désir : que le règne de Dieu arrive, que sa volonté soit faite sur la terre comme au ciel. Le reste n'était rien a pour lui. Son zèle le dévorait ; dans le repos, dans la veille, il poursuivait son œuvre ; nul obstacle ne pouvait l'arrêter ; il n'épargnait ni son temps, ni ses trésors pour parvenir à sa fin, et quand toutes ces ressources lui faisaient défaut, il assiégeait le ciel de ses prières. Il n'existait point d'intérêt pour lui hors de son œuvre de prédilection ; elle était pour lui une nourriture, un breuvage ; elle le tenait entièrement subjugué, et maintenant il n'est plus. Non ! il n'est plus ; mais, tandis que l'autre homme a dû laisser derrière lui ses chemins de fer et son pain à bon marché, notre ami a emporté tout son amour, toutes ses souffrances, toutes ses prières au tribunal de Jésus, et là ce que ces puissants avocats ont fait pour lui, l'œil de l'homme ne l'a point vu, son oreille ne l'a point entendu, et son cœur ne l'a point conçu. »

Songez donc souvent à ces trois caractères, à cette simple méthode des saints pour servir Jésus par amour. Voulez-vous savoir ce qu'elle produit dans le cœur d'un homme pieux, ne s'agit-il que d'objets de peu d'importance ? Écoutez, il y avait un vieux Jésuite espagnol qui ne pouvait résoudre d'aucune façon cette question : Vaut-il mieux gagner une indulgence pour l'âme du purgatoire la plus négligée, la plus abandonnée, ou pour celle qui touche à sa délivrance et à son entrée dans la gloire éternelle ? Le choix était embarrassant ; chacun de ces deux actes était doux au cœur de Jésus, mais lequel était le plus doux ? lequel Notre-Seigneur approuvait-il davantage ? Il avait le cœur si compatissant, ce bon Père, qu'il penchait beaucoup vers la pauvre âme abandonnée, précisément à cause de son abandon même ; il souffrait à l'idée de replonger cette âme dans l'oubli. Mais enfin il se décida en faveur de l'autre, et voici ses raisons. Il paraît plus compatissant, il est vrai, de prier pour l'âme qui en a le plus besoin, puisque son infortune est plus grande ; toutefois, la charité est une vertu supérieure à la compassion, et c'est un grand acte de charité d'offrir l'indulgence en faveur de l'âme qui a été la plus juste, qui a eu le plus d'amour pour Dieu, en n'agissant ainsi que pour la plus grande gloire de la majesté de Dieu, considéré comme créateur de cette âme. En effet, elle est sur le point d'entrer dans les cieux, où elle commencera à glorifier Dieu, et à faire jaillir en son honneur une source inépuisable de louanges et de bénédictions. Cet homme avait réellement du zèle pour la gloire de Dieu. Non, une âme ne devient point la véritable conquête de Jésus sans qu'auparavant la sainteté ne la pousse vers le rivage de la céleste patrie. Alors, notre divin Rédempteur la présente à son Père comme un trophée de sa Passion ; et ne valait-il pas mieux faire attendre la pauvre âme oubliée dans le purgatoire, que de faire attendre Jésus dans le ciel ? Et d'ailleurs, toute cette tristesse qu'éprouvait le bon religieux à laisser là l'âme abandonnée, n'amènerait-elle pas le sourire sur les lèvres de Jésus, et ne ferait-il rien alors pour elle ? Voilà de la susceptibilité pour les intérêts de Jésus. Et puis, pensait le bon Père, plus tôt cette âme qui touche au ciel y fera son entrée, plus tôt elle commencera à faire descendre les grâces de Dieu sur mon âme et sur celle de tous les pécheurs sur la terre. Voilà de la sollicitude pour le salut des âmes. Ainsi donc, le bon religieux gagnait l'indulgence pour l'âme qui touchait au ciel, non sans jeter un soupir et un regard d'amour vers Marie, et sans garder au fond du cœur l'espoir consolant que Jésus ferait quelque chose de plus pour la pauvre âme oubliée. La décision du bon religieux semble appuyée sur de puissantes autorités. En effet, dans une des révélations faites à la sœur Françoise du Saint-Sacrement, religieuse espagnole de l'Ordre de Sainte-Thérèse, il lui fut dit qu'une foule d'âmes sortaient du purgatoire le soir de la Commémoration des morts, et que c'était en faveur de celles qui touchaient aux portes du ciel que Dieu exauçait de préférence les prières de l'Église universelle en ce jour[2]. D'un autre côté, nous savons que saint Vincent avait une dévotion spéciale pour les âmes les plus abandonnées[3] : mais c'est qu'il était voué au service des âmes abandonnées ; il était, pour ainsi dire, leur propriété, leur patrimoine.

Le Jésuite était imbu de ce sage principe, qu'il devait se rendre compte de toutes ses actions. Je ne veux point dire que vous soyez obligé d'être aussi rigoureux ; mais cet exemple montre comment les trois caractères de la sainteté peuvent pénétrer une âme pieuse, et exercer une influence jusque sur ses moindres actions et ses dévo-

---

2 *Vit*, 171.

3 Saint Vincent de Paul peint par ses écrits.

tions les plus secrètes. Et tel est l'unique objet de ce petit Traité. Je me propose de recueillir pour vous dans la Vie des saints, et dans les œuvres des écrivains ascétiques, un certain nombre de pratiques faciles et intéressantes qui vous aideront à imprimer ces trois caractères dans votre âme, afin que vous fassiez avancer les intérêts de Notre-Seigneur à chaque heure de votre vie, et, en même temps que vous vous formiez à la sainteté de la manière la plus agréable possible.

Vous pouvez choisir parmi ces pratiques. Aucune d'entre elles n'est obligatoire ; tout est volontaire. Vous n'êtes même point tenu, si vous en choisissez une, de choisir la plus sublime, la meilleure, celle qui se rapproche le plus de la perfection ; car il peut fort bien arriver qu'elle ne soit pas celle qui vous convient le mieux. Prenez ce qui est plus conforme à vos goûts ; il n'est nullement nécessaire de faire de vos dévotions des mortifications. C'est là une notion erronée, anticatholique, et que je voudrais bannir de l'esprit de tous les convertis. Au premier coup d'œil, c'est admirable, mais déplorable à l'œuvre ; et cela aboutit toujours à l'indifférence et au relâchement. Je veux vous amener à servir Jésus par amour, et, pour cela, il faut que vous y trouviez du bonheur, et que vous suiviez votre penchant à la dévotion.

Six avantages qui résultent de l'application de nos indulgences aux âmes du purgatoire

Avant de terminer ce sujet, je désire si ardemment voir votre esprit imbu des principes que j'ai établis, que je vais, en finissant, développer une question qui vous est familière à tous. Certaines gens consacrent toutes les indulgences qu'ils gagnent aux âmes du purgatoire ; d'autres les gardent eux-mêmes, et il n'y a pas à intervenir dans l'un ou l'autre parti. En effet, qui oserait dire que nous ne sommes pas libres de faire une chose, quand l'Église nous laisse la liberté d'agir ainsi ? Néanmoins, je vais, pour un moment, me ranger de l'un de ces deux côtés ; j'espère jeter ainsi quelque lumière sur la cause que je défends ; et je m'en tiendrai strictement à l'opinion des théologiens et des écrivains spirituels.

La grâce est un si grand bienfait, que nous devons chercher à l'augmenter par tous les moyens possibles ; et il n'est pas de voie plus courte pour mener à ce but que de changer la satisfaction en mérite. Nous obtiendrons ce résultat en gagnant des indulgences pour les âmes du purgatoire. Cette dévotion nous amassera de grands trésors spirituels, et, en même temps qu'elle sera agréable à Dieu, nous en retirerons une utilité immense pour nous-mêmes. Examinons quelques-uns des fruits que produit cette dévotion, et puisons dans cet examen une libéralité nouvelle envers ces filles de Dieu, ces épouses du Saint-Esprit, pour les assister de nos prières, et les offrir toutes pour elles avec la satisfaction de nos bonnes œuvres, sans craindre d'en perdre par là le fruit pour nous-mêmes. En réalité, on fait un gain immense en ne réservant pour soi aucune part dans ses propres satisfactions, dans les indulgences que l'on gagne, mais en les offrant toutes pour les saintes épouses de notre bien-aimé Rédempteur, qui gémissent au milieu des plus cruelles souffrances.

Le premier fruit que nous recueillerons sera l'augmentation de nos mérites. De trois récompenses que Dieu accorde aux bonnes œuvres des justes, à savoir : le mérite ; l'impétration et la satisfaction, la plus grande est le mérite, car il nous rend plus agréables à Dieu, il resserre les liens de notre amitié avec lui ; nous recevons des grâces plus abondantes, et nous acquérons ainsi de nouveaux titres à la gloire éternelle. Il est donc évident que, si un homme parvient à échanger la satisfaction, prix de ses bonnes œuvres, contre autant de mérite nouveau, indépendant du mérite qu'il avait déjà acquis et supérieur à ce mérite, il aura gagné beaucoup à cet échange. Raisonnons donc d'après ce principe. La gloire des bienheureux est, sans comparaison, un bien beaucoup plus réel, beaucoup plus grand que les souffrances du purgatoire ne sont un mal ; par conséquent, un droit à une augmentation de gloire vaut mieux qu'un droit à une diminution de peine. Or, celui qui offre les satisfactions de ses bonnes œuvres et les indulgences qu'il a gagnées pour les âmes du purgatoire, fait absolument l'échange dont nous avons parlé ; il convertit ces satisfactions en mérites. Dans cette charité se trouve un acte héroïque de vertu, par lequel il obtiendra la vie éternelle au moyen de cette satisfaction convertie en mérite, et qui, autrement, ne lui eût point ouvert la porte des cieux. Non, une simple satisfaction n'eût jamais produit pour lui ce glorieux résultat ; mais une fois convertie en mérite, elle le sert lui-même en venant au secours des autres. Ce point demande quelque réflexion. Outre, comme nous l'avons dit, que la gloire du ciel est infiniment plus un bien que le purgatoire n'est un mal, il faut nous rappeler qu'un accroissement de gloire est une chose éternelle ; tandis qu'un allégement des souffrances du purgatoire est passager comme le purgatoire lui-même ; de sorte que la distance entre l'augmentation de gloire et le soulagement apporté aux souffrances du purgatoire est de même également infinie. La jouissance des biens éternels, même au plus faible degré, ne serait pas trop chèrement achetée par les souffrances et les maux temporels les plus violents. Nous devons ajouter qu'il faut, en toute chose, faire ce qui est le plus agréable aux yeux de Dieu, sans rechercher ce qui conviendra le mieux à nos intérêts et à nos goûts, mais ce qui plaira davantage au Seigneur. Il vaut mieux plaire à Dieu que de s'épargner des souffrances, et pourtant un homme qui garde pour lui-même les satisfactions et les indulgences qu'il peut gagner, agit ainsi parce qu'il désire s'épargner des souffrances; tandis que celui qui les offre toutes en faveur des âmes du purgatoire se rend par là même plus cher à Dieu, par un raffinement d'amour dans cet acte héroïque de compassion et de charité qu'il n'était point tenu de faire, mais qu'il a fait dans un élan généreux de sa libre volonté.

Les saintes âmes du purgatoire ne peuvent retirer de leurs souffrances aucun gain, aucun profit ; l'heure où l'on cesse de mériter a sonné pour elles ; et tant qu'elles gémissent dans ce lieu de douleurs, la Jérusalem céleste demeure privée de ses citoyens, et l'Église, sur la terre, de protecteurs qui intercèdent pour elle auprès de Dieu. De là un second fruit de notre dévotion. Cette âme, à laquelle nous avons ouvert les portes du purgatoire, a contracté envers nous une obligation toute particulière, d'abord, à cause de la gloire dont nous avons hâté l'heure pour elle, ensuite, à cause des terribles souffrances auxquelles nous l'avons arrachée. Aussi est-ce pour elle un devoir d'obtenir sans cesse, pour ses bienfaiteurs, les grâces et les bénédictions de Dieu. Les bienheureux savent combien est grand, infini, le bienfait qu'ils ont reçu, et comme ils sont essentiellement reconnaissants, ils s'efforcent de montrer une gratitude proportionnée au bonheur dont ils jouissent. Ainsi, quiconque offre les indulgences qu'il gagne en faveur des âmes du purgatoire, trouvera en elles, dans la cour des cieux, autant d'agents pour veiller sur ses intérêts éternels; et il vaut mieux, pour un homme, assurer son salut dans cette vie, au moyen des grâces qu'obtiendra en sa faveur cette multitude de protecteurs célestes, que de se soustraire au risque de faire un séjour un peu plus long dans le purgatoire, parce qu'il aura abandonné à d'autres le fruit des indulgences qu'il a gagnées. Mais nous n'avons point seulement droit à l'amitié des âmes que nous avons délivrées ; nous obtenons, en outre, l'amour de leurs anges gardiens et des saints pour lesquels ces âmes avaient une dévotion spéciale ; nous devenons en même temps plus chers au sacré Cœur de Jésus, à cause du plaisir qu'il ressent de la délivrance de son épouse chérie et de son entrée dans la joie du ciel.

Mais nous pouvons encore retirer de cette dévotion un troisième fruit qui n'a pas moins d'utilité pour nous. C'est un grand bonheur de posséder dans les cieux quelqu'un qui, grâce à nous et pour nous, aime, loue et glorifie Dieu. Quiconque a pour Dieu un amour tendre et fervent ne cesse point de faire tous ses efforts pour que la Majesté divine soit exaltée et glorifiée : toutefois, au milieu des misères et des péchés de cette vie, il ne nous est point permis de rendre à cette adorable Majesté les hommages et le culte que les bienheureux lui rendent dans le ciel. Oh ! alors, quelle joie et quelle consolation pour nous de penser que d'autres, arrachés par nos prières aux flammes du purgatoire, remplissent pour nous ce sublime devoir, et, tandis que nous languissons encore sur cette terre, qu'ils ont déjà entonné dans le ciel le cantique des louanges éternelles ! Certes, il ne peut y avoir d'âme assez heureuse pour parvenir au purgatoire, qui ne soit plus sainte que la nôtre et plus propre à glorifier Dieu. Et, s'il en est ainsi, nous avons donc placé dans les cieux une âme qui procurera à Dieu une gloire plus grande que nous ne saurions le faire si nous y étions nous-mêmes. Tandis que nous nous occupons à manger, à boire, à dormir, à travailler sur la terre (ô délicieuse pensée ! ô précieuse consolation !), il y a dans le ciel une âme, ou plutôt, j'aime à le croire des âmes dont nous avons hâté le bonheur ; et qui, sans interrompre un moment leur cantique indicible d'amour ; adorent, glorifient sans cesse la majesté et la beauté du Très-Haut.

Ce n'est pas tout, cette généreuse dévotion produit un quatrième fruit. Ce n'est pas seulement sur nos têtes que nous accumulons ces trésors de grâce, d'autres y participent également, car nous réjouissons et l'Église militante et l'Église triomphante. Grande est la fête dans le ciel quand un élu vient grossir le nombre des citoyens de la Jérusalem céleste ; car, si les saints voient avec des transports de joie la pénitence d'un pécheur qui peut néanmoins retomber dans son crime, quel doit être leur bonheur quand ils reçoivent dans leur sein un nouveau Citoyen qui ne peut plus offenser Dieu ! Son ange gardien se réjouit aussi, et reçoit mille félicitations des esprits bienheureux pour le succès avec lequel il a rempli ses fonctions tutélaires. Enfin, la joie se répand parmi les saints pour lesquels l'âme du nouvel élu avait une dévotion spéciale, et parmi ses parents, ses amis, dont il va rejoindre le chœur bienheureux. Marie se réjouit aussi du succès de ses prières multipliées, tandis que Jésus recueille avec amour et bonheur la moisson qu'il a arrosée de son précieux sang. L'Esprit-Saint daigne se réjouir du triomphe de ses dons et de ses inspirations innombrables, et le Père éternel se complaît dans la perfection où est parvenue la créature de son choix, qu'il a supportée si longtemps avec tant de compassion. L'Église militante a aussi sa part de joie : elle a trouvé un nouvel avocat. Les parents, les amis, la famille de cette âme jamais bienheureuse, la communauté, la nation à laquelle elle appartient, tous ont lieu de se réjouir de son triomphe. Oui, tous les prédestinés, et, en effet, toute la nature, ont trouvé une source de joie quand une autre créature entre dans la joie de son Créateur.

Mais nous pouvons recueillir un cinquième fruit de notre dévotion. L'amour ne souffre point de délai. Laisserons-nous dormir, et pendant de longues années peut- être, ce trésor qui pourrait servir merveilleusement la gloire de Dieu et les intérêts de Jésus ? Pour le présent, nous pouvons n'avoir aucun besoin de nos satisfactions ni de nos indulgences. Mais, si nous les enfouissons dans le trésor de l'Église, qui sait combien d'années s'écouleront avant que nos richesses puissent être de quelque utilité, en admettant même que la théorie de Lugo soit vraie et que toutes les satisfactions offertes par les saints soient consommées avant le jour du jugement[4]. Oh ! pourquoi tarder à mettre ce talent au service de Dieu en ouvrant tout d'abord les portes du purgatoire à quelques saintes âmes, qui com-

---

4   La doctrine de ce passage, tel que le présentait la première édition, était fondée sur un passage douteux de Niéremberg, *Avarizia tanta*, c. 27. Maintenant elle a été rectifiée d'après la théorie de Lugo, *De Sac Pcenit*, disp. 26, sec. 2, n. 24.

menceront, dès ce soir peut-être, leur délicieux sacrifice de louanges éternelles ?

Enfin, j'ajouterai que ce que nous donnons rejaillit sur nous avec plus d'abondance, et c'est là le sixième fruit de notre dévotion. D'abord, l'acte même d'une si grande et si généreuse charité est à lui seul une satisfaction pour nos péchés, car, si une aumône donnée pour soulager un besoin temporel satisfait au-delà de la plupart des autres bonnes œuvres, quelle est donc la puissance de ces aumônes spirituelles ? Ensuite, quiconque sacrifie quelque chose pour la gloire de Dieu en est récompensé au centuple. Le Seigneur nous accordera donc de telles grâces que nous n'aurons qu'un court séjour à faire dans le purgatoire, ou bien il inspirera à d'autres fidèles la pensée de prier pour nous. De sorte que, si nous avions gardé pour nous-mêmes les indulgences que nous avons gagnées, nous aurions pu gémir longtemps dans ces flammes terribles ; tandis que si, par l'inspiration de Dieu, d'autres entreprennent de gagner des indulgences pour nous, nous entrerons bien plus tôt dans la gloire céleste. C'est un axiome, qu'on ne perd rien en perdant pour Dieu. Et, quand nous serons dans le purgatoire, les bienheureux pour lesquels nous aurons hâté l'heure du triomphe, verront en nous leurs bienfaiteurs, et dans notre délivrance une dette que la justice leur impose. D'ailleurs, ils ne seront point les seuls à reconnaître cette dette, et Notre-Seigneur les aidera à l'acquitter.

Ainsi, en abandonnant toutes nos satisfactions, toutes nos indulgences aux âmes du purgatoire, loin de troubler l'ordre naturel de la charité, nous servons ainsi nos plus chers intérêts. C'est une dévotion féconde pour la gloire de Dieu, les nombreux intérêts de Jésus et l'amour des âmes : elle embrasse à la fois l'Église militante, l'Église souffrante et l'Église triomphante. Bénissons Dieu de ce qu'il nous a accordé, dans sa libéralité mystérieuse, l'inestimable bienfait de disposer à notre gré des indulgences et des satisfactions que nous pouvons mériter. Ainsi, puisqu'elles nous appartiennent en propre, que nous pouvons en user selon notre bon plaisir, réjouissons notre cœur en les employant à augmenter la gloire de Dieu et à faire bénir son nom.

Voyez jusqu'où ont été quelques-uns de ces hommes dont toutes les églises chantent les louanges. Le Père Ferdinand de Monroy, homme éminemment apostolique, fit à l'heure de la mort une donation écrite par laquelle il transférait aux âmes du purgatoire toutes les messes qui seraient dites pour le repos de son âme, toutes les pénitences que l'on offrirait en sa faveur et toutes les indulgences qu'on gagnerait pour lui. Il pouvait bien faire cette donation, car on n'a guère besoin de pareils secours quand on a eu pour Dieu un amour aussi tendre, qu'on a épousé les intérêts de Jésus avec une ardeur aussi vive que le dernier acte de ce pieux religieux laisse présumer qu'il l'a fait. « L'amour est fort comme la mort : les eaux de la mer viennent se briser contre la charité, et ses flots ne peuvent la submerger[5]. »

Maintenant vous voyez clairement ce que je demande de vous. Il faut servir Jésus d'une manière ou d'une autre, sans quoi vous ne pouvez sauver votre âme. Il a sur vous un empire absolu. Vous ne pouvez rien faire sans foi en lui, sans sa vie, sa mort, son sang, son Église, ses sacrements. Vous ne pouvez faire un pas vers le ciel sans son aide. Chacune de vos actions, de vos pensées, de vos paroles n'acquiert de mérite qu'au contact de ses mérites. On ne saurait concevoir de dépendance plus entière, plus absolue, plus incessante, plus indispensable que votre dépendance vis-à-vis de lui. Ainsi, d'une manière ou de l'autre, il faut que vous serviez Jésus. La question maintenant est de savoir s'il ne vaut pas mieux le servir par amour. La religion a-t-elle été jusqu'à présent pour vous un service d'amour ? ou bien avez-vous rendu vos devoirs à Dieu comme un pauvre homme qui vient payer une dette à un riche créancier, et qui, à chaque pièce de monnaie qu'il lui remet, regarde l'expression de son visage pour voir si cet homme est réellement résolu à oublier la pauvreté de son débiteur, et à exiger l'entier acquittement de sa dette ? Votre problème n'a-t-il point été de trouver le moyen de parvenir au ciel en faisant le moins possible ? Peser les commandements, tronquer les préceptes, interpréter les règles, demander des dispenses, est-ce là ce que vous appelez votre religion, votre culte d'un Dieu incarné, qui a poussé l'amour jusqu'à la folie, jusqu'à se faire attacher tout sanglant au gibet de la croix ?

Or, je prétends que servir Jésus par amour est beaucoup plus aisé que de le servir ainsi. Rien n'est aisé quand nous ne le faisons pas

---

5   Cantiques 8, 6-7.

avec plaisir. Votre religion vous a-t-elle rendu heureux ? Oh ! non, au contraire, elle a été pour vous un fardeau pesant ; et sans cette alternative, ou le ciel ou l'enfer, vous vous en seriez débarrassé depuis longtemps. Mais le ciel et l'enfer sont des faits : ils sont là ; point de milieu pour nous. Donc, puisqu'il faut que nous soyons religieux, je suis pour la religion qui rend heureux. Je ne vois point l'utilité de m'imposer un culte onéreux, si Dieu me donne le choix. Mais Dieu fait plus : il désire que ma religion me rende heureux ; oui, il veut que la religion soit le soleil qui réjouisse ma vie. Or, une religion, pour rendre heureux, doit être une religion d'amour. L'amour rend tout facile. Ainsi, mon bonheur ne dépend que de Jésus. Je trouve dans ma religion le bonheur de la journée. Si servir Jésus par amour était quelque chose de difficile, quelque chose de prodigieux, comme la contemplation des Saints, ou leurs austérités, alors le cas serait différent. Mais, en réalité, il n'en est point ainsi. Servir Dieu parce que vous avez peur d'aller en enfer, et parce que vous désirez aller au Ciel, c'est un grand bonheur, sans doute, et une œuvre surnaturelle ; mais c'est difficile. Tandis qu'il est si doux de servir Dieu par amour, qu'on s'explique avec peine comment tant d'hommes dans le monde négligent de le faire. Pauvres âmes, aveugles jusqu'au prodige !

Mais un bonheur plus grand encore, c'est qu'en vous rendant heureux vous-même, vous rendez aussi Notre-Seigneur heureux, et cette pensée augmente encore notre joie, à un tel point que nous pouvons à peine nous contenir, et c'est là une nouvelle source de contentement pour Jésus. C'est ainsi que la religion devient chaque jour plus douce. La vie est un long bonheur, lorsqu'on y accomplit toujours la volonté de Dieu, et que tous les moments tendent à sa plus grande gloire. Vous vous identifiez avec les intérêts de Jésus ; vous les épousez comme s'ils étaient les vôtres, et ils le sont en effet. Son esprit s'empare de vous, il établit son trône dans votre cœur, il s'y couronne, et ensuite, avec une douceur infinie, il s'en proclame le roi. Une aimable conspiration lui a livré le sceptre, et jamais vous n'avez soupçonné que pendant tout ce temps l'amour divin faisait son œuvre. Pourtant il en est ainsi. La gloire de Dieu vous devient chère ; tout ce qui concerne Notre-Seigneur devient pour vous l'endroit sensible, car il est comme la prunelle de votre œil ; vous vous sentez attiré vers le salut des âmes, parce que c'est son œuvre de prédilection, et toutes vos inclinations, tous vos goûts se portent de ce côté. Et c'est ainsi que vont les choses ; c'est ainsi que vous vivez ; que dis-je, vous ne vivez plus, c'est le Christ qui vit en vous ; et c'est ainsi que vous mourez. Jamais la pensée ne vous est venue que vous étiez un saint, ou que vous approchiez de la sainteté. Votre vie est cachée en Dieu avec celle du Christ, et elle est plus cachée pour vous que pour tout autre. Vous un saint ! une semblable pensée vous ferait sourire si elle n'effrayait votre humilité. Mais, ô profonde miséricorde de Jésus ! quelle sera votre surprise au jour de ses jugements, d'entendre la consolante sentence sortir de sa bouche, et de voir la brillante couronne qu'il vous a préparée ! Que dis-je ? vous viendrez vous-même plaider presque contre votre salut ! Notre-Seigneur fait tenir ce langage aux élus dans le saint Évangile : Seigneur, quand avez-vous eu faim, et vous avons-nous rassasié ? Quand avez-vous eu soif, et vous avons-nous donné à boire ? Ils ne peuvent se l'expliquer. Ils n'ont jamais songé que leur amour fût quelque chose de si grand, tant il était vif en eux. Ah ! servez seulement Jésus par amour. Vous ne pourrez jamais vaincre Dieu dans cette aimable lutte ! Oui, servez Jésus par amour, et avant que vos yeux soient fermés, avant que la pâleur de la mort se répande sur votre visage, avant que ceux qui entourent votre lit soient certains que ce léger souffle qu'ils ont entendu est réellement votre dernier soupir. Oh ! combien douce sera votre surprise quand vous entendrez le jugement de votre divin Sauveur, tandis que les cantiques célestes retentiront à vos oreilles, et que la gloire de Dieu brillera à vos yeux dans son éclat éternel.

3
Le péché blesse l'amour

Dieu est pour nous le père le plus tendre
On rapporte d'un des premiers Pères de l'Oratoire, l'ami de saint Philippe, qu'il préférait, parmi les auteurs qui ont écrit sur la grâce, ceux qui ont donné davantage à la souveraineté de Dieu, et moins au libre arbitre de l'homme. Cette remarque nous révèle tout son caractère ; elle ne prouve pas seulement qu'il était un disciple fidèle de saint Thomas, dans la question théologique à laquelle nous faisons allusion, mais elle fait voir surtout le caractère particulier de sa vie spirituelle, et la pente qui le conduisait à la dévotion. Il avait en lui une passion dominante, plus forte que le mérite intrinsèque de la controverse ; il avait l'habitude de prendre le parti de Dieu en toute chose, et d'envisager tout en se plaçant au point de vue de Dieu ; non que de saints personnages qui ont soutenu la thèse contraire dans ce grand débat ne prennent pas également en tout le parti de Dieu, comme le bienheureux Lessius et notre bien-aimé saint Alphonse, deux hommes tout à Dieu, s'il y en eut jamais; mais je veux seulement dire que c'était l'instinct plutôt que l'intelligence qui était le mobile de ce bon Père. Ce fut par instinctive habitude

que, dans cette mystérieuse question, il embrassa l'opinion qui lui semblait faire le plus d'honneur à Dieu. C'est précisément là ce que je me propose de vous recommander.

Une fausse doctrine est odieuse, parce qu'elle n'est pas vraie ; elle est odieuse encore à cause du scandale qu'elle donne, de la dévotion qu'elle refroidit, des âmes qu'elle met en danger. Ces différentes raisons la font détester de tous les gens de bien. Mais ceux qui ont pour Dieu un amour tendre et délicat songent bien moins aux autres inconvénients qu'à l'outrage fait à la gloire de Dieu. La gloire de Dieu, voilà leur première pensée ; ils se rangent tout d'abord de son côté. Ou bien encore, il peut arriver qu'un honnête homme soit sous le coup d'une cruelle persécution ou d'une dangereuse calomnie ; alors ces pieuses âmes ne sont point sans éprouver une tendre sympathie pour l'offensé ; elles se sentent prêtes à faire les plus généreux sacrifices pour lui. Mais leur première pensée, celle qui domine, qui écarte toutes les autres, c'est l'outrage fait à la gloire de Dieu dans la persécution de son serviteur, et dans le péché que les persécuteurs doivent nécessairement commettre. Aussi, que la piété vienne à se refroidir, qu'il se commette quelque grand scandale, qu'il survienne d'importants changements politiques ou des calamités locales, ou bien que les catholiques triomphent, ou que des âmes soient délivrées des flammes du purgatoire, les hommes qui aiment vraiment Dieu, aidés par un instinct mystérieux, sentent et découvrent promptement l'endroit où sa gloire est touchée, et ils se laissent tellement absorber par cette pensée qu'ils se montrent froids, secs, insensibles aux douleurs comme aux joies des autres; et pourtant, dans le fond de leur cœur, il est loin d'en être ainsi.

Nous pourrons facilement acquérir une habitude de nous ranger en toute occasion du côté de Dieu. Le temps, la prière, une tranquille assiduité à la dévotion, telles sont les voies qui mènent à ce but ; et, n'en doutons point, cette habitude sera pour nous un important secours pour nous aider à aimer Dieu et à le servir.

On a fait un grand pas dans la voie de la perfection quand chaque jour augmente en nous cette conviction qu'il n'y a au monde de véritable malheur que le péché ; que notre seul ennemi est le péché, et que combattre le péché dans les autres aussi bien qu'en nous-mêmes, par nos prières comme par nos actions, est précisément l'unique chose que nous ayons à faire, et précisément aussi la seule qui mérite notre attention. Cette conviction naît en nous de l'habitude de prendre toujours le parti de Dieu ; et, quand une fois elle s'est formée, nous y puisons une force nouvelle pour persévérer dans notre louable habitude. Comme créatures, nous remplissons notre devoir en nous rangeant du côté de notre Créateur, pour défendre ses intérêts, protéger sa majesté et augmenter sa gloire. En agissant ainsi, nous trouverons le bonheur dans la plus sombre destinée, et la paix dans la tempête la plus cruelle.

Mais Dieu n'est pas seulement notre Créateur, il est aussi notre Père. Oh ! que ne sommes-nous profondément pénétrés de cette vérité ! Il y a une grande différence entre l'homme qui sert Dieu comme son Créateur et celui qui le sert comme son père. Nous ne servons pas Dieu par amour, parce que nous ne nous formons pas de Dieu une idée aimable. Nous sommes secs, froids avec lui, parce que nous nous obstinons à ne voir en lui qu'un législateur, un maître, un souverain, un juge. Beaucoup plus de personnes s'efforceraient d'arriver à la perfection, beaucoup plus y persévéreraient, l'abîme qui sépare les saints des catholiques ordinaires serait bien moins profond, si nous voulions servir Dieu comme notre père, et le regarder comme tel. Il est étrange de voir la jalousie, la dureté même dont certaines personnes font preuve vis-à-vis de Dieu, de sa majesté et de son souverain empire. C'est là la source de tout malaise, de toute absence de consolation dans l'accomplissement des devoirs religieux. Ce sentiment apporte avec soi toute espèce de tentations contre la foi, il fait naître dans le cœur une foule de scrupules qui étouffent la tendresse de la dévotion, et il glace l'aimable esprit d'une mortification inspirée par l'amour. Eh quoi ! n'est-ce pas le bonheur de la vie de croire, de sentir à toute heure du jour que Dieu est notre père, qu'il a pour nous une tendresse paternelle, et qu'il nous traite comme ses enfants !

Voyez quelles peines Dieu a bien voulu prendre pour empêcher que nous eussions de lui une idée qui ne fût pas toute d'amour. Il a remis tout jugement aux mains de son Fils. C'est Notre-Seigneur Jésus-Christ qui doit venir nous juger au dernier jour ; notre dernier appel s'adresse à son sacré Cœur. Lorsque Dieu invite son peuple rebelle à revenir à lui, par la bouche du prophète Jérémie, il leur rappelle tous leurs péchés, et ensuite, dans un langage plein de compassion, il semble plutôt plaider pour lui-même que contre eux. Au moins, dit-il, à partir de ce jour, criez vers moi, en disant : « Vous êtes mon Père[6]. » L'Apôtre résume l'Évangile dans un seul point : Nous avons reçu l'esprit d'adoption, en vertu duquel nous pouvons dire *Abba*, c'est-à-dire Père ; et lorsque Notre-Seigneur nous enseigne à prier, c'est par le nom de Père qu'il veut nous entendre appeler Dieu. Que dis-je ? l'un des sept dons du Saint-Esprit le don de piété, nous a été spécialement envoyé, afin de nous mettre en état de pousser, même jusqu'à un degré héroïque, une tendresse vraiment filiale à l'égard de Dieu. Saint Thomas nous enseigne que toutes les bonnes œuvres offertes à Dieu comme à notre Père, lui sont plus agréables que si nous les lui offrions comme à notre Créateur, parce que le motif est plus excellent[7]. L'importance que les hommes vraiment apostoliques attachent à ce doux sentiment de piété filiale à l'égard de Dieu apparaît d'une manière remarquable dans une observation que fit le cardinal Bellarmin, lorsqu'il visita la France. Il fut, dit-il, frappé de la piété des Français, en prenant le mot piété dans le sens que nous venons de définir, et il en conclut que ce peuple était plus catholique que les Italiens. Voilà, du moins, ce que Lallemant rapporte de lui.

Saint Paul, non content du passage de l'épître aux Romains[8] cité ci-dessus, répète presque mot pour mot la même chose aux Galates[9]. Il parle comme si, dans l'ancienne alliance, Dieu, pour ainsi, n'était point parvenu à persuader aux juifs de le regarder comme un père : « Donc, dit-il, quand les temps furent accomplis, Dieu envoya son Fils, né de la femme, né selon la loi, afin qu'il rachetât ceux qui étaient sous la loi, et que nous fussions reçus dans l'adoption des fils. Et parce que vous êtes fils, Dieu a envoyé l'esprit de son Fils dans vos cœurs, en disant *Abba*, c'est-à-dire Père. Aussi, maintenant, il n'est plus un serviteur, mais un fils. » Toutefois, même dans l'Ancien-Testament, qui ne se rappelle le pathétique langage d'Israël ? « Vous êtes

---

6   Jr 3, 4.

7   *T. secundæ*, q. 121

8   Rm 8, 15.

9   Ga 4.

notre Père, et Abraham nous a méconnus, et Israël nous a ignorés ; vous, ô Seigneur ! vous êtes notre Père, notre Rédempteur ; et votre nom est éternel[10]. »

Lancicius, dans son *Traité de la présence de Dieu*[11], présente un grand nombre d'actes d'amour, dans lesquels il s'adresse ainsi à Dieu : « Seigneur, trois fois saint, mon tendre Père ! » À la fin de son livre, il met cette question dans la bouche d'un interrogateur : « Pourquoi, dans ces actes intérieurs d'amour, ajoutez-vous le nom de Père ? » Il répond en donnant quatre raisons.

D'abord, parce qu'il est désirable que de tels actes d'amour jaillissent du fond du cœur, en vertu, non-seulement des sentiments d'humilité et de religion que doit réveiller en nous le titre de Seigneur, mais surtout en vertu de l'affection qu'un fils porte à son père. En deuxième lieu, on acquiert ainsi un mérite plus grand selon la doctrine de saint Thomas, citée plus haut : « Il vaut mieux, dit le docteur angélique, honorer Dieu comme notre père, que de l'honorer comme notre Créateur et notre Seigneur. » Et saint Léon[12] dit aussi : « Quelle est la grandeur de ce privilège sacré ! n'est-ce pas un don qui surpasse tous les autres dons, que Dieu appelle l'homme son fils, et que l'homme appelle Dieu son père ? » En troisième lieu, le souvenir que Dieu est notre père ranime notre confiance, et c'est pour cette raison, disent Tertullien, saint Cyprien et saint Chrysostome, que l'Oraison dominicale commence par ces mots : « Notre Père. » En effet, pour citer encore l'opinion de saint Thomas[13] : « La confiance est principalement excitée en nous par la considération de l'amour que Dieu a pour nous, et en vertu duquel il désire notre bien, c'est pourquoi nous l'appelons père. » La quatrième raison est empruntée à saint Augustin : « Nous appelons Dieu notre père, dit-il, parce que ce nom si doux nous gagne sa faveur, et, quand il s'entend appeler ainsi, il est prêt à nous accorder tout ce que nous pouvons lui demander. »

---

10   Is 1, 13.

11   2, 66.

12   S. Leo, Serna 6, *De Nativ.*

13   *T. secundæ.* q. 82

Il y a, dans les révélations de sainte Gertrude[14], un magnifique passage qui fait voir combien tous les noms prodigués par une tendre, mais respectueuse familiarité, sont agréables au Seigneur. Jésus lui dit que toutes les fois qu'un homme dit à Dieu : Mon doux Sauveur, ou Bien-Aimé de mon cœur, ou enfin quelque chose de semblable, il reçoit un gage de salut, en vertu duquel, s'il persévère, il recevra dans le ciel un privilège spécial, semblable à la faveur que saint Jean l'Évangéliste, le disciple bien-aimé, reçut sur la terre.

Or, si nous sentons réellement que Dieu est notre père ; si, chaque jour, nous apprenons à le regarder comme tel et à nous approcher de lui avec ce sentiment, le moment arrivera bientôt, où rien sur la terre ne sera aussi cher à nos yeux que sa majesté et sa gloire.

Nous devrions éprouver, quand il s'agit de sa gloire, ce que nous éprouvons quand il s'agit de notre honneur, et nous devrions ressentir tout outrage fait à la majesté divine comme une injure personnelle. Mais le péché offense Dieu, c'est donc le péché que nous devons considérer comme notre seul ennemi, notre unique souci, notre seule infortune sur la terre, qu'il existe soit en nous-même, soit dans les autres. Oui ; les péchés des autres devraient cesser de nous paraître indifférents, parce que ce sont autant d'outrages à la majesté de Dieu. Nous devrions nous pénétrer profondément de cette parole que saint Philippe répétait sans cesse : « Avant tout, évitons le péché ! surtout, évitons le péché ! »

Quand nous serons remplis de cette idée de Dieu, alors pas un jour ne s'écoulera sans que nous remarquions en lui quelque trait paternel qui jusqu'alors nous avait échappé. Les prières deviennent plus ferventes, les sacrements produisent en nous des fruits de grâce plus nombreux qu'auparavant. Les devoirs se changent en privilèges ; les pénitences revêtent l'aimable apparence du plaisir ; les chagrins attendrissent le cœur et y versent une délicieuse humilité ; enfin, les douleurs nous semblent des dons du ciel. Le travail devient le repos, et les fatigues du corps et de l'esprit se confondent, pour ainsi dire, avec les langueurs délicieuses de la contemplation. Il semblerait que la terre devient le ciel ; le moindre objet qui frappe nos regards, le moindre son qui retentit à notre oreille fait tressaillir

---

14   Livre 3, chapitre 9.

notre cœur comme si Dieu allait nous faire entendre sa voix ou apparaître lui-même à nos yeux. Comme la vie elle-même revêt une apparence nouvelle quand nous avons trouvé en Dieu notre père ! si nous travaillons, c'est sous ses yeux ; si nous nous récréons, c'est que son sourire paternel encourage notre joie ! Un ciel radieux réjouit la terre, et les étoiles qui brillent la nuit sont comme le commencement de la vision béatifique. Comme tout nous devient doux, suave ! comme nous sommes prêts à rencontrer en tout le repos et presque l'infini, depuis que nous avons trouvé que Dieu est notre père !

Amour de complaisance et amour de condoléance
Quand nous aimons Dieu, nous pensons avec bonheur à ce qu'il est, à sa bonté, à sa perfection. Nous appelons ce sentiment l'amour de la complaisance. Il fait qu'en vertu d'un délicieux partage, nous jouissons du bonheur de Dieu comme de notre propre bonheur, uniquement parce que nous l'aimons.

Jacob ne voulait pas croire à la grandeur de Joseph[15], mais, quand il le vit, il se jeta à son cou, et, l'embrassant, il lui dit : « Maintenant, je mourrai avec joie, parce que j'ai revu ta face et que je te laisse vivant. » Mais là ne se bornent point les devoirs de l'amour. Si nous ressentons du bonheur, parce que l'objet de notre amour ; est heureux, et qu'en partageant sa joie nous faisons de ses intérêts les nôtres, nous devons aussi nous sentir également affligés quand l'objet de notre amour reçoit quelque outrage ; nous devons prendre sur nous l'offense, et notre cœur doit souffrir comme si elle nous avait été faite plutôt qu'à Dieu. Je veux dire par là qu'il n'y a point dans la peine que les péchés des autres peuvent nous causer une excentricité de dévotion ou bien un raffinement subtil de sentiment religieux ; non, c'est la conséquence simple et immédiate de l'amour de Dieu. Le cœur où le péché, quel que soit le pécheur, n'excite pas une vive douleur, ne connaît point l'amour ; car l'amour est toujours en raison directe de cette douleur. D'où vient que les souffrances de Marie ont été mille fois plus insupportables que toutes les tortures des martyrs ? C'est que son amour était mille fois plus grand que l'amour de tous les martyrs. Ainsi, quand Dieu est offensé ou ou-

---

15 Gn 46.

tragé, l'offense tombe sur notre cœur et le blesse, à cause de l'amour que nous avons pour lui.

De plus, comme la sympathie et la compassion sont des sentiments plus faciles à exciter en nous que la complaisance, il semble que Dieu désire cultiver en nous ce que les théologiens appellent l'amour de condoléance, plus encore que l'amour de complaisance. C'est une des causes qui rendent la dévotion à la Passion de Notre-Seigneur si populaire dans toute l'Église. C'est peut-être une des raisons pour lesquelles Notre-Seigneur a daigné souffrir beaucoup plus que cela n'était nécessaire, et ajouter à sa Passion tant de circonstances touchantes, afin qu'il fût plus aisé pour nous de compatir à ses douleurs, et que nous lui fissions une part un peu plus grande de notre faible amour. Et faut-il une affection bien vive, une charité bien rare pour ressentir cette pieuse compassion ? Les femmes de Jérusalem n'étaient pas des saintes, et pourtant elles pleurèrent sur lui, tandis qu'il montait au Calvaire. Quoi de plus dur que le cœur des amis de Job ! Et pourtant la compassion adoucit leur orgueilleuse sécheresse et leurs discours inhumains. Ce dont nous avons besoin avant tout, c'est d'attendrir nos cœurs, et la douleur, bien plus que la joie, est de nature à produire ce résultat.

Je perdrai toute espérance de voir l'amour pénétrer dans notre cœur, si nous ne commençons par y faire naître cet amour de condoléance. Nous ne reprochons pas à un homme de ne point prendre part à la joie d'un autre, comme nous le blâmons de ne point partager sa douleur. La sympathie appartient à notre position dans le monde, et le cœur le plus coupable laisse encore une espérance quand il a gardé une vive et affectueuse sympathie. Le mal naît du bien ; aussi, d'un côté le péché, et de l'autre la Passion de Notre-Sauveur, comme deux fontaines éternelles, sont-elles deux sources fécondes d'où l'amour de condoléance jaillit dans nos cœurs. Et voyez maintenant ce que cet amour peut produire ! La compassion de Marie a, dit-on, jusqu'à un certain point coopéré avec la Passion de Notre-Seigneur au salut du monde.

Combien n'avons-nous pas vu d'exemples dans lesquels Dieu montrait sa miséricorde à des pécheurs, uniquement parce qu'ils gardaient au fond du cœur quelque faible pensée de tendresse pour cette Passion qu'il souffrit par amour ! Il nous faut pleurer avec lui dans cette vie, si nous voulons avec lui nous réjouir dans l'autre. Je désire que vos réflexions s'arrêtent sur ce point, car je crains qu'il ne glisse sur votre esprit, et que vous n'y attachiez pas la valeur qu'il mérite. Saint François de Sales dit que nul ne saurait expliquer l'ardeur avec laquelle notre Sauveur désire pénétrer dans nos âmes par cette voie mystérieuse. En effet, elle conduit à son amour, elle aboutit à sa plus grande gloire. Comment pourrez-vous lui refuser ce qui vous coûte si peu ? Je suis sûr que vous aimez Jésus ; je suis sûr que vous désireriez l'aimer davantage ; je ne puis croire qu'il n'en soit pas ainsi. Ô doux Jésus ! qui pourrait ne point vous aimer ? Existe-t-il un cœur qui ne l'aime point ? Heureusement, nous ne sommes point chargés de rechercher des choses aussi étranges, ou de trouver s'il existe un pareil monstre sur la terre. Nous l'aimons ; bénissons-le sans cesse de nous avoir accordé une telle grâce ! Dix-huit cents ans se sont écoulés depuis sa douloureuse Passion ; mais elle se renouvelle chaque jour ; chaque nuit est témoin de sa nouvelle agonie, parce que les péchés se multiplient. Ô cruel péché ! ô pécheurs trop cruels ! Mais il trouvera un asile parmi nous ; écoutez seulement dans votre cœur, n'entendez-vous pas la voix de Jésus qui lui parle ? « Ouvre-moi, ô ma sœur ! Mon amour, ma colombe, ô toi qui es sans tache ; car la rosée dégoutte de ma tête, et ma chevelure est encore humide des pleurs de la nuit[16]. »

Mais, direz-vous, s'affliger des péchés des autres convient bien aux saints ; nous savons que les saints ont agi ainsi ; mais c'est là une charité digne d'admiration plutôt qu'un exemple à suivre ; cet héroïsme est au-dessus de nos forces ; il serait insensé de notre part de le tenter ; nous sommes si loin encore de ressentir la douleur que nos propres péchés devraient nous inspirer ; ne soyons pas si prompts, et commençons avant tout par nous occuper de nous-mêmes. Hélas ! ne faites point une semblable objection ; laissez-moi vous amener sur votre propre terrain. Vous êtes loin, dites-vous, de ressentir la douleur que vos péchés devraient vous inspirer. Tel est l'objet de vos regrets les plus amers ; il n'est rien qui vous décourage autant, rien qui apporte autant d'obstacles à vos progrès dans la vie spirituelle. Mais d'où vient que votre douleur est si faible ? C'est que vous voyez beaucoup plus dans le péché l'ennemi des intérêts de votre âme que

---

16   Ct 5, 3.

l'ennemi des intérêts de Jésus. Je ne veux point dire que vous ne deviez l'envisager aussi de cette manière : Dieu me préserve de donner un semblable conseil ! Il vous faut faire l'un, mais vous ne devez pas non plus négliger l'autre. Or, si vous envisagez le péché au point de vue seul de votre récompensé ou de votre punition, il est évident que vous n'aurez jamais pour lui la haine qu'il mérite, car le châtiment du péché est loin d'en être la plus terrible conséquence. Le mal le plus grave qui en résulte, c'est l'outrage fait à la majesté de Dieu ; et si vous pouviez envisager vos péchés sous ce point de vue, vous en ressentiriez une douleur bien plus vive. Mais, afin de les apercevoir sous cet aspect, il vous faut apprendre à jeter un coup d'œil de regret sur les péchés des autres. Là, en effet, vous êtes en dehors de vos propres intérêts, et vous n'avez à contempler que la gloire outragée de notre Père céleste. Ainsi donc, pour ressentir un chagrin plus profond et plus efficace de vos propres péchés, vous devez gémir pour l'amour de Dieu sur les péchés des autres. Et voici la pratique que je voudrais vous recommander, comme résumant l'esprit de la Confrérie : pleurer sur les péchés des autres, et en faire réparation à la gloire de Dieu outragée.

Je dis que cette pratique résume l'esprit de la Confrérie, car les raisons que nous avons de nous affliger des péchés des autres sont les mêmes que celles en vertu desquelles nous appartenons à la Confrérie. La douleur que nous ressentons des péchés des autres naît de l'outrage fait à la gloire de Dieu, de la profanation des fruits de la Passion de Notre-Seigneur, enfin du péril et de la perte des âmes. Ces trois considérations reviennent sans cesse, mais ne vous fatiguez pas de me les entendre répéter si souvent. Quand je me sers du mot douleur, il ne faut pas vous méprendre sur le sens que j'attache à cette expression ; mon intention n'est point de vous mettre sons les yeux quelque chose de triste ou de désagréable ; loin de là. La douleur dont je parle est l'un des plus doux plaisirs de la vie, et elle serait plus propre à soulager un cœur affligé qu'à attrister une âme en paix. Écoutez l'explication que le Père éternel a daigné en donner à Sa fille bien-aimée, sainte Catherine de Sienne. Après lui avoir parlé[17] des cinq espèces de larmes que les hommes ont coutume de répandre, il lui décrit l'état d'une âme comblée de bénédictions et pourtant

---

17 Dial ch. 88.

affligée. « Elle est bénie à cause de l'union sensible qui l'attache à moi, et dans laquelle elle goûte les douceurs de l'amour divin. Mais sa douleur naît à la vue des offenses que l'on commet a contre moi, qui suis la bonté éternelle ; contre moi, que cette âme voit et qu'elle goûte dans sa connaissance d'elle-même et de moi. Mais cette douleur ne rompt pas l'union qui nous lie, car les larmes que cette âme répand sont pleines de douceur, et coulent de la connaissance qu'elle a d'elle-même dans son amour pour le prochain. Elle trouve la mélancolie de l'amour dans ma miséricorde, et les douleurs de l'amour dans la misère de son prochain. Aussi elle pleure avec ceux qui pleurent, et elle se réjouit avec ceux qui se réjouissent, car le bonheur de cette âme consiste dans les honneurs et dans les hommages que mes serviteurs rendent à mon nom[18]. Dieu lui dit encore : Cette douleur, non pénible, que font naître les outrages faits à ma gloire ou les malheurs du prochain, repose sur la charité la plus vraie, et l'âme y trouve un aliment solide ; Bien plus, un homme se réjouit de cette douleur, il y trouve du bonheur, car c'est pour lui une preuve sensible que je suis en son âme en vertu d'une grâce spéciale[19]. »

Aussi, a-t-on dit que les saints qui ont reçu au plus haut degré le don des larmes ont été aussi inondés de consolations spirituelles plus abondantes que les autres. Le biographe de saint Jean Climaque nous dit que la parole ne saurait exprimer les ravissements que le don des larmes faisait naître dans son âme ; et le saint lui-même, dans le septième degré de son *Échelle de la Perfection*, dit que « chacun des jours de la vie de ceux qui ont reçu le don des larmes s'écoule comme une fête spirituelle. » Non, elles ne sont point amères, les larmes de ceux qui pleurent par amour ! Et comment pourrions-nous ne pas trouver la paix et la joie dans les pleurs, don de celui qui est, selon l'expression de saint Augustin, l'amour et la joie du Père et du Fils ?

Exemples d'amour de condoléance

Mais, pour rendre plus clair ce que je viens de dire, je vais citer des exemples tirés de la *Vie des Saints*, pour faire voir comment ils se sont affligés des péchés commis contre la gloire de Dieu, et vous sentirez combien il est doux de suivre cette pratique. Voici ce que

---

18 *Dial.* Ch. 89, 9 et 10.

19 *Dial.* Ch. 95, 9.

Dieu révéla à sainte Catherine de Sienne. « Je ressens une vive satisfaction, ma très-chère fille, du désir que vous avez de souffrir toutes les peines, toutes les fatigues, et même la mort pour le salut des âmes ; car plus on souffre, plus on me prouve son amour ; et plus on m'aime, plus on connaît ma vérité ; et plus on méconnaît, plus grande est la douleur, plus intolérable est la souffrance que cause un péché commis contre moi. Vous avez demandé à prendre sur vous le châtiment des crimes des autres, et vous ne saviez pas qu'en demandant cette grâce vous demandiez en même temps amour, lumière et connaissance de la vérité ; car, ainsi que je l'ai déjà dit, plus grand est l'amour, plus grande est la douleur ; aussi la douleur croîtra en proportion de l'amour[20]. »

Sainte Madeleine de Pazzi tomba en ravissement un jour en méditant sur ces paroles de l'Évangile : « Il en sortit du sang et de l'eau. » « Elle vit, dit son confesseur, dans le côté de Jésus une multitude d'âmes resplendissant comme les diamants sur une couronne royale, et elle dit : Ainsi nos âmes, puisant une nouvelle beauté dans le sang, deviennent la couronne du Verbe, car elles ont rendu témoignage au Verbe devant tout le reste de la création, et il s'en glorifie comme un roi se glorifie de sa royale couronne... Elle vit les âmes en pénétrant dans cet abîme d'amour, dans ce côté transpercé, exprimer deux sentiments. D'abord, elles se transformaient en sang par l'amour, et ensuite, en eau, par la douleur. Mais Dieu voit avec plus de plaisir, du moins en cette vie, une âme qui se transforme par la douleur, qu'une autre qui se transforme par l'amour. Toutefois, ô Verbe ! je sais que la douleur ressentie par une âme à la vue des outrages qu'on vous fait trouve sa source dans l'amour qu'elle vous porte, amour par lui-même plus parfait que la douleur. Cependant l'affliction exerce davantage l'âme à la charité, car le zèle pour le salut du prochain exerce sur elle une influence plus sensible et plus vive. Il existe encore une autre raison qui fait que Dieu se plaît à nous exercer à la douleur plutôt qu'à l'amour, c'est que la souffrance est une sorte de martyre qui établit une grande ressemblance entre les âmes affligées et Jésus suspendu à la croix. Leur douleur est une compassion pour les tourments cruels que Notre-Seigneur endure, et, pour ainsi dire, des larmes d'amour versées sur sa Passion. En-

---

20 *Dial.* Ch. 5.

fin, lorsque la douleur arrive au plus haut degré qu'il lui soit donné d'atteindre, elle purifie notre âme de ses péchés. L'amour a certainement plus de charmes ; mais comme nous sommes dans ce monde pour être purifiés, le temps de notre vie doit être plus spécialement consacré à pleurer et à souffrir pour l'amour de Dieu. C'est pourquoi le Seigneur trouve dans notre douleur plus de plaisir que dans notre amour. » Dans une autre occasion, le Seigneur fit connaître à la même sainte qu'elle devait gémir comme une colombe et compatir à la peine qu'il ressentait de se voir si peu connu, si peu aimé de ses créatures.

Telle est la tâche que les religieuses ont à remplir dans l'Église de Dieu. Il n'en est point une seule, quelque occupée qu'elle puisse être à l'éducation ou à d'autres œuvres extérieures, qui ne soit obligée à s'acquitter de ce devoir, simplement en vertu de sa profession religieuse. Un certain nombre de pieuses et aimables dames vivent ensemble dans la paix et dans l'harmonie, poursuivant chaque jour la routine des exercices spirituels prescrits par la lettre de la règle, et consacrant leur temps à l'éducation de la jeunesse sans s'inquiéter d'une fin surnaturelle, sans ressentir d'une manière sensible qu'elles sont vouées à Jésus plus que d'autres. Ce ne sont pas là des religieuses, quelque pittoresque que leur costume paraisse, et quelque respectables que puissent être les personnes. Sans doute il est heureux pour des dames de trouver un asile loin du monde, de ses tentations et de ses frivolités ; mais de pareilles retraites ne sont point des couvents. Les monastères sont des lieux entièrement différents ; et, par le fait seul qu'une dame se retire du monde, elle ne devient cependant pas l'Épouse mystique de Jésus-Christ. Le vœu de pauvreté, à défaut d'autre chose, donne à l'état religieux un caractère expiatoire. Les religieuses doivent gémir comme des colombes. Ce sont moins elles qui sont retirées du siècle, que Jésus qui vient chercher un refuge contre un monde pervers dans le sanctuaire de leur cœur. Elles doivent respirer un esprit de douleur et d'amour ; leur vie doit se passer à répandre de saintes larmes sur les outrages faits à leur céleste Époux, et à lui offrir en retour de douces réparations. Elles ont épousé ses intérêts ; il leur faut pleurer avec lui et se réjouir avec lui. C'est à elles qu'il a confié le soin de sa gloire. Le monde est leur croix, et elles doivent la porter. L'indifférence pour les péchés qui s'y commettent ne leur sied point ; elles se sont retirées dans la solitude pour les pleurer. Jamais dans un cœur que n'animent point ces sentiments vous ne trouverez le courageux esprit de la mortification, la grâce sublime de la méditation, la redoutable mais radieuse et rafraîchissante atmosphère d'une vie réellement surnaturelle. Ni le temps, ni la contrée, ni les occupations ne sauraient dispenser les épouses de Jésus-Christ d'être les colombes du Sacré-Cœur. Elles doivent réaliser dans un constant esprit de réparation et d'oblation d'elles-mêmes à Dieu les sentiments qui animaient le bienheureux Paul de la Croix. Il se lamentait, déplorait avec des larmes amères l'ingratitude des hommes qui répondent par tant de froideur à la bonté infinie de Dieu. Il avait coutume de répéter sans cesse : « Quoi ! un Dieu fait homme ! un Dieu crucifié ! un Dieu mort ! un Dieu caché sous les espèces sacramentelles ! Qui ? un Dieu ? » et alors il restait quelque temps silencieux dans une sorte de sommeil extatique, et puis il s'écriait de nouveau : « O brûlante charité ! ô excès d'amour ! qui est-il ? et qui sommes-nous, nous pour qui il a tant fait ? O ingrates créatures ! comment se fait-il que vous n'aimiez pas Dieu ? Ah ! que ne puis-je allumer par tout le monde le feu de l'amour divin ? que n'ai-je la force d'aller dans les campagnes prêcher, sous la voûte des cieux, mon tendre Jésus crucifié, notre bon Père mourant sur la croix pour nous, misérables pécheurs ! Si c'est là une vérité qui s'applique aux religieuses, il est important qu'elle domine toutes leurs pensées. Si, par leur caractère, elles sont destinées à offrir à Dieu des expiations pour les péchés des autres, il faut évidemment que ce soit là l'objet principal de leur attention. Le succès de leurs écoles, le nombre des novices, l'architecture de leurs couvents, et même l'exemption de la juridiction épiscopale, ne doivent être pour elle que des objets secondaires. Aussi, quand je vois des religieuses commencer à faire leur propre éloge sous prétexte de louer leur sainte communauté, leur sainte règle, leur saint fondateur ; quand je les entends s'apitoyer sur le sort des personnes qui vivent dans le monde ; énumérer avec une rare éloquence les dangers et les périls auxquels elles ont échappé, et enfin se féliciter hautement de la grâce de leur vocation, je ne puis m'empêcher, peut-être par esprit de contradiction, de raisonner ainsi : « Ces bonnes sœurs doivent se former une idée bien étroite de ce que Jésus demande de ses Épouses. Je soupçonne fort que Notre-Seigneur est tant soit peu maltraité dans cette communauté, et que la vie intérieure, hélas ! s'y réduit à peu de chose. Les religieuses sont portées à se complaire en elles-mêmes ; ce n'est pas là leur moindre défaut, et elles devraient se rappeler parfois que le Publicain dans le monde est moins digne de pitié que le Pharisien dans le cloître. Une semaine consacrée de temps à autre à méditer sur l'infinie et adorable pureté de Dieu produirait en elles ce résultat, accompagné de bénédictions spéciales. Si une âme vraiment vertueuse pouvait voir à quelle perfection elle s'engage à parvenir, quelles souffrances elle fait vœu de supporter par la profession religieuse, elle ne pourrait en soutenir la vue sans mourir de frayeur. Ah ! ces légers et spirituels propos sur les joies et les privilèges des couvents doivent sortir de la bouche de quelque jeune novice ou de quelque religieuse sans expérience. On ne les entend point dans ces maisons bénies, où tout rappelle la vie surnaturelle, l'humilité, la tranquillité, où l'on sent Dieu, où, jusqu'à l'air qu'on respire, tout semble condamner une pensée d'orgueil, et d'où l'on sort en emportant avec soi un sentiment précieux de sa misère, que n'accompagne pas l'amertume d'un remords opiniâtre. »

On lit dans la vie de sainte Marie Madeleine de Pazzi une preuve plus remarquable encore de l'influence qu'exerce sur le sacré Cœur de Jésus cette pieuse habitude de s'affliger des péchés des autres. Nous y trouverons en abondance les consolations les plus suaves, les encouragements les plus doux ; car, dans notre sphère respective, combien il nous est aisé de suivre les pas de cette sainte, bien qu'à une grande distance derrière elle, et de l'imiter dans la pratique de cette dévotion ! Elle n'était encore qu'une enfant de huit ans, lorsqu'un jour elle entendit un homme accabler un homme de telles injures, qu'il devait nécessairement par-là se rendre coupable d'un péché grave. Elle conçut une telle douleur de cette offense commise contre Dieu, qu'elle ne put goûter aucun repos, et toute la nuit suivante se passa pour elle à pleurer sur cet outrage fait à la Majesté divine. Seize années s'écoulèrent, et la sainte avait oublié entièrement cette circonstance, quand Dieu lui fit connaître dans une révélation, qu'en récompense des pleurs qu'elle avait versés sur le péché d'un autre, elle était destinée à une gloire toute spéciale, qu'il lui représenta sous la forme d'un splendide vêtement couleur de feu. Celui qui n'oublie pas le verre d'eau qu'on a donné en son nom, se rappelle plus vivement encore ces actes intérieurs où l'amour et la douleur se confondent dans un délicieux bien-être. Quel trésor s'ouvre devant nous, si notre amour plus vigilant sait épier les occasions favorables !

Saint Bonaventure rapporte de saint François qu'il remplissait les bois de ses gémissements, que partout il ne cessait de répandre des larmes et de se frapper la poitrine, tantôt murmurant à voix basse comme s'il avait un entretien secret avec Dieu, tantôt criant à haute voix vers lui, en demandant pardon pour les péchés du monde. « Que dis-je ? ajoute le docteur Séraphique, lorsqu'il voyait des âmes, rachetées au prix du sang précieux de Jésus-Christ, souillées par la tâche qu'imprime le péché, il pleurait sur elles avec une compassion si tendre, que, semblable à une mère, il semblait les enfanter chaque jour à Jésus-Christ. La gloire de Dieu, les intérêts de Jésus, l'amour des âmes, occupaient le cœur du saint patriarche d'Assise, et s'y confondaient tellement, que chacun de ces trois motifs supplée tour à tour chez lui au défaut de l'autre. Il commence par l'un, et finit par l'autre ; aussi, en vérité, peut-on réellement dire, sans manquer au respect dû au texte sacré : Et ces trois choses n'en font qu'une seule ! »

Saint Laurent Justinien, patriarche de Venise, dit[21] : « Qu'il est impossible de ne point éprouver une vive douleur des péchés des autres quand on a un sincère regret des siens. Un membre sain du corps humain, qui ne vient point à l'aide des autres quand ils souffrent, occupe inutilement sa place. Ainsi, les membres de l'Église qui voient les péchés de leurs frères et qui ne pleurent pas sur eux, qui restent témoins insensibles de la ruine de tant d'âmes, sont des membres inutiles. Lorsque Notre-Seigneur gémissait sur le sort de cette ville condamnée à périr, elle lui paraissait doublement digne de compassion, puisqu'elle ignorait le déplorable état où elle était plongée. Aussi tous ceux auxquels le flambeau de l'amour a communiqué sa flamme, pleurent les péchés des autres avec autant d'amertume que les leurs. Toutefois, nul ne peut ressentir pour les péchés des autres une douleur réelle, si des chutes volontaires prouvent que ses propres fautes lui sont indifférentes. » — « Nous gémissons, dit saint Augustin, sur les péchés des autres ; nous sommes violemment agi-

---

21 *Fascic. Amor.*, ch. 14.

tés, et notre âme est en proie à de cruels tourments[22]. D'après saint Chrysostome, Moïse fut élevé au-dessus d'Israël, parce qu'il avait coutume de pleurer sur les péchés de ses frères. Celui, ajoute le saint docteur, qui ressent une vive douleur des péchés d'un autre homme, possède la tendresse d'un apôtre, et suit l'exemple béni de celui qui a dit : « Qui est faible, sans que je me sente faible aussi ? Qui est offensé, sans que je m'enflamme pour lui ? » — « Comment, dit saint Augustin, comment ne point s'irriter quand on voit des hommes renoncer au monde non point sérieusement, mais seulement en paroles ? Comment voir sans émotion des frères conspirer contre leurs frères, violer les uns envers les autres la foi jurée, cette foi qu'ils ont scellée des sacrements de Dieu ? Qui pourrait énumérer tous les crimes par lesquels les hommes semblent défier le corps du Christ qui vit intérieurement dans l'esprit du Christ, et qui gémit comme le froment sur l'aire où on le bat ? À peine rencontrons-nous des hommes qui gémissent ainsi, qui entrent ainsi dans une sainte colère (à la vue des péchés des autres), car à peine voyons-nous quelque froment quand l'aire est nettoyée. C'est parce qu'il n'avait trouvé en a personne cette pieuse fureur, qu'il s'écrie parla bouche a de son prophète : « Le zèle de votre maison m'a dévoré ; et ailleurs, à la vue de la multitude des pécheurs : Une faiblesse s'est emparée de moi à cause des méchants qui oublient votre loi ; » et enfin il ajoute : « J'ai vu les « insensés, et la douleur m'a consumé[23]. »

Tel est à peu près aussi le langage que Lancicius met dans la bouche de saint Chromatius d'Aquilée, dont saint Jérôme admire la sainteté et la science. « Désirez-vous savoir à quoi ressemble la pieuse douleur des Saints ? « Écoutez ce qu'il est dit du prophète Samuel, qui pleura sur le roi Saül jusqu'au jour même de sa mort : « Mes yeux ont versé des flots de larmes sur l'affliction de mon peuple. » Et ailleurs : « Qui donnera de l'eau à ma tête, et qui changera mes yeux en deux fontaines de pleurs ? » — Daniel gémissait aussi sous le poids des péchés de son peuple, comme il l'atteste lui-même par ces paroles : « En ce temps-là, moi, Daniel, je pleurai tous les jours durant trois semaines. Je mangeai le pain de douleur ; ma bouche ne goûta ni viande, ni vin ; et l'huile ne coula pas sur ma tête. » L'Apôtre

---

22 Sermons 44.

23 Ps 30.

pleura avec une égale amertume sur quelques-uns des Corinthiens, et il dit : « De peur que, lorsque je viendrai, Dieu ne m'humilie au sein de votre assemblée, je pleure sur beaucoup d'entre vous qui ont péché autrefois, et qui n'ont point fait pénitence. » Telle est la douleur à laquelle Dieu réserve la consolation des joies éternelles, selon l'expression d'Isaïe[24]. Ceux qui pleurent dans Sion échangeront les cendres dont ils ont couvert leur tête contre une brillante couronne, leur deuil contre le baume de la joie, et l'esprit d'affliction contre un vêtement de gloire[25]. »

Nous sommes-nous parfois souvenus de cette pensée ? Nous vivons dans un temps où nous voyons offenser Dieu à chaque heure du jour. Nous voyons des âmes périr parce qu'elles n'ont point la foi ; de tous côtés nous entendons des blasphèmes ; « la vérité a diminué parmi les hommes. » Ce spectacle nous afflige-t-il ? En ressentons-nous autant de douleur que si quelque calamité personnelle nous avait frappés ? Ou bien nous sommes-nous renfermés en nous-mêmes, remerciant Dieu au fond de notre cœur, avec une reconnaissance égoïste, de ce que du moins nous possédons la foi véritable, les sacrements qui donnent la vie, et regardant les autres comme une race proscrite qui nous est complètement indifférente ? Si aucun lien ne vous attache à ces âmes (et pourtant ce lien existe puisque Jésus-Christ a versé son précieux sang pour elles aussi bien que pour vous), du moins devez-vous tenir à la gloire de Dieu ; et pouvez-vous sentir pour Dieu un réel amour, en prenant ce mot dans le sens où vous le prenez vous-mêmes, si vous ne ressentez vivement les outrages faits à sa Majesté sainte ? Mais mon intention n'est pas de vous adresser des reproches ; loin de moi une telle pensée ! Comment le pourrais-je en présence du zèle ardent avec lequel vous avez correspondu à l'esprit de la Confrérie ; je veux seulement vous expliquer et vous inspirer l'amour de ces pratiques qui développeront en vous cet aimable esprit chaque jour davantage. Écoutez encore ce que Dieu a révélé à sainte Catherine de Sienne[26] : « Vous avez raison, ô vous que j'ai choisie ! de livrer votre cœur à l'amertume de

---

24   Is 61.

25   *Ap. Lancic.* 2, 22.

26   *Dial.* Ch. 28.

l'affliction, à cause des outrages que les hommes ne cessent de me prodiguer, et de compatir à cette coupable ignorance avec laquelle ils pêchent contre moi, car par-là ils compromettent leur salut (que dis-je ? ils perdent leurs âmes). J'accepte vos larmes avec reconnaissance, et je désire que vous en répandiez[27]. »

Admirons aussi l'expérience que possédait la bienheureuse Angèle de Foligny dans ces matières. Avant de mourir, elle fit une espèce de testament pieux, par lequel elle léguait certains conseils à ses enfants spirituels, en voici un : « Je vous assure que mon âme a reçu beaucoup plus de consolations de la part de Dieu quand j'ai pleuré sur les péchés des autres, que lorsque j'ai pleuré sur les miens. Le monde se rit de cette doctrine, il ne peut croire qu'un homme puisse éprouver autant et même plus de douleur des péchés d'autrui que des siens, parce que cela semble contraire à la nature ; mais la charité qui inspire de pareils actes n'est point de ce monde. »

Pendant que saint Ignace habitait dans la maison de Jean Pascal, à Barcelone, une nuit qu'il était en prière, on le vit s'élever à une certaine hauteur au-dessus du sol, et toute la chambre resplendit tout à coup d'une clarté qui rayonnait sur son visage, comme il répétait sans cesse ces mots : « O mon Seigneur ! ô le bien-aimé de mon cœur ! oh ! si seulement les hommes vous connaissaient, ils ne voudraient jamais vous offenser. » On rapporte également du P. Pierre Lefèvre, le compagnon de saint Ignace, qu'il vivait dans une perpétuelle mélancolie ; car la vue des péchés des hommes le blessait au vif. « Telle est, dit saint Augustin, la persécution que souffrent tous ceux qui désirent mener une vie pieuse en Jésus-Christ ; ainsi se réalise pour eux la terrible sentence de l'Apôtre ; car, ce qui ajoute à la vie des gens vertueux une souffrance plus cruelle qu'à la vie des méchants, ce n'est point qu'ils sont forcés d'imiter un exemple qui les scandalise, mais ils sont obligés de déplorer les crimes qu'ils voient commettre. En effet, un homme qui mène une vie criminelle ne peut forcer une âme pieuse à consentir à son péché ; mais il la tourmente en la forçant d'en être témoin et de le pleurer[28]. » On rapporte de la bienheureuse Claire de Monte Falco, que si elle venait à apprendre qu'une personne était en état de péché mortel, elle se

---

27   *Ap. Lancic.* 2, 22.

28   Epit. 141.

tournait vers son crucifix, versait d'abondantes larmes, et, avec un soupir qui partait du fond de son cœur, elle disait : « Ainsi donc, pour cette âme du moins, toutes les souffrances de Notre-Seigneur sont perdues ! » et, ne pouvant supporter cette pensée, elle se prosternait contre terre et priait pour la conversion du pécheur.

Oh ! si notre cœur était animé de semblables dispositions ! Oh ! si nous étions bien persuadés que le péché est le seul réel malheur au monde ! Oh ! si nous étions consumés d'une soif ardente de la gloire de Dieu ! Et pourtant, ces sentiments nous seraient promptement familiers, si nous voulions seulement chercher à les acquérir en les demandant à Dieu. Que désire-t-il ? Sinon être aimé toujours, être aimé en tous lieux. Comment donc pourrait-il nous refuser son amour, si nous le lui demandons ? Pourquoi ne ferions-nous pas converger toutes nos prières vers un but unique, en suppliant Dieu nuit et jour d'augmenter notre amour pour lui ? Mais, direz-vous, comment témoignerons-nous cette douleur pour les péchés des autres ?

Diverses méthodes pour pratiquer l'amour de condoléance

1. Nous devrions, dans nos méditations, nous efforcer de trouver comment Dieu doit être servi et glorifié par ses créatures ; nous devrions remettre sous nos propres yeux ses perfections et ses attributs infinis, sa beauté, son amabilité ; nous devrions nous représenter la parfaite obéissance avec laquelle sa volonté est faite dans le ciel et tâcher de nous unir aux dispositions intérieures du sacré cœur de Jésus, du cœur immaculé de Marie, de toutes les hiérarchies célestes et des neuf chœurs angéliques ; nous devrions nous rappeler tous les bienfaits, toutes les bénédictions dont son amour infini a comblé ses créatures, et surtout les quatre grandes merveilles de la miséricorde divine : la Création, l'incarnation, la sainte Eucharistie et la vision béatifique ; alors, quand nous aurons suffisamment imprimé ces choses dans notre cœur, le péché nous apparaîtra sous son jour véritable, nous comprendrons combien il est terrible d'offenser une majesté si grande, combien il est coupable, au-delà de toute expression, de blesser un cœur qu'embrase un amour aussi vif ; alors nous ne pourrons franchir le seuil de notre demeure, et nous livrer à nos occupations de chaque jour, sans trouver un aliment nouveau à cette douleur que le péché éveillera en nous; à chaque pas, pour ainsi dire,

nous serons appelés à faire un acte de réparation à la gloire de Dieu outragée. En voyant jusqu'où le monde pousse l'oubli de Dieu, nous serons frappés d'un étonnement qui croîtra de jour en jour. Loin de nous habituer à un pareil spectacle, à mesure que l'idée de la beauté, de l'amour de Dieu grandira en nous, la haine du péché s'y développera également avec une force tous les jours nouvelle ; cette sorte de commun accord avec lequel les hommes ignorent Dieu, ses droits, ses titres, ses intérêts, nous paraîtra pour ainsi dire plus affreuse que des péchés commis au grand jour; la vie nous deviendra un fardeau, le monde nous semblera une terre inconnue et inhospitalière, un saint ennui s'emparera de nous, et notre cœur ne trouvera plus de repos que dans la douce et consolante pensée de Dieu.

2. Une autre manière d'exciter en nous le regret du péché, est celle que saint Bernard suggéra au pape Eugène : « Regardez le monde avec les yeux de l'esprit, et contemplez les nations. Ne sont-elles point plutôt sèches et destinées au feu, que mûres pour la moisson ? Combien en est-il qui semblent promettre des fruits et qui, cependant, si on les regarde de près, ne sont que des arbustes sauvages ! Que dis-je ? elles ne sont pas même cela : ce sont de vieux arbres découronnés et qui ne portent que des glands pour la pâture des pourceaux[29]. » Prenez une carte du monde, jetez d'abord les yeux sur l'Asie, où Notre-Seigneur est né, où il a souffert ; tournez ensuite vos regards vers la Turquie, la Perse, la Tartarie, la Chine, le Japon et le vaste continent des Indes : combien est petit le nombre des chrétiens dans cette immense étendue ! L'idolâtrie sous mille honteuses formes, la fausse religion de Mahomet, des sectes qui portent le nom du Christ et qui le renient dans le schisme et dans l'hérésie : tels sont les cultes qui étendent leur empire sur ces magnifiques régions, et c'est à peine si çà et là on rencontre un homme qui invoque le nom salutaire de Jésus et rende hommage à son précieux sang. Et pourtant, c'est là que l'homme a été créé, que le Paradis terrestre s'est ouvert pour lui ; c'était là le séjour du peuple élu ; c'est là que le Fils de Dieu a enseigné, et qu'il a versé son sang ; c'est là, enfin, que les apôtres ont prêché, que saint Athanase, saint Basile, saint Grégoire et saint Chrysostome ont défendu la foi et terrassé l'hérésie. Quant au Japon et à la Chine, leur sol est encore humide du sang des martyrs de Notre-Seigneur ; et pourtant,

---

29 *De Consid.* 2, 6.

quelle faible moisson de gloire en retire-t-il !

Parcourez ensuite le rivage septentrional de l'Afrique, où s'élevaient jadis les trônes de quatre cents évêques, et pénétrez ensuite dans ces vastes régions habitées par les Maures, les Hottentots et les Cafres ! Oh ! combien de pays, sur lesquels le soleil répand sa lumière, où nul n'invoque le nom de Jésus, où nul ne connaît sa croix adorable ! L'Amérique est plus heureuse, ainsi que l'Australie ; car, grâce aux Espagnols et aux Irlandais, l'Évangile est répandu dans ces contrées ; toutefois, qui pourrait compter les tribus qui sont encore plongées dans l'idolâtrie, et les milliers d'hérétiques qui portent en vain le nom de chrétiens ? Voyez aussi comme l'hérésie a dévoré les brillantes contrées de l'Europe ! La Russie, la Suède, le Danemark, l'Allemagne, l'Écosse, l'Angleterre, sont plus ou moins devenus sa proie, et des multitudes d'âmes se perdent chaque jour en vue de la chaire où retentit le véritable Évangile, à la portée de ses sacrements salutaires ! Tel était le tableau que saint Laurent Justinien avait devant les yeux quand il écrivait son traité sur les Plaintes de la Perfection chrétienne. Tel était le tableau qu'apercevait Dieu lui-même quand il se plaignit si amèrement à sainte Catherine de Sienne de l'indifférence que les prélats et les prêtres montraient pour sa gloire, de leur indolence, de leur égoïsme et du mépris qu'ils faisaient de ses intérêts les plus chers.

Oh ! quel vaste champ ouvert à notre charité ! que d'actes d'amour à formuler ! Songez à ce jour où le Créateur, dans sa miséricorde, jeta les yeux sur sa magnifique création, vierge et sans tache, et la bénit parce que tout y était bon. Songez à ce jour où, pour ramener la première bénédiction, que dis-je ? pour appeler une bénédiction nouvelle et plus précieuse encore que la première, Jésus se laissa attacher à la croix du Calvaire. Et en voilà le fruit ? voilà la reconnaissance que le pécheur offre à Dieu ? Si quelque jour notre pensée se porte ou notre vue s'arrête sur ces provinces qui subissent le joug de Mahomet, du paganisme ou de l'hérésie, ne sentons-nous pas le besoin d'offrir à Dieu tous les actes d'adoration que les anges ont faits dans le ciel durant le cours de cette journée, pour compenser les hommages que ces malheureux proscrits n'ont pu lui rendre ? Ou bien, une autre fois, nous invoquerons les mérites de Jésus lui-même, les vertus héroïques de sa Mère à jamais bénie, la charité des Apôtres, des martyrs, des vierges, des docteurs et des confesseurs pour suppléer par une intention, par un acte d'amour, à la gloire que la divine Majesté aurait pu recevoir de ces tribus et de ces nations.

3. Le P. Balthazar Alvarez, confesseur de sainte Thérèse, suggère une autre pratique : c'est de parcourir le monde en esprit, et de visiter toutes les églises, tous les tabernacles où l'on garde le Saint-Sacrement, et où si peu de fidèles viennent adorer celui dont l'amour devrait embraser nos cœurs. « Les rues sont pleines, dit-il, mais les églises sont vides. On voit des multitudes s'empresser autour de leurs propres intérêts, et si peu qui viennent parler à Jésus des siens ! » Saint Alphonse nous rappelle, avec sa prévenance et sa douceur ordinaires, la saleté, le désordre, l'abandon de tant d'églises où Jésus est obligé de demeurer, et où des semaines se passent sans que personne le vienne visiter. Avec quels actes d'amour filial, toujours différents et pourtant toujours tendres, pourrions-nous répandre notre cœur devant lui dans tous ces sanctuaires abandonnés ! Ne pourrions-nous pas fixer notre méditation sur Jésus, ainsi délaissé, jusqu'à ce que notre cœur devienne brûlant et que les larmes jaillissent de nos yeux ? Et combien serait agréable à ce bon Maître cette humble offrande d'un cœur affligé ! Il aime qu'on se souvienne de lui, et rien n'est petit à ses yeux quand on agit pour l'amour de lui, car son amour transforme tout, agrandit tout.

Je ne veux pas dire que vous deviez vous évanouir au nom seul du péché, comme faisaient des saints ; il faut, pour cela, des grâces spéciales et un amour bien ardent. Mais vous pouvez faire quelque petite chose pour réparer les péchés du monde et témoigner la douleur que vous en ressentez, et dans cette offrande, quelque faible qu'elle soit, Dieu saura trouver une grande gloire, et vous, une douce consolation.

On ne peut avoir une douleur véritable des péchés d'autrui, si l'on ne regrette sincèrement les siens propres. — Fruits spirituels de l'amour de condoléance.

Toutefois, comme je l'ai déjà dit, nous ne devons pas oublier de pleurer nos propres péchés, et de les pleurer surtout parce qu'ils offensent un Dieu si infiniment bon et qui a pour nous un amour infini. « Si nous regrettons nos péchés, dit saint Chrysostome, et si nous en ressentons de la douleur, nous en diminuons l'énormité ;

ce qui était grand, nous le rendons petit, que dis-je ? parfois nous l'anéantissons complètement. » Et saint Basile, dans un commentaire sur ces paroles : « Vous avez changé mes larmes en joie, » s'exprime ainsi : « Ce n'est pas dans toutes les âmes que Dieu répand la joie ; mais dans celle qui a ressenti de son péché une douleur profonde, qui a versé sur lui des pleurs abondants, comme sur son propre tombeau ; telles sont les larmes qui finissent par se transformer en joie ! » — « Nous devons toujours avoir nos péchés devant les yeux, dit encore saint Chrysostome, car, par là, non-seulement nous les effaçons, mais encore nous devenons plus doux, plus indulgents envers les autres, et nous servons Dieu avec plus de tendresse, car le souvenir de nos péchés a nous permet de plonger nos regards plus avant dans sa bonté infinie. » L'Écriture nous dit : « Ne soyez pas sans crainte sur un péché pardonné[30] ; » et, en effet, cette crainte salutaire sera notre meilleure sécurité contre une nouvelle chute. Quelques saints ont dit que si nous apprenions par révélation que nos péchés sont pardonnés, nous devrions cependant les regretter encore, ainsi que fit David quand Dieu daigna lui faire cette faveur, et saint Paul, qui fut confirmé dans sa grâce ; car une pareille douleur est un aliment perpétuel pour l'amour divin. Saint Udre fait une remarque des plus intéressantes dans sa *Vie de saint Gérard*, qui, après sa conversion, ressentait, dit-on, le plus vif regret des fautes les plus légères. Saint Jérôme rapporte le même trait de sainte Paule. Aussi, Dieu fit-il connaître à saint Gérard que les graves péchés de sa vie passée lui étaient remis à cause de cette douleur que lui inspiraient les fautes vénielles commises depuis sa conversion. Toutefois, nous ne devons pas pousser cette douleur à l'excès ; il faut envisager nos péchés au point de vue particulier, et, par-dessus tout, comme il a été révélé à sainte Catherine, notre regret doit être un souvenir des mérites du précieux Sang, un acte d'admiration de la miséricorde divine, et non une étude aride de nos péchés. Tel est l'avis de saint Bernard : « Je vous conseille, mes amis, dit-il, de vous écarter parfois du triste et ennuyeux examen des voies que vous suivez, pour vous lancer dans le sentier plus large et plus riant a des bienfaits de Dieu. Il est nécessaire, il est vrai, de pleurer ses péchés, mais nos larmes ne doivent pas couler toujours. Séchons-les parfois par la douce pensée

---

30 Qo 5, 5.

de la miséricorde divine. Il faut mêler un peu de miel à l'absinthe, autrement son amertume pourrait devenir nuisible. »

La vie est bien peu de chose, comparée à l'éternité ; et, pendant toute l'éternité, nous sommes destinés à jouir d'un bonheur infini, sans avoir d'autre occupation que de glorifier Dieu. Et cela est vrai à la lettre. Cette unique tâche apportera avec elle de si abondants trésors de bénédiction, que nous n'aurons plus rien à désirer. Pourquoi ne pas nous mettre à l'œuvre sur la terre ? Pourquoi, dès ce moment, notre cœur ne s'embraserait-il pas d'un ardent amour pour cette gloire de Dieu que nous devons tant aimer, puisqu'elle est destinée à faire l'objet de notre bonheur et de notre adoration dans l'autre vie ? Le caractère particulier de la bonté de Dieu, c'est d'aimer à se communiquer. Il se communique sans cesse à ses créatures par la nature, la grâce et la gloire. C'est à nous de suivre son exemple. Il existe une espèce de vertu égoïste, qui fait qu'on ne songe qu'à soi, qu'aux intérêts de son âme. C'est là, il est vrai, une chose qui semble importante, quand nous voyons autour de nous une multitude de gens qui savent à peine s'ils ont une âme. Toutefois, il est dangereux de s'occuper trop exclusivement de son âme. Qui peut posséder le précieux Sang, en connaître la valeur, en sentir les effets, et ne pas brûler en même temps du désir de faire partager son bonheur aux autres ? Je voudrais que nous puissions tout faire seulement pour la gloire de Dieu ; mais cela est à peine possible. Pourtant nous pouvons, sans beaucoup d'efforts, obtenir des résultats beaucoup plus réels que ceux que nous avons obtenus jusqu'à ce jour, si nous voulons seulement essayer de pleurer sur nos péchés, sur les péchés qui se commettent dans le monde entier, à cause de l'outrage cruel qu'en reçoit la gloire de Dieu.

D'ailleurs, cette dévotion est la source d'une foule de bénédictions pour notre âme. Quand une fois nous avons commencé à servir Dieu et à travailler sérieusement pour lui, le principal obstacle que nous rencontrons est moins le péché que l'esprit du monde et l'amour-propre. Ces deux sources de nos misères demeurent en nous, retiennent notre âme prête à s'élever vers Dieu, et corrompent tout le bien que nous pouvons faire ; mais à ce mal nous opposerons un puissant remède par la dévotion que je veux suggérer. Le caractère distinctif du monde, c'est l'ignorance du péché. Son bon plaisir fait le bien et le mal, il juge tout d'après les lois que lui-même a faites, mais il ne veut pas comprendre qu'une tache secrète tombe sur une âme immortelle, parce qu'un Dieu invisible a été offensé. On regarde cette doctrine comme une théorie inventée pour avilir le peuple, une vaine utopie, une superstition forgée par les prêtres. Un homme qui envisage toute chose d'après le rapport qu'elle peut avoir avec le péché, qui cherche en tout la secrète gloire d'un Créateur caché, qui marche sous un étendard inconnu au monde, qui se sert de mesures et de poids étrangers à la terre, qui s'efforce de faire jusqu'aux actions les plus ordinaires par un motif surnaturel, qui, enfin, pousse l'amour pour un objet invisible jusqu'à perdre tout amour, du moins tout un amour passionné pour les objets visibles, un tel homme peut à peine être possédé par l'esprit du monde ou l'amour propre. Sa vie est une protestation contre le monde, et en même temps contre lui-même ; et pourtant ce n'est là qu'une faible description de l'état où un homme parviendrait en pratiquant cette dévotion. Celui qui tient longtemps et avec amour ses regards fixés sur Dieu cessera bientôt de rien trouver d'aimable en lui-même ; et ainsi cette pratique le délivrera des deux plus grands ennemis qui s'opposent à ses progrès dans la vie spirituelle.

Nous trouverons aussi que cette dévotion nous donne un plus grand crédit auprès de Dieu. Nous ne tarderons point à voir nos prières exaucées plus souvent qu'autrefois ; nos paroles acquerront un poids supérieur à elles-mêmes ou supérieur à nos talents, à notre raisonnement, à notre éloquence. Où chaque objet puise-t-il sa valeur, sinon dans la bénédiction de Dieu ? La puissance spirituelle est la seule véritable puissance, et elle suit des règles différentes des autres puissances. Quand saint Vincent de Paul fonda sa Congrégation de la Mission, le P. Condren, supérieur de l'Oratoire de France, et l'un des hommes de son siècle les plus avancés dans la vie spirituelle, lui dit : « Ah ! mon Père, je reconnais que c'est là l'œuvre de Dieu, et que sur elle repose l'esprit de Jésus, et qu'elle réussira, car tous ceux que vous avez choisis sont d'une naissance obscure, et nul d'entre eux n'est versé dans les sciences. Telles sont les armes que Dieu bénit. » Voyez combien les principes sur lesquels repose ce jugement, sont contraires à l'esprit du monde. Saint Philippe a prouvé que toute puissance a sa source dans le détachement du monde, et l'œuvre de saint Ignace peut se résumer dans un seul mot : il a démontré cette vérité au monde, c'est qu'on se rend maître de lui en s'en détachant. Dévouez-vous donc au service de Dieu offensé dans sa gloire, et vous sentirez que Dieu est plus près de vous, et vous verrez ses grâces tomber sur vous plus abondantes que jamais.

Enfin, si vous prétendez au prix de la perfection chrétienne, si vous aspirez à devenir un saint, prêtez l'oreille à l'histoire que je vais vous raconter, écoutez ce qui arriva à un homme qui ne fit rien qu'empêcher deux péchés mortels près d'être consommés par des violences extérieures. Saint Paphnuce avait habité le désert pendant de longues années, et travaillé à sa sanctification par les pénitences les plus austères. Enfin, une idée étrange lui traversa l'esprit, et il se hasarda à l'exprimer à Dieu dans ses prières. Il désirait savoir à qui sa sainteté l'égalait sur la terre. Il le demanda en toute simplicité, avec une humilité sincère, et Dieu daigna lui répondre. Le Seigneur lui fit connaître qu'il était, quant au présent, l'égal d'un certain joueur de flûte qui habitait un village d'Egypte qu'il lui nomma. Le Saint partit immédiatement pour trouver son rival. Arrivé au village indiqué, il demande son joueur de flûte ; on lui répond qu'il est en train d'exercer son état dans la taverne voisine, pour divertir ceux qui y boivent. C'est étrange ! pensa Paphnuce. Néanmoins, il fait prier le musicien de sortir un instant, le tire à l'écart, et lui parle de l'état de son âme. Quelles bonnes œuvres avez-vous donc faites ? lui dit-il. Des bonnes œuvres ! reprend le joueur de flûte, je ne sache point avoir jamais fait rien de la sorte ; seulement, je me souviens qu'un jour, lorsque j'exerçais le métier de voleur, je sauvai l'honneur d'une vierge consacrée à Dieu, et, une autre fois, je donnai mon argent à une pauvre femme que la misère allait pousser au crime. Et alors Paphnuce comprit que Dieu avait accordé à ce joueur de flûte des grâces égales aux siennes, parce que, pour la plus grande gloire de son Créateur, cet homme avait, durant sa vie grossière de brigand, empêché deux péchés mortels.

Cette douleur que nous ressentons des péchés d'autrui peut être également effective et affective, c'est-à-dire qu'elle se traduit par des actions aussi bien que par des sentiments ; et nous ne saurions mieux le démontrer, qu'en faisant connaître les pratiques prescrites par un écrivain ascétique[31] pour le temps du carnaval :

---

31 *Lancic. De Prae*, Dei 80.

1. Nous abstenir, pendant toute cette époque, avec un soin plus scrupuleux que de coutume, des fautes dans lesquelles nous tombons le plus souvent.

2. Donner plus de temps à la prière, en y consacrant au moins une demi-heure de plus qu'à l'ordinaire.

3. Lire plus longtemps que de coutume, pendant une heure, par exemple, quelque livre ascétique. Prenons garde de n'en point choisir un qui soit un vain aliment pour notre curiosité, mais un dont la lecture excite en nous de pieuses affections vers Dieu, tel que les *Confessions de saint Augustin*, l'*Imitation de Jésus-Christ* et les *Vies des Saints*.

4. Imposer à notre corps quelque mortification nouvelle, ou prolonger nos pénitences ordinaires au-delà du temps accoutumé.

5. Faire de plus fréquentes visites au saint Sacrement ces jours-là ; et ensuite, quand nous avons achevé nos dévotions habituelles, exciter en nous quelque sentiment de compassion pour notre Dieu offensé, absolument comme nous allons visiter nos amis pour les consoler et leur montrer notre affection, quand il leur survient quelque peine. De plus, versons des larmes, ou du moins gémissons au fond de notre cœur sur les crimes de cette époque, surtout pour les péchés de ceux qui, en raison soit de leur condition, soit des nombreux bienfaits qu'ils ont reçus de Dieu, devraient s'abstenir avec plus de scrupule de toute offense contre sa Majesté sainte.

6. Chaque fois que l'heure sonne, faire un court mais tendre acte de contrition pour les péchés de la semaine ; on peut formuler cet acte en tous lieux, en tout temps, à la promenade, à table, etc.

7. Trois fois par jour au moins, animés d'un vif sentiment de dévotion, faisons une profonde génuflexion vers les quatre points du monde pour adorer ce Dieu qui y reçoit dans ce moment tant d'outrages. Obéissons au désir de compenser en quelque sorte par cette affectueuse adoration les péchés qui se commettent dans ces régions ; pleurons-les, et demandons à Dieu le pardon et la conversion des pécheurs. Dans ce dessein offrons au Seigneur les mérites de Jésus-Christ et de son précieux Sang, si chers à Dieu et si profitables aux hommes. C'est ainsi que sainte Marie-Madeleine de Pazzi obtint la conversion d'une foule de pécheurs.

8. Faire, ces jours-là, nos bonnes œuvres ordinaires avec plus de

perfection, de diligence et de ferveur, surtout celles qui ont rapport immédiatement au service de Dieu. Car de même qu'à cette époque les hommes du monde et les suppôts de Satan redoublent d'activité et de zèle pour offenser Dieu, il est juste que les âmes où règne l'amour divin redoublent en proportion de zèle et de ferveur pour les bonnes œuvres et le culte du Très-Haut.

9. Faire une communion supplémentaire pour apaiser Dieu, et lui rendre un culte d'amour et de réparations.

10. Comme Dieu est surtout offensé en ces jours par des excès de boire et de manger, mortifions notre appétit plus que de coutume dans la quantité ou dans la qualité des mets destinés à notre usage.

11. Comme Dieu reçoit aussi à cette époque un outrage particulier des conversations déshonnêtes, convenons avec un pieux ami d'une entrevue dans laquelle nous passerons quelques instants à nous entretenir ensemble de choses édifiantes, seulement pour procurer quelque plaisir et quelque consolation à un Dieu si bon.

12. Les hommes se rendent surtout coupables pendant ces jours du péché de paresse ; veillons donc avec un soin plus scrupuleux à la manière dont nous employons notre temps, de sorte qu'en dehors des moments consacrés à une innocente et nécessaire récréation, nous ne soyons jamais oisifs et inoccupés, mais, au contraire, plus laborieux que de coutume.

13. Les personnes qui ont fait quelques vœux devraient à cette époque les renouveler avec un acte fervent d'amour de Dieu. Cette dévotion nous a été suggérée par Notre-Seigneur quand il choisit le jeudi avant la Quinquagésime pour célébrer son alliance avec sainte Catherine de Sienne.

En Angleterre, ce qui remplace le carnaval, ce sont les jours qui suivent les trois fêtes de Noël, de Pâques et de la Pentecôte. Il n'est personne, pour peu que l'on ait quelque expérience dans l'art de diriger les âmes, qui ne sache les affreux ravages que ces trois époques exercent parmi nous ; et il est si difficile de s'élever avec force contre les trains de plaisir et autres misères semblables, que le seul remède semble être laissé à la prière et à la réparation. Prier pour qu'il pleuve ces jours-là paraît être le désir d'un mauvais cœur ; et pourtant c'est le seul moyen d'empêcher une foule de péchés. Que de fois la perte de l'innocence et de la vertu a daté d'un train de plaisir ! Et plus d'une âme a fait naufrage sur l'inoffensive rivière qui coule entre le pont de Londres et Rosherville.

Dans trois magnifiques révélations Dieu a daigné faire connaître combien est agréable aux yeux de sa divine Majesté toute chose offerte en réparation des scandales du carnaval. L'une de ces visites fut accordée au bienheureux Henri Suso, prêtre de l'Ordre de saint Dominique ; les deux autres à sainte Gertrude. Je citerai l'une de ces dernières, parce qu'elle est remplie de cet esprit que mon traité a pour but d'inspirer. Je l'ai choisie dans le quatrième livre de l'ouvrage de sainte Gertrude.

À l'époque du carnaval, Jésus lui apparut assis sur le trône de sa gloire, et saint Jean l'Évangéliste était aux pieds de Notre-Seigneur, dans l'attitude d'une personne qui écrit. Gertrude lui demanda ce qu'il écrivait ; Notre-Seigneur répondit pour lui. Je fais, dit-il, prendre sur ce papier, une note exacte des dévotions que votre Congrégation m'a offertes hier, et de celles qu'elle va m'offrir aujourd'hui et demain. Et lorsque moi, aux mains de qui le Père a remis tout jugement, je viendrai rendre à chacun, après sa mort, la juste mesure de ses travaux et de ses bonnes œuvres, je répandrai par-dessus la mesure des mérites de ma Passion et de ma mort qui communiquent aux mérites des hommes une valeur merveilleuse, et puis je les présenterai, avec ce papier, à mon Père, afin que, dans la toute-puissance de sa bonté il y ajoute sa mesure, qui, mêlée aux deux autres, fera déborder le vase. C'est ainsi qu'il récompensera les tendres consolations apportées à mes souffrances au milieu des persécutions que les mondains se plaisent à me susciter dans ces jours criminels. Car, puisque nulle fidélité n'est égale à la mienne, comment pourrai-je oublier mes bienfaiteurs, quand le roi David, qui durant toute sa vie n'avait cessé de combler de faveurs ceux qui lui avaient fait du bien, lorsqu'il vint à mourir, dit à son fils Salomon, en lui remettant la royauté : « Tu te montreras favorable aux fils de Berzellai, de Galaad, et ils mangeront à ta table, parce qu'ils sont venus à ma rencontre quand je fuyais devant la face de ton frère Absalon. » La bonté qu'on montre à un homme dans l'infortune est plus précieuse à ses yeux qu'aux jours de la prospérité ; ainsi je reçois avec une reconnaissance toute particulière la fidélité que me montrent mes serviteurs lorsque le monde s'applique à me persécuter en péchant contre moi.

Le bienheureux Apôtre, assis pour écrire aux pieds de son maître, semblait tremper sa plume tantôt dans un encrier qu'il tenait à la main, et alors il formait des lettres noires, tantôt dans la blessure que l'amour avait faite au côté de Jésus ouvert devant lui, et alors il traçait des caractères rouges. Ensuite il retouchait ces derniers avec de l'encre noire et de l'or. La Sainte comprit que par les lettres noires étaient indiquées les bonnes œuvres que les religieuses faisaient par habitude, telles que le jeûne qu'elles avaient coutume de commencer le lundi de cette semaine. Les lettres rouges désignaient les prières faites en mémoire de la Passion de Jésus-Christ, avec une intention spéciale d'obtenir la purification de l'Église. Quant aux caractères rouges entourés d'un filet noir et d'un filet d'or, elle comprit que la partie sombre indiquait les bonnes œuvres faites en mémoire de la Passion de Notre-Seigneur pour demander à Dieu sa grâce et tous les autres dons nécessaires à notre propre salut. Au contraire, l'or et le rouge entremêlés désignaient les bonnes œuvres faites uniquement pour la gloire de Dieu, en union avec les souffrances du Christ, ou pour le salut des âmes, sans espoir de mérites, de récompenses ou de faveurs pour nous-mêmes, mais simplement pour rendre gloire à Dieu et faire preuve d'amour envers lui. En effet, bien que les bonnes œuvres dont nous avons parlé en premier lieu reçoivent de Dieu d'abondantes récompenses, celles que nous faisons purement pour la gloire et l'amour de Dieu sont plus élevées en mérite et en dignité, et confèrent à l'homme une augmentation infinie de bonheur pour l'éternité.

Gertrude s'aperçut alors qu'après deux paragraphes il restait toujours un espace en blanc, et elle demanda à Notre-Seigneur ce que cela signifiait. Il répondit : Comme vous avez coutume, à cette époque, de m'offrir de pieuses intentions et des prières en mémoire de ma Passion, je fais d'abord prendre une note exacte des pensées et des paroles que vous employez pour mon service, sans en omettre une seule. Quant aux lignes restées en blanc, elles indiquent les intentions et les prières que vous n'êtes point dans l'habitude de formuler, comme les intentions et les prières, en mémoire de ma Passion. « Et comment, ô Dieu d'amour ! » reprit la Sainte, « comment pouvons-nous faire cela d'une manière méritoire ? — En ce observant, » répliqua le Seigneur, « les jeûnes, les vigiles, et toutes les pratiques ordinaires en union avec ce ma Passion. Et toutes les fois que vous mortifierez vos ce sens, en vous abstenant d'un regard, d'une parole, offrez-moi ce sacrifice avec cet amour qui a dominé mes sens dans le cours de ma Passion. D'un regard j'aurais pu frapper mes ennemis de terreur ; d'un mot j'aurais pu réduire au silence ceux qui parlaient contre moi ; toutefois, je suis resté semblable à l'agneau qu'on mène à la boucherie, la tête humblement baissée et les yeux fixés vers la terre ; enfin, devant mon juge je n'ouvris même pas la bouche pour proférer un mot de justification en présence des accusations portées contre moi. » La Sainte reprit alors la parole : « Enseignez-moi, ô le meilleur des maîtres ! au moins une chose que je puisse faire en mémoire de votre Passion. » Notre-Seigneur lui répondit : Adoptez donc la pratique que je vais vous prescrire : Tandis que vous prierez, étendez les bras en forme de croix, rappelant ainsi à Dieu le Père l'instrument de mon supplice, afin qu'il daigne purifier l'Église, et unissez-vous alors d'intention à cet amour qui me fit étendre les bras sur la croix. » Et elle reprit : Comme ce n'est point-là une dévotion ordinaire, devrais-je chercher quelque endroit secret pour la pratiquer ? — Cette coutume, répliqua Notre-Seigneur, de rechercher les lieux retirés me plaît infiniment, car elle ajoute de nouveaux charmes à une bonne œuvre, comme la perle embellit le collier. Toutefois, ajoute-t-il, a si quelqu'un venait à établir la pieuse coutume de prier avec les bras en croix, qu'il ne craigne pas les contradicteurs, il me rendra les mêmes honneurs que rend à un roi celui qui lui fait prendre solennellement possession de son trône. »

Quelle est donc la cause que je cherche ici à faire triompher ? La voici : Je voudrais que vous ne montrassiez point autant d'indifférence pour la gloire de Dieu, comme si c'était là une affaire qui ne vous concerne nullement, et dans laquelle, vous ne soyez pas, pour ainsi dire, associé avec lui ! Voilà tout. Dieu va vous donner sa gloire en partage dans le ciel durant toute l'éternité. Comment pourriez-vous répudier toute solidarité avec elle sur la terre ? Au contraire, ses intérêts vous regardent de très-près, son triomphe doit être votre triomphe, et sa défaite, votre défaite. Vous ne pouvez-vous tenir à l'écart de la cause de Jésus ici-bas, observer une sorte de neutralité armée à l'égard de Dieu, et en même temps désirer qu'aussitôt après votre mort, sans passer par les flammes du Purgatoire, votre âme s'envole dans son sein pour rester à jamais plongée dans les ineffables embrassements de son amour. Et pourtant, c'est là l'histoire trop fidèle de la vie de la plupart des catholiques. Peut-on rien imaginer de plus déraisonnable, de plus égoïste, de plus bas ? Et l'on ose s'étonner de ne pas voir son pays se convertir ! En vérité, nous n'avons point l'air de gens qui sont venus pour allumer un feu sur la terre, et qui se désolent parce qu'ils n'ont point réussi. Ah ! Jésus ! voilà vos plus cruelles blessures. Peu importent vos mains et vos pieds meurtris, vos genoux brisés, vos épaules déchirées, peu importent les cent blessures de votre tête et de votre cœur transpercé. Mais les autres blessures, celles que vous causent la froideur, la négligence, l'égoïsme qui ne prie point ; les blessures que vous font ces quelques âmes jadis ferventes, aujourd'hui tombées dans la tiédeur, et ces multitudes d'autres infortunés qui, n'ayant jamais été fervents, ne peuvent même pas réclamer le misérable honneur de la tiédeur ; ces blessures enfin qui viennent vous frapper dans la maison de vos amis : ce sont celles-là que nous devons arroser de nos larmes, c'est sur elles que nous devons verser le baume d'une tendre compassion. Aimable Sauveur ! je puis à peine croire que vous êtes réellement ce que je sais que vous êtes, quand je vois votre peuple vous traiter aussi cruellement ! Et moi-même, et mon misérable cœur ! lui aussi, il m'a dévoilé de tristes secrets ; il m'a fait connaître jusqu'où pouvait tomber la froideur de l'homme, jusqu'où pouvait aller son ingratitude. Hélas ! les derniers chapitres des quatre Évangiles semblent aux fidèles une amère raillerie !

Et pourtant nous vivons comme si, pour nous débarrasser d'une pensée gênante, nous étions prêts à nous écrier à chaque instant : « Après tout, nous n'y pouvons rien. Si Jésus a voulu faire et être tout cela, c'est son affaire. Il ne nous fallait à nous qu'une absolution ; nous ne demandions qu'un instrument de salut, une locomotive pour nous porter au ciel, la moins coûteuse et la plus grossière qui pût remplir cette fin et nous mener au terme de notre voyage. Vous autres, gens dévots, vous êtes un véritable obstacle à la religion. Il nous serait peut-être difficile de définir l'enthousiasme, mais certainement vous êtes des enthousiastes. Ce que nous voulons dire, c'est que vous êtes tout cœur, et que la tête en souffre. L'exaltation ne saurait suppléer au talent. Le zèle n'est pas la théologie. Croyez-vous qu'on n'ait d'autre chose à faire dans a la vie que d'aller entendre la messe et se confesser ? Quelle confiance pouvons-nous accorder à des gens qui a se laissent entraîner par leur ferveur religieuse ? Cette incarnation d'un Dieu, ce roman qu'on appelle l'Évangile, ces souffrances inutiles, ce sang répandu sans nécessité, ces humiliations multipliées, ce service d'amour, ces condoléances d'une douleur affectueuse sont, à dire vrai, pour nous autant de sujets d'ennui ; tout cela nous est étranger ; les choses auraient pu se passer autrement : après tout ce n'était qu'une affaire de débiteur à créancier ; tout le monde n'est pas né poète, et chacun ne peut pas donner dans le romantique. Il faut réellement qu'il y ait une erreur dans tout ceci. Dieu est très-bon, et, jusqu'à un certain point, il convient de l'aimer. Sans doute il nous aime et nous l'aimons aussi. Mais en vérité, avec un peu de sens commun, à l'aide d'un petit nombre de préceptes salutaires et raisonnables, en nous acquittant strictement et en conscience de nos devoirs de société, ne pourrions-nous pas, avec tout le respect possible, mettre un peu de côté cette terrible mythologie de l'amour qu'on appelle le christianisme, et puis après aller au ciel par un sentier plat, battu et facile, plus en rapport avec notre caractère d'hommes et notre dignité de nation civilisée ? S'il est vrai que la race humaine a réellement failli dans la personne d'Adam, il est juste d'en subir les conséquences. Mais ne saurait-on réparer le mal tranquillement, sans faire de bruit, et seulement à l'aide d'un peu de ce bon sens qui nous est si naturel ? »

— Eh bien, s'il doit en être ainsi, je ne puis m'empêcher de répéter ce mot hardi de sainte Marie-Madeleine de Pazzi : « Ô Jésus ! l'amour vous a rendu fou ! »

Ô malheureux amour de la gloire de Dieu ! tu es un enfant trouvé sur la terre ! Personne ne te réclame, personne ne reconnaît son sang en toi, nul ne t'offre un asile. Le monde est bien froid, le péché ne cesse de t'accabler de nouveaux coups ; tu viens tomber mourant à nos portes, et les hommes ne t'ouvrent pas. La terre autrefois était pour toi comme le ciel, mais des voleurs se sont répandus dans les grandes routes, et il n'est plus sûr pour toi de les parcourir. Mais il te reste encore parmi nous quelques serviteurs qui se sont voués au service du ciel, et nous te ramènerons dans nos maisons, comme Jean ramena Marie en quittant le Calvaire. « Désormais notre substance est ta substance, et tout ce que nous avons est à toi ! »

4
Intercession par la prière

Le salut d'une âme

Examinons ce qu'il faut pour sauver une âme, et le bonheur que promet le salut. D'abord, il était absolument nécessaire que Dieu se fît homme, afin que cette âme fût sauvée selon les décrets de Dieu. Il était de toute nécessité que Dieu vînt sur la terre pour enseigner, agir, prier, mériter, satisfaire, souffrir, répandre son sang et mourir pour le salut de cette seule âme. Il fallait que pour cette âme unique il existât une Église et une foi catholiques, des sacrements des saints, un pape et un sacrifice de la messe. Il fallait qu'il y eût un don surnaturel, une participation merveilleuse à la nature divine, appelée grâce sanctifiante, et que par-dessus fussent accumulés des actes d'amour et des inspirations de la volonté divine, sous la forme d'une multitude de grâces actuelles, incessantes et efficaces : sans quoi cette âme ne pouvait être sauvée. Enfin, des martyrs devaient mourir, des docteurs écrire, des papes et des conciles exposer, condamner l'hérésie, des missionnaires s'expatrier, des prêtres être ordonnés pour le salut de cette seule âme. Quand tous ces préparatifs sont achevés, qu'un acte de la toute-puissante miséricorde a tiré cette âme du néant, alors il faut qu'un ange soit commis à sa garde. Pendant tout le temps qu'elle a à passer sur la terre, Jésus doit s'en occuper ; Marie doit beaucoup faire pour elle ; enfin tous les anges et tous les saints ne doivent cesser.de prier et de s'intéresser en sa faveur. À chaque bonne pensée, à chaque pieuse parole, à chaque action vertueuse (et, comme on peut se l'imaginer, le nombre n'en tarde point à s'accroître à l'infini), doit concourir cette participation à la nature divine qu'on appelle la grâce. Il faut écarter de cette âme les esprits malins et invisibles, il faut déjouer tous les pièges qu'ils lui tendent. Les tentations qui viennent l'assaillir à toute heure du jour excitent une émotion plus ou moins vive parmi ses célestes défenseurs. En vertu de dispositions que Dieu n'a point dédaigné de faire lui-même, cette âme sait la part que tous les divins attributs doivent prendre à son salut, de sorte que chacun d'eux répond à son appel, comme les touches du clavier aux doigts de l'artiste. Il faut que les mérites du précieux Sang lui soient communiqués par la voie extraordinaire de sacrements tous remplis de mystère, et dont la forme et la matière ont été inventées par Notre-Seigneur lui-même. Il faut qu'en sa faveur l'eau, l'huile, les cierges, les chapelets, les médailles, les scapulaires se remplissent d'une vertu étrange, indéfinissable, à la voix du prêtre qui les bénit. Il faut enfin que le corps, l'âme et la divinité du Verbe incarné lui soient communiqués mille et mille fois, jusqu'à ce que ces communications deviennent pour elle une circonstance ordinaire de la vie ; et pourtant, en réalité, chacune d'elles est un miracle plus étonnant que la création du monde. Cette âme peut parler au ciel, et le ciel docile écoutera sa voix. Elle peut user des satisfactions de Jésus comme si elles étaient siennes : les portes du Purgatoire s'ouvrent devant elle, elle rendra libre qui elle voudra. Enfin, elle est toujours si près de Dieu, son cœur est devenu un endroit tellement sacré, tellement privilégié, qu'à l'exception de Dieu seul, personne ne saurait lui communiquer la grâce, personne, pas même les anges, pas même la Mère de Dieu à jamais bénie.

Voilà tout ce qu'exige le salut d'une âme. Pour arriver à la béatitude éternelle, il faut qu'elle devienne l'enfant de Dieu, la sœur de Dieu, et qu'elle participe à la nature de Dieu. Voyons maintenant le bonheur d'une âme sauvée : regardez cette âme qui vient d'entendre son jugement ; à peine Jésus a-t-il fini de parler, le son de sa douce voix n'est point encore éteint, et ceux qui pleurent n'ont point encore fermé les yeux du corps loin duquel la vie a fui ; pourtant le jugement est rendu, tout est consommé ; il a été court, mais miséricordieux. Que dis-je ? miséricordieux ; la parole ne saurait dire ce qu'il a été. Que l'imagination le trouve. Un jour, s'il plaît à Dieu, nous en ferons nous-mêmes la douce expérience. Il faut que cette âme soit bien forte pour ne pas succomber sous la vivacité des sentiments qui s'emparent d'elle ; elle a besoin que Dieu la soutienne pour ne point être anéantie. La vie est passée ; comme elle a été courte ! La mort est arrivée ; combien douce a été son agonie d'un moment ! Comme les épreuves paraissent une faiblesse, les chagrins une misère, les afflictions un enfantillage ! Et maintenant, elle a obtenu un bonheur qui ne finira jamais. Jésus a parlé, le doute n'est plus possible. Quel est ce bonheur ? L'œil ne l'a point vu, l'oreille ne l'a point entendu. Elle voit Dieu, l'éternité s'étend devant elle dans son infinité. Les ténèbres se sont évanouies, sa faiblesse a disparu ; il n'est plus ce temps qui, autrefois, la désespérait. Plus d'ignorance, elle voit Dieu ; son intelligence se sent inondée de délices ineffables; elle a puisé de nouvelles forces dans cette gloire que l'imagination ne saurait concevoir ; elle se rassasie de cette vision, en présence de laquelle toute la science du monde n'est que ténèbres et ignorance ; sa volonté nage dans un torrent d'amour, un bonheur excessif pénètre par toutes les affections ; ainsi qu'une éponge s'emplit des eaux de la mer, elle s'emplit de lumière, de beauté, de bonheur, de ravissement, d'immortalité, de Dieu. Ce ne sont là que de vains mots, plus légers que la plume, plus faibles que l'eau ; ils ne sauraient rappeler à l'imagination même l'ombre du bonheur de cette âme. Mais que ressent-elle donc ? L'œil ne l'a point vu, l'oreille ne l'a point entendu le cœur ne saurait le concevoir ; et toute cette félicité, toute cette gloire sont le partage de cette âme qui, il y a une heure à peine, gémissait dans la douleur, faible comme le plus faible enfant. Et tout cela est vrai.

Mais que dis-je ? Elle n'a point à craindre la perte de son bonheur ; il est assuré ; il est à elle, vraiment à elle ; il est inébranlable et éternel. Le péché n'approchera plus d'elle, l'imperfection ne la ternira plus ; au milieu d'une variété infinie, elle ne connaît pas de changements, elle ignore l'inégalité au sein d'une multitude de joies, de délices indicibles ; sur son front brille la couronne royale qui doit y resplendir pendant toute l'éternité. Et la possession de cette félicité magnifique, que lui a-t-elle coûté ? Peu de chose : les soins, les épreuves éphémères de cette vie, que la grâce rendait légers, et dont l'amour faisait de véritables plaisirs ! Et maintenant, pour récompense, elle a reçu une gloire éclatante et la magnificence de la vision béatifique ! On croirait être le jouet d'un rêve, si le calme merveilleux de l'âme ne disait la puissance et la profondeur de sa vie nouvelle. La conscience qu'elle a d'elle-même est le gage de sa fraîcheur et de son immortalité. Voilà le bonheur qu'apporte le salut d'une âme ! Comme le monde nous paraîtra étrange, si nous songeons combien de ses habitants meurent à chaque instant de la nuit et du jour, et il ne se passe peut-être pas un moment sans qu'une âme ne se trouve dans les circonstances que nous avons décrites plus haut. Elle est jugée, la sentence est favorable, et ses yeux s'ouvrent à la beauté et à la bonté ineffables de Dieu. Ô tristesse ! ô ennui ! voilà les seules paroles que nos lèvres puissent articuler quand nous ramenons nos pensées à nos misérables soucis, aux tentations qui nous assiègent, à l'amour-propre qui nous tourmente, à notre bassesse qui nous humilie et fait que nous manquons de générosité vis-à-vis de Dieu ! Cet homme meurt, il est jugé, il est heureux, oh ! qu'il est heureux ! Et nous sommes encore ici. Que de risques nous restent à courir ! ô ennui ! ô tristesse !

Pourtant, il y a quelques minutes, cette âme n'était point encore assurée de son salut ; il y avait une lutte désespérée, un combat à outrance entre le ciel et l'enfer, et le ciel semblait succomber. Le moribond montrait assez de patience pour mériter tout ce qui est susceptible d'être mérité. Mais Dieu avait mis le dernier don, la grâce dernière, la persévérance finale hors de la portée du mérite, et semblait ainsi abandonner l'avantage à l'ennemi. Le moment était critique : chacun avait jeté ses derniers intérêts sur le champ du combat ; tout ce qui avait été fait pour le salut de cette âme depuis l'éternité jusqu'à cette heure, était sur le point d'être ravi, perdu à jamais ; chaque minute le voit perdre et ravir dans quelque partie du monde ; et les doux fruits qu'apporte le salut, cette âme courait le risque de ne jamais les recueillir. L'imagination elle-même peut-elle créer une situation plus terrible ? Et Jésus était là, suivant avec inquiétude les destinées du combat ; au milieu du profond silence, on eût pu entendre les battements redoublés de son cœur sacré. Il avait suspendu les effets de cette douce et aimable loi par laquelle, en vertu des mérites de notre Sauveur, nous pouvons mériter nous-mêmes. Il a obtenu pour nous le don de la persévérance finale, et quiconque reçoit cette grâce, la reçoit en vertu des -seuls mérites de Notre-Seigneur ; toutefois, il semblait en ce moment l'avoir abandonnée tout entière à la souveraineté de Dieu. Une seule loi est restée libre d'agir, et c'est à dessein qu'on l'a laissée ainsi : cette loi, c'est la prière, la prière qui intercède. Que vous soyez le proche parent, l'ami de cet homme mourant ou son ennemi ; que vous soyez pour lui un prêtre ou un bienfaiteur ; que vous soyez son voisin, ou qu'une distance de mille lieues vous sépare de lui ; que vous le connaissiez parfaitement, ou que jamais vous n'ayez appris son existence ou songé à son agonie, peu importe ! c'est à vous qu'il a été donné de décider la victoire, le sort en est dans vos mains, son âme dépend de vos prières. Jésus a décidé que ce serait vous, et non lui (s'il est permis de s'exprimer ainsi) qui sauveriez cette âme ; vous êtes appelé à remplir la mesure des grâces qu'exigeait son salut ; vous êtes appelé à placer sur son front la couronne qui doit être son partage dans l'éternité. Peut-être l'ignorerez-vous toujours, du moins jusqu'au moment où vous serez jugé vous-même. Pourtant, dans la communion des saints et dans l'union de Jésus-Christ, vous devez être le sauveur de cette âme qui flotte incertaine, le vainqueur de cette bataille indécise.

Du mystère de la prière
Mais qu'est-ce que la prière, le mystère de la prière ? Il nous est permis de faire une semblable question, si telle est la responsabilité que suppose la prière, si tels sont les prodiges qu'elle accomplit, si enfin, il est vrai que la loi divine nous oblige à prier pour les autres aussi bien que pour nous-mêmes. Diverses observations concourent à former une idée véritable de la prière : d'abord, nous devons considérer qui nous sommes, nous qui prions. Rien ne saurait avoir une plus humble origine : nous fûmes créés de rien, et quand nous vînmes au monde, notre âme portait l'empreigne honteuse du péché, et gémissait sous le poids d'une condamnation terrible à laquelle des regrets éternels n'auraient pu nous soustraire ; à cette nature dégradée reçue de nos parents, nous n'avons cessé d'ajouter chaque jour

la mesure honteuse de nos propres iniquités. Il n'est point de parole qui puisse exprimer notre malice, il n'est point de description qui puisse former une idée de notre impuissance naturelle à faire le bien. Tout, dans le principe, était petit en nous, nous l'avons rendu infiniment plus petit encore. Il serait difficile de nous concevoir pires que nous sommes, au point qu'il est nécessaire de nous faire un devoir d'user de patience et de tolérance à l'égard de nous-mêmes, autant qu'à l'égard des autres. Nous devons ensuite considérer à qui s'adressent nos prières : c'est à l'adorable Majesté de Dieu, dont rien ne saurait égaler les perfections infinies. La seule pensée de Dieu nous plonge dans la stupeur. Il est en trois personnes vivantes ; nous existons, nous marchons, nous respirons en lui ; il peut faire de nous tout ce qui lui plaît, il n'a d'autres engagements envers nous que ceux que, dans sa miséricorde infinie, il a bien voulu contracter. Il sait tout sans que nous lui disions ou lui demandions rien, et c'est lui que nous prions. En troisième lieu, songeons où nous prions : que ce soit dans un lieu consacré ou non, c'est en Dieu lui-même ; nous sommes au milieu de lui comme le poisson au sein des eaux de la mer ; son immensité est notre temple ; partout nos lèvres rencontrent son oreille, elle les touche ; nous ne la sentons pas ; si nous la sentions, nous mourrions ; elle écoute toujours, les pensées retentissent auprès d'elle aussi fort que les paroles, les souffrances parlent plus haut encore ; jamais l'oreille de Dieu ne s'éloigne de nous, et jusqu'au milieu de notre sommeil et de nos rêves, nous y laissons tomber un soupir.

Il faut ensuite nous demander d'où vient la valeur de nos prières. Ce sont par elles-mêmes des paroles flottantes, des mots qui s'enfuient. Il n'est rien en nous qui nous donne le droit d'être écoutés, si ce n'est l'excès même de notre indignité, et, par conséquent, l'extrémité où notre misère est réduite. Autrement, pourquoi nos prières auraient-elles plus de puissance à l'oreille de Dieu que le rugissement du lion, le chant plaintif de l'alcyon ou le cri de l'animal blessé qui s'enfuit à l'approche du chasseur ? Il y a cependant une différence, et en voici la cause : C'est que Dieu lui-même a daigné devenir homme, qu'il s'est prosterné sur la montagne, au milieu des souffrances, et qu'il y a passé la nuit en prières. Il nous unit à lui dans un divin mélange ; il fait de notre cause la sienne, ses intérêts des nôtres, et nous ne formons, pour ainsi dire plus qu'un seul avec lui. Ainsi, en vertu d'une communion mystérieuse, le mérite de ses prières se mêle aux nôtres ; leur abondance enrichit la pauvreté des nôtres, leur infinité, en la touchant, relève et transforme notre misère. De sorte que, lorsque nous prions, ce n'est pas nous qui prions, mais Jésus. Nous parlons à l'oreille de Dieu, ce n'est pas notre voix, c'est la voix de Jésus, comme celle de sa Mère, que Dieu daigne entendre. Ou plutôt l'Éternel veut bien imiter Isaac dont l'âge a éteint la vue. Son plus jeune fils vient se mettre à genoux devant lui pour demander sa bénédiction, car il lui a été permis de prendre la place de son frère aîné. « La voix est certainement la voix de Jacob, et ce n'est pas lui que je veux bénir, mais les mains sont les mains d'Ésaü, » endurcies par les travaux qu'a coûtés la rédemption du monde. Et Dieu dit avec Isaac : « Viens près de moi, et embrasse-moi, ô mon fils ! » Et aussitôt qu'il a senti les parfums qui inondent ses vêtements, car il a revêtu la tunique du Christ, il le bénit, en disant : « Voici que mon fils répand une odeur semblable à celle d'un champ fertile, » et alors il le remplit de bénédictions. Mais là ne se bornent point les inventions de son amour paternel. Car maintenant il nous faut rechercher avec qui nous prions. Ce n'est jamais seuls ; nous pouvons en être sûrs, toutes les fois que nous faisons une bonne prière. Un être habite en nous qui est égal à Dieu, éternel comme lui, qui procède du Père et du Fils. C'est lui qui crée les mots dans notre cœur, c'est lui qui met de la douceur dans notre voix quand nous nous écrions : « Abba, Père ! » C'est lui qui est « notre accès auprès du Père, » et « qui met la force au cœur de l'homme. Il nous fait dire en nous-mêmes les psaumes, les hymnes, les cantiques spirituels ; nous invite à chanter le Seigneur dans nos cœurs, et à rendre grâces de toutes choses à Dieu le Père, au nom de Notre-Seigneur Jésus-Christ. Il est l'esprit dans lequel nous prions dans tous les temps, par toute prière et toute supplication. Il est l'Esprit qui aide notre faiblesse ; car nous ne savons pourquoi nous devons prier ; mais l'Esprit lui-même le demande pour nous avec des gémissements indicibles ; et celui qui cherche les cœurs sait ce que désire l'Esprit. » Oh ! s'il en est ainsi, le mystère de la prière ne devient-il pas de plus en plus profond à nos yeux ?

Ensuite, examinons l'incroyable facilité de la prière : toute heure, toute posture, tout lieu sont également bons ; car il n'est pas de circonstance qui puisse nous empêcher de confesser avec respect la présence de Dieu. Le talent n'est point nécessaire ; l'éloquence est un hors-d'œuvre ; la dignité n'est pas une recommandation. Nos besoins, voilà notre éloquence ; notre recommandation est dans notre misère. La pensée est aussi prompte que l'éclair ; elle peut aussi rapidement multiplier des prières efficaces. Les actes sont des prières, la souffrance en est une. Point de cérémonies à faire, point de rubriques à observer. Voici, en un mot, la définition de la prière : Un enfant aux genoux de son père, balbutiant quelques paroles entrecoupées par la ferveur, et faisant lire, sur son visage recueilli, la prière que sa bouche peut à peine faire entendre. Considérons ensuite l'efficacité de la prière. Il suffit que nous demandions des choses justes, que nous prions à cet effet souvent et avec persévérance, avec la certitude et l'intention de les recevoir, non en raison de la faiblesse de nos désirs, mais en raison des trésors de la sagesse et de la munificence de Dieu, et c'est une vérité infaillible que nous serons exaucés. Dieu daigne se mettre à notre disposition ; il nous accorde sur lui une influence illimitée, non point pour un jour ou deux, non point seulement aux jours de fête et dans les grandes occasions, mais à chaque instant de notre vie tout entière. La grâce offre-t-elle un mystère plus rempli de consolations ? On lit le trait suivant dans la vie d'une sainte : Ses prières étaient, dit-on, si efficaces, que, de toutes parts, chacun venait la supplier de recommander ses besoins à Dieu. Elle écoutait leurs demandes et les oubliait presque aussitôt ; elle était plongée dans une contemplation perpétuelle, ne voyait que les grandeurs de Dieu, et n'avait d'autre pensée que pour le Bien-Aimé de son âme. Aussi, était-elle surprise d'entendre une foule de gens la remercier du succès qu'avaient obtenu ses prières en leur faveur. Un jour qu'elle était ravie en extase, elle témoigna son étonnement à Jésus : « Ma fille, répondit notre aimable Sauveur, votre volonté est de faire en tout ma volonté ; je ne me laisserai point vaincre dans ce combat d'amour » ; aussi ma volonté est-elle de faire votre volonté, lors « même que vous aurez oublié ce que vous voulez. » Admirez par cet exemple, la bonté du Maître que nous servons !

Enfin, Dieu ne nous permet pas de prier seulement pour nous-mêmes, mais aussi pour les autres. Que dis-je! il nous commande d'une manière expresse la prière d'intercession. Il parle, par la bouche de son Apôtre, en termes positifs et formels : « Je désire, avant tout, que les hommes m'adressent leurs supplications, leurs prières, leurs intercessions et leurs actions de grâces[32]. » Et dans le huitième chapitre de l'Épître aux Romains, après avoir dit : « Celui qui cherche les cœurs sait ce que l'Esprit désire, » l'Apôtre ajoute : « Parce qu'il demande pour les saints selon la volonté de Dieu. » Ainsi, ce privilège inestimable, ce don mystérieux de la prière nous est donné afin que nous en usions en faveur des autres autant que pour nous-mêmes. Quel compte sévère nous aurons à rendre pour un si grand bienfait, et comme nous devons prendre garde qu'une telle puissance ne nous ait point été confiée en vain ! Quels que soient les talents naturels que Dieu nous ait refusés, c'est là un don qu'il nous a certainement accordé. Tous, sans distinction, jeunes et vieux, riches et pauvres, savants et ignorants, prêtres et laïques, religieux et séculiers, nous sommes également obligés à la prière d'intercession. Malheur à nous, si nous enfouissons notre talent, et si, au dernier jour, nous le présentons au souverain Juge sans l'avoir fait fructifier ! Que chacun s'examine scrupuleusement, qu'il considère le temps que jusqu'ici il a consacré à cette dévotion, et si son passé sous ce rapport est ce qu'il devrait avoir été. Prier sans cesse, c'est là un dur précepte, que nous ne parviendrons à remplir qu'avec le temps et l'habitude, aussi bien qu'à l'aide des dons de Dieu et de sa grâce. Mais notre objet principal doit être, à mesure que nous avançons en âge, de prier davantage, et plus nous prions, de diriger nos intentions vers un but principal : intercéder pour les autres.

Jamais peut-être, tant que nous serons en ce monde, nous ne réaliserons la céleste puissance de la prière, ni les richesses inépuisables de ce trésor dont à présent, hélas ! nous ne savons pas apprécier la valeur, car nous ne voyons pas à quel point il met la gloire de Dieu entre nos mains. Oh ! qu'y a-t-il d'impossible à la prière ? quel bien ne ferions-nous pas dans les lieux les plus cachés de la terre, dans les prisons du Purgatoire, et jusque dans la cour du ciel ? Mais les temps où nous vivons sont contraires à la prière ; l'esprit du siècle la repousse, les habitudes ne sauraient s'y conformer. Et pourtant de la foi ! seulement un peu de foi dans la prière ! et Jésus verrait

---

32 Tm 2, 1.

ses intérêts, semblables à une conquête bienfaisante, se répandre par tout le monde, et la gloire de Dieu s'étendrait sur la face de la terre semblable à un voile immense et magnifique, ou aux eaux qui recouvrent le lit de la mer ; et le chœur des âmes rachetées grossirait de jour en jour jusqu'à ce que le bon Pasteur succombât, pour ainsi dire, sous le poids des fruits de sa féconde Passion ! Parfois le ciel s'ouvre, et dans un rayon de lumière nous laisse apercevoir la puissance de la prière : ainsi il s'ouvrit pour sainte Gertrude[33]. Dieu lui révéla que toutes les fois qu'un fidèle sur la terre récite avec dévotion la Salutation angélique, trois ruisseaux de grâces découlent du Père, du Fils, du Saint-Esprit, et vont doucement se perdre dans le sein de la bienheureuse Vierge Marie. Ensuite avec une nouvelle impétuosité ils en rejaillissent pour retourner à leur source et venir se diviser au pied du trône de Dieu, comme une vague d'eau limpide qui se brise contre un rocher. Du Père sort la puissance, du Fils, la sagesse, de l'Esprit-Saint, l'amour. Tandis qu'on récite l'*Ave Maria*, ces ruisseaux coulent abondamment autour de la sainte Vierge, l'inondent et reviennent avec impétuosité retomber sur son cœur. Ainsi, pour nous servir de l'expression de sainte Gertrude, par un merveilleux instinct, ils remontent d'abord vers leur source, et ensuite, semblables aux gouttes brillantes de la rosée, ils répandent en féconde pluie la joie, le bonheur et le salut éternel sur les anges, sur les saints, que dis-je ? sur tous ceux qui récitent sur la terre cette même salutation par laquelle chacun sent renouveler en soi les grâces qu'il a reçues en vertu de la salutaire incarnation du Verbe. Et pourtant, quoi de plus aisé que de dire une fois avec dévotion : « Je vous salue, Marie ! » Et si cela est vrai de l'*Ave*, que dirons-nous du *Pater*, du *Credo* et des prières de la messe ? Savons-nous ce que nous faisons, où nous vivons, ce qui nous en vironne, jusqu'où va notre influence, enfin où se termine notre responsabilité ? Avons-nous conçu la mesure de nos privilèges ? avons-nous considéré la grandeur de notre dignité ? avons-nous sondé les profondeurs de la grâce ? Nous succombons sous le poids de notre propre grandeur. Nous opérons des miracles, et nous ne le savons pas. Nous remuons les cieux, et cependant nous nous endormons sur la terre, ignorant nous-mêmes les grandes choses que nous accomplissons. C'est là trop de mystère pour nous ;

33　*Rév.* Livre 4, chapitre 12.

le problème est au-dessus de nos forces ; là, le surnaturel nous écrase. Mais une consolation nous est laissée : nous ferons bien toute chose, nous userons de toutes nos ressources, nous satisferons à tous nos devoirs, nous serons à la hauteur de toutes nos dignités, nous épuiserons toutes les bénédictions, si nous voulons seulement servir Jésus avec une pure intention et par amour. Durant notre séjour sur la terre, que notre vie, nos mouvements, notre respiration, nos paroles, nos actions et nos pensées, nos joies et nos peines, nos fatigues et notre repos, notre bien-être et nos souffrances, que *tout soit pour Jésus* ; et cette règle nous dispensera de songer à aucune autre. Rien de ce que nous sommes, de ce que nous avons reçu, ou de ce que nous avons fait, ne sera perdu alors ; tous les actes dont nous aurons conscience seront pour Jésus ; tous ceux que nous accomplirons à notre insu seront aussi pour Jésus ; toutes les choses possibles seront pour Jésus ; et s'il était quelque chose d'impossible à un serviteur du Christ, cette chose impossible devrait encore être pour Jésus !

Les trois caractères de la vie dévote appliqués à la prière d'intercession
Si nous aimons notre Père céleste, nous devons nous sentir dévorés d'un désir ardent de procurer sa gloire ; eh bien ! il met son honneur dans le salut des âmes, tandis que le péché le déshonore. Peut-être ne sommes-nous point en état de prêcher, d'écrire des livres, de partir comme missionnaires pour des contrées lointaines, ou de donner des aumônes pour soutenir ceux qui y vont. Peut-être le bien que nous pouvons faire pour la gloire de Dieu ou la conversion des âmes se réduit-il à peu de chose ; mais la prière d'intercession est à la portée de tout le monde : ni le lieu, ni le temps ne lui imposent des bornes ; l'ignorance ne saurait l'exclure, la superstition, la faire taire, ni le péché, rester en dehors de son influence. Partout où la grâce pénètre, la prière peut exercer son empire, et c'est partout où s'étend la toute-puissance de Dieu. Je me trompe, il est un lieu, un seul où elle ne trouve pas accès, c'est cet endroit maudit d'où l'espérance a été bannie. Toutefois, Dieu n'est pas sans y être glorifié ; mais c'est de cette gloire que nous adorons dans le silence de la crainte, avec un cœur tremblant d'effroi, et non point de celle dont il daigne nous permettre d'être les coopérateurs. Nous apprenons que, dans une contrée, la gloire de Dieu est en danger ; peut-être les chefs du pou-

voir civil sont-ils en lutte ouverte avec le Saint-Siège : rien n'est plus contraire à la gloire de Dieu, plus nuisible aux intérêts de Jésus, ou plus fatal à la cause des âmes ; ou bien encore nous lisons, avec un cœur et des yeux remplis de larmes, une description du dénuement spirituel dans lequel gémissent les esclaves et les naturels de certains pays, ou des persécutions exercées contre le clergé catholique, dans un royaume où l'hérésie domine, ou de l'obstination aveugle des régions qui refusent accès aux missionnaires. Tantôt nous apprenons les désordres scandaleux qui ont déshonoré des villes catholiques, ou les trames perfides d'une diplomatie antireligieuse ; tantôt nous sommes témoins du relâchement des ordres religieux, ou bien des divisions peu édifiantes suscitées par de folles questions d'amour-propre ou un sot esprit de parti. Je ne saurais dire à quel point tous ces malheureux événements compromettent la gloire de Dieu. Nous sommes peut-être les plus faibles, les plus obscurs parmi les enfants de l'Église ; cependant, notre intercession peut porter sur tous ces maux une main réparatrice. Nous pouvons travailler à cette œuvre sans interruption, nos actions ordinaires y contribueront ; il nous est donné de faire plus que tous les ambassadeurs et les légats n'ont jamais fait, sans toutefois abandonner pendant une heure les devoirs de notre état. Nous ne saurons jamais, avant le jour du jugement, quand Jésus nous le fera connaître dans une magnifique vision, nous ne saurons jamais toute la gloire que nous avons procurée à Dieu sans peine, sans frais, presque sans nous en apercevoir, et nous aurons mérité cependant une récompense infinie et éternelle.

D'un autre côté, cette intercession fera prospérer les intérêts de Jésus. Notre cœur ne se sent-il point ému, d'une douce reconnaissance en voyant que Notre-Seigneur a daigné, s'il m'est permis de parler ainsi, laisser son ouvrage imparfait, afin de laisser à notre amour la joie de l'achever. C'est avec raison que saint Paul dit combien il se réjouit de ce qu'il a souffert pour les Colossiens ; car ainsi : « Il a rempli dans sa chair ce qui manquait aux souffrances du Christ en faveur du corps de Notre-Seigneur, qui est l'Église[34]. »

L'amour ingénieux de Notre-Sauveur a bien voulu se reposer sur nous du soin de l'aider à recueillir les fruits de la moisson qu'il a arrosée de son précieux sang ; et il faut que nos cœurs soient plus

---

34 Col 1, 24.

durs que le marbre, si une semblable tendresse ne les touche pas. Prenez quelqu'une de ces tentations qui vous torturent vous-même. Comme elle vous harcelle, comme elle vous entrave, comme elle est toujours prête à s'attacher à chacune de vos bonnes œuvres, de vos dévotions, de vos pénitences, de vos prières ! Comme vous vous fatiguez d'y résister, que de fois vous avez le malheur d'y consentir ! combien plus souvent encore vous êtes dans l'inquiétude, dans le malaise, parce que vous ne savez si vous y avez consenti ou non ! Et pourtant, chaque moment de résistance est un acte surnaturel, une victoire de la grâce, un intérêt de Jésus. Que dis-je ? Il en est de même de chaque soupir de douleur que nous arrache une chute, de toute aspiration que nous lançons vers le ciel, semblable à un trait d'amour, de toute invocation des noms de Jésus et de Marie, quand la tentation semble nous mettre en péril ; Comptez maintenant, si vous le pouvez, le nombre infini de personnes qui, sur toute la surface du globe, luttent sans cesse contre la même tentation que vous, et peut-être dans des circonstances plus défavorables encore. Voyez donc tous les intérêts de Jésus que votre intercession peut servir seulement sous ce point de vue, et j'ai choisi à dessein un exemple d'une aussi légère importance, du moins en comparaison d'autres matières qui concernent Notre-Seigneur d'une manière plus spéciale. Faites au moins ceci : intercédez pour ceux qui sont assaillis par les mêmes tentations que vous. L'intercession peut disposer Dieu à faire échouer mille occasions de péché dans les jours où elles sont plus nombreuses, dans les lieux publics, dans les réunions mondaines aux jours de fêtes. Si nous pouvons tant faire pour Jésus sans prendre, pour ainsi dire, la moindre peine, oserons-nous dire que nous l'aimons si nous refusons de le faire ? La chair peut trembler devant les lanières d'une discipline, devant les piquants d'un cilice, ou en présence de toute mortification semblable, cela se conçoit ; malgré tout, on peut encore aimer Jésus ; ce n'est là que la vieille histoire de l'assoupissement de saint Pierre : L'esprit a bonne volonté, mais la chair est faible. Mais comment pouvons-nous aimer Jésus sans intercéder les uns pour les autres ? C'est là ce qui ne saurait se comprendre. Une chose doit nous surprendre ; la prière étant ce qu'elle est, comment ceux qui croient réellement peuvent-ils, pour un instant, cesser de prier ? comment peuvent-ils quitter la prière pour aller à d'autres occupations ? C'est là un véritable miracle, pour peu que nous y songions, c'est là un mystère plus impénétrable que la prière elle-même.

Enfin, si nous avons à cœur le salut des âmes, pouvons-nous nous contenter d'une intercession tiède et presque nulle ? Il y a là encore une grande œuvre à accomplir nous l'accomplirons infailliblement et toujours sans peine. Combien peu de prédicateurs sont en même temps des hommes apostoliques ! Et pourtant que peut un sermon où l'onction fait défaut ? Et, si le monde, comme dit sain ? Paul, doit être amené aux pieds du Christ par la prédication, que faut-il espérer si par nos prières nous n'obtenons le zèle pour le prédicateur, et pour ses paroles une onction qui pénètre les âmes ? La bénédiction de Dieu, voilà ce qui féconde un sermon. Savez-vous l'histoire de ce prédicateur célèbre, dont la parole convertissait les hommes par milliers ? Il lui fut révélé un jour qu'aucune de ces conversions n'était l'ouvrage de ses talents ou do son éloquence ; mais que toutes étaient dues aux prières d'un pauvre frère qui, assis sur les marches de la chaire, disait des *Ave Maria* pendant tout le temps du sermon, afin qu'il fût couronné de succès. Laissez-moi vous conter une autre histoire bien étrange ; je ne garantis point qu'elle soit véritable, mais je la cite à cause du sage enseignement qu'elle renferme. Un certain religieux, qui jouissait d'une grande popularité à cause de ses prédications, était attendu un jour dans un couvent de son Ordre où il n'était jamais venu auparavant. Dans l'après-midi, il arriva, ou plutôt un malin esprit qui avait pris sa ressemblance arriva à sa place pour voir le mal qu'il pourrait faire. Il advint que ce jour-là un des moines devait prêcher un sermon sur l'enfer, mais il se trouva malade et incapable de remplir sa tâche ; alors, on pria le diable déguisé de prêcher sur le même sujet, ce qu'il fit ; et, comme son expérience de ces matières le donne à penser, il prononça un discours admirable. Cependant, à l'arrivée du prédicateur véritable, le malin esprit fut découvert et obligé, parle signe de la croix, de déposer son visage emprunté et de dévoiler ses desseins criminels. Entre autres questions qui lui furent adressées, on lui demanda s'il n'était point contre ses intérêts de prêcher sur l'enfer un sermon aussi effrayant et si propre à inspirer l'horreur du péché ? « Point du tout, répliqua-t-il, je n'y avais point mis d'onction, et cela ne pouvait pas faire de mal. » Mais la prédication n'est qu'un des moyens offerts à l'intercession pour agir sur les âmes. Je ne le donne ici que comme un pur exemple. Dans plus d'un couvent, parmi les frères servants ou ceux qui gardent la porte, quand Jésus viendra rendre à chacun suivant ses œuvres, on découvrira peut-être plus d'un François Xavier, plus d'un Père Claver, plus d'un saint Charles, pour réformer le clergé ; plus d'un saint Thomas, pour écrire des livres ; plus d'un saint Vincent de Paul, pour faire prospérer les intérêts de Jésus dans les villes et dans les pauvres hameaux.

La communion des saints est l'un des caractères les plus frappants de la divinité de la religion catholique ; en vertu de cette sublime association, toute richesse spirituelle appartient en commun à tous les fidèles, et nul n'a le droit d'en réclamer une part à lui seul. Les mérites et les satisfactions de Notre-Seigneur, les joies et les douleurs de Marie, la patience des martyrs, la persévérance des confesseurs et la pureté des vierges, tous ces trésors appartiennent à chacun de nous. De même que le sang, dans sa circulation, part du cœur et y revient en parcourant le corps tout entier, ainsi en est-il de l'Église. Le ciel, le purgatoire et la terre ne forment qu'un seul corps.

Nous échangeons nos mérites, nous faisons circuler nos prières, nous nous communiquons nos joies, nous partageons nos douleurs ; enfin, nous usons des satisfactions les uns des autres, selon qu'elles s'offrent à nos besoins. Nous avons mille rapports avec le ciel, et nous savons parfaitement la manière de les entretenir. Quant au purgatoire, nous possédons une véritable science, une foule de méthodes pratiques pour nous aider à correspondre avec lui. Et sur la terre : parents et amis, Juifs, Grecs, païens, esclaves et hommes libres, tous ne font qu'un. Voilà la monstruosité qui nous rend un objet d'horreur aux hérétiques ; oui, monstruosité est le seul mot qu'ils trouvent pour exprimer leur pensée à cet égard. Nous parlons de l'autre monde comme d'un pays auquel une longue résidence nous aurait acclimatés, absolument comme nous parlerions de Londres, de Bruxelles ou de Berlin. La mort ne nous arrête pas ; la tombe n'est rien pour nous, nous marchons au-delà avec toute la tranquillité possible. Rien ne saurait nous séparer de nos frères morts ; nous connaissons les saints infiniment mieux que si nous avions vécu avec eux sur la terre ; nous parlons aux anges, au sein de leurs différents chœurs, comme s'ils étaient ce qu'ils sont réellement, nos frères en Jésus-Christ. Pour tout cela, nous nous servons de chapelets, de médailles, de crucifix, d'eau bénite, d'indulgences, de sacrements, de sacrifices, aussi naturellement que nous employons une plume, de l'encre et du papier, ou bien une hache et une scie, ou encore une bêche et un râteau pour les travaux de ce monde. Nous avons pleine confiance dans les succès ; nous ne formons qu'une seule famille, et cela nous suffit. Dieu est notre père ; Jésus s'est fait notre frère en revêtant notre nature ; Marie est notre mère ; les anges et les saints sont les meilleurs et les plus affectueux des frères ; ainsi nous pouvons monter et descendre, entrer et sortir, nous visiter les uns les autres comme il nous plaît ; l'air que l'on respire dans ce lieu de bénédiction est un vif amour filial pour le Père que nous adorons tous ; de sorte que notre respect pour lui est celui d'enfants bien nés, et notre crainte une crainte filiale. Comment ceux qui vivent hors de la maison paternelle pourraient-ils comprendre notre conduite ? Ne doit-elle pas nécessairement leur paraître une série de mystères inventés par l'homme, un système dont l'Écriture ne fait pas mention ? Ce sont des « étrangers ; » comment iraient-ils deviner les habitudes, les sentiments, les sympathies de « ceux qui habitent avec les saints dans la maison de Dieu ? » Ils peuvent bien lire les mots de la Bible, mais ne peuvent sentir la chaleur et la vie, la force et la lumière, le salut et l'amour qu'elle renferme en son sein ; de sorte qu'un voile s'étend sur leurs cœurs plutôt que sur leur intelligence quand ils lisent saint Paul. Car ceux qui veulent comprendre l'édifice du corps de Jésus-Christ doivent d'abord se réunir dans l'unité d'une même foi, et telle est la nécessité de cette foi orthodoxe, qui, « en faisant l'œuvre de la vérité dans la charité, doit nous faire croître de toute manière en Jésus-Christ, notre chef. Par lui tout le corps dont les parties sont jointes et unies dans une si juste proportion, reçoit l'accroissement qu'il lui communique ; ainsi se forme et s'achève l'édifice par la charité[35]. »

Aussi la prière d'intercession, érigée en système, poursuivie et invoquée comme par une espèce d'instinct, a-t-elle toujours été, pour ainsi dire, un caractère de la véritable Église, et ses adversaires lui ont même reproché ce qu'ils appellent l'attirail d'un prosélytisme pha-

---

35 Ep 4.

risaïque. Du moins Notre-Dame-des-Victoires à Paris est un phénomène qu'on ne retrouve point dans l'histoire des hérésies et des schismes. Ceux qui ne possèdent point le Christ ne peuvent point se former une idée de la puissance qu'il a déléguée à son Église. Où le sacrifice ne se trouve pas, il ne saurait guère exister d'intercession. C'est là un autre motif pour nous d'exercer avec diligence et charité cet inappréciable privilège d'amour.

Orlandini rapporte du Père Lefèvre qu'il embrassait dans le sein de sa charité le genre humain tout entier, sans exception, et qu'il était sans cesse occupé à plaider auprès de Dieu la cause de chacun. Plus un homme était enfoncé dans le vice et souillé de crimes, plus il s'enflammait de compassion pour lui ; et afin de mettre plus de ferveur dans ses prières, il excitait et élevait ses pensées par les réflexions les plus profondes. Quand il priait pour quelqu'un, il se le représentait comme racheté par le précieux Sang de Jésus-Christ, comme l'héritier de Jésus-Christ, de sorte qu'il réveillait sa charité et son zèle par l'image vivante de sa dignité, et en même temps il offrait à Dieu les mérites de Jésus-Christ et des saints avec les sentiments les plus vifs de foi et de charité. Enfin, cette simple pratique, suivie avec persévérance, l'avait amené à concevoir de tout le monde une haute opinion. Sainte Catherine de Sienne rapporte que Dieu lui dit dans une révélation : « Vous devez avec la plus grande a sollicitude m'offrir des prières pour toutes les créatures douées de raison, et pour le corps mystique de votre sainte mère l'Église, et pour toutes les âmes que je vous ai confiées, afin que vous les aimiez avec une affection toute spéciale. » Sainte Gertrude reçut une communication semblable : « Lorsque quelqu'un récite un *Pater* et un *Ave*, ou bien une oraison ou un psaume en faveur et au nom de l'Église universelle, le Fils de Dieu l'accepte avec la plus profonde gratitude comme le fruit des souffrances de sa divine humanité, et il en rend grâce à son Père. Puis il bénit ces prières, les multiplie par sa bénédiction, et les distribue à l'Église universelle pour qu'elles profitent à son salut éternel. »

Examinons maintenant quels sont ceux qui ont un droit spécial à notre intercession. Les écrivains spirituels nous donnent diverses recommandations à ce sujet. Je suivrai ici, comme je l'ai déjà fait souvent, l'opinion du Père Lancicius[36].

---

36   *Lanc.* 2, 29.

Qui sont ceux qui ont droit à nos prières

1. D'abord, ceux qui sont en état de péché mortel, ou hors de la véritable Église. C'est ainsi que le Père Éternel dit à sainte Catherine de Sienne : « Je vous recommande en toute affection de prier avec persévérance pour le salut des pécheurs, au nom desquels je vous demande de me faire violence par vos prières et vos a larmes, afin que je puisse satisfaire le désir ardent qui me consume de leur faire grâce et miséricorde. » En entendant ces mots, la Sainte se sentit enflammée de l'amour divin, et, comme en proie à une sorte d'ivresse, incapable de se contenir, elle s'écria : « Ô miséricorde divine ! ô bonté éternelle ! je ne m'étonne point que vous disiez au pécheur converti qui revient à vous : Je ne me souviendrai plus des offenses que tu as commises contre moi. Mais que vous veniez dire à des rebelles a qui vous persécutent chaque jour par leur iniquité : Je veux que vous priiez avec affection pour les pécheurs, car je suis consumé d'un désir ardent de leur faire miséricorde ; c'est là une merveille qui me remplit d'étonnement. » Dieu lui dit encore : « Vous trouverez vos délices à l'ombre de la croix ; là, dans la solitude, vous vous rassasierez de la nourriture des âmes, pour la plus grande gloire de mon saint nom, gémissant continuellement, avec un cœur rempli d'angoisses, sur le genre humain qui périt ; car, vous le voyez, sa misère est tombée si bas que votre langue ne saurait l'exprimer. Pleurez donc, car c'est aux supplications et aux sanglots de ceux qui m'aiment que j'accorderai le salut du monde. Et voilà ce que je vous demande sans cesse, à vous et à tous mes fidèles serviteurs ; je verrai dans votre condescendance à mes désirs la preuve de l'amour sincère que vous me portez, et de mon côté je vous promets de ne point négliger vos pieuses intentions. » Une autre fois, Dieu se plaignit encore à elle en ces termes : « Voyez, ô ma fille ! les péchés par lesquels on m'outrage, l'amour-propre surtout, principe de tout mal. L'amour-propre, semblable à un poison actif, a infecté le monde ; il trouve sa source dans l'orgueil, et apporte tous les maux avec soi. Vous donc, ô mes fidèles serviteurs ! préparez-vous à implorer ma miséricorde par vos supplications et votre ardente sollicitude, gémissez sur les offenses commises contre moi, et en même temps sur la condamnation même des pécheurs qui se perdent, et ainsi vous désarmerez ma colère, et vous adoucirez les jugements de

ma divine justice. » Ici donc se présente une autre pratique, la prière contre l'amour-propre qui se glisse dans toutes les âmes. Si vous êtes vous-même victime de cet ennemi commun, priez pour que les autres en soient délivrés. C'est là une pratique de la vie spirituelle dont le succès est infaillible.

On lit dans la vie de sainte Claire de Monte-Falco qu'elle priait un jour pour une personne coupable des plus grands crimes, et qui rejetait toujours sa conversion aux dernières années de sa vie. Tandis qu'elle était en prières, elle se sentit deux fois repoussée par une force secrète, et elle entendit une voix intérieure qui lui disait de ne point intercéder davantage pour ce malheureux, car elle ne serait point exaucée. Néanmoins elle retourna à la charge une troisième fois, et obtint la conversion qu'elle demandait de la manière suivante : Elle se présenta devant Jésus-Christ, son juge, chargée de tous les péchés de cet homme, et elle s'offrit à satisfaire pour lui et à porter le châtiment qu'il plairait à la justice de Dieu de lui infliger, jusqu'à ce que la miséricorde divine eût daigné convertir cette âme. Cette action fut tellement agréable à Notre-Seigneur, que ce pécheur endurci se convertit soudainement, et que dès ce moment il mena une vie exemplaire. Sainte Thérèse donne la raison suivante pour justifier l'institution de son Ordre : Le nombre des pécheurs est si grand, qu'il faut des religieuses qui intercèdent en leur faveur, et prient avec une persévérance spéciale pour les défenseurs de l'Église, en particulier pour les prédicateurs et les autres hommes qui consacrent leur talent à la défense de la vérité. Yepes, qui a écrit la vie de cette grande sainte, rapporte qu'elle passait des nuits entières à demander à Dieu avec larmes la conversion des pécheurs, surtout de ceux qu'infectait l'hérésie, et, ajoute son biographe, elle était prête à sacrifier mille vies pour le salut d'une seule âme. Durant les quarante années qu'elle consacra tout entières à l'exercice de la prière, elle ne demanda rien à Dieu avec autant de ferveur que de répandre sa gloire et d'augmenter son Église ; elle consentait à rester indéfiniment dans le purgatoire, si elle pouvait seulement parvenir à faire connaître et aimer Dieu davantage parmi les hommes.

Le même esprit animait sainte Marie-Madeleine de Pazzi quand elle recommandait instamment à ses religieuses de prier avec ardeur pour le salut des âmes et la conversion des pécheurs ; elle ajoutait que cette pratique était très-agréable à Dieu, et en même temps qu'elles y trouveraient un puissant moyen de salut. Et quand la très-sainte Vierge envoya vers elle saint Ignace de Loyola, afin qu'il l'instruisît dans la pratique de l'humilité, il termina son instruction par ces mots : « De même que le Verbe incarné a fait de ses apôtres des pêcheurs d'hommes, ainsi il a voulu que ses épouses, c'est-à-dire les religieuses, poursuivissent les âmes comme le chasseur poursuit sa proie. » L'histoire du Père Jules Mancinelli, de la Société de Jésus, nous apprend que Dieu ne souffre point que l'on apporte des restrictions à cette dévotion. Ce religieux avait coutume de prier tous les jours pour la conversion des païens et des hérétiques : Dieu lui envoya une vision dans laquelle les anges lui firent connaître que le Seigneur voulait qu'il priât aussi pour la conversion des juifs.

2. Ceux qui languissent dans la tiédeur. Car ces malheureux sont à la veille de devenir de grands pécheurs, et cependant ils sont encore en état de grâce. Plus ils ont besoin de prières, plus ils ont de droits à notre charité. S'ils succombent, leur retour en grâce devient infiniment plus difficile que la conversion des grands pécheurs ; aussi Dieu en reçoit-il un grand accroissement de gloire. Jésus a commencé l'œuvre de leur salut ; il les a convertis, et maintenant il est sur le point de les perdre ; ses intérêts sont en danger. Comme Dieu a daigné nous faire connaître le dégoût que lui inspire la tiédeur, nous nous rendrons agréables à ses yeux en lui offrant des prières et des satisfactions pour ceux qui sont tièdes. Immédiatement après la dévotion aux âmes du purgatoire, je serais tenté de placer celle qui a pour but de rallumer le zèle des âmes tièdes. Combien Notre-Seigneur semble souffrir pour elles ! Et, si elles se perdent, que de grâces dissipées en vain, que de sacrements profanés, quel triomphe pour l'ennemi de notre Sauveur ! Ah ! pensez-y bien, je vous en conjure, et quand vous y pensez, pensez à moi. C'est une dévotion pleine d'amour, et féconde en grâces : et peut-être n'y aviez-vous jamais songé.

3. Multiplier le nombre des saints, et obtenir pour eux la persévérance finale. La gloire de Dieu, les intérêts de Jésus, et le bien des âmes sont également renfermés dans cette dévotion. Un saint vaut un million de catholiques ordinaires. Notre-Seigneur a même daigné faire à sainte Thérèse une révélation plus étrange encore :

« Une seule âme, non point parfaite, mais aspirant à la perfection, est plus précieuse à ses yeux que mille autres animées de sentiments vulgaires. » Il est étonnant de voir combien il nous est difficile de nous élever au-dessus de la nature, même dans nos dévotions, nous laissant entraîner par ses inspirations jusqu'au milieu de nos œuvres spirituelles, quand nous travaillons pour le service de Dieu. Je me souviens d'un trait que me raconta un bon religieux. Il y a quelques années, il était à la tête d'une mission dans une ville de l'Est de l'Angleterre. À son instigation, ses ouailles avaient choisi quelques personnes parmi les protestants les plus notables de l'endroit, et prêtres et fidèles ne cessaient de prier avec ferveur pour leur conversion. Sans doute, tout cela était bien. Cependant, le succès ne couronnait point l'œuvre. Enfin, le bon Père pensa que c'était peut-être un peu trop imposer à Dieu la volonté de l'homme ; il leur proposa donc de changer leur formule de prière, et de demander à Dieu la conversion de ceux qu'il jugerait les plus dignes de sa grâce : tout d'un coup une sainte contagion éclata dans la ville, et, dans sa bonté, Notre-Seigneur daigna augmenter le nombre des fidèles dans la mission où le monde s'attendait le moins à une telle faveur. Souvent la prière semble être plus promptement exaucée quand on la fait en vertu de quelque principe surnaturel. Il semble que Dieu tienne en réserve des grâces spéciales et abondantes par lesquelles il récompense des actes de foi si élevés aux yeux de la nature du monde.

4. Tous ceux qui souffrent de peines ou de besoins, soit temporels, soit spirituels. Écoutez ce que Orlandini rapporte du père Lefèvre, dont saint François Xavier insérait le nom dans les Litanies des saints, et que saint François de Sales invoquait comme s'il eût été canonisé. Rien n'aiguisait les douleurs qui déchiraient le cœur tendre de cet homme pieux, comme de voir les hommes, au lieu de venir déposer leurs peines dans le sein de Dieu et de s'en reposer sur lui du soin de leurs affaires, chercher à s'appuyer sur nos bras de chair en repoussant la main bienfaisante que leur tend la miséricorde divine. Ce spectacle excitait en lui une vive compassion. Aussi se chargeait-il lui-même de représenter à la divinité les besoins et les souffrances de l'humanité ; il se faisait l'avocat de ses frères dans toutes leurs difficultés, leurs peines, leurs calamités et leurs nécessités, jusqu'à ce qu'il en vînt, comme un autre Moïse, à désirer que

ses mains fussent toujours levées vers le ciel, afin de pouvoir porter secours et consolation à tant d'hommes qui, dans cette vie ou dans l'autre, luttent contre la souffrance et la douleur. Il s'était fait un tableau de tous les accidents, les calamités, les tortures : telles que la faim, le désespoir, le besoin, enfin des maux innombrables auxquels les hommes sont soumis ; et, comme un bon prêtre qui prend soin de son troupeau, pour nous servir de la comparaison de saint Jean Chrysostome, il plaidait la cause de chacun auprès de Dieu, comme si un ordre spécial de la Providence l'eût institué le père commun de l'humanité entière. Il serait difficile de se former une idée du zèle ardent avec lequel il désirait se faire le ministre de notre Rédempteur, et, par lui, de porter secours à tous les affligés ; que dis-je ? en dépit de son humilité, s'il est permis de parler ainsi, il souhaitait de pouvoir opérer des miracles, afin de soulager ces maux dont la guérison est au-dessus des forces de la nature.

5. Les besoins de nos bienfaiteurs, au nombre desquels nous devons ranger nos ennemis, parce qu'ils nous offrent une occasion d'acquérir des mérites, et qu'ils nous aident à avancer sur la route qui conduit au ciel. Sainte Agnès dit à sainte Brigitte : « Rien n'est plus cher « ou plus agréable à Dieu que d'aimer ceux qui nous font du mal et de prier pour nos persécuteurs. » Saint Chrysostome, en parlant de David et de Saül, nous apprend que nous acquérons auprès de Dieu tous les mérites que procure le martyre, en mettant notre ennemi au nombre de nos bienfaiteurs, et en ne cessant point de prier pour lui. » Il fut révélé au Père Jules Mancinelli, religieux doué d'un goût particulier pour la prière d'intercession, qu'il était l'un des sept justes de l'Église militante qui, à cette époque (c'était vers 1603), s'étaient le plus distingués aux yeux de Dieu en priant pour tous les hommes. Un jour, dans une vision, il eut le bonheur d'être témoin de la gloire de saint Laurent le martyr, et, entre autres lumières qu'il reçut en ce moment, il lui fut révélé que nous devons prier avec ferveur pour nos bienfaiteurs, non-seulement à cause des dons et des biens temporels qu'ils nous ont conférés, mais à cause des sentiments d'affection et de charité qui les ont guidés dans cette circonstance, et qui sont d'un plus grand prix que les bienfaits eux-mêmes. Néanmoins, sentiments et bienfaits ont droit à notre gratitude : nous reconnaîtrons ceux-ci en ne cessant de prier avec ar-

deur pour ceux qui nous les ont conférés ; ceux-là, en chérissant nos bienfaiteurs et en attirant sur leur tête les bénédictions du ciel. Nous devons aussi, dans l'expression de notre reconnaissance, répondre à leur intention de rendre à Dieu un hommage d'amour, car ils ont à répandre sur nous leurs dons et leurs faveurs en vue de Dieu. En retour donc de ce respect, de cet amour, de cette tendresse dont ils ont fait preuve vis-à-vis de notre Père céleste, nous devons faire des vœux ardents pour eux, et prier Dieu afin qu'il leur donne les moyens de le servir par des œuvres de charité de plus en plus grandes.

6. Tous ceux qui travaillent sérieusement à parvenir à la perfection chrétienne, et qui cherchent les moyens d'arriver à leur fin, quelques peines et quelques souffrances qu'elle leur puisse coûter. Car tel est le désir ordinaire dont brûlent les saints, et il est permis de demander pour eux qu'il soit satisfait, si eux-mêmes le demandent d'une manière convenable ; en effet, cela est avantageux à la gloire de Dieu, aux intérêts de Jésus et au salut d'une multitude d'âmes qui pourront ainsi être amenées à faire pénitence. C'est ainsi que saint François Xavier, quand saint Jérôme lui eut fait connaître dans une vision tout ce qu'il devait souffrir, s'écria : « Encore, Seigneur ! encore ! » Ou bien c'est Thérèse qui s'écrie du fond du cœur : « Souffrir ou mourir » ; c'est sainte Marie-Madeleine de Pazzi : « Non point souffrir comme je souffre, non pas mourir encore, mais souffrir davantage. » David s'écriait, animé du même esprit : « Éprouvez-moi, ô mon Dieu ! éprouvez-moi ; brûlez mes reins et mon cœur. » Et Jérémie, malgré la chair qui frémit, dit à Dieu avec une confiance surnaturelle : « Corrigez-moi, ô Seigneur ! mais avec modération, et non dans votre colère, de peur que vous ne me fassiez rentrer dans le néant d'où je suis sorti. » Et saint Paul : « Je me complais dans les infirmités, dans les injures, dans la misère, dans les persécutions, dans la détresse, à cause de Jésus-Christ. » Rien n'approche de la magnificence du langage de Job quand il dit : « Qui pourrait toucher à un mets privé de saveur, sans d'abord l'assaisonner avec du sel ? Quel homme irait goûter un fruit qui recèle la mort ? Les choses que jadis je dédaignais de toucher, maintenant la douleur me force à en faire ma nourriture. Qui me donnera ce que je désire et que Dieu m'accorde ce que je lui demande ? Que Celui qui a commencé achève de me détruire, qu'il Cesse de retenir son bras et qu'il me re-

tranche du nombre des vivants. Et, tandis qu'il ne m'épargne point, qu'il m'envoie des maux pour m'affliger, puissé-je trouver une consolation dans cette pensée que je ne fais point « mentir les paroles du Très-Haut. En quoi consiste ma force ? ou quelle est donc la fin qui m'attend pour que je souffre avec patience ? Ma force n'est pas la force des pierres, et ma chair n'est pas d'airain. »

7. Je pourrais ajouter ici que quelques écrivains recommandent de prier pour l'accroissement de la gloire accidentelle des bienheureux dans le ciel. Par exemple, quand un religieux prie pour que ceux de son ordre vivent saintement, ou pour que quelques-uns d'entre eux arrivent à être canonisés, le fondateur (qui voit cela en Dieu, ou auquel Dieu l'a fait connaître) y trouve une gloire nouvelle ; c'est dans le même esprit que les prêtres prient à la messe, afin que le saint Sacrifice profite à l'honneur des saints. C'est aussi l'avis d'Innocent III, quand il dit : « Beaucoup, ou plutôt la plupart des théologiens pensent qu'il n'est point improbable que la gloire des saints puisse s'accroître jusqu'au jour du jugement, et, par conséquent, que l'Église peut légitimement désirer pour eux cette augmentation de leur glorification. » Bellarmin, Suarez, Vasquez et Jean Sanchez enseignent la même doctrine : Soto cite comme un exemple à l'appui de cette opinion la joie des anges dans le ciel quand un pécheur fait pénitence. La sainte Vierge révéla, dit-on, à saint Thomas de Cantorbéry que les bonnes œuvres de ses serviteurs donnaient chaque jour dans le ciel un nouvel accroissement à sa gloire. Ainsi, les hommes peuvent prier pour augmenter la gloire des saints auxquels ils ont une dévotion particulière ; et il fut révélé à sainte Gertrude que les bienheureux reçoivent une nouvelle gloire accidentelle, toutes les fois que la sainte communion est administrée sur la terre. Je ne cite cette pratique que pour faire voir jusqu'où s'étendront les prérogatives et la puissance de la prière d'intercession.

8. Il est une autre sorte de dévotion dont la beauté est si grande qu'il suffira de l'exposer pour engager à la pratiquer. On la trouve dans la vie de Marie-Denise de Martignat, l'une des premières religieuses de la Visitation. Elle passa presque cinquante années de sa vie dans les cours de France et de Savoie, mais l'esprit du monde passa sur son cœur comme la flamme sur les vêtements des trois enfants dans la fournaise. Voici le moyen qu'elle employa pour s'en dé-

fendre : elle prit un texte de l'Écriture pour chacun des sept jours de la semaine, afin que son esprit fût constamment occupé à méditer sur des paroles de vérité. Le choix de ses textes était remarquable. Pour le dimanche, elle prit ces mots : « Je suis venu dans le monde pour apporter la lumière, celui qui croit en moi ne marche point dans les ténèbres. » Pour le lundi : « Il est venu dans le monde, le monde a été fait par lui, et le monde ne l'a point connu. » Pour le mardi : « Il est aussi difficile à un homme riche d'entrer dans le Royaume des Cieux qu'à un câble de passer par le trou d'une aiguille ; cependant, rien n'est impossible à Dieu. » Pour le mercredi : « Mon royaume n'est point de ce monde, et le démon est appelé par Jésus le prince de ce monde. » Pour le jeudi : « Je ne prie pas pour le monde, mais pour ceux que vous m'avez donnés. » Pour le vendredi : « Maintenant, viendra le jugement du monde, et j'attirerai tout à moi. » Pour le samedi : « Si vous m'aimez, mon Père vous donnera un autre Paraclet, pour habiter éternellement en vous, esprit de vérité, que le monde ne peut recevoir, parce qu'il ne le voit pas et qu'il ne le connaît pas. » Ces textes, comme sept fontaines de vérité, faisaient couler sur son âme des flots de lumière, et alors elle entrevoyait la misère du monde, le vide que laissent dans un cœur ses honneurs et ses plaisirs ; aussi avait-elle sans cesse à la bouche ces paroles de Salomon : « Vanité des vanités, tout est vanité ! » Elle avait coutume de dire que si un ermite avait prononcé ces mots, ils seraient considérés comme une exagération d'extatique. Mais Dieu, en les mettant dans la bouche du plus grand, du plus riche et du plus heureux des rois, lui avait inspiré une telle compassion pour les grands, à cause des dangers auxquels leur salut est exposé, qu'elle faisait des personnes distinguées par leur naissance ou leur fortune, l'objet d'une dévotion spéciale, et désirait la faire partager à tous ceux qu'elle rencontrait : « Ah ! s'écriait-elle, combien est profonde la misère dans laquelle ils sont plongés ! Ils descendent en enfer sans s'en apercevoir, parce que l'escalier qui les y conduit est recouvert d'or et de porphyre. Grands dans ce monde, ils ne prennent point le temps de songer que bientôt ils seront petits ; et l'habitude de commander aux autres leur inspire une telle confiance en eux-mêmes, qu'ils vivent comme si Dieu, le ciel et les anges étaient à leurs ordres, ainsi que les hommes le sont sur la terre. Ah ! combien vite s'évanouira leur illusion dans ce moment terrible où ils découvriront qu'ils ont toujours été et qu'ils sont maintenant à jamais les esclaves de Satan ; ou, si Dieu leur fait miséricorde, quelle sera leur surprise en se trouvant dans le Royaume des Cieux, infiniment en-dessous de ces pauvres malheureux auxquels ils ne permettaient pas sur la terre de les approcher ! »

C'est ainsi que, durant tout le cours de sa vie, elle ressentit pour les grands cette compassion éclairée, et qu'elle intercédait en leur faveur d'une manière toute spéciale. Elle avait coutume de dire qu'il y a plus de charité à prier pour les heureux du monde que pour les infortunés qui languissent dans les hôpitaux et dans les prisons. Elle célébrait la fête des rois, reines, princes et princesses canonisées, avec un respect particulier et une dévotion extraordinaire. Rien, disait-elle souvent, ne doit inspirer autant d'humilité et de courage aux chrétiens que la sainteté héroïque des grands qui sont restés humbles au comble des honneurs, et qui, vivant au milieu du monde, ont su se mettre à l'abri de sa contagion. Elle avait coutume de jeûner la veille de ces fêtes, et offrait toutes les prières qu'elle faisait en ces jours pour le salut des grands. Je ne sais si les autres penseront de même, mais pour moi je trouve dans cette dévotion je ne sais quoi de touchant, de vraiment spirituel, de sage et de céleste.

Toujours fidèle à l'esprit de sa dévotion, nous lisons que vers la fin de sa vie cette sainte religieuse répondit un jour à sa supérieure qui lui demandait si une certaine faveur valait la peine qu'on s'adressât, pour l'obtenir, à une personne d'un rang très-élevé : « Oui, ma bonne mère, faites-le. Je vous assure que c'est montrer une grande charité envers les princes et les grands que de leur faire faire des bonnes œuvres. Le monde, la chair et le démon leur font commettre assez d'actions coupables ; aussi un jour nous remercieront-ils plus d'avoir été la cause qu'ils ont répandu des aumônes, que nous ne les remercions quand nous en recevons d'eux. » Un autre jour qu'elle vit la supérieure écrire à une princesse, elle lui dit : « Ma bonne mère, veuillez, dans toutes les lettres que vous adressez aux grands, mettre quelques mots sur la crainte salutaire de Dieu, ou la souveraineté de la majesté divine, ou sur la grandeur de l'éternité et la brièveté de la vie. Car ces infortunés personnages sont sans cesse entourés de flatteurs, et un jour viendra où ils désireront qu'il n'en ait pas été ainsi. » Lorsqu'elle apprit la mort de Louis XIII, elle s'écria : « Hélas ! j'ai vu naître ce monarque, je l'ai vu baptiser, je l'ai vu couronner, je l'ai vu marier, je l'ai vu régner, et maintenant il n'est plus ! » Quelqu'un lui ayant demandé si elle prierait beaucoup pour lui : « Oui, » répondit-elle, « beaucoup plus qu'on ne saurait penser, car, quelque pure qu'ait été sa vie, quelque bonne qu'ait été sa mort, il peut cependant devoir encore quelque satisfaction à la justice infinie du Roi rois. Il est parti pour un royaume où les humbles de cœur seuls peuvent pénétrer. Nul ne saurait y entrer le sceptre à la main. » Elle récitait aussi l'office des Morts tous les lundis pour le repos de l'âme des princes et des princesses, et tous les vendredis, pour les chevaliers de Malte et pour ceux qui étaient morts en combattant pour l'Église. Elle avait coutume de réciter les psaumes graduels pour les militaires, dans la crainte qu'ils ne vinssent à contracter de mauvaises habitudes dans les camps, qui ne passent point généralement pour la meilleure école de la dévotion, bien qu'ils soient loin d'être stériles en saints.

Secret et joie de l'intercession

Disons maintenant un mot du temps, du lieu et de la méthode convenables à l'intercession. Ces trois choses doivent être abandonnées au choix de chacun ; ce que je vais en dire ici se bornera à quelques conseils. 1° Il convient de consacrer certains jours de la semaine à des sujets déterminés. Ainsi, par exemple, on pourrait prier le dimanche pour le Pape ; le lundi, pour le clergé et les ordres religieux ; le mardi, pour tous ceux en état de péché mortel ; le mercredi, pour les agonisants ; le jeudi, pour les cœurs tièdes ; le vendredi, pour ceux qui souffrent ; et enfin le samedi, pour ceux pour lesquels Dieu désire que nous intercédions d'une manière spéciale. 2° Un autre système, c'est de préparer un plan où chacun des jours du mois trouve un objet particulier. 3° On peut encore prendre note des personnes pour lesquelles on doit intercéder, et garder ce papier avec soin dans son Eucologe ou sur son prie-Dieu. Puis, quand on fait sa visite au Saint-Sacrement, parcourir cette liste en la méditant et en excitant en soi un zèle affectueux pour la gloire de Dieu, et une amoureuse sollicitude pour les intérêts de Jésus. 4° Ou bien convenons avec Notre-Seigneur de quelque parole, de quelque oraison jaculatoire ou de quelque offrande à l'intention de tous ceux pour lesquels nous voulons intercéder ; et nous pourrons nous en servir à la messe, dans nos communions et dans nos actions de grâces, avant et après notre méditation, notre chapelet, notre examen de conscience, etc... 5° Si nous sommes privés de sommeil pendant la nuit, ou si, par une raison quelconque, nous venons à jouir de quelques moments de loisir au milieu de nos occupations ordinaires, profitons-en pour intercéder. On peut ainsi multiplier ces pratiques presque à l'infini. Les meilleures sont les plus simples, celles qui viennent naturellement et qui découlent de nos exercices de dévotion ordinaires ; souvenez-vous seulement que l'un des objets pour lesquels nous sommes venus dans ce monde, c'est l'intercession.

Ô douceur ineffable du mystère de la prière ! Laissez- moi le répéter : oui, l'une des fins pour lesquelles nous avons été mis sur la terre, c'est l'intercession. L'une des fins de notre adorable Sauveur, lorsqu'il répandit jusqu'à la dernière goutte de son précieux sang, c'était de rendre notre intercession agréable à Dieu et efficace. L'un des tributs d'amour que Dieu attend de nous maintenant, c'est encore l'intercession. Cependant, combien de temps avons-nous coutume de consacrer au délicieux exercice de ce grand privilège ?

Nous achetons à bon marché une réputation de piété à force de parler de Dieu avec une aisance extraordinaire, et d'ennuyer les autres en leur présentant sans cesse de nouveaux plans pour réformer l'Église et faire prospérer les intérêts du catholicisme. Parleurs intrépides, pour la plupart du temps nous nous arrêtons-là ; et nous reculons quand il s'agit de se mettre à l'œuvre. Oh ! oui, chacun de nous a son psaume, sa prophétie et sa doctrine : les Corinthiens étaient loin de posséder une sagesse égale à la nôtre, des dons aussi variés que nous ; que sont-ils en comparaison de nous ? Nous eussions étonné saint Paul ; quels oracles ! quels êtres utiles, nécessaires à Dieu ! Voilà, d'après nos discours, ce que nous sommes, ou plutôt ce que nous pensons être. Maintenant, je voudrais bien savoir combien nous prions.

J'aimerais à voir quelle proportion existe entre l'intercession que nous formulons tout bas et les critiques que nous faisons tout haut. Je crains qu'elle ne soit bien faible ; car je ne puis m'empêcher de m'imaginer que si nous priions davantage, nous sentirions combien nous prions peu, et, par pudeur, nous n'oserions point parler. Je suis sûr que les gens qui prient se trouvent cachés parmi ceux qui ne nous disent point sans cesse tout l'intérêt qu'ils prennent dans les affaires catholiques. L'œil prompt à saisir les fautes d'autrui, l'oreille qui aime à écouter les critiques, et la langue d'un grand parleur, seront les marques d'une âme fervente quand l'arc-en- ciel deviendra l'emblème du désespoir ; jamais avant !

Les différents devoirs de la prière d'intercession nous procureront, si nous les accomplissons avec soin, quelqu'une de ces révélations qui sont si utiles à l'âme. Notre vie spirituelle semble s'écouler dans la paix et la sécurité. Nous ne nous imaginons pas que nous soyons des saints, mais nous sentons que nous prenons de la peine. Nous vivons de manière à être constamment en état de grâce. Bien plus, nous avons fait différents sacrifices pour Dieu, soit en abjurant l'hérésie, soit en embrassant l'état religieux, soit en entrant dans la carrière ecclésiastique ; et sans nous reposer sur le mérite de ces sacrifices pour consommer notre salut éternel, toutefois nous ne les oublions pas, et cette pensée est pour nous une consolation perpétuelle. C'est là le commencement d'un grand mal. Mais Notre-Seigneur vient à notre aide, et sans cause apparente, il verse dans nos âmes une lumière surnaturelle, qui éclaire jusqu'aux endroits les plus secrets, et qui tout d'un coup nous révèle combien peu, après tout, nous avons fait pour Dieu. C'est comme la lumière d'un jugement particulier qui, en un moment, nous fait voir sous leur véritable jour toutes nos actions et les motifs qui les ont inspirées, afin que Dieu soit justifié, et que nous portions sur nous une juste sentence. Ô combien précieuses sont ces petites révélations ! car les fruits en sont l'humilité, la fraîcheur, la force, la joie en Jésus et l'abandon de soi-même entre les bras de Dieu. Nous nous refuserions à croire combien peu nous avons fait pour Dieu, si cette lumière bienfaisante ne nous le présentait d'une manière telle que nous ne pouvons-nous empêcher de le voir, ni douter que nous l'avons vu. Songez à l'intercession, et voyez si elle ne saurait vous apporter une autre de ces affectueuses révélations.

Il est difficile de vaincre Notre-Seigneur dans ce combat de générosité et d'amour. De tous les dons du Saint-Esprit, aucun ne semble plus désirable, parce qu'aucun n'est plus rare sur la terre que la joie ; et c'est précisément le fruit que Notre-Seigneur a daigné faire mûrir sur l'arbre de la prière et de l'intercession. On le remarque aisément.

Il y a dans ceux qui se livrent à cette pratique une espèce de paix, de bonheur, qui ne semble pas prendre sa source dans une cause ordinaire, sinon qu'elle ressemble à cet éclair de joie qu'apporte un génie bienfaisant après une action charitable ou dévouée. Telle peut être en partie la raison de ce phénomène ; mais il en est encore une autre. Nous ne voyons pas les fruits de notre intercession ; l'esprit de la prière se répand partout sur la terre, comme la toute-puissance cachée de Dieu ; nous la perdons de vue. En effet, ce n'est point comme une série de travaux que l'œil peut mesurer ; nous ne nous rappelons guère combien nous avons intercédé. Qui pourrait compter les soupirs qu'il a fait monter vers le ciel, ou les désirs muets que la langue du cœur a murmurés à l'oreille de Jésus ? Ainsi donc, comme les fruits de l'intercession sont cachés, la vaine gloire s'y attache moins qu'à toute autre dévotion. Toutefois, la douceur et les consolations, demandées avec humilité, sont sans doute de grands secours pour arriver à la sainteté ; et quiconque désire se réjouir en Dieu, recevoir d'abondantes consolations en Notre-Seigneur, être heureux et prompt à servir Jésus, supporter la vie avec patience en vue de la mort, enfin être en toutes choses égal à lui-même, ce qui n'est pas loin d'être saint en toutes choses, doit jeter de côté et lui-même et ses fins personnelles, pour épouser les chers intérêts de Jésus et se vouer à l'intercession, comme si c'était son état, ou qu'il eût autant à s'en occuper que son ange gardien s'occupe de lui. La joie est la récompense spéciale de l'intercession ; c'est une partie de la joie de Celui qui se réjouit des fruits de sa Passion. Celle qui remplit nos cœurs y est tombée du sien. Elle a été d'abord la sienne avant d'être la nôtre, et la présence d'un ange serait moins désirable que cet avant-goût de la joie du Rédempteur.

5
Les richesses de notre pauvreté

Comment Dieu nous aide à l'aimer

Si nous songeons sérieusement au salut de notre âme, si nous sommes fidèles à remplir sans ostentation les devoirs, les pratiques et les dévotions que l'obéissance nous impose, notre amour pour Dieu grandira de jour en jour sans que nous nous en apercevions. C'est seulement de temps à autre, dans certaines tentations, les jours de grande fête, ou même parfois sans cause apparente, que Dieu nous laisse voir que nous avons fait des progrès réels, que nous sommes plus attachés à lui, et moins à tout ce qui n'est pas lui que nous l'étions autrefois. Un signe que l'amour divin croît en nous, c'est un sentiment plus vif de notre propre indignité et du peu de bien que nous faisons. Nous souffrons alors d'avoir si peu de chose à offrir à Dieu et de ne point mettre plus de zèle, plus de générosité dans son service. Plus nous venons à le connaître, plus nos pensées s'approchent de sa divine majesté, plus ce sentiment s'augmente en nous, au point de devenir, comme je l'ai dit, une véritable douleur. C'est pourquoi les saints soupirent après les souffrances, et ne cessent de prier le Seigneur de leur envoyer des croix. Les peines ordinaires, les fatigues de la vie commune ne sont point assez pour les satisfaire, parce qu'elles n'ouvrent pas un champ assez vaste à l'héroïsme de leur amour. Ils veulent (vain effort, mais du moins suggéré par la charité), ils veulent lutter de générosité avec Jésus. Pourquoi feraient-ils si peu de chose pour celui qui fait tant pour eux ? pourquoi se laisseraient-ils enfermer dans un cercle étroit, parce que tout est petit autour d'eux ? Autrefois, le péché était l'objet de leur affliction ; maintenant qu'ils se sentent incapables d'avoir pour Dieu un amour généreux et magnifique, qu'ils ne peuvent s'épuiser ou se laisser épuiser pour lui en glorieux sacrifices, voilà ce qui les afflige plus amèrement encore. Comme Arcuna, ils voudraient donner à leur roi, comme il convient à un roi de donner, les mains pleines et sans calculer ce que répand leur libéralité. Quand Dieu lui-même leur accorde des jours tranquilles, qu'il répand sur eux la joie et la paix, ils se tournent contre lui, s'il est permis de parler ainsi, avec des plaintes d'amour : « Non, je veux les acheter de vous à quelque prix, et je n'offrirai pas au Seigneur, mon Dieu, des holocaustes qui ne m'ont rien coûté[37]. » Et alors ils tiennent des discours qui nous paraissent étranges, contraires à la saine doctrine ; ils sont prêts, disent-ils, à endurer pendant l'éternité entière toutes les peines de l'enfer s'ils peuvent seulement y accroître si peu que ce soit la gloire de Dieu ; et ils parlent du désintéressement de l'amour jusqu'à ce qu'ils semblent presque encourir les censures attachées aux propositions condamnées.

Ces pensées ne sont point pour nous ; en nous elles ne seraient point vraies. Toutefois, dans notre sphère respective, nous ressentons une douleur analogue ; nous voudrions faire plus pour Jésus, et notre propre lâcheté sur ce point est pour nous une souffrance amère, une honte qui nous accable : « La Rédemption, dit le Psalmiste, est abondante en Dieu » ; et c'est précisément l'abondance de notre rédemption qui excite notre amour et en même temps nous fait rougir d'en avoir si peu. Dans tout ce qu'il a fait pour nous, Jésus a mis une abondance si supérieure à la nécessité, une telle superfluité d'affection, une profusion si surnaturelle de miséricorde et de compassion, qu'à chaque pas, dans chacun des mystères de l'incarnation, il est évident qu'il cherche non-seulement notre salut, mais surtout

---

37   2 R 24, 24.

notre amour. Ce n'est point assez pour lui de nous pardonner, il faut encore qu'il nous adopte pour ses fils. Il ne saurait nous laver de nos péchés sans nous faire en même temps les héritiers du ciel. Non content d'oublier le passé, il nous comble de grâces pour l'avenir. Chacun de ses dons est double, triple ou centuple. Une seule goutte de son sang aurait pu nous racheter, et il en a répandu jusqu'à la dernière goutte ; il lui suffisait d'attacher sa grâce au sacrement de son amour : mais non, il faut qu'il se donne lui-même tout entier, son corps, son âme et sa divinité. Le saint Sacrement est une surabondance de miséricorde, une profusion d'amour. Et il n'a voulu faire preuve de tant d'amour que pour obtenir en retour le plus d'amour possible. Telles sont ses voies ordinaires. Et à mesure que nous venons à le connaître et à l'aimer davantage, nous voulons que cette habitude devienne la nôtre ; et alors le peu que nous faisons pour lui nous paraît moins encore.

Or, d'après la connaissance que nous avons de Dieu, nous pouvons être sûrs qu'il ne nous laissera jamais dans une pareille détresse. Il ne désire rien tant que notre amour, et il ne nous refusera point les moyens de l'aimer. Quand un père sait que son fils désire ardemment lui faire un présent, mais que les moyens lui font défaut, avec quelle promptitude, avec quelle joie ne s'empresse-t-il pas de suppléer à ce qui manque à cet enfant chéri ? Jésus fera-t-il moins ? Ce n'est point-là son habitude. Voyez ce qu'il fit pour sa mère au jour de sa Présentation. Nulle créature ni toutes les créatures ensemble n'ont jamais aimé Dieu comme elle l'aimait en ce moment. Et cette Majesté à jamais bénie n'avait point encore reçu d'hommages comme ceux que lui offrait Marie. Les anges, réunissant toute la puissance, toutes les facultés, toutes les affections de leurs neuf chœurs, avaient jeté leur tribut d'adoration au pied du trône, avec des chants brûlants d'amour pendant des milliers d'années, et la miséricorde divine avait daigné s'abaisser pour les recueillir. Mais Marie, chaste et humble de cœur, était à elle seule un acte d'adoration plus agréable au Très-Haut, et toutes les louanges des célestes hiérarchies n'auraient rempli qu'une bien faible place du cœur immaculé qu'elle lui offrait. Et pourtant dans ce moment elle se trouva à court. Aimable mère ! elle le savait bien ! nul ne le savait mieux qu'elle ; et, si jamais le désespoir de l'amour avait pu troubler le calme pur et religieux de cette immense Vertu, comme il a troublé le cœur des saints, favorisés de grâces moins grandes que les siennes, peut-être aurait-elle désiré d'être anéantie, si par là seulement elle avait pu rendre à Dieu un juste tribut d'amour. Mais Jésus vint à son aide ; il se remit entre ses bras en lui disant : « Offrez-moi ! je suis égal à mon père ! Je suis un don non seulement digne de lui, mais d'une valeur égale à la sienne, d'un prix infini, inexprimable comme lui-même. » Pour la première fois, la Sainte Trinité recevra donc un hommage digne d'elle ; chacun de ses attributs sera glorifié ; sur chaque perfection tombera une couronne d'amour et d'adoration. Que dis-je ? l'amour et les hommages de toutes les créatures possibles seront par cet acte à jamais éclipsés !

Ô bonheur ! ô ravissement ! quelle joie, si nous aimons Dieu, pourrait égaler notre joie ? Et le ciel se tut, et les anges embrasés d'amour se prosternèrent pour adorer ; et sur cette terre que nous habitons, dans le temple de Sion, Marie prit son divin Enfant entre ses bras, l'éleva vers le ciel et l'offrit au Père éternel avec tout l'élan, toute l'ardeur qui accompagnent le sacrifice de soi-même. Ainsi il était réservé à la très-sainte Vierge de faire ce que nul autre n'avait fait avant elle, en rendant à Dieu le culte et la gloire auxquels il a droit. Et maintenant qui n'admirera ce mystère d'amour en vertu duquel Notre-Seigneur persiste à demeurer parmi nous ? Il ne s'écoule point un moment de la nuit ou du jour, sur ce globe terrestre, que le même Enfant, hostie vivante, ne soit élevé par des mains mortelles entre le ciel et la terre, dans cet hémisphère ou dans l'autre.

C'est ainsi qu'il vient au secours de notre amour. Il peut le faire de deux manières : d'abord en donnant à nos faibles actions une valeur immense en les unissant aux siennes, et en y mêlant tous ses mérites. Nous reviendrons plus tard sur ce point ; en deuxième lieu, il peut nous aider, en nous traitant comme il a traité Marie, en se livrant à nous lui-même et tout ce qui lui appartient, afin que nous en disposions comme il nous plaira, et que nous l'offrions à Dieu quand nous voudrons et de la manière qui nous sera la plus agréable. Telles sont les richesses de notre pauvreté dont je veux traiter ici.

Il est véritablement difficile de croire à l'édifice de notre propre grandeur tel qu'il est sorti des mains de Jésus-Christ. La liste de nos privilèges semble parfois n'être qu'une sorte de dévotion exagérée. Prenez-vous à un moment donné, soit dans la peine et l'ennui, soit dans un instant de bonheur et de dévotion sensible, et vous verrez combien il est difficile, je ne dis point d'espérer, mais de croire qu'un jour vous serez réellement sauvé, mort, jugé, couronné dans le ciel et plongé dans l'éternité. Ce n'est point que vous redoutiez le contraire, mais la grandeur de la récompense, ce bonheur infini, ce contraste avec votre misère présente, sont plus que vous ne sauriez comprendre. On médite sur le ciel et l'on se dit : un moment viendra-t-il où, tandis que les hommes sur la terre continueront de vaquer à leurs affaires comme de coutume, moi je serai ainsi en possession de l'éternité et de tout le bonheur que j'entrevois maintenant ? Et l'on sourit, non point exactement par incrédulité, mais de ce sourire qui effleura les lèvres de Sara quand l'ange lui dit qu'elle aurait un fils. Ainsi en est-il en quelque sorte quand nous venons à songer à l'héritage même terrestre que Jésus-Christ nous a laissé. C'en est trop, pensons-nous. Toutefois saint Paul dit aux Corinthiens : « Toute chose est à vous dans ce monde, dans la vie ou dans la mort, soit dans le présent, soit dans l'avenir ; car tout est à vous, et vous êtes à Jésus-Christ, et Jésus-Christ est à Dieu[38]. » Ailleurs encore il dit aux Hébreux : « Vous ne viendrez point dans la suite, mais vous êtes déjà venus vers la montagne de Sion, dans la cité du Dieu vivant, la céleste Jérusalem, en compagnie de milliers d'anges, dans l'église du premier-né qui est inscrite dans les cieux, auprès de Dieu le juge de tous, vers les âmes des justes rendues parfaites, vers Jésus le médiateur du Nouveau-Testament, et dont le sang répandu parle plus haut que celui d'Abel[39]. » — Quand Marie règne avec le doux sceptre d'une prière toujours exaucée, sur l'empire de son divin Fils, c'est notre royaume dont elle est reine. Tout ce qu'est ce cœur adorable, et tout ce qu'il renferme nous appartient, car « toute chose est à nous, et nous sommes à Jésus-Christ, et Jésus-Christ est à Dieu. » Voici les richesses qu'il nous a données après les avoir conquises au prix de son sang : son humanité sacrée, son corps et son âme, son enfance, sa vie cachée, son ministère, sa Passion, son très-saint sacrement, et sa gloire lorsqu'il est assis à la droite de son Père ; sa Mère,

---

38   2 Co 3.

39   He 12, 22.

tout ce qu'elle est et tout ce qu'elle a; ses anges innombrables, leur beauté et leur force; toutes les bonnes œuvres et toutes les pénitences qui s'accomplissent sur la terre; toutes les messes qui s'y disent ; les souffrances inouïes de ceux qui gémissent dans le purgatoire ; les grâces que les damnés ont eues et auxquelles ils n'ont pas correspondu; la sainteté de saint Joseph, de saint Jean-Baptiste, des Apôtres et tous les autres bienheureux ; les cantiques que les oiseaux, les autres animaux et les éléments chantent dans leur langage à la gloire de Dieu ; tout ce qu'il a été donné à toutes les créatures possibles de faire ; toutes les miséricordes de Dieu depuis les temps les plus reculés ; l'amour réciproque des trois personnes de la Sainte Trinité, et cet amour incommunicable que Dieu entretient pour lui-même pendant toute l'éternité.

Tels sont les trésors que nous possédons en Jésus-Christ. Oh ! que notre domaine est beau, qu'il est magnifique ! Il nous remet ces richesses entre les mains, ainsi qu'il se remit lui-même entre les bras de Marie au jour de sa Présentation, afin que nous puissions satisfaire notre amour. Quelle sainte manière d'employer notre temps ! Le ciel pour nous commence sur la terre ! Nous pouvons nous servir de chacun de ces biens aussi librement que s'ils étaient à nous, dans trois différentes intentions : par la vertu de ces trésors infinis, nous pouvons mériter comme par nos propres actions, car c'est à nous qu'il appartient de les offrir. Ils nous sont donnés pour être offerts. D'abord, nous pouvons les employer à formuler des actes d'amour, et ensuite à faire des actions de grâce. Je parlerai ailleurs de ces deux différents usages. Enfin, en troisième lieu, nous pouvons nous en servir pour intercéder ; or, c'est de ce dernier point que nous allons nous occuper. Si notre cœur s'est pénétré des leçons du chapitre précédent, nous nous sentirons si vivement attirés vers la sainte pratique de l'intercession, que les moyens d'intercéder que nous trouvons en nous-mêmes ne nous satisferont plus. Nous nous apercevrons que nos prières sèches et froides, nos paroles glacées, nos misérables dévotions, en partie à cause des distractions que nous apportent nos occupations, en partie à cause de la dureté de notre cœur, ne sauraient satisfaire le désir ardent que nous éprouvons de servir par l'intercession la gloire de Dieu, les intérêts de Jésus et le bien des âmes. Mais Jésus vient à notre aide, il nous met entre les mains les armes qui doivent rendre notre intercession victorieuse. Il remplit notre carquois de ces flèches qu'il a trempées dans un baume puissant, et avec lesquelles nous devons atteindre son cœur sacré, qu'il découvre lui-même, afin que nous puissions plus sûrement diriger nos coups. Si l'œil de la dévotion a surveillé le trait, il doit frapper le but marqué, et alors il fait une blessure certaine. De même que Jésus n'a pas mis de bornes à son amour pour nous, ainsi il semble vouloir ne pas mettre de termes aux moyens qu'il nous donne de l'aimer.

L'amour ne serait pas l'amour si, ayant de tels trésors à sa disposition, il n'en faisait point usage. C'est pourquoi, quand nous désirons intercéder auprès de Dieu pour quelque chose qui concerne sa plus grande gloire, nous pouvons lui offrir quelqu'un de ces trésors, afin d'apaiser sa colère et d'augmenter sa miséricorde pour nous. Cette simple offrande, faite en esprit de dévotion, est une chose grande et précieuse devant le Seigneur, ainsi que dans le ciel la présence muette des cinq blessures que notre Sauveur daigne conserver après sa résurrection, est appelée par les théologiens l'intercession de Jésus-Christ, qui plaide continuellement en notre faveur auprès de son Père ; bien que lui-même ne prie plus pour nous comme il priait sur la terre. Mais nous ne devons pas nous en tenir aux actions seules. Il faut, autant qu'il est possible, nous unir aux dispositions avec lesquelles Jésus, Marie, les anges et les saints ont fait ces actions. Cette pratique, en rendant notre Intercession plus efficace, nous acquerra en même temps de nouveaux mérites. Nous pouvons encore, si nous voulons, désirer que cette action soit multipliée au centuple, de sorte que la gloire accidentelle de Dieu en reçoive chaque fois un nouvel accroissement. Oh ! nous ne saurions croire combien les conversions se multiplieraient autour de nous, comme les scandales seraient vite étouffés, comme la rosée des grâces se changerait en pluies abondantes pour féconder l'Église, si nous voulions nous dévouer à cette pratique ! Et nous ne serons plus comme nous l'étions auparavant, semblables à la toison de Gédéon, secs, oui secs, presque par miracle, quand tout, autour de nous, est humide de rosée.

Humanité de Notre-Seigneur

1. Prenons la sainte humanité de notre adorable Seigneur. Nous pouvons offrir à Dieu les perfections et les vertus de son âme hu-

maine, les abîmes de grâce, de science et de gloire qu'elle renferme en son sein ; l'amour avec lequel elle aime Dieu en ce moment, et tout l'amour dont elle brûlera pour lui pendant toute l'éternité. Nous pouvons demander la conversion d'une âme souillée par le péché, au nom de la beauté et de l'éclat de cette âme qui, à cette heure, jette une telle lumière sur la Jérusalem céleste, que « dans cette région il n'est point besoin de soleil ni de lune, car l'Agneau est la lumière qui l'éclaire. » Nous pouvons demander la santé et la force pour les prédicateurs et les missionnaires de Jésus-Christ, au nom des perfections de ce corps qui maintenant jouit de la gloire éternelle. Ou bien sortant du ciel pour descendre sur la terre, offrons au Père cet indicible culte que la vie mystique de Jésus-Christ dans le saint Sacrement lui rend du fond de cent mille tabernacles ; offrons la pauvreté, les humiliations, l'obéissance, le zèle pour le salut des âmes, la mortification des sens, les sacrilèges essuyés, la patience de l'amour et les manifestations miraculeuses de cette vie cachée. Ou bien encore le passé est à notre disposition, profitons-en. Que d'actes d'amour dans l'incarnation, dans cette captivité qu'il endura neuf mois dans le flanc sacré de la sainte Vierge, d'où il gouverna le monde ! Puis vient la Nativité, puis viennent les mystères des douze premières années de sa vie, Bethléem, l'Égypte, Nazareth et Jérusalem, toute l'histoire de cette série d'humiliations que souffrit le Verbe incarné, et de son amour indicible pour Marie et pour les hommes. Ensuite il y a la vie cachée à Nazareth, la retraite de Celui qui remplit tout ce sa présence, l'obéissance du Tout-Puissant, la pauvreté de Celui qui possède toute richesse, les fatigues du grand Créateur, la prière de Dieu, l'amour pour Joseph, la sanctification de Marie, les mérites et les satisfactions, et la complaisance avec laquelle les anges, la sainte Vierge et Dieu ont arrêté leurs regards sur les merveilles et les vertus de ces dix-huit années. Puis viennent les trois années de son ministère, le baptême qu'il reçoit des mains de saint Jean, son jeûne dans le désert, sa manière d'instruire ses disciples, et la douceur avec laquelle il convertit les pécheurs, les contradictions qu'il rencontre, les sermons qu'il prêche, les miracles qu'il opère, les fatigues qu'il endure. Enfin, nous arrivons au bord d'un océan d'amour, à son adorable Passion. Là nous trouvons le chemin du Calvaire, les cinq jugements et les sept paroles sur la croix ; puis la résurrection, les diverses apparitions du Rédempteur, surtout la première qu'il fait à sa Mère, les quarante jours durant lesquels il règle la matière et la forme des sacrements, et donne à l'Église sa constitution ; la beauté, la charité et la retraite de ces jours, les paroles qui s'y dirent, les miracles qui y furent opérés, les grâces qui s'y répandirent, les bénédictions qui y coulèrent, et, pour couronner tout, la pompe admirable de son Ascension. Quand cette source sera-t-elle tarie ? Quand aurons-nous épuisé ces actes merveilleux, infinis, non par eux-mêmes, mais en vertu de leur union avec sa divine personne, et qui exercent sur Dieu une influence sans limite ? Tous ces trésors sont à notre disposition pour servir à notre intercession ; et nous pouvons penser qu'ils auront une efficacité spéciale quand nous les aurons distribués selon les saisons de l'année ecclésiastique, à l'exception de la Passion qui trouve sa place dans chacune des saisons.

La Passion
2. Parlons maintenant de la Passion de Notre-Seigneur et de son usage dans l'intercession. Nous devions naturellement penser que l'œuvre de notre rédemption ayant été principalement consommée par les mystères de la Passion de notre Sauveur, il désire que nous en conservions le souvenir, et permet qu'ils exercent sur son cœur sacré plus d'influence que tous les autres mystères, quand on les lui offre en esprit d'amour, d'actions de grâces et d'intercession. Saint Bernard déclare que la pensée seule de la Passion de Notre Seigneur vaut une communion spirituelle. Le P. Balthazar Alvarez, non content d'en faire le sujet ordinaire de ses méditations, avait coutume de dire aux novices confiés à ses soins :

« Ne croyons pas avoir fait un seul pas dans la voie de la perfection tant que nous ne serons point parvenus à ce point important : de garder toujours dans nos cœurs le souvenir de Jésus crucifié. » Le P. Benoit de Canfield enseigne que lésâmes, au sein même de leur union mystique avec Dieu, continueront à méditer sur la Passion ; toutefois le P. Baker et d'autres nient cette doctrine, si l'on prend la méditation dans le sens strictement attaché à ce mot. Notre-Seigneur lui-même dit à sainte Marie-Madeleine de Pazzi : « En remarquant, tous les vendredis, avec une attention particulière, l'heure à laquelle j'ai expiré sur la croix, vous recevrez en retour des grâces spéciales de mon esprit que je rendis en ce moment au Père Éternel ; et bien que vous ne puissiez sentir cette grâce, néanmoins elle reposera constamment sur vous. » Et la grosse cloche du dôme rappelle encore aux fidèles de Florence le souvenir de cette heure sacrée. La bienheureuse Claire de Monte-Falco tenait ses pensées fixées sur la Passion avec une telle assiduité que tout ce qui frappait ses regards devenait à l'instant pour elle un ingénieux souvenir de quelqu'une des souffrances de notre divin Sauveur. Notre-Seigneur dit à la bienheureuse Véronique, de l'Ordre de Saint-Augustin : « Je désire que les hommes s'efforcent de rendre à ma Passion le culte d'une douleur sincère et d'une vive compassion pour mes souffrances. Ne verseraient-ils qu'une seule larme, ils peuvent être sûrs qu'ils ont beaucoup fait ; car la langue humaine ne saurait exprimer la joie et la satisfaction que me cause cette seule larme. » Les anges révélèrent à la bienheureuse Jeanne de la Croix que la divine Majesté se complaisait tellement dans les larmes répandues sur la Passion de Jésus-Christ, et qu'une pareille douleur était un sacrifice tellement agréable à ses yeux, qu'elle y attachait un prix égal à l'effusion de notre sang, ou à la souffrance des plus grandes peines. Saint Théodore Itudita nous avertit que, si Pâques est arrivé, nous ne devons cependant point laisser périr la mémoire de la Passion, mais que les blessures salutaires du Sauveur, sa croix et son sépulcre doivent constamment rester devant nos yeux. Orlandini rapporte ce mot du P. Lefèvre : « Si la Passion est le chemin qui a conduit Jésus-Christ à la gloire, la compassion pour la Passion est la voie qui nous y conduira. » Notre-Seigneur dit à sainte Gertrude : « Quiconque, succombât-il sous le poids des péchés les plus graves, viendra seulement offrir à Dieu le Père la Passion et la mort que j'ai souffertes sans les avoir méritées, peut se relever soulagé par la douce espérance que ses péchés lui seront remis ; oui, en vertu de cet acte, il recevra le fruit salutaire des indulgences ; car il n'est pas sur la terre de remède aussi efficace contre le péché que le pieux souvenir de ma Passion uni à un repentir sincère et à une foi vive. » Le bienheureux Albert le Grand avait coutume de dire qu'une seule larme répandue sur la Passion de Notre-Seigneur valait mieux qu'une année entière de jeûne au pain et à l'eau, de veilles et de discipline. Sainte Marie-Madeleine révéla à un pieux Dominicain que, s'étant retirée dans le désert pour faire pénitence, après l'ascension de notre Sauveur, elle demanda à Jésus comment elle devait s'occuper, et le Rédempteur lui envoya saint Michel, avec une magnifique croix qu'il planta devant la porte de sa cellule, afin qu'elle passât ses jours à méditer continuellement sur la Passion. Un jour que sainte Gertrude se livrait à cette dévotion, elle reçut un rayon de lumière céleste, et elle comprit que méditer sans cesse sur les souffrances du Christ était un exercice infiniment plus salutaire que tous les autres. Enfin, saint Augustin ajoute : « Ce qui m'excite, me presse, m'enflamme, et me pousse à vous aimer plus que toute créature, ce qui vous rend aimable par-dessus toute créature, c'est la mort ignominieuse et cruelle que vous avez daigné souffrir pour l'œuvre de notre rédemption, ô doux Jésus ! Cette croix parle plus haut que tout le reste et proclame les droits qu'elle a acquis sur notre vie tout entière, sur nos travaux, notre dévotion, et enfin sur toutes nos affections. Oui, cela excite avec le plus de chaleur, recherche avec le plus de douceur, et multiplie avec la plus grande fécondité notre dévotion[40]. »

La douce récompense que Notre-Seigneur réserve à cette dévotion éclate de la manière la plus splendide dans la vie de sainte Gertrude. Un vendredi, comme le soir approchait, elle jeta les yeux sur un crucifix, et, pénétrée de la plus vive componction, elle s'écria : « Ah ! mon doux Créateur ! mon bien-aimé ! quelles cruelles souffrances vous avez endurées pour mon salut en ce jour ! Et moi, ô infidélité ! je n'en ai tenu aucun compte, et j'ai laissé le jour s'écouler, en m'occupant d'autres choses. Hélas ! chaque heure en sonnant n'a point rappelé à mon cœur que vous, ô source de la vie ! vous étiez mort pour l'amour de mon amour ! » Le Christ lui répondit : « Ce que vous avez négligé, je l'ai fait pour vous ; car à chaque heure du jour je recueillais dans mon cœur ce que le vôtre devait recueillir, et tous ces sentiments ont tellement rempli mon cœur, que j'attendais avec la plus vive impatience l'intention qui vous fait soupirer. Et maintenant unissant votre intention à tout ce que dans le cours de cette journée j'ai ressenti pour vous, je vais l'offrir à Dieu mon Père, car sans votre intention cette offrande eût été moins salutaire pour vous ! » — « En cela, dit sainte Gertrude, nous pouvons remarquer le constant amour de Jésus pour l'homme. Il tient compte à sa

---

40 *Confession* 2, 18.

créature de l'intention qui la fait gémir sur ce qu'elle a négligé, il la justifie auprès de son Père, et supplée à ce qui lui manque de la manière la plus magnifique. » Une autre fois, comme la Sainte tenait à la main un crucifix qu'elle contemplait avec dévotion, elle comprit, en vertu d'une lumière surnaturelle, que, si quelqu'un considère dévotement un crucifix, Dieu laisse tomber sur lui des regards remplis de bienveillance et de miséricorde. Et alors son âme, semblable à un brillant miroir, reflète une si douce image de l'amour divin que tous les esprits bienheureux y trouvent des délices inexprimables ; et toutes les fois que cet homme renouvelle son acte de piété sur la terre, à reçoit de Dieu la même faveur qui, chaque fois, ajoute un nouveau degré à la gloire qui l'attend dans le ciel.

Et ce n'est point-là une pure dévotion de sentiment. « Ah ! s'écriait un jour sainte Gertrude, ah ! mon unique espérance est le salut de mon âme ! enseignez-moi comment je pourrai faire pour vous le moindre bien, en reconnaissance de cette Passion si cruelle pour vous, pour moi, si salutaire. » Et voici la réponse de Notre-Seigneur : « Quand un homme poursuit les intérêts d'un autre de préférence aux siens, il me dédommage de la captivité que j'ai soufferte le matin de ma Passion, quand je fus pris, garrotté et cruellement tourmenté pour le salut du monde. Quand il se reconnaît humblement coupable de quelque faute, il me console du jugement que je subis au point du jour, quand je fus accusé par de faux témoins et condamné à mort. Quand il refuse à ses sens les jouissances qu'ils demandent, il me dédommage de la flagellation que je souffris vers la troisième heure. En obéissant à un supérieur rigoureux, il adoucit les douleurs de ma couronne d'épines. Quand, après avoir essuyé une injure, il va le premier demander pardon à celui qui l'a offensé, il rend moins lourde la croix que j'ai portée. Quand il va, pour ainsi dire, au-delà de ses forces afin d'étendre sa charité au plus grand nombre possible, il me console d'avoir tenu mes membres douloureusement étendus sur l'arbre de la croix à la sixième heure. Si, pour prévenir un péché, il brave les peines et les reproches, il se montre reconnaissant de la mort que j'ai soufferte pour le salut du monde vers la neuvième heure. Quand il répond avec humilité aux reproches qu'on lui adresse, il semble, en quelque sorte, me descendre de la croix. En préférant son prochain à soi-même, en le jugeant plus digne que soi des honneurs et des biens, on rend hommage à ma sépulture. »

Dans une autre circonstance, la même Sainte reçut une révélation semblable. Elle dit à Notre-Seigneur : « Ah ! Seigneur ! daignez me faire connaître comment je puis dignement honorer votre Passion ? » — « En repassant plus souvent dans votre esprit, répondit-il, cette inquiétude avec laquelle moi, votre Créateur et votre Seigneur, j'ai prié durant mon agonie, et, dans la violence excessive de ma sollicitude, de ma ferveur et de mon amour, j'ai arrosé la terre d'une sueur de sang. Puis, il faut me recommander tout ce que vous faites, ou tout ce qui doit se faire pour vous, en union de cette même soumission avec laquelle je disais à mon Père : « Que votre volonté soit faite et non la mienne ! » Ainsi je veux que vous receviez les prospérités et les afflictions avec le même amour qui m'excite à vous les envoyer pour votre salut. Accueillez les prospérités avec gratitude, en union avec cet amour qui me rend votre bien-aimé ; car, condescendant à votre fragilité, je vous les envoie pour apprendre à soupirer après une prospérité éternelle. Acceptez les épreuves en union avec cet amour en vertu duquel, comme un bon père, je vous les envoie pour mériter un bonheur qui ne finira point. »

Notre-Seigneur dit à sainte Brigitte : « Je vous conseille de garder deux pensées constamment fixées au fond de votre cœur : la première, c'est le souvenir de tout ce que j'ai fait pour votre salut, en souffrant et en mourant pour vous ; cette pensée entretiendra en vous le feu de l'amour divin ; la seconde, c'est la considération de ma justice et du jugement à venir ; votre âme puisera dans cette réflexion une crainte salutaire. » Quand en lui parlant, il fait l'éloge des chrétiens fervents, il les loue de ce qu'ils reportent constamment leurs pensées vers sa Passion. C'était là, du reste, la dévotion favorite de la très-sainte Vierge, comme elle-même l'a révélé à sainte Brigitte : « Mes pensées et mon cœur ne sortaient point du sépulcre de mon fils » lui dit-elle ; et une autre fois elle lui recommanda de ne point oublier un seul instant la Passion de Jésus-Christ. Sainte Brigitte réussit si bien à initier sa fille Catherine à cette dévotion, que nous lisons dans la vie de cette dernière que tous les soirs, avant de se mettre au lit, elle passait quatre heures de suite à faire des génuflexions et à se frapper la poitrine, en répandant d'abondantes larmes sur la Passion de Jésus-Christ, et s'offrant elle-même en holocauste à Dieu. La bienheureuse Angèle de Foligno ayant demandé à Dieu ce qui pouvait lui plaire davantage, il daigna lui apparaître plusieurs fois, tantôt durant son sommeil et tantôt dans le jour. Chaque fois il lui apparaissait crucifié, et lui disait de regarder ses blessures ; puis, d'une manière miraculeuse il lui faisait voir comment il avait enduré toutes ces souffrances pour elle ; enfin, il lui disait : « Comment en pourras-tu jamais faire assez pour moi ? » Une autre fois, selon les récits des Bollandistes, il lui apparut, et lui dit : « Quiconque désire trouver grâce, ne doit jamais détourner ses yeux de la croix, soit que ma providence lui suscite des souffrances, soit qu'elle lui envoie des joies. »

Il n'est donc point étonnant que la même Sainte ait appris de Notre-Seigneur que telles sont les bénédictions qu'il répand en abondance sur ceux qui montrent quelque dévotion à sa Passion, sur ceux qui l'imitent et sur ceux qui versent des larmes sur ses souffrances. « Vous êtes bénis de mon Père, ô vous qui me plaignez, qui vous affligez sur moi, et qui, en marchant sur mes traces, avez mérité de laver vos vêtements dans mon sang ! Vous êtes bénis, vous qui pleurez sur ma croix et sur les cruelles souffrances que j'ai dû endurer afin de satisfaire pour vous, et de vous racheter des peines éternelles qui vous étaient réservées ; en compatissant à la pauvreté, aux douleurs et aux mépris que j'ai supportés pour vous, vous avez été justifiés. Vous êtes bénis, vous qui, avec une tendre compassion gardez le souvenir de ma Passion, qui est la merveille de tous les âges, le salut et la vie des âmes égarées, et le seul refuge des pécheurs ; puisque vous avez pleuré avec moi, vous partagerez avec moi le royaume, la résurrection et la gloire que j'ai conquis au prix de mes souffrances, et vous jouirez à jamais de mon héritage. Vous êtes bénis de mon Père et de l'Esprit-Saint, oui, vous êtes bénis de cette bénédiction que je donnerai au dernier jour, parce que, lorsque je suis venu dans mes domaines, vous ne m'avez pas repoussé ainsi que firent mes persécuteurs ; mais, dans votre compassion, vous m'avez reçu quand j'étais semblable à un pauvre étranger, et vous m'avez offert un asile et l'hospitalité dans votre cœur. Vous avez gémi lorsque j'étais étendu sur la croix, nu, dévoré par la faim, brûlant de soif, épuisé de faiblesse, percé de clous et mourant. Vous avez voulu devenir mes compagnons, et vous avez accompli ainsi des œuvres de miséricorde. Aussi, dans le moment terrible du jugement entendrez-vous cette douce sentence : « Venez, les bénis de mon Père, venez recevoir le royaume qui a été préparé pour vous avant le commencement du monde. Car j'avais faim sur la croix, et votre compassion du moins m'a donné à manger. Vous êtes heureux, oui bienheureux et bénis. Car si, étendu sur la croix j'ai offert à Dieu mes larmes et mes prières pour mes bourreaux, si je les ai excusés, en disant : Mon Père, pardonnez-leur, ils ne savent ce qu'ils font, que dirai-je pour vous qui avez eu pitié de moi, pour vous dont la dévotion a partagé mes souffrances, lorsque, non du gibet de la croix, mais dans tout l'éclat de ma gloire, je viendrai juger le monde ? »

Que prouvent tous ces exemples et ces révélations, sinon que Notre-Seigneur a daigné nous donner sur sa Passion une influence qui nous permet d'en faire l'usage qui nous convient, en quelque sorte plus librement encore que des peines que nous souffrons nous-mêmes et des afflictions que nous avons à supporter. Mais hâtons-nous d'arriver à l'usage de la Passion dans l'intercession, car tel est l'objet qui doit nous occuper en ce moment. Lancicius nous dit « que l'offrande du sang de Jésus-Christ, de sa Passion et de sa mort au Père Éternel ou à Jésus-Christ lui-même, afin d'apaiser sa colère excitée par les péchés du monde, est d'une efficacité infinie[41]. » Cette pratique fut révélée par Dieu à sainte Marie-Madeleine de Pazzi, quand il daigna se plaindre à elle du peu d'efforts que l'on tentait sur la terre pour désarmer son bras levé sur les pécheurs. Docile à cette instruction, elle offrait plusieurs fois par jour le sang de Jésus-Christ en faveur des pécheurs de toute espèce ; et elle avait coutume de renouveler cette offrande cinquante fois dans le cours d'une journée, pour les vivants et pour les morts. Elle le faisait avec une telle ferveur, qu'en plusieurs circonstances Dieu lui montra la multitude des âmes dont elle avait ainsi obtenu la conversion, ainsi que toutes celles qu'elle avait délivrées du purgatoire. Un jour qu'elle était ravie, en extase, elle s'écria : « Toutes les fois qu'une créature offre ce sang par lequel elle a été rachetée, elle offre un don d'un prix infini et que rien ne saurait compenser. »

« Cette dévotion, ajoute Lancicius, plaît à Dieu, parce qu'elle le

---

41   *Lancic.* 3, 18.

glorifie par la plus excellente et la plus sublime des offrandes. Elle demande, ou plutôt, dans un certain sens, elle exige la rémission des péchés commis antérieurement, une garantie contre le péché dans le temps à venir, la conversion des pécheurs, des hérétiques, et la délivrance des peines temporelles réservées au péché. Elle sert encore à rendre grâces à Dieu pour toutes les bénédictions publiques ou personnelles qu'il nous a accordées, à obtenir l'assistance divine, et à soulager les besoins multipliés des vivants et des morts. »

La dévotion à la sainte Vierge
3. Certaines personnes désirent souvent connaître jusqu'où doit aller leur dévotion à la sainte Vierge, et la limite où leur amour doit s'arrêter. Elles ne sont pas satisfaites quand on leur dit que leur dévotion ne saurait jamais aller trop loin, que, jusqu'à un certain point, il n'est pas possible de la pousser à l'excès ; enfin, que nulle borne n'est imposée à leur amour. C'est là une vérité, et pourtant elle ne les satisfait pas. Elles regardent ces sentiments comme une sorte de pieuse exagération, vraie dans un sens, mais qui ne donne point une réponse plausible à leur question, une solution aux difficultés qu'elles rencontrent. Mais quelle objection pourraient faire ces timides personnes, si on leur disait : Vous devez aimer Marie autant que Jésus l'a aimée ; il vous faut avoir pour elle toute la dévotion que Jésus désire, et vous pouvez sans scrupule prier Jésus de faire naître en vous cette dévotion au gré de sa volonté. Il est difficile de connaître Jésus, encore plus de l'aimer, si nous n'avons pas une ardente dévotion pour sa sainte Mère. Mais nous ne saurions l'honorer d'une manière plus propre à disposer le cœur de Jésus à écouter favorablement nos prières, qu'en lui offrant les grâces qu'il a lui-même répandues sur elle, les actes d'amour dont les trois personnes de la Sainte Trinité l'ont ornée pour en faire le trophée vivant de leur miséricorde, et les mystères dans lesquels elle sut correspondre à ces grâces et acquérir des mérites inexprimables. Elle est si intimement liée à la gloire de Dieu, que tout hommage rendu à Marie est un véritable acte d'amour de Dieu. En elle réside l'intérêt de prédilection de Jésus, de sorte qu'il n'en a point sur la terre de plus cher que la défense et la propagation du culte de sa Mère ; car, si son sacré cœur soupire dans sa miséricorde après le salut des âmes, il a choisi Marie pour être le

refuge des pécheurs, et plaider leur cause auprès de lui. Si toutes les œuvres de Dieu proclament sa gloire, et si, quand il jeta les yeux sur cette terre qu'il avait faite, il la bénit en disant que tout était bon, tandis que les étoiles du firmament chantaient ses louanges et que les anges mêlaient leur voix à ce concert, combien plus douces encore sont les louanges que chante le cantique éternel des œuvres qu'il a accomplies en Marie et des dons qu'il a répandus sur elle ; les hommes et les anges y trouvent une source infinie de joie et d'allégresse. Oh ! pour l'amour de Jésus, nous devons apprendre à aimer Marie davantage. Il faut que cette dévotion croisse en nous comme la grâce, qu'elle s'y fortifie comme l'habitude de la vertu, qu'elle y grandisse chaque jour en ferveur et en tendresse jusqu'à cette heure où elle viendra nous aider à mourir, et à subir sans crainte le terrible jugement.

Ne nous imaginons pas qu'il en soit de la dévotion à la sainte Vierge comme de la possession d'un livre ou d'un chapelet, et qu'on puisse l'acquérir une fois pour toutes, d'un seul coup et tout entière. Dire que si nous avons reçu de Dieu la grâce d'humilité, nous n'avons simplement qu'à nous attacher à ce que nous possédons, sans songer à en acquérir davantage, ne serait pas moins faux que de nier que la dévotion à Marie soit susceptible d'accroissement. Je le répète, elle doit croître en nous comme une vertu, s'y fortifier comme une habitude, autrement elle n'a aucune valeur. Que dis-je ? C'est moins que rien, comme une courte réflexion le fera voir. L'amour de Marie n'est qu'une autre forme de l'amour de Jésus transfiguré par la volonté divine. Ainsi donc, si notre affection pour Jésus doit grandir chaque jour, il en est de même de celle que nous devons avoir pour sa Mère. Une personne qui dirait : Il ne convient pas de mêler les prières en l'honneur de Marie aux prières en l'honneur de Jésus, montrerait qu'elle ne s'est point formé une idée juste de cette dévotion, et qu'elle est sur le point de tomber dans une dangereuse erreur. Toutefois, certaines gens parlent sans réflexion, comme si la dévotion envers la Mère était une parcelle qu'il est permis de détacher du culte du Fils, comme si c'était une concession de Jésus à Marie ; comme si Jésus était une chose et Marie une autre, et que la dévotion dût être divisée entre eux en raison de leur dignité respective, soit une livre pour Jésus et une once pour Marie. Si ces personnes comprenaient bien ce qu'elles disent (et c'est ce qu'elles ne font pas), elles ne tarderaient pas à s'apercevoir de l'impiété de leurs discours. L'amour de Marie est une partie intégrante de l'amour de Jésus, et s'imaginer que leurs intérêts mutuels puissent être en opposition, c'est prouver qu'on ne connaît point Jésus ni la dévotion qui lui est due. Si le culte de Marie n'est pas déjà par lui-même le culte de Jésus, toutes les fois que nous rendons quelque hommage à la Mère nous dérobons au Fils quelque chose que nous savons lui être dû, par conséquent nous faisons tort à Dieu, ce qui est un sacrilège. Ainsi, ceux qui nous invitent à nous modérer, à rester dans les bornes légitimes de la dévotion, à ne point aller trop loin, à ne point trop faire pour Marie, n'assurent pas à Jésus, comme ils se l'imaginent, les honneurs qui lui sont dus, mais ils font ce terrible aveu qu'ils dérobent eux-mêmes quelque chose à Jésus pour le donner à Marie, bien qu'ils veillent avec soin à ce que ce ne soit pas trop. Combien ces sentiments nous paraissent affreux quand on les représente tels qu'ils sont. On peut se tromper sur la nature du culte à rendre à Marie, mais on ne saurait errer sur le degré d'hommages qu'elle mérite. Si l'amour de Marie n'est pas l'amour de Jésus, si la dévotion à Marie n'est pas une des dévotions qu'il a choisies pour lui-même, eh bien ! alors ma théologie, d'accord avec mon amour, me dit qu'il n'y a point de place pour Marie dans mon cœur, qui ne saurait déjà offrir à Jésus un asile convenable. Ô tendre Mère ! comme ce serait peu vous connaître que de vous faire une telle injure ! Quelle pauvre et misérable idée il me faudrait avoir de Dieu lui-même ! Je pourrais tout aussi bien penser que la grâce m'éloigne de Dieu, que les sacrements me permettent de me passer de Jésus, que de fermer les yeux sur l'admirable accroissement que vous apportez à l'amour de votre Fils pour moi, ou le merveilleux redoublement d'ardeur dont vous m'embrasez pour lui.

Examinons maintenant quels trésors nous pouvons trouver dans la vie de la sainte Vierge, afin de pouvoir, à notre tour, les offrir à Dieu. Le Tout-Puissant a-t-il jamais fait part à une créature ou à toutes les créatures ensemble d'une grâce égale à la Conception Immaculée, ou au choix qui éleva Marie à la dignité de Mère de Dieu ? Soit que nous parcourions les soixante-trois mystères qui composent sa vie, soit que nous la résumions dans ce que les théologiens appellent les trois sanctifications, à savoir : sa Conception Immaculée, l'incarnation et la Descente du Saint-Esprit, nous y puiserons une foule de traits également chers et puissants auprès du cœur de Jésus. Chacun de ses actes est rempli de la grâce du Fils et de l'amour héroïque de la Mère, chacun d'eux est plus agréable aux yeux de Dieu que tout l'héroïsme de ses saints, chacun d'eux, enfin, en raison de l'amour suprême dont l'âme de la sainte Vierge était embrasée, rapporte à Dieu plus de gloire que tous les services des trois hiérarchies célestes.

La dévotion soit aux douleurs, soit aux joies de Marie pourrait fournir des exemples à l'appui de ce que nous avançons. Sans nous arrêter au culte rendu à ses douleurs, parce qu'il est mieux connu, et que d'ailleurs nous espérons en traiter dans un autre ouvrage, nous ne parlerons ici que de la dévotion à ses joies, qu'on peut appeler la dévotion de saint François. Saint Thomas de Cantorbéry avait coutume de réciter sept fois par jour la Salutation Angélique, en honneur des sept joies de la très-sainte Vierge sur la terre, l'Annonciation, la Visitation, la Nativité, l'Épiphanie, l'invention dans le temple, la Résurrection et l'Ascension. Un jour, notre sainte Mère lui apparut et lui dit : « Thomas, votre dévotion m'est très-agréable ; mais pourquoi ne rappelez-vous dans vos prières que les joies que j'ai goûtées sur la terre ? Désormais, songez aussi à celles que je goûte dans le ciel ; car quiconque honore ces deux espèces de joies je le consolerai, je le réjouirai, et je le présenterai à mon très-cher Fils à l'heure de la mort. » Saint Thomas sentit son cœur rempli d'un bonheur surnaturel, et il s'écria : « Et comment, ô ma sainte Mère ! pourrai-je faire ce que vous exigez de moi, puisque j'ignore quelles sont vos célestes joies ? » Et la sainte Vierge lui répondit « qu'il devait, en récitant sept fois par jour la Salutation Angélique, honorer les joies suivantes : 1° la préférence que la Sainte Trinité lui accorde par-dessus toutes les créatures ; 2° sa virginité qui l'a élevée au-dessus des anges et des saints ; 3° la vive lumière que sa gloire jette dans les cieux ; 4° le culte que tous les fidèles lui rendent comme à la Mère de Dieu ; 5° l'empressement avec lequel son Fils exauce toutes ses demandes ; 6° les grâces qu'elle a reçues sur la terre, et la gloire réservée dans le ciel à ses serviteurs, et enfin, l'accroissement que sa gloire accidentelle continuera à recevoir jusqu'au jour du jugement. » Saint

Thomas composa, dit-on, à ce sujet, la prose *Gaude flore virginali*, qu'on chantait dans quelques églises, et qui est citée dans le *Pamassus Marianus*[42]. Nous lisons dans la vie de sainte Catherine de Bologne qu'elle honorait saint Thomas d'une manière spéciale, et qu'elle avait coutume de pratiquer cette dévotion. Le bienheureux François de La Croix rapporte de saint Ranulphe que la sainte Vierge lui apparut tandis qu'il rappelait dans ses prières les sept joies qu'elle avait goûtées sur la terre, et elle lui révéla les sept joies célestes qu'elle avait révélées à saint Thomas, mais dans un ordre différent.

Une autre révélation, faite au bienheureux Joseph Herman, de l'Ordre des Prémontrés, fait voir combien le culte de ses joies est agréable à notre sainte Mère. Il arrivait constamment à cette époque que des vols sacrilèges fussent commis dans les églises, et le sort désignait souvent le bienheureux Joseph pour veiller à la garde du sanctuaire. Cette circonstance lui faisait omettre parfois une de ses dévotions ordinaires, qui consistait à réciter un certain nombre d'*Ave Maria* en l'honneur des joies de Marie. Elle lui apparut un jour, non point comme de coutume, éblouissante de jeunesse et de beauté, mais courbée par la vieillesse, et couverte de rides. Le Saint osa lui demander la raison de ce changement, et elle lui répondit : « Je suis devenue vieille pour vous ; qu'est devenu le souvenir de mes joies ? Que sont devenus vos *Ave Maria* ? Que sont devenus ces exercices de piété qui me rendaient jeune à vos yeux et vous, aux miens ? Ne négligez pas mon service, sous prétexte de veiller à la garde du monastère, car je suis moi-même sa meilleure gardienne. » Dès lors le bienheureux Joseph retourna à ses pratiques ordinaires rempli de consolation à la pensée du bonheur que sa sainte Mère puisait dans la dévotion à ses joies. Saint Pierre Damien rapporte aussi dans ses épitres un trait semblable : Il y avait un certain religieux qui chaque jour, en passant devant l'autel de la sainte Vierge, la saluait en ces mots : « Réjouissez-vous, ô Mère de Dieu ! Vierge immaculée, réjouissez-vous de la joie que l'Ange vous a apportée ! réjouissez-vous, ô vous qui avez mis au monde le flambeau de la lumière éternelle ! réjouissez-vous, ô sainte Mère ! réjouissez-vous, ô Vierge Mère de Dieu ! réjouissez-vous, ô vous la seule Vierge Mère ! toute la création chante vos louanges ; Mère de la lumière, intercédez pour nous. »

---

42   P. 207, ap. *Lancic.* 2, 51.

Un jour, comme il traversait l'église, il entendit une voix qui partait de l'autel et qui disait : « Tu m'annonces de la joie, et la joie t'arrivera à toi-même[43]. »

Ce n'est point seulement à Notre-Seigneur que nous pouvons offrir les douleurs, les joies, les dons, les grâces et les grandeurs de sa Mère, mais à elle-même aussi. Un jour que sainte Gertrude l'invoquait par ces paroles du *Salve Regina* qu'on chante dans l'Église : « Soyez donc notre avocate », elle vit notre sainte Mère, penchée vers elle, et comme cédant à l'attraction de plusieurs cordes. Elle comprit par-là que toutes les fois qu'on invoque Marie comme son avocate, sa tendresse maternelle est tellement touchée de cet hommage qu'elle ne saurait s'empêcher d'exaucer les prières qu'on lui adresse en cette qualité. À ces mots : « Vos yeux pleins de miséricorde », la sainte Vierge toucha légèrement son Fils et le tourna vers la terre en disant à sainte Gertrude : « Voilà mes yeux remplis de miséricorde (et elle montra ceux de Jésus), que je puis tourner en signe de salut vers ceux qui m'invoquent et d'où ils recevront les fruits abondants du salut éternel. » La sainte apprit ensuite de Notre-Seigneur à invoquer au moins une fois par jour cette tendre Mère, en lui disant : *Eia ergo advocata nostra, illos tuos misericordes oculos ad nos converte* ; et elle en reçut l'assurance qu'elle s'attirerait ainsi d'immenses consolations à l'heure de sa mort[44].

Saint Bernard nous recommande de présenter toutes nos offrandes à Dieu par les mains de Marie ; et, quoique ce passage de ses œuvres soit bien connu, je ne puis me dispenser de le citer ici : « Souvenez-vous de confier à Marie tout ce que vous allez offrir, afin que les grâces retournent à la source de toutes grâces par le même canal qui vous les a amenées. Ce n'est point qu'il eût été impossible à Dieu de répandre sa grâce comme il a lui aurait plu sans cet aqueduc, mais il a préféré vous donner le secours d'un canal. Car vos mains pleines de présents sont souillées de sang, peut-être, et vous ne les avez pas entièrement purifiées : prenez donc soin, si vous ne voulez pas être repoussés, de donner à Marie le peu que vous allez offrir, afin qu'elle le présente avec ses mains pures et agréables à Dieu. Car ses mains sont semblables aux lis les plus éclatants, et

---

43   Livre 3, lettre 10.

44   *Rév.* Livre 4.

celui qui aime les lis ne saurait repousser comme étranger aux lis ce qui est dans les mains de Marie[45]. » Et Lancicius ajoute que nous devrions agir ainsi pour deux raisons : d'abord, parce que Dieu veut que nous recevions ses dons par Marie, afin que par elle aussi nous lui offrions nos dons ; et, en second lieu, parce qu'une offrande faite par ses mains fait voir la grande estime que Dieu a pour elle, et qui est en même temps la source de notre vénération intérieure pour elle, et l'origine du culte que nous lui rendons en public.

Les saints Anges
4. La vie des anges, ces premiers nés de Dieu, nous offre aussi de magnifiques ressources pour l'intercession ; et Notre-Seigneur semble appeler notre attention sur ce point quand il nous ordonne de dire dans nos prières : « Que votre volonté soit faite sur la terre comme au a ciel. » L'Écriture nous fournit une foule de notions sur les anges, sur le culte qu'ils rendent à Dieu, sur leur ministère auprès des autres créatures, et leur caractère particulier ; c'est ainsi que nous connaissons les archanges Michel, Gabriel et Raphaël, la multitude des anges, et le nom de leurs neuf chœurs. Quelques théologiens ont enseigné que chacun des anges forme à lui seul una espèce particulière, ce qui écraserait notre imagination sous le poids de la magnificence de Dieu ainsi entrevue. D'autres, avec plus d'apparence de raison, en comptent vingt-sept espèces, trois dans chaque chœur, de même qu'il y a trois chœurs dans chaque hiérarchie ; et cela même nous donne une idée étonnante de la cour céleste si nous observons combien il est difficile pour nous de concevoir d'autre division dans l'espèce des créatures raisonnables que les intelligences servies par des organes et les purs esprits. D'autres, sans entrer dans la question d'espèce, nous disent que la grâce de chaque ange est une beauté, une excellence entièrement différente de la grâce de ses semblables, et si nous poursuivons cette pensée, nous trouverons du bonheur à songer à la perfection de cet aimable culte rendu à ce Dieu que nous servons si mal sur la terre. C'est ainsi que la sœur Minima de Gesu-Nazareno, religieuse carmélite de Vetralla, qui vivait à l'époque de l'invasion française, en Italie, consacrant sa vie à une intercession incessante et miraculeuse, avait coutume d'offrir continuellement à

---

45 *De aqueductu.*

la divine Majesté l'amour du premier chœur des Séraphins, en réparation de tous les outrages qui se commettent dans le monde. Nous puisons aussi d'autres auxiliaires pour notre intercession dans la variété de ce culte magnifique qu'en ce moment, à chaque moment de l'éternité, les saints ne cessent de rendre à Dieu, culte et gloire qui s'accroissent à l'infini à mesure que de nouvelles âmes quittent la terre ou le purgatoire pour entrer dans le sein de la félicité éternelle. Et, en tout cela, nous satisfaisons notre amour, en même temps que nous obligeons, par une aimable influence, le cœur sacré de Jésus à exaucer nos prières.

Toutes les choses de la terre

5. Si maintenant nous descendons sur la terre, là aussi nous trouverons une douce abondance de cet encens délicieux dont le parfum apaise la juste colère de Dieu et attire à nos prières une réponse favorable. Tout ce que les saints ont accompli dans les siècles passés, la merveilleuse sainteté du modeste Joseph, les austérités de saint Jean-Baptiste dans le désert, chacun des pas des Apôtres sur les voies romaines, chaque souffrance des martyrs; ou, si nous remontons vers les temps de l'Ancien Testament, les ravissements des prophètes, la fidélité des Macchabées, les merveilles du grand cœur de David, les combats de Josué, la douceur de Moïse, la pureté de Joseph, la simplicité de Jacob, les méditations d'Isaac, la foi d'Abraham, le sacerdoce de Melchisédech, l'arche de Noé, le sang d'Abel ; les longues nuits et les pénibles jours de ces neuf cents années durant lesquelles Adam accomplit une pénitence laborieuse, héroïque et volontairement acceptée ; tous ces actes, nous pouvons les offrir à Dieu avec humilité et confiance, et ils auront à ses yeux la même suavité, la même fraîcheur que s'ils dataient d'hier. D'ailleurs, nous ne saurions employer une méthode de prières plus en harmonie avec l'esprit de l'Église ; car l'une de ses formules les plus ordinaires est d'implorer la miséricorde de Dieu pour le temps présent, à cause des miséricordes passées qu'il a daigné répandre sur ses saints et sur son peuple. Mais nous avons à notre disposition le présent aussi bien que le passé. La terre, à chaque heure du jour, rapporte à Dieu sa joyeuse moisson de gloire. Sur les collines, dans les plaines, dans les vallées, dans les couvents et dans le monde, depuis le Pape dans son palais jusqu'à

l'Indien converti dans sa hutte, combien d'actes surnaturels s'élèvent vers Dieu, combien d'actes de foi, d'aspirations d'espérances, de soupirs d'amour ou de sainte douleur, combien de pénitences, combien de résignations à sa volonté sainte dans le malheur lui sont offertes aujourd'hui ! Combien de messes ont été dites, combien de communions faites, d'absolutions données, d'extrêmes-onctions reçues, et à charque heure du jour combien de victoires éclatantes autant que silencieuses les eaux du baptême remportent pour la gloire de Dieu ! Tous ces biens nous appartiennent, nous pouvons les recueillir à notre gré, les répandre sur les charbons ardents de la dévotion dans l'encensoir de notre cœur, et faire monter vers le Très-Haut le parfum d'un doux encens. Que dis-je ? les créatures inférieures chantent toutes les louanges de Dieu, en répondant à la fin de leur création : les animaux dans la prairie, les oiseaux dans l'air, les poissons dans la mer, les bois et les fleurs, les vents et les rosées ; et quand l'un ou l'autre de ces objets frappe nos sens, nous pouvons, avec toute la reconnaissance de l'amour, l'offrir à la Majesté du Seigneur. Nous possédons encore toutes les œuvres de Dieu lui-même, depuis la création du monde jusqu'à cette heure que nous donne sa Providence ; sa longanimité vis-à-vis des pécheurs et les jugements qu'il a prononcés sur eux, les paroles qu'il a proférées, les visions qu'il a accordées, les révélations qu'il a faites ; ses interprétations en faveur de son Église, la visible protection qu'il a étendue sur son arche dans l'Ancien-Testament, et dans sa nouvelle alliance sur le Saint-Siège. Au nom de toutes ces miséricordes, il est prêt à nous écouter. Ce sont autant d'armes qu'il fournit à l'arsenal de la prière.

L'amour inventif des saints et des personnes pieuses est allé plus loin encore. Ils ont offert à Dieu, dans la ferveur de leurs cœurs, tous les hommages que toutes les créatures possibles pouvaient lui offrir, afin d'approcher ou du moins de paraître approcher autant que possible de son infinité. Ils ont osé imaginer que, de ces trois abîmes, la puissance du Père, la sagesse du Fils et l'amour du Saint-Esprit, jaillissaient brillants de beauté et dans un ordre admirable tous les mondes possibles, et ils ont offert ces innombrables systèmes comme un acte d'amour et une prière d'intercession. Ils ont offert aussi cette foule de douleurs ignorées qu'on souffre dans le purgatoire, et qu'ils s'attendent un jour à ressentir eux-mêmes. Ces douleurs, belles dans leur perfection, sacrées dans leurs terribles fonctions, et d'ailleurs sanctifiées par leur contact avec des âmes saintes, forment une agréable offrande présentée à la justice et à la pureté de Dieu.

Les perfections de Dieu lui-même
6. « Mais des hommes pieux ont été encore plus loin. Toute chose est à Jésus-Christ, et Jésus-Christ est à Dieu. » Ils ont senti combien toutes les louanges des créatures étaient en-dessous de la majesté de Dieu ; aussi, quand ils ont voulu implorer quelque grâce extraordinaire, ils ont offert au Seigneur les perfections infinies et la gloire qu'il reçoit des attributs qui constituent sa divinité. Ils ont plaidé leur cause au nom de la génération éternelle du Fils, au nom de la double procession de l'Esprit-Saint. Ils ont offert à Dieu la science et l'amour en vertu desquels il se connaît et s'aime lui-même, et la complaisance incommunicable des trois Personnes divines l'une pour l'autre. Et en retour ils ont obtenu non-seulement une réponse favorable à leurs prières, mais un accroissement d'amour divin dans leur âme, ce qu'ils auraient à peine cru possible. Ils ont trouvé que les termes techniques en usage pour désigner les dogmes et les définitions ne sont pas de vains sons ou des mots vides de sens, mais des flammes descendues du ciel.

Il est difficile de nous en tenir à notre sujet, c'est-à- dire à l'intercession, quand nous citons tant de choses qui nous entraînent avec elles et nous font parler de l'amour. Mais passons en revue toutes ces richesses de notre pauvreté, tous ces trésors que nous possédons en Jésus- Christ, et voyons si nous n'avons pas à notre disposition une abondance de sacrifices à l'aide desquels nous pouvons approcher de Dieu et lui adresser de continuelles et ferventes intercessions. Quelle délicieuse variété de champs ouverts à notre méditation ! et nous sommes constamment entraînés à travers ces lieux enchantés ! quelle liberté d'esprit nous avons trouvée ! combien il est aisé de faire un service d'amour quand l'air qu'on respire est tellement rempli, qu'il nous fait presque oublier notre intercession !

Examinons la situation où se trouvent les valétudinaires, les personnes qui ne souffrent point précisément des douleurs d'une maladie sérieuse, mais qui sont continuellement exposées aux inconvénients d'une santé chancelante. Elles aussi désirent se dévouer à la gloire de Dieu, aux intérêts de Jésus et au salut des âmes ; toutefois elles ne peuvent rien faire de ce qui concerne l'activité extérieure, et peut-être n'ont-elles pas les moyens de contribuer aux bonnes œuvres par leurs aumônes. L'intercession directe qui consiste à demander directement à Dieu, en quelques mots, quelque grâce pour telle ou telle personne, est bientôt épuisée. D'ailleurs, elle n'offre aucun attrait qui puisse charmer les ennuis qu'entraîne une faible santé, ni relever un esprit abattu. Mais errer parmi ces richesses, parmi cette variété infinie et magnifique de pieuses offrandes, c'est là pour l'esprit une douce occupation. Cette pratique ranime la dévotion chancelante, et nous permet ainsi d'entretenir constamment avec Dieu un aimable commerce d'affection et de respect, tandis qu'en réalité nous travaillons à avancer sa gloire et la grandeur de son Église. Et ce ne sont pas seulement les personnes d'une santé faible, mais tout le monde qui peut y trouver une pratique facile de la présence de Dieu, parce que c'est une pratique également intéressante pour l'esprit et le cœur. Plus nous verrons se multiplier en nous les pensées et les images des choses qui nous rappellent l'idée de Dieu, plus aussi notre esprit et notre cœur se rempliront de lui, de sorte qu'il nous deviendra plus aisé de vivre toujours dans le sentiment de sa présence. Et quand on est arrivé à suivre la pratique de la présence de Dieu, n'est-on pas parvenu à moitié de la route de la perfection ? N'oublions pas non plus de dire qu'un autre avantage de cette méthode d'intercession est de diminuer en nous l'esprit du monde. Le trait caractéristique du monde, c'est sa multiplicité. Les objets de ses intérêts sont innombrables. Il s'adresse à notre nature sous tant de côtés différents ! il s'empare de nous sous tant de formes variées ! La religion, au contraire, paraît à une foule de gens dénuée de tout intérêt intellectuel, sèche et stérile, uniforme et monotone. Puis, ils en connaissent si peu de chose ; et, d'ailleurs, ils ne peuvent s'attacher constamment à un seul objet. C'est ainsi que la vie spirituelle est peu en faveur. Il est vrai que l'âme trouve dans la contemplation un état élevé, sublime, dans lequel on a atteint le degré suprême, quand on est parvenu à tenir ses pensées fixées sur Dieu seul. Mais ce n'est pas là notre lot. À nous et à tous ceux qui nous ressemblent, il faut tout l'intérêt que la variété et la beauté donnent à la dévotion ; et même alors nous ne tardons pas à nous en fatiguer. Ainsi donc, plus nous trouvons d'intérêt et de variété dans la connaissance de notre religion, plus nous éprouvons de facilité à éloigner de notre âme le misérable esprit du monde pour embrasser avec zèle les intérêts de Jésus.

Et quelles consolations ne puiserons-nous pas dans ces trésors de notre pauvreté, quand la tristesse s'emparera de nous, que le sentiment du péché nous accablera, que les hommes s'attacheront à nous persécuter, que nos bonnes intentions échoueront, ou que la vie et le monde nous abreuveront de dégoûts ? Mais, après tout, quelle que soit notre affliction, nous ne désirons rien tant que de voir aimer Dieu, et Jésus rentrer en possession de ce> qui lui appartient. Et ainsi accablés de fatigue ou abattus par les désappointements, quand la nuit étend sur la terre ses voiles obscurs, apportant avec elle à notre esprit souffrant comme un sentiment de captivité, que la pluie semble nous enfermer dans un sombre rideau, et que nous soupirons après la liberté et l'espace, nous pouvons trouver pour notre âme une liberté souveraine, en parcourant l'empire infini de Dieu, de Jésus, de Marie, des anges, des saints, des hommes et des créatures innocentes, et en prenant notre part de joie dans ce sacrifice éternel de louanges qui s'élève de chaque endroit, de chaque coin de la création vers la majesté de Celui que nous chérissons à la fois comme notre Dieu et notre Père !

6
Dieu, centre de tout

Vanité de la sagesse humaine

Dieu est le centre de tout, et rien n'a de valeur que par lui. Comme toute chose vient de lui, toute chose retourne à lui ; et même la créature rebelle, qui a refusé de reposer sur le sein de son amour, tombe dans les mains de sa justice. Rien n'a de valeur qu'autant que Dieu a daigné en attacher une. Un esprit éclairé ou un cœur aimant ne saurait avoir d'estime pour une chose que dans ses rapports vrais ou supposés avec le Dieu Tout-Puissant. Il n'y a qu'un point de vue véritable pour envisager les choses, et c'est le point de vue de Dieu. Je ne sais réellement s'il est nécessaire de rappeler des vérités aussi banales. Toutefois, il est possible d'avouer que les catholiques eux-mêmes ne se pénètrent point aisément de ces vérités, sans parler de la difficulté encore plus grande qu'ils éprouvent à les mettre en pratique quand une fois ils les ont reçues. Bien des gens sont péniblement affectés à la vue des marques extérieures d'oubli de Dieu, si fréquentes, hélas ! dans un pays où l'hérésie domine. Et pourtant eux-mêmes, dans ce qui les concerne, ne rendent pas à Dieu ce qui est à lui. Regardez comment agissent les catholiques quand ils se trouvent engagés dans un parti politique, ou dans une réunion scientifique, et vous verrez que leur conduite a souvent l'air de dire que Dieu est très-bien où il est, mais qu'il faut des bornes dans tout, et que vouloir faire entrer Dieu en des considérations religieuses qui ont rapport à lui dans certaines discussions, certaines actions ou certains intérêts, est une impertinence, le fait d'un esprit étroit ou au moins une faiblesse à peine tolérable. Une foule de gens vraiment bons, poussés par les meilleures intentions, tombent dans cette erreur, et ils pensent qu'ils vont augmenter et la gloire de Dieu et la prospérité de son Église, en affectant de telles complaisances pour le monde et ses principes. Hélas ! un jour ils se réveillent et découvrent que, tandis que leur propre dévotion s'affaiblissait, que leurs prières perdaient leur ferveur, que leur piété devenait purement extérieure, et que leurs principes s'abaissaient insensiblement au niveau de ce qui les environnait, ils n'ont pas attiré une seule âme à Dieu, ni, dans un seul coin du monde, augmenté l'amour d'un cœur pour Notre-Seigneur. Pour combien de gens en est-il ainsi ! On les croit des hommes précieux, les colonnes de l'Église, non que ce soit des hommes surnaturels et initiés au secret de Dieu, mais parce qu'ils possèdent l'attention du monde, dont ils forment la classe influente ! Et leur prudence n'est pas sans obtenir des résultats ! Mais quels sont-ils ? A-t-on allumé dans quelque cœur un amour plus fervent pour Jésus ? Quelque pauvre âme a-t-elle été sauvée ? Oh non ! mais le ministère du jour a été amené à laisser tomber un mot de condescendance en faveur du Pape, ou bien un membre du centre a adressé une question sur quelque petite chose à la Chambre des Communes ; cette question d'abord adressée, est ensuite relevée dans le journal du lendemain, et puis on finit par n'en plus parler ! Mais aussi, on a complètement évité tout ce qui pourrait porter atteinte à notre considération ! C'est bien ! Que Dieu en soit loué, et que ces généreux protecteurs de Dieu en soient loués aussi ! Seulement, quelquefois nous avons besoin de quelque chose de plus que la considération. Examinons notre prudence ; elle sera notre plus grande richesse, si elle est surnaturelle, mais non autrement. Dans le pays, dans le siècle où nous vivons, il faut que chacun conçoive une idée claire de Dieu, sans quoi, parmi cent routes ouvertes devant soi, on est sûr de ne point suivre la voie de Dieu.

Il est presque naïf de dire que si nous savions toujours ce que Dieu désire de nous, ce serait là un grand secours pour nous aider à le servir. Certes, nous n'oserions pas entrer en révolte ouverte contre la volonté de Dieu. Toutefois, en pratique, dans la plupart de nos actions, nous connaissons cette volonté ; et dans toutes, si nous ne savons pas ce que Dieu veut que nous fassions, nous savons du moins le motif en vertu duquel il désire que nous agissions, quand nous faisons un acte quelconque. « Quoi que vous fassiez, soit que vous mangiez, soit que vous buviez, faites-le pour la gloire de Dieu. » Saint Jean nous dit que Dieu est tout amour. Ainsi, au milieu du système de ce monde si compliqué et presque infini au sein duquel nous vivons, Dieu a dirigé toute chose d'une manière miraculeuse vers deux fins qui plutôt se confondent en une seule ; il a disposé tout de manière d'abord à être aimé ; et ensuite à nous donner les moyens de l'aimer. S'il nous est permis de parler ainsi du Tout-Puissant, il semble n'avoir pas eu d'autres vues ; et, au moyen de sa puissance infinie, il dispose tout de manière à amener ce résultat. Telle est la règle qui dicte toutes ses actions. Les cœurs de ses créatures, tel est l'unique trésor qu'il condescend à recevoir de sa propre création.

Nous remarquerons, si nous venons à y songer, que ni les anges, ni les hommes n'ont été créés dans un état de nature, mais dans un état de grâce ; et ils étaient ainsi eu état d'aimer Dieu et de mériter la vie éternelle, qui n'est autre chose qu'une éternelle société avec lui. La grâce était un état plus propice que la nature pour aimer Dieu. En vertu de la grâce, il pouvait se communiquer à nous ; par elle il obtenait plus d'amour de notre part, et nous tendait plus capables de l'aimer. Ensuite, vint la Rédemption, et là encore on voit percer la même intention. Dieu aurait pu pardonner le péché sans l'incarnation ; mais c'était le moyen que nous suggérait son amour, et le plus propre à nous l'inspirer. Quand Notre-Seigneur vint sur la terre, une de ses larmes aurait suffi pour racheter mille fois le monde ; mais l'amour demandait du sang. Quand une seule goutte eût été assez, le verser tout entier, à diverses reprises, dans le jardin des Olives, à la colonne, sur le chemin de la Croix et sur le Calvaire, est une plus grande preuve d'amour, et, en retour, demande à l'homme de lui donner le sien. Quand Jésus-Christ fut remonté vers son Père, laissant l'œuvre de la Rédemption s'accomplir dans le cours des siècles, la grâce ordinaire eût été suffisante pour la consommer ; mais en revenant parmi nous, invisible dans le Saint-Sacrement, ce miracle qui écrase notre raison, Jésus nous montre plus d'amour, prend une part plus personnelle à notre salut, et nous demande en retour plus d'affection. Nous aurions pu être immortels et heureux dans un monde d'où le péché eût été banni, au sein d'une nature éternellement belle ; mais Jésus trouve ses délices à être avec les enfants des hommes, et il veut qu'ils soient avec lui durant toute l'éternité ; que dis-je ? cet aimable Sauveur désire être lui-même leur bonheur. Vous le voyez donc, tout ce que fait notre Père céleste, c'est pour gagner notre cœur. Il daigne soupirer après notre amour ; il nous a donné une nature telle que nous ne pouvons être heureux qu'en l'aimant ; et puis, jetant un regard plein de compassion sur le désir ardent que nous éprouvons de l'aimer davantage, il fait tout ce que nous lui permettons de faire pour nous mettre en état de concevoir pour lui un amour de plus en plus fervent et plus digne de lui. Ainsi, tout est amour depuis le commencement jusqu'à la fin ; il n'y a point d'autre mesure ; il n'y a point d'autre principe.

Oh ! que n'avons-nous des cœurs assez grands pour comprendre cet amour et tout ce qu'il renferme ! S'il nous faut en venir à user de poids et de mesures avec la Bonté infinie, prenons l'amour qu'il a pour nous comme mesure de notre amour pour lui : c'est là le but où tous nos efforts doivent tendre sans cesse, bien que nous n'ayons point l'espoir d'y atteindre jamais. Si nos cœurs ne sont point émus, attendris et transportés à la seule pensée, au nom seul de Dieu, du moins la réflexion doit nous convaincre que toute la religion n'est qu'une œuvre d'amour, et que, sans amour, nous ne saurions espérer de jamais voir Dieu. Partout Dieu prend la dernière place dans le monde qu'il a fait ; il s'abaisse à supplier quand nous croirions qu'il va commander ; celui qui nous a tous créés de rien, celui de qui seul tout bien procède, consent à se laisser placer sous une obligation envers nous. Me permettra-t-on de m'exprimer ainsi ? Il semble nous faire la cour, il prodigue ses caresses à notre âme, et jamais nos froideurs ne le repoussent ; il nous cède toujours, il fait taire constamment ses droits, et, se mettant à notre place, il nous met à la sienne. L'Incarnation est un type parfait de la conduite du Créateur envers ses indignes créatures. Le mystère de l'Eucharistie est simplement en harmonie avec la conduite et les desseins du Tout-Puissant dans le monde qu'il a créé. Et, hélas ! nous n'en sommes pas touchés ! Nous sommes toujours aussi durs, aussi secs, aussi froids, aussi peu généreux que par le passé ! Comme si c'était pour nous une grande gloire de faire parade de la puissance de notre libre arbitre ; et, tandis que Dieu, par tous les moyens possibles, s'efforce de gagner notre amour, de lui résister, et de faire en quelque sorte de la religion une affaire de trafic ou l'obéissance rebelle d'un galérien. Oh ! jusqu'à ce que nous soyons venus à pénétrer jusqu'au fond de nos cœurs, l'enfer a pu nous paraître une sévérité ; mais, en réalité, un peu de connaissance de soi-même fait voir qu'il est la principale, parce qu'il est la plus indispensable des miséricordes divines.

C'est avec raison que saint François parcourait les bois de la vallée de Spolète en s'écriant : « Oh ! mon Dieu ! on ne vous connaît point et l'on ne vous aime point ! » C'est avec raison que saint Bernard fit, durant toute sa vie, retentir l'écho des montagnes où il s'était retiré de ce long cri : « Ô bonté ! ô bonté ! ô bonté ! » C'est avec raison que Notre-Seigneur apparut à sainte Gertrude, pâle, fatigué, saignant et couvert de poussière : « Ouvrez votre cœur, ô ma fille ! lui dit-il, car j'ai besoin d'y entrer pour me reposer, je suis fatigué de ces jours de péché ! »

La doctrine de l'intention pieusement envisagée

Mais enfin, à mesure que la connaissance de Dieu grandit en nous, son amour y grandit également. Nous finissons par ressentir une vive douleur de ne pas aimer davantage notre Dieu, et de ce que d'autres ne l'aiment pas non plus. Là encore il est prêt à venir à notre aide. Non content de disposer tout de manière à attirer notre amour, il nous donne les moyens d'entretenir pour lui un amour surnaturel. J'ai dit, dans le chapitre précédent, qu'il prenait d'ordinaire deux voies différentes pour nous amener à ce résultat ; d'abord, il nous donne tout ce qui est à lui, et nous permet de le lui offrir comme si cela nous appartenait ; ce sont les trésors de notre pauvreté que nous avons précédemment examinés. En second lieu, il grandit nos misérables actions, et leur donne un prix infini en les unissant aux siennes, et en nous mettant en état de les faire par des motifs surnaturels et en union avec lui. C'est cette dernière méthode que nous examinerons ici. Nous allons méditer sur le trésor de nos actions ordinaires, et sur la dévotion catholique de les offrir constamment à Dieu en union avec les actions de Jésus. Telle est la seconde manière dont Dieu, dans sa miséricorde, daigne venir au secours de notre faiblesse et de notre indignité. Parmi toutes les choses que nous faisons dans le cours d'une journée, il n'en est pas une qui ne puisse aisément contribuer à servir la gloire de Dieu, les intérêts de Jésus et le salut des âmes. Peu importe que le monde ait mis sur cet acte l'empreinte de son cachet, peu importe que ce soit une affaire purement temporelle, ou quelque circonstance ayant rapport aux misères de la vie humaine. Dès qu'un motif surnaturel t'anime, cette action est pleine de l'esprit de Dieu, et elle devient un bijou d'un prix presque infini que la Majesté du Tout-Puissant daigne accepter avec plaisir. Les heures se succèdent et s'écoulent ; chacune est remplie par des actions appartenant aux devoirs de notre état ; elles se passent pour nous à écrire, à lire, à penser ou à souffrir ; et durant tout ce temps, nous pouvons, si nous voulons, frapper une monnaie céleste avec laquelle nous achèterons la vie éternelle. Il suffit de l'acte ou de l'intention d'offrir nos actions, pour les mettre en contact avec celle du Dieu fait homme qui confère ainsi une valeur infinie à la moindre chose que nous faisons.

Cette dévotion de dire la messe, pour ainsi dire, à chaque instant de la journée à l'aide de nos actions, est éminemment catholique. Je suppose que cette pratique frappe les convertis au moins autant qu'aucune autre dans le système des dévotions de l'Église ; et c'est là certainement un autre exemple bien touchant des moyens que Dieu emploie pour nous amener à son amour. Les personnes pieuses se plaignent souvent des distractions qu'excitent en elles les occupations du monde ; elles pensent qu'il n'appartient qu'au ciel de rendre à Dieu un culte non interrompu ; enfin, elles se plaignent de ce que la terre ne soit pas le ciel. Toutefois, sous ce rapport du moins, la différence peut cesser de paraître aussi grande. Si notre service est un service d'amour, chacune de ces prétendues distractions est, en réalité, une précieuse oblation. Chacune de nos actions est une hostie, un encens, un cantique, un sacrifice, pendant tout le cours delà journée, et nous désirons seulement qu'il en soit ainsi. Or, si nous avons vraiment à cœur la gloire de Dieu, les intérêts de Jésus et le salut des âmes, si nous désirons ÿ travailler à chaque heure du jour, n'oublions pas le trésor que mettent à notre disposition nos actions ordinaires.

L'esprit d'oblation est, je le répète, essentiellement catholique. Il découle de la doctrine de la Messe, qui est le centre et la source de toute véritable dévotion. Il appartient à une religion de sacrifice, car l'Evangile n'offre point autre chose dans chacune de ses pages. Notre Sauveur nous a rachetés par l'oblation et le sacrifice de lui-même ; c'est pourquoi le sacrifice et l'oblation doivent entrer jusque dans les plus petits détails de notre religion. Il n'est donc pas étonnant qu'ils donnent un corps et une forme, un génie et un esprit à la dévotion catholique. Cela est tellement évident qu'il est inutile d'insister sur ce point. Mais ce que je désire vous faire observer, c'est que là encore on voit Dieu chercher à nous inspirer l'amour ; là encore éclate la même tendresse paternelle qu'il daigne nous montrer partout. Il semblerait que la prière est un privilège qu'une compassion infinie ne saurait surpasser ; et quel droit pourrait être plus cher à une créature que celui de faire connaître ses besoins à son Créateur ! Toutefois, l'oblation est quelque chose de plus relevé encore que la prière. Dans la prière, c'est nous qui recevons de Dieu ; dans l'oblation, c'est lui qui daigne recevoir et nous à qui il permet de donner. Faire des présents n'est pas seulement un signe d'amour, mais aussi d'une espèce d'égalité ; et ainsi de l'oblation naît une familiarité plus facile, plus tendre, plus affectueuse avec Dieu, que la prière seule ne saurait procurer ; La liberté enfantine des Saints vis-à-vis de Dieu découle en grande partie de cet esprit d'oblation.

Les pratiques des Saints
4. Examinons maintenant comment les saints ont mis en pratique cette dévotion d'offrir à Dieu les actions de chaque jour. Nous devons d'abord nous rappeler quelle est notre position. Nous soupirons après la gloire de Dieu, les intérêts de Jésus et le salut des âmes ; nous voyons devant nous un nombre d'œuvres au-dessus de nos forces, peu de temps pour les accomplir, et de faibles moyens pour nous aider dans notre travail. Nous devons être avares de ce que nous possédons, avides de grâces et avides de tout ce dont la grâce peut disposer. C'est pour notre aimable Sauveur que nous

travaillons. À l'œuvre donc, avec courage et persévérance ; nous avons quelque chose à faire, nous le faisons, et là aboutit notre action. Mais, si nous faisons la même chose avec une pieuse attention, l'offrant à Jésus en union avec quelque acte analogue qu'il a daigné accomplir sur la terre, elle devient un sacrifice agréable à Dieu, et tout-puissant sur son cœur. Quel est l'avare qui, si cela était en son pouvoir, ne consacrerait pas avec joie toute sa journée à faire de l'argent ? Eh bien ! c'est précisément ce qu'à l'aide du mystère admirable de l'incarnation nous pouvons faire de la manière la plus réelle et la plus efficace pour obtenir la vie éternelle.

Saint Thomas enseigne que le mérite des œuvres d'un homme juste grandit en proportion de l'excellence du motif surnaturel qui les a inspirées. Et comme l'amour, appelé amour de bienveillance, est le plus excellent de tous, il s'ensuit que les œuvres faites en vertu de ce motif sont les plus méritoires. Bien plus, il enseigne, comme je l'ai remarqué dans un chapitre précédent, que les œuvres faites pour Dieu, considéré comme notre Père, sont plus méritoires que celles que nous lui offrons comme à notre Créateur, parce que le motif est plus excellent. Rodriguez nous dit que Dieu révéla à sainte Mecthilde qu'il se plaisait à nous voir lui offrir nos actions en union avec celles de Jésus-Christ, et Notre-Seigneur lui-même enseigne la même doctrine à sainte Gertrude, ainsi qu'à sainte Marie-Madeleine de Pazzi. C'est pourquoi saint Thomas dit que « Jésus-Christ est figuré par le double autel des holocaustes et de l'encens ; car c'est par lui que nous devons offrir à Dieu tous les actes de vertu par lesquels nous affligeons notre chair, et cette offrande se fait sur l'autel des holocaustes, et c'est par lui aussi que nous devons offrir les actions que nous faisons avec une plus grande perfection d'esprit, en vertu du désir de la perfection, et celles-ci doivent être offertes sur l'autel de l'encens[46]. » C'est par la même raison que saint Ignace dit, dans la règle de son Ordre, « que tous ses enfants doivent avoir une intention pure, non-seulement dans leur état de vie, mais aussi jusque dans les moindres détails, ne cherchant en tout qu'à plaire à la bonté divine pour l'amour d'elle seule. » Et sainte Thérèse dit « que chacun verrait plus souvent exaucer ses prières s'il voulait seulement offrir ses actions au Père éternel, en union avec les mérites de Notre-Sei-

---

46 1, 2, q. 102.

gneur. » Orlandini rapporte du P. Lefèvre, « qu'il avait pris les morts entièrement sous sa protection, au point qu'il priait tous ses frères d'offrir les actions ordinaires de leur vie de telle sorte que, si les soins de leur état et leurs occupations extérieures les empêchaient de prier de bouche, leurs actions, du moins, fissent monter vers Dieu une prière silencieuse pour les saintes âmes du purgatoire. » Afin d'éviter la fatigue et une trop grande tension d'esprit, Lancicius recommande de faire cette offrande par un seul mot, tel que : « Je veux, je vous offre, je fais ou je dis ceci pour l'amour de vous, ô Père céleste ! » Et il ajoute que nous pouvons conserver la même formule ou la varier, selon que nous sentons notre dévotion plus ou moins excitée. Cette prière d'oblation pratique est, dit-il, plus excellente et plus méritoire en soi que la contemplation même de ceux qui prient dans le repos ; et voici la raison qu'il en donne : Dans l'oblation comme dans la contemplation, l'objet principal est le même, c'est Dieu aimé simplement pour l'amour de lui ; mais il y a dans l'oblation quelque chose de plus, c'est l'œuvre ou la parole qu'on a faite ou dite pour Dieu. De là vient que les théologiens enseignent qu'une vie consacrée à l'oblation autant qu'à la contemplation, est plus parfaite qu'une vie purement contemplative[47].

Le même écrivain spirituel nous recommande encore d'offrir à Dieu les circonstances particulières qui accompagnent nos actions, aussi bien que nos actions elles-mêmes. Par exemple, en nous levant le matin, il désire que nous disions : « Ô Père saint et bien-aimé ! je désire maintenant me lever à cause de vous et en union avec les mérites et toutes les œuvres de mon doux Sauveur, sans délai, afin d'obéir promptement à l'appel de l'obéissance, et m'habiller avec modestie, le plus vite possible, afin de commencer plus tôt l'œuvre de votre gloire. » Et il ajoute que cette variété des circonstances matérielles qui accompagnent nos actions, en accroissant le mérite de notre offrande, empêche l'esprit de se fatiguer et de s'abattre. Toutefois, cette pratique peut n'avoir pas toujours la même influence sur toutes les personnes, ou sur une même personne dans des circonstances différentes.

---

47   Les écoles de théologie mystique des Bénédictins et des Carmes admettraient pas volontiers cette doctrine des Jésuites, mais le mérite de la contemplation est une question qui a été bien souvent agitée.

Il nous recommande aussi, comme un acte plus rempli d'amour et de mérite, d'offrir nos actions pour diverses fins surnaturelles, subordonnées à une fin principale qui est Dieu seul ; et il propose les exemples suivants, non pas que nous devions nécessairement les rappeler tous dans chacune de nos actions, mais afin de fournir un choix varié aux différents goûts qui portent chacun à la piété : 1° Pour la bonté surnaturelle qui se trouve dans l'acte de vertu même ; 2° pour remplir les commandements de Dieu et de l'Église ; 3° pour obéir à nos supérieurs ; 4° pour nous vaincre nous-mêmes et nous mortifier ; 5° afin de satisfaire pour les péchés de telle ou telle personne. En effet, afin de satisfaire pour nos propres péchés, il n'est pas nécessaire de faire une oblation distincte de nos actions ; car toute œuvre surnaturelle d'un homme juste satisfait par elle-même pour ses péchés, à moins qu'il ne l'offre pour les autres ; 6° afin de pouvoir, par cette action, honorer, glorifier Dieu, et lui plaire au suprême degré ; 7° afin de lui témoigner notre gratitude pour tous les bienfaits qu'il a répandus sur nous et sur les autres, sur la sainte humanité de Notre-Seigneur, sur la sainte Vierge, les anges, les saints, et même sur ces malheureux qui sont à jamais perdus ; 8° afin que nous puissions donner un bon exemple et de l'édification ; 9° pour développer encore davantage par cette action ou cette parole les habitudes de vertu qui nous rendent chers à Dieu ; 10° pour tâcher de devenir plus semblables à Dieu ; 11° pour orner notre âme, en faire un temple plus digne de l'Esprit-Saint, et un membre plus chaste de Jésus-Christ ; 12° afin de répandre davantage la gloire de Notre-Seigneur et l'efficacité de son précieux Sang, en multipliant ainsi en nous-mêmes les actes surnaturels ; 13° pour réjouir l'Église triomphante ; 14° pour embellir l'Église militante ; 15° pour confondre les Esprits malins ; 16° pour attirer plus de grâces sur le corps de Jésus-Christ ; 17° pour témoigner ainsi, en présence des hommes, des anges et des démons, de la puissance de l'adorable Eucharistie ; 18° afin de pouvoir remplir par-là nos vœux, nos désirs et nos résolutions ; 19° afin de correspondre fidèlement aux inspirations de la grâce ; 20° afin de suivre l'exemple de Jésus-Christ et des saints ; 21° afin d'honorer par-là la très-sainte Vierge, notre ange gardien et notre saint patron. Toutes ces intentions peuvent également bien s'appliquer au mal que nous souffrons et au bien que nous faisons.

C'est ainsi que, dans le laboratoire secret de l'intention, le métal grossier de nos actions ordinaires se convertit en l'or le plus fin ; et nous pouvons apprendre, à notre grande consolation, quelle valeur ces actions acquièrent aux yeux de Jésus par la révélation qu'il a faite à sainte Gertrude. De même, lui dit-il, qu'un avide usurier ne perdrait pas volontiers l'occasion de gagner la moindre obole, je souffrirai encore moins volontiers qu'un seul mouvement de votre petit doigt, fait pour l'amour de moi, se perde sans le faire tourner à ma plus grande gloire et à votre salut éternel. Une autre fois, comme elle souffrait de faiblesse pendant la nuit, elle mangea quelques raisins avec l'intention intérieure de rafraîchir Notre-Seigneur dans sa personne. Jésus, de son côté, accepta cette offrande comme un présent royal et lui dit : « J'avoue que vous venez de compenser le breuvage amer que j'ai pris sur la croix pour l'amour de vous ; car maintenant je goûte dans votre cœur une douceur inexprimable ; en effet, plus pure est l'intention avec laquelle vous soulagez votre corps pour ma plus grande gloire, plus doux est le soulagement que je puise dans votre âme. » Une autre fois, Notre-Seigneur lui dit : « Ma tendresse acceptera un pas, une paille ramassée sur le sol, un mot, un salut, un *requiem œternam* pour les morts, une parole d'intercession en faveur des pécheurs, ou même en faveur des justes, pourvu qu'une pieuse intention y soit attachée. »

Écrivains spirituels
C'est une consolation qui, peut-être, tout bien considéré, n'a rien d'étonnant que les écrits spirituels des saints soient plus à la portée de notre faible intelligence ou de notre pauvre cœur que les ouvrages des hommes vertueux qui ne sont cependant pas des saints. Que de fois un pauvre et timide esprit n'a-t-il pas été, dans ses aspirations, fatigué et cruellement repoussé par les théories impraticables et les arides systèmes de quelques livres spirituels ! Comme ils sont remplis de hauteurs, si élevées qu'un ange même saurait à peine y respirer ! Ils nous mettent sans cesse devant les yeux un détachement presque impossible des créatures, un esprit que doit tendre une méditation constante, un anéantissement complet des facultés naturelles, sans quoi, disent-ils, nous ne sommes pas dans la bonne voie ; non-seulement loin du sommet de la perfection, mais hors du chemin qui y mène. Ou bien ils nous jettent presque dans le désespoir en ne

nous faisant voir que déception partout, de sorte que nous abandonnons la poursuite de la perfection comme un état où Dieu ne nous laisse engager que pour nous y susciter des obstacles. Quelle différence dans les écrits des Saints ! Prenons même saint Jean de la Croix, qu'on a surnommé le Docteur du néant : comme il est aimable, plein d'encouragements, de douceur et d'espérance ! comme il s'abaisse dans ses enseignements, pour les mettre à la portée des plus humbles d'entre nous ! Quant à saint Philippe, durant sa vie, on avait coutume de dire de lui en plaisantant qu'il conduisait les gens au ciel dans une voiture à quatre chevaux. Le sage saint Ignace disait que, si les membres d'une communauté religieuse n'étaient pas bien nourris, ils ne pouvaient pas bien prier, et dans l'ouvrage intitulé : *D'un Bon Supérieur*, on peut voir comment il tourmentait sans cesse les Pères Procureurs, afin qu'ils donnassent une meilleure nourriture et d'une qualité supérieure. Il faillit en rendre un fou, en insistant pour qu'il fît servir des lamproies à toute la communauté, u. vendredi. Ce poisson était si cher que les cardinaux seuls et les ambassadeurs pouvaient s'en procurer. Saint François de Sales se plaignit à l'évêque de Belley des mauvais dîners qu'il lui faisait faire, et pourtant c'était là le saint du pur amour. Saint Alphonse, ce cœur si pur, eût-il été à moitié aussi indulgent, s'il n'eût été qu'à moitié aussi saint ? Les ouvrages ascétiques nous disent, par exemple, qu'accorder au sens de l'odorat la jouissance d'une bonne odeur est une horrible marque d'immortification ; et pourtant sainte Marie-Madeleine de Pazzi, en parcourant le jardin du couvent, cueille une fleur, en respire le parfum avec délices, et s'écrie : « Ô Dieu de bonté ! qui avez de toute éternité destiné cette fleur à procurer cette jouissance à une pécheresse telle que moi ! » Je ne sais donc trop si sainte Gertrude et ses raisins eussent trouvé grâce auprès de quelques écrivains ascétiques. On lui aurait dit qu'elle devait se rappeler la soif qui avait tourmenté Notre-Seigneur sur la croix, et qu'il ne fallait pas consentir au désir qu'elle éprouvait, à moins qu'elle ne sentît point en elles de grâces suffisantes pour arriver au sommet de la perfection. Cependant vous savez que notre doux Sauveur vit la chose autrement. C'est ainsi encore que sainte Thérèse, dans sa lettre à Alonzo Velasquez, évêque d'Osma, parlant d'elle-même à la troisième personne, lui dit : « Outre ce que je viens de mentionner, je dois ajouter que pour ce qui concerne son corps et sa santé, elle commence, je pense, à en prendre plus de soin que par le passé ; elle est aussi moins mortifiée dans sa nourriture ; elle n'éprouve plus ce besoin de faire pénitence qu'elle éprouvait autrefois. Mais, dans son opinion, toute cette conduite tend à un but, c'est de la mettre en état de mieux servir Dieu dans les autres choses ; c'est pourquoi elle lui offre souvent, comme un agréable sacrifice, le soin qu'elle prend de son corps. » Je ne dis pas qu'il soit aisé d'être un saint, mais je prétends seulement que les saints se mettent plus à la portée de ceux qui s'efforcent de le devenir, que les écrivains non canonisés. Les Saints sont les maîtres les plus faciles, c'est parce qu'ils ressemblent à Jésus plus que les autres hommes. Si quelqu'un veut parvenir à la perfection chrétienne, qu'il suive la règle de saint Philippe, et qu'il s'en tienne aux livres des auteurs dont le nom commence par un S », c'est-à-dire les Saints. S'il se livre trop complètement aux mains des autres auteurs, il y a dix chances contre une que ceux qui sont loin derrière lui dans la voie de la perfection le rencontreront un jour descendant la colline, l'âme bouleversée, irritée et découragée, parce que ses auteurs l'auront entraîné à travers les broussailles, lui auront brisé les genoux contre les rochers, et enfin l'auront précipité du haut en bas par des pentes glissantes. D'autres, au contraire ont pris un essor plus modeste, suivant leur route à la trace des Saints, de même que de jeunes enfants qui marchant sur le bord de la mer mettent leur petit pied dans les larges empreintes que le pied d'un homme a laissées derrière lui, et si les enjambées qu'il leur faut faire sont longues et tant soit peu comiques, du moins ils ont évité les sables mouvants.

Mais il me faut prendre garde d'être mal compris. Je ne dis pas que les écrivains spirituels non canonisés soient des guides dangereux, ou que leurs ouvrages n'aient qu'une valeur médiocre, et que plusieurs d'entre eux n'aient reçu l'approbation de l'Église universelle. Tout ce que je prétends, c'est que, *généralement parlant*, il y a une différence bien sensible entre le langage des écrivains qui sont des Saints et ceux qui ne le sont pas, et cette différence est que les Saints montrent plus de condescendance et parlent avec plus d'indulgence ; de plus, toujours généralement parlant, que les personnes (et le nombre en est grand) qui s'attachent à un seul livre, qui s'en remettent complètement à un seul livre, ont une sécurité de plus quand ce livre est l'ouvrage d'un saint. Je n'oublie pas que Thomas A-Kempis n'est pas un saint, et que saint François de Sales s'en tenait à un seul livre, dont l'auteur, Scupoli, de l'ordre des Théatins, n'est pas canonisé. Il ne faut pas donner à mes paroles d'autre importance qu'à un simple avertissement et à une proposition générale. Le fait est que les livres ascétiques sont une puissance effrayante, qu'ils peuvent faire autant de mal que de bien, et, comme la vapeur, quand ils font du mal, les résultats sont terribles.

Mais ce n'est pas seulement parce que Gertrude était une sainte, que Notre-Seigneur prenait un tel plaisir de l'oblation qu'elle lui faisait de ses actions ordinaires. Un jour que toute la communauté fléchissait le genoux à ces mots *Verbum caro factum est*, par respect pour l'incarnation de Notre-Seigneur, elle comprit que Jésus lui disait : « Toutes les fois qu'une personne, mue par un pieux sentiment de reconnaissance s'incline à ces mots et me rend grâces d'avoir daigné devenir homme pour l'amour d'elle, de mon côté, excité par l'aiguillon de ma propre tendresse, je lui rends son salut avec condescendance ; et avec l'affection la plus intime de mon cœur, je fais à Dieu le Père une double offrande de tous les fruits de ma sainte humanité, afin d'obtenir pour cet homme une augmentation de la félicité éternelle. » Écoutez aussi comment il parle des jouissances de la vie : « Quiconque, dit-il à sainte Gertrude, s'étudie à prendre ses récréations et à satisfaire ses besoins, tels que la faim, la soif, le sommeil et autres semblables, avec cette intention secrète ou exprimée : Seigneur ! je prends cette nourriture (ou quoi que ce soit), en union avec cet amour par lequel vous vous êtes sanctifié quand, dans votre sainte humanité, vous avez satisfait ces mêmes besoins, pour la plus grande gloire de votre Père et le salut de toute la race humaine, afin qu'unie à votre divin amour, cette offrande puisse augmenter la consolation de ceux qui sont dans le ciel, sur la terre et dans le purgatoire ; quiconque fait cela se place chaque fois, pour ainsi dire, comme un bouclier impénétrable devant moi, afin d'arrêter les vexations sans nombre dont les mondains ne cessent de me poursuivre , et je le regarde comme mon protecteur et mon défenseur. » Un jour, c'était le jeudi qui précède le carnaval, après les matines, Gertrude entendit quelques domestiques d'une maison voisine qui faisaient un grand bruit dans la cuisine, en préparant leur déjeuner. Elle soupira, et s'écria : « Hélas ! ô doux Sauveur ! comme les hommes se lèvent de bonne heure pour vous persécuter avec leurs fêtes ! » Mais notre Seigneur lui répondit en souriant : « Non, ma chère fille ! il n'y a rien-là qui doive vous faire soupirer. Ceux qui font ce bruit ne sont pas du nombre des pécheurs qui m'outragent par leur gourmandise ; car ce déjeuner qu'ils vont faire est destiné à leur donner des forces pour vaquer aux travaux de la journée. C'est pourquoi je suis heureux qu'ils prennent leur repas, de même qu'un homme se réjouit de voir son cheval manger abondamment, parce qu'il le servira mieux ensuite. »

Ô aimable Seigneur ! comment ne sentons-nous pas nos cœurs s'attendrir en lisant de pareils traits ? Ce n'est pas un maître que nous servons. Comparons la faible tâche aux grandes récompenses qui en sont le salaire ! Quelle profusion de miséricordes, de grâces et de caresses ! Si le chien aime son maître et montre qu'il sait apprécier ses bontés et ses attentions, combien ne devons-nous pas nous montrer plus empressés à servir, et tout par amour, un maître aussi aimable que Notre-Seigneur ? Cependant, hélas ! nous nous obstinons à nous représenter sous des traits sévères ce Dieu rempli de miséricordes admirables. Nous continuons à imiter l'odieuse conduite du serviteur qui enfouit son talent par la crainte de sévérité de son maître, et nous ne voulons pas reconnaître Dieu pour ce qu'il est réellement, un Père qui pousse la bonté au-delà de ce que nous saurions croire. Et comme cette cruelle erreur l'afflige ! « Écoutez, ô cieux ! et toi, terre, prête l'oreille ! J'ai élevé des enfants, et je les ai exaltés, et eux m'ont méprisé. Le bœuf sait à qui il appartient, et l'âne connaît l'étable de son maître ; mais Israël ne m'a point connu, et mon peuple ne m'a point compris[48]. » Toutefois, tandis que nous refusons de lui montrer même la reconnaissance des animaux, il s'engage à nous montrer plus de tendresse que la mère n'en montre à son enfant. Quand Sion dit : « Le Seigneur m'a abandonné ; le Seigneur m'a oublié », il lui répond par ce cri : « Une femme peut-elle oublier son enfant, au point de n'avoir plus de pitié pour le fruit de ses entrailles ? Et même si elle l'oubliait, moi je ne t'oublierai jamais[49]. »

Quoi de plus nécessaire à un culte véritable qu'un respect calme et profond ? Que dis-je ? Qu'y a-t-il de plus doux à une âme brû-

---

48 Is 1, 8.

49 Ibid. 49, 14.

lante d'amour, que de sentir la parole expirer sur ses lèvres, et son cœur saisi d'un saint effroi, en présence de l'éclat que jettent les attributs de Dieu ? La familiarité en religion serait simplement une impertinence, si l'on n'y mêlait le respect. Quoi de plus, familier que les rapports entre un père et son fils, et pourtant quel amour est plus respectueux que l'amour filial ? Toutefois, ce n'était pas un véritable sentiment de respect qui fit répondre à Pierre : « Seigneur, éloignez-vous de moi, parce que je suis un pécheur ! » ni qui poussa les habitants de Gadura à supplier Jésus de ne plus répandre sur leur côte des bénédictions importunes. Mais c'était par respect que Madeleine s'efforçait de saisir les pieds de Jésus ressuscité, bien qu'il ne voulût pas le souffrir. Trop souvent, hélas ! nous prenons la froideur pour du respect, la roideur pour de la vénération. Écoutez avec quelle douceur Jésus blâme un pareil esprit, quand sainte Gertrude vint se plaindre à lui d'une de ses religieuses qui, retenue par ce qu'elle croyait du respect, avait refusé de prendre part à une communion que fit la Communauté. « Que puis-je faire ? dit Notre-Seigneur. Ces bonnes gens tiennent le bandeau de leur indignité tellement serré devant leurs yeux, qu'ils ne peuvent voir la tendresse de mon cœur paternel[50]. »

Esprit de sainte Gertrude

L'esprit de sainte Gertrude était si éminemment un esprit d'oblation et de familiarité, que lorsque Lancicius écrivit son *Traité de la Présence de Dieu*, il consacra un chapitre entier à décrire les diverses méthodes qu'elle mettait en pratique pour offrir les actions de sa vie ordinaire. Eusèbe Amort, dans son *Examen des Révélations de sainte Gertrude*, fait remarquer que le langage dont elle se sert dans quelques-unes de ses méthodes, est nouveau dans l'Église et nullement conforme au langage ordinaire des écoles. Au contraire, d'autres graves auteurs les mentionnent avec éloge. Sans m'arrêter sur ce point, je me bornerai à citer quelques-unes de ces pratiques[51].

---

50 *Rév.* 3, 10 ; *sub fine.*

51 C'est ainsi que Scham, dans sa Théologie mystique, blâme comme voisines de l'hérésie quelques-unes de ces aspirations, que saint François de Sales cite avec tendresse et avec plaisir ; toutefois, en matière de doctrine, il est peut-être plus sûr pour nous de suivre l'auteur le plus froid et le plus prudent ; d'ailleurs, il a écrit plus tard.

Parfois, elle offrait ses actions en union avec l'amour que les trois personnes divines de la Sainte Trinité ont l'une pour l'autre ; d'autres fois, elle offrait les douleurs et les larmes de Jésus en réparation des négligences qui se glissaient dans ses actions, ou bien encore elle faisait son oblation en union avec les prières efficaces de Jésus et dans la vertu du Saint-Esprit, pour expier ses péchés et suppléer à ses omissions; d'autres fois, en reconnaissance des bienfaits qu'elle avait reçus, elle offrait avec ses actions de grâces « cette douceur que dans le trésor de la Divinité, au-dessus des cieux, les trois Personnes divines se communiquent l'une à l'autre, au-delà de toute expression, et avec un plaisir infini. » Une autre de ses offrandes était la Passion tout entière du Fils adorable de Dieu, depuis l'heure où il jeta son premier gémissement, couché sur la paille dans la crèche de Bethléem, jusqu'à celle où il laissa tomber sa tête sur la croix, et avec un cri terrible rendit l'esprit. C'était là pour expier ses péchés. Ensuite, en réparation de ses négligences, elle offrait au Père toutes les saintes conversations de son Fils, dont toutes les pensées, les paroles et les actions ont toujours été irréprochables et parfaites depuis le moment où il est entré dans le monde jusqu'au moment où il a présenté à son Père la gloire de sa chair victorieuse. En union avec ses actions de grâces, elle offrait de nouveau à Dieu ce qu'elle avait reçu de lui ; et, se servant du sacré cœur de Jésus comme d'un orgue au son suave et doux, elle le touchait en vertu du Paraclet ; puis, y mêlant ses cantiques, elle chantait la gloire de Dieu au nom de toutes les créatures qui sont dans le ciel, sur la terre ou sous la terre, au nom de tous les êtres qui ont jamais été, qui sont ou qui seront. D'autres fois, elle faisait ses offrandes en union avec les perfections de Dieu, et Notre-Seigneur daigna lui-même lui enseigner à offrir quelques actions en union avec cet amour en vertu duquel Dieu s'est fait homme. Un jour qu'elle présentait en oblation au Père Éternel toutes les saintes conversations de son Fils unique, il lui sembla que toutes les pierreries qui ornaient la tunique de Notre-Seigneur, se mouvaient et faisaient entendre une ravissante mélodie à la gloire du Père Éternel. Elle comprit par-là combien cette méthode d'oblation est agréable à Dieu.

Une autre fois, elle formulait ainsi son offrande : « Ô Seigneur ! je vous offre cette œuvre au nom de votre Fils unique, par la vertu du Saint-Esprit, pour votre plus grande gloire. » Il lui fut donné alors de voir que cette intention donnait à ses œuvres un prix, une magnificence au-delà de ce que l'homme peut apprécier ; car, de même qu'un objet paraît bleu si on le regarde à travers un verre bleu, ou rouge, si on le regarde à travers un verre de cette couleur, ainsi toute chose paraît plus agréable à Dieu le Père, quand elle lui est présentée par les mains de son Fils unique. Souvent elle priait Notre-Seigneur de daigner offrir pour elle toutes les perfections dont il était revêtu au jour de son ascension. Parfois elle offrait son cœur à Dieu, pour sa plus grande gloire, afin qu'il usât de son âme et de son corps selon son bon plaisir. Jésus daigna être si touché de cette offrande qu'il se pencha vers elle, le visage rayonnant de joie, et plein d'une douceur exquise, et, l'embrassant avec un bonheur indicible, il la pressa contre la blessure de son côté sacré, en lui disant : « Soyez bénie, ô ma fille bien-aimée ! car vous versez sur mes blessures le baume le plus salutaire, et vous apportez à mes souffrances le plus doux soulagement. » Notre-Seigneur lui apprit aussi à louer Dieu, en chantant Alléluia, de concert avec tous les citoyens de la Jérusalem céleste, qui ne cessent de le louer ainsi dans le ciel. Souvent aussi elle offrait à Dieu toutes les saintes conversations de Jésus pour suppléer à ce qui manquait en elle depuis le moment de son baptême, car son âme n'offrait point à un hôte si grand une demeure digne de lui ; ou bien encore, au moment de l'élévation, elle renouvelait cette offrande pour demander pardon au Saint-Esprit de n'avoir pas mieux correspondu à ses inspirations. Enfin, en union avec les membres immaculés de notre divin Sauveur, elle lui recommandait, selon la méthode qu'il lui avait donnée lui-même, tous les membres de son corps et leurs mouvements ; afin que, dès ce moment, ils n'en fissent aucun qui ne fût pour l'amour de Jésus et qui ne tendît à sa plus grande gloire. Un jour qu'elle suivait cette pratique, elle aperçut une ceinture d'or qui sortait du cœur de Dieu, et qui, entourant son âme, l'attachait à Notre-Seigneur par les liens indissolubles de l'amour.

Nous donnons ces faits comme des exemples de la méthode que suivait sainte Gertrude et de l'esprit qui l'animait, afin qu'ils puissent nous suggérer quelque dévotion semblable ; sans vouloir en recommander aucune en particulier, comme convenant à chacun d'entre nous. Quelle idée différente nous concevrions de notre aimable Sauveur, si nous adoptions quelque pratique semblable ! Comme nous

nous empresserions de venir mettre à ses pieds nos pensées, nos affections et nos désirs ! Et ces exemples, du moins, ne servent-ils pas à nous faire voir que les occupations les plus sèches et les plus mondaines peuvent, avec autant d'aisance que de douceur, être converties en un service perpétuel d'amour pour Dieu ?

Les récréations, les amusements et toutes les choses ordinaires de la vie
2. Outre ces actions ordinaires qui appartiennent à notre état et à notre vocation dans la vie, le temps de nos récréations et de nos loisirs peut être rempli par des actions méritoires ; de sorte que Jésus peut recueillir constamment dans notre cœur une moisson abondante de gloire et d'amour. Hélas ! combien de personnes dans les communautés perdent durant le temps des récréations ce qu'elles ont gagné dans l'observance de la règle et de la prière ; de sorte que dans la vie religieuse il est infiniment plus facile de se mortifier que de se récréer. Mariano Sozzini, religieux de l'Oratoire de Rome, raconte qu'un des Pères de son temps avait coutume chaque jour, en passant du réfectoire à la salle des récréations, de prier pour obtenir les quatre principaux dons du Saint-Esprit, qui sont la chanté, la joie, la paix et la patience ; car, pour rendre la récréation générale et utile, ces quatre dons sont nécessaires.

Quelques personnes se sont tellement familiarisées avec cette pratique de la présence de Dieu, que tout en se promenant et en causant, elles lui disent dans le fond de leur cœur à chaque pas qu'elles font : « Pour vous, pour vous ; *propter te, propter te* » ; et elles continuent en se servant à table, et à chacun des mouvements qu'elles font pendant leur repas. Sainte Marie-Madeleine de Pazri recommandait à ses novices d'offrir à la gloire de Dieu qu'au clignement de leurs yeux, s'il était possible, jusqu'au moindre mouvement de leurs membres ; et elle leur promettait, si elles voulaient suivre ce précepte, qu'elles iraient droit au ciel après leur mort, sans passer par les flammes du purgatoire. Afin de faire pénétrer cette pratique plus profondément dans leur cœur, elle avait coutume de les surprendre l'une après l'autre, au milieu de leurs occupations, et leur demandait dans quelle intention elles travaillaient. Si quelqu'une ne répondait pas sur-le-champ, la sainte comprenait qu'elle avait entrepris sa tâche sans avoir formé une intention préalable, et la blâmait d'avoir perdu une occasion de mériter, et d'avoir ravi un plaisir à Dieu. On a remarqué dans la vie de Grégoire Lopez (et c'est là sans doute une espèce de miracle), que pendant trois années entières il disait dans son cœur, à chaque fois qu'il respirait : « Que votre volonté soit faite sur la terre comme au ciel » ; et cette habitude avait pris une telle force chez lui, que, si par hasard il s'éveillait pendant la nuit, il recommençait la même pratique. Nous ne pouvons imiter un pareil exemple, mais nous aimerons Dieu davantage quand nous saurons qu'il a suscité des hommes qui l'ont donné. Que la Sainte Trinité soit à jamais bénie par toutes les grâces qu'elle a répandues dans l'esprit des anges, et dans le cœur des hommes !

Il existe une foule de gens qui désirent se donner entièrement à Dieu, et qui pratiqueraient volontiers quelques-unes de ces austérités dont ils lisent des exemples dans la vie des Saints ; mais leur santé est mauvaise ou délicate, ou bien ils n'ont pas le courage de faire pénitence ; ou, ce qui est le cas le plus commun, la santé et le courage leur font également défaut. Nous avons besoin d'un traité de la perfection à l'usage des valétudinaires. Les personnes d'une santé délicate sont à la fois plus et moins capables de travailler à la gloire de Dieu, que celles qu'une dangereuse maladie retient sur un lit de douleurs ; nous allons donner à cette proposition les éclaircissements et les explications qu'elle demande. À l'endroit des valétudinaires, si nous prenons ce mot dans le sens le plus moderne, les ouvrages spirituels gardent presque tous le silence, bien que le troisième traité de la *Sancta Sophia* du Père Baker renferme des choses qu'on pourrait parfaitement appliquer à ce sujet. Toutefois, saint Bernard choisit, dit-on, avec intention, des endroits malsains pour y établir des monastères, car il considérait une faible santé comme un puissant auxiliaire de la vie contemplative et des exercices intérieurs. Mais aujourd'hui des nerfs irritables, les rhumatismes, et la mollesse de l'éducation, remplacent avec avantage, sous ce rapport, l'air malsain d'un bois marécageux. Cependant, est-il une de ces infirmités qui puisse empêcher un valétudinaire d'être un saint ou de pratiquer des vertus héroïques ? Non, si les personnes de cette catégorie veulent remplir leurs devoirs envers elles-mêmes, elles chercheront des pénitences qui ne leur causeront pas de souffrances corporelles qu'elles ne sauraient supporter, et qui n'auront aucune influence sur leurs infirmités. Il est évident qu'un emploi scrupuleux de notre temps est précisément une pénitence de ce genre. Nous pouvons promettre à Dieu de ne jamais dissiper volontairement les moments qu'il nous donne, en les consacrant à des occupations qui ne nous apporteraient aucun mérite. Or, cette résolution n'est nullement facile à exécuter de nos jours ; et elle pèsera souvent, comme un joug incommode, sur notre liberté naturelle.

Toutefois, si nous l'observons, nous ferons réellement pénitence, et en même temps nous recueillerons une moisson abondante pour la gloire de Dieu, les intérêts de Jésus et le salut des âmes. Il ne faut point en conclure que les récréations soient défendues. Personne n'ignore l'histoire de saint Charles Borromée et de sa partie d'échecs. Tandis que d'autres parlaient de ce qu'ils s'empresseraient de faire s'ils savaient devoir mourir dans une heure, le Saint dit que, pour sa part, il finirait sa partie d'échecs ; car il l'avait commencée seulement pour la gloire de Dieu, et il ne désirait rien tant que d'être appelé devant son juge au milieu d'une action entreprise pour sa gloire. Il est aisé de mériter au jeu ; car toutes les récréations, pour ainsi dire, renferment une foule d'occasions de pratiquer quelques vertus. Il est très-possible d'acquérir des mérites en lisant un roman insignifiant, pourvu que ce soit là son unique ou son plus grand défaut[52] ; d'abord, parce que c'est en quelque sorte un devoir de donner quelques distractions à son esprit, ce qu'on ne peut trouver que dans une occupation intéressante ; ensuite, parce que le contraste frappant de la fiction de ce récit léger avec les graves vérités de la foi catholique qui nous préoccupent, nous amène à faire plus d'un acte d'amour, plus d'un acte d'actions de grâces pour la foi et les autres faveurs que nous avons reçues. Mais il n'est pas facile de mériter en dissipant inutilement un temps précieux, en courant çà et là, sans dessein arrêté, en faisant des vœux pour que les heures s'écoulent plus vite, en maudissant tout ce qui nous environne, enfin en nous livrant à des conversations aussi frivoles que peu charitables. Les personnes pieuses, pour la plupart, ne sont point aussi scrupuleuses sur l'emploi de leur temps qu'elles devraient l'être ; pourtant, si, comme nous le croyons, saint Charles

---

52 Je ne parle que de ce qui est possible, afin de donner ainsi l'intelligence complète de ma pensée. Je serais désolé d'être rangé parmi ceux qui préconisent la lecture des romans. Tout l'esprit de mon livre consiste à retirer ce qui n'est pas mal en soi tout le bien qu'on peut en retirer.

est d'un degré plus haut dans le ciel, à cause de sa partie d'échecs, il est certainement à regretter qu'on perde autant d'occasions de mériter, et d'avancer les intérêts de Jésus. Le plus ou moins d'exactitude que nous mettons dans l'emploi de notre temps est comme un véritable thermomètre qui marque le degré de ferveur de notre amour. Si un ouvrier fort et actif recevait la permission de travailler pendant quelques heures dans une mine d'or dont la terre aurait été ôtée, et où il ne resterait plus rien à enlever que le métal le plus pur, ne regarderait-il pas comme un insensé l'homme qui lui proposerait de suspendre son travail, à moins que la fatigue ne l'y obligeât ? Et c'est précisément là le cas où nous nous trouvons, ayant à notre disposition les actions ordinaires de notre vie, et même nos récréations. Le travail vraiment pénible a été fait par notre divin Sauveur ; les pierres et la fange, tel a été son partage ; pour nous il n'a laissé que l'or le plus précieux, mais les heures sont comptées, hâtons-nous donc de recueillir notre trésor, car nous ne savons combien de temps nous reste encore. Hélas ! nous ne connaîtrons jamais la valeur du temps avant qu'il s'échappe de nos mains pour nous laisser dans l'éternité, et alors, ô doux Sauveur ! sera-ce avec vous ?

Sainte Gertrude dit un jour à Notre-Seigneur qu'elle désirait lui bâtir une arche spirituelle, et lui demanda comment elle devait s'y prendre. Voici la réponse qu'il lui fit : « C'est une opinion communément répandue parmi vous que l'arche de Noé était formée de trois étages, que les oiseaux occupaient le plus élevé, les hommes celui du milieu, et les animaux la partie inférieure. Prenez donc cette arche pour modèle, et partagez vos jours suivant ce système. Depuis le matin jusqu'à l'heure de midi, vous m'offrirez des louanges et des actions de grâces en faveur de l'Église universelle, avec les sentiments de l'amour le plus brûlant, pour tous les bienfaits que j'ai répandus sur les hommes depuis le commencement du monde, et surtout pour cette adorable miséricorde en vertu de laquelle, depuis l'aurore jusqu'à midi, je me laisse offrir sur l'autel du Père Éternel dans le saint sacrifice de la Messe pour le salut des hommes. Tandis que les gens du monde, insensibles à mes bienfaits, s'abandonnent au plaisir et à la joie, et que, dans leur ingratitude ils m'oublient, vous, offrez-moi, en retour, des louanges continuelles, et vous semblerez ainsi arrêter les oiseaux dans leur vol et les enfermer dans l'étage supérieur de l'arche. Depuis midi jusqu'au soir ayez soin chaque jour de pratiquer de bonnes œuvres, en union avec l'intention parfaite en vertu de laquelle j'ai accompli les œuvres de ma sainte humanité, afin de compenser ainsi les négligences du reste du monde ; vous réunirez ainsi les hommes dans le milieu de l'arche. Depuis le soir jusqu'au point du jour protestez, dans l'amertume de votre cœur, contre l'impiété des hommes, par laquelle, non contents de me refuser leur reconnaissance pour ce que j'ai fait pour eux, ils s'efforcent d'attirer ma colère par toute sorte de péchés ; offrez-moi donc pour obtenir leur repentir les souffrances et l'amertume de cette Passion et de cette mort que j'ai souffertes sans les avoir méritées, et ainsi vous rassemblerez les animaux dans la partie inférieure de l'arche. » Lorsque Notre-Seigneur traçait ainsi à sainte Gertrude le plan des exercices de sa journée, il savait quels étaient ses travaux et ses occupations ; il savait que, par obéissance à Sa règle, elle devait, avec ses filles spirituelles, prendre chaque jour quelque récréation, et en même temps remplir cette foule de devoirs minutieux qui reposent sur la supérieure d'un couvent.

3. Une autre pratique également profitable consiste à faire de la solitude ce que vous faites de vos occupations. Quand vous êtes seul ou que vous vous éveillez pendant la nuit, offrez votre solitude en union avec la solitude de Jésus dans le sépulcre et dans le tabernacle ; et faites cela afin d'obtenir, pour vous-même et pour ceux que vous aimez, la grâce d'une bonne mort : 1° Pour mourir dans la grâce de Dieu ; 2° pour quitter la vie l'âme pleine de mérites, afin de glorifier Dieu davantage dans le ciel ; 3° après avoir contribué au salut d'une foule de ces âmes pour lesquelles Jésus-Christ est mort et a été enseveli ; 4° afin de ne point laisser après vous une gloire ou un nom éclatant, mais d'imiter Jésus, qui est mort sans honneur entre deux larrons ; afin de n'avoir pas à passer par les flammes du purgatoire ; 6° mais laisser derrière vous une abondance des satisfactions dont vous n'avez pas besoin vous-même, et qui pourront ainsi être ajoutées au trésor où l'Église puise ses indulgences ; 7° et afin que vous puissiez glorifier Dieu sur la terre, même après votre mort, par le souvenir de vos bonnes œuvres, par les avis salutaires que vous aurez donnés, les livres de piété que vous aurez écrits, ou par le fruit de vos prières.

4. Par la pratique de l'oblation, les circonstances les plus ordi-

naires peuvent devenir pour nous des occasions de mériter, pourvu que nous soyons en état de grâce. Chacun de nos mérites est pour Dieu un accroissement de gloire, un véritable progrès des intérêts de Jésus, et pour les âmes des hommes la source d'une foule de grâces, en raison de la communion des Saints. Or, voici une autre méthode d'acquérir des mérites à l'aide des choses les plus ordinaires, — c'est de nous élever à Dieu par la vue des créatures. Cette pratique est l'une de celles que les saints ont suivies le plus généralement et avec le plus de ferveur. Lancicius nous dit : « Quand vous sortez de votre maison, et que vous voyez des gens qui s'arrêtent dans la rue pour parler entre eux, priez afin qu'ils ne disent pas de paroles inutiles dont ils auraient à rendre compte un jour. Vous entendez le vent qui souffle avec violence, priez alors pour ceux qui sont en mer. Si vous passez près d'une taverne, et que vous entendiez le bruit que font ceux qui y boivent, priez afin qu'ils n'offensent point Dieu, et que ceux qui ont eu ce malheur aillent se confesser. » Saint Athanase ayant envoyé à saint Pambo l'ordre de quitter le désert et de venir à Alexandrie, le pieux solitaire, en se rendant où on l'appelait, rencontra dans les rues de la ville une actrice dans le déshabillé le plus élégant ; à cette vue, il se mit à pleurer. Comme on lui demandait le sujet de ses larmes, il répondit : « Deux choses m'affligent profondément : d'abord, la damnation éternelle de cette femme, et ensuite, de voir que je prends infiniment moins de peine pour plaire à Dieu que cette actrice n'en prend pour plaire à quelques libertins. »

Ainsi, il se servait du péché comme d'un marchepied pour s'élever à Dieu. Quand vous entendez la pluie battre contre vos fenêtres, remerciez-en Dieu, et formez intérieurement le désir de lui offrir autant d'actes de foi, d'espérance, de charité, de contrition, d'actions de grâces, d'humilité, d'adoration, de demande, qu'il est tombé de gouttes dans cet orage ; implorez un accroissement continuel des secours de la grâce, afin que ce grain précieux qui fait germer les vertus vous soit donné dans une abondante mesure où il sera bien tassé et d'où il débordera ; par-là, vous arriverez, vous et vos frères, à faire vos actions dans la perfection, et à glorifier Dieu autant qu'il est donné à la puissance humaine de le faire.

Quand vous vous promenez ou que vous voyagez, toutes les fois que vous passez par un hameau, un village, une ville, ou devant la maison de quelque homme célèbre, 1° demandez à Dieu, par les mérites de ceux qui habitent cet endroit, d'avoir pitié de vous ; 2° rendez-lui des actions de grâces pour toutes les bénédictions qu'il a répandues, qu'il répand ou qu'il répandra sur ces habitations ; 3° recommandez-lui tous leurs besoins, et suppliez-le de prêter l'oreille à leurs prières ; 4° pleurez sur tous les péchés qui se sont commis dans cet endroit ; 5° demandez-en la rémission ; 6° recommandez à Dieu l'âme des fidèles qui y sont morts. Surius nous rapporte, dans la *Vie de saint Fulgence*, que ce saint étant allé à Rome, il s'écria, à la vue des palais des nobles : « Quelle doit être la beauté de la Jérusalem céleste, si tel est l'éclat que Rome jette sur la terre ! Et si dans ce monde une si haute dignité est l'apanage de ceux qui ne cherchent que la vanité, quelle doit être la gloire des saints plongés dans la contemplation de la vérité ! » Nous lisons dans la *Vie de saint Martin* de Tours, que voyageant un jour pour visiter son diocèse, il se sentit profondément affligé à la vue du cormoran qui pêchait, car il lui représentait de la manière la plus vive les moyens que le démon emploie pour saisir les âmes.

Saint Bonaventure nous dit que saint François avait donné la plus grande extension à cette pratique. Enfin, voici ce que Ribadeneyra dit de saint Ignace : « Nous l'avons vu souvent des choses les plus insignifiantes s'élever à Dieu, qui est puissant jusque dans les moindres objets ; la vue d'une petite plante, d'une feuille, d'un fruit ou d'un faible insecte, suffisait pour le ravir en un moment au-delà des cieux. »

Monseigneur Strambi nous donne les détails suivants sur le bienheureux Paul de la Croix, fondateur de l'Ordre des Passionnistes[53]. Le Seigneur récompensait ses saintes intentions et ses pieux désirs par les consolations spirituelles les plus abondantes, et dans ses voyages pour visiter les maisons de son Ordre, il faisait du recueillement le doux aliment de son âme. Un jour qu'il se rendait à la solitude de saint Eutigio, il se tourna vers son compagnon et lui dit : « À qui sont ces terres ? » — Celui-ci lui répondit : « À Gallese. » Mais Paul, élevant la voix, lui dit : « À qui sont ces terres, vous dis-je ? » Son compagnon ne comprenant pas le sens de cette question, après avoir fait quelques pas, le bon Père se tourna vers lui avec un visage qui rayonnait comme le soleil, et s'écria : « À qui sont ces

---

53   *Vita*, p. 137.

terres ? Ah ! vous ne me comprenez pas ; elles appartiennent au Dieu Tout-Puissant. » Et, comme il disait ces mots, l'impétuosité de son amour l'enleva et l'emporta à quelque distance sur la route. Un autre jour qu'il allait de Renacina à Ceccano, à travers la forêt de Fossanova, après avoir visité le monastère où saint Thomas d'Aquin était mort, il arriva à un endroit où le bois était plus épais, et s'adressant tout d'un coup à ses camarades, il s'écria : « Oh ! n'entendez-vous pas ces arbres, et leurs feuilles qui vous crient de toutes parts : Aimez Dieu ! aimez Dieu ! » Et, s'enflammant de plus en plus de l'amour divin, son visage devint rayonnant, et il continua à dire tout haut : « Oh ! comment se peut-il que vous n'aimiez pas Dieu ? comment se peut-il que vous n'aimiez pas Dieu ? » Et, quand ils furent de retour sur la voie romaine, il disait à tous ceux qu'il rencontrait : « Mon frère, aimez Dieu, aimez Dieu, il mérite tant votre amour ! N'entendez-vous pas jusqu'aux feuilles des arbres qui vous crient d'aimer Dieu ? Ô amour divin, ô amour divin ! » Et il parlait avec une telle onction, que les passants fondaient en larmes. Ailleurs, il est dit de lui que tout servait à lui rappeler l'idée de Dieu, et qu'il s'imaginait que toutes les créatures avaient une voix pour crier à l'homme : « Aime celui qui t'a créé ! » On le voyait souvent se promener dans la campagne, surtout au printemps, et regarder avec attention toutes les fleurs qu'il trouvait sur son passage, puis il les touchait avec son bâton, en disant : « Taisez-vous, taisez-vous. » Il avait coutume de dire à ses religieux que les fleurs étaient pour eux un avertissement perpétuel qui les invitait à élever leurs cœurs dans des sentiments d'amour et d'adoration vers leur céleste Créateur.

Comme les goûts qui portent chacun à la dévotion sont variés à l'infini, mes lecteurs me pardonneront le long extrait qui va suivre, tiré de la *Vie du P. Pierre Lefèvre*, compagnon de saint Ignace, par Orlandini. Ce religieux avait au suprême degré le don de convertir tout en prière. Quand il approchait de quelque ville ou de quelque bourg, il avait coutume de prier pour les habitants, et suppliait Dieu, afin que l'ange commis à la garde de l'endroit et les anges gardiens de tous ceux qui y demeuraient remplissent leurs fonctions avec une attention spéciale. Il invoquait aussi les saints patrons de cette ville, et les priait de rendre grâces, de demander pardon, ou d'obtenir de nouvelles faveurs pour les habitants, et de suppléer à toutes leurs négligences et à toutes leurs omissions, afin que Dieu ne fût point privé de la gloire qui lui est due. Quand il louait une nouvelle maison ou qu'il changeait de logement, la première chose qu'il faisait en entrant, c'était d'aller s'agenouiller dans toutes les chambres, dans tous les coins, dans toutes les armoires où il pouvait pénétrer, et là il priait Dieu d'éloigner de cette demeure les esprits malins, les dangers et les peines ; et dans sa prière il rappelait tous ceux qui avaient jamais vécu dans cette maison, ou ceux qui y vivraient dans la suite, et il demandait avec ferveur qu'aucun mal n'arrivât à leur âme. Il mettait un tel soin à rechercher en toute chose un sujet de prière, qu'étant allé au palais d'un certain prince pour entendre un sermon qui se prêchait dans la chapelle, et ayant été repoussé par un portier qui ne le connaissait pas, il ne vit dans cette grossièreté qu'une nouvelle occasion de prier Dieu. Quoi d'étonnant donc qu'un homme, qui avait un goût tellement vif pour la prière quand il se portait bien, s'y livrât avec autant d'assiduité lorsqu'il était malade ? Étant retenu à Louvain sur un lit de douleur où la souffrance l'empêchait de goûter le moindre repos, ses pénibles veilles lui fournissaient un sujet de prière. Quand sa tête affaiblie pouvait à peine supporter la violence des maux qu'elle endurait, il ne cessait de prier et d'unir ses souffrances à la couronne d'épines de Notre-Seigneur jusqu'à ce que l'amour dont il était consumé éclatât en un torrent de douces larmes. Il entretenait cette prière incessante par la variété de ses dévotions. La vie de Jésus-Christ était l'aliment qui soutenait sa contemplation de chaque jour ; car où l'âme pourrait-elle puiser une plus grande abondance, une douceur plus aimable ? Néanmoins, pour ranimer sa piété, il avait inventé une foule de méthodes de prières que lui suggéraient ses lectures, les doctrines dont il était imbu, ou les inspirations du Saint-Esprit. Mais il en avait trois qu'il préférait et qu'il trouvait à la fois si utiles, si douces et si aisées, qu'il recommandait aux confesseurs de les enseigner à leurs pénitents.

D'abord, il avait une grande confiance dans les Litanies ; il les répétait sans cesse et les appliquait à toutes les circonstances. Il s'en servait non-seulement pour demander quelque faveur, ce qui est l'objet ordinaire des Litanies, mais pour louer Dieu, lui rendre des actions de grâces ou pour tout autre exercice de la vertu de religion. L'une de ses pratiques était de pénétrer dans la cour du ciel, et là, au pied du trône de la Sainte Trinité, il suppliait le Père de se réjouir dans le Fils et dans le Saint-Esprit, le Fils de partager cette joie dans le sein du Père et de l'Esprit Saint, et enfin le Saint-Esprit de goûter les délices du Père et du Fils ; par-là il voulait exprimer le bonheur que les trois personnes divines puisent l'une dans l'autre, et que dans l'école on appelle complaisance. Ensuite, il suppliait la Reine du ciel d'adorer la Sainte Trinité en son nom, ou au nom de quelque autre personne, vivante ou morte ; et ensuite il implorait les bénédictions de la Sainte Trinité sur la sainte Vierge, à cause des grâces que Dieu avait répandues sur la terre par son intercession. Ensuite, il parcourait chaque chœur d'anges, chaque ordre de bienheureux, les priant d'offrir des actions de grâces et des louanges en son nom ou au nom d'une autre personne à Dieu, à la sainte Vierge, ou en particulier à quelques-uns des anges et des saints.

La deuxième méthode qu'il suivait dans ses prières consistait à parcourir tous les mystères de la vie et de la mort de Notre-Seigneur, à les approprier ingénieusement au temps et aux circonstances, et ensuite, au nom de chacun d'eux, il invoquait séparément les trois personnes de la très-sainte Trinité et les esprits célestes.

Dans sa troisième méthode, il invoquait tour à tour les commandements de Dieu et de l'Église, les doctrines de la foi, les sept péchés mortels et les vertus contraires, les œuvres de charité, les cinq sens de l'homme et les trois facultés de l'âme. La variété même des sujets lui suggérait des affections diverses ; c'étaient des pardons à implorer, des faveurs à demander, des actions de grâces à rendre, non-seulement pour lui-même ou pour d'autres personnes vivantes, mais aussi pour les morts. Il suppliait Dieu de leur remettre le reste de ce qu'ils peuvent lui devoir encore sur le compte du premier commandement, du second et ainsi de suite ; il faisait de même à l'égard des péchés, des œuvres de charité, des sens et des facultés de l'âme.

Variété dans la dévotion

Ces trois méthodes de prières lui étaient parfaitement familières. Nous ne devons point non plus passer sous silence le puissant secours qu'il trouvait dans une connaissance profonde de la doctrine chrétienne, comme Orlandini le remarque expressément. Un livre de sainte Gertrude qui lui tomba sous la main lui fournit aussi, comme il l'a reconnu lui-même, des matériaux aussi abondants qu'utiles pour la prière. La variété des fêtes et des saisons ecclésiastiques lui offrait également une admirable variété de dévotions. Et cette diversité, cette succession de dévotions différentes soutenait, disait-il, et aiguisait tellement son appétit au banquet de la prière, qu'il n'accomplissait jamais un acte religieux quelconque, il ne se rendait jamais à la méditation ou ne disait la messe par habitude, par routine, ou simplement pour obéir à la règle ; mais il arrivait chaque jour par une route nouvelle et fraîche à ses dévotions ordinaires ; il ressemblait, sous ce rapport, au bienheureux Paul de La Croix, qui ne se souvenait point, avouait-il, d'avoir jamais dit la messe une seule fois par habitude, témoignage que bien peu de prêtres, arrivés à un âge aussi avancé, peuvent se rendre.

Il est d'autres personnes, au contraire, dont la ferveur trouve un obstacle dans une semblable variété, car il plaît à Dieu de conduire par des voies différentes les âmes qui lui sont chères ; mais toutes ces voies sont bonnes, car elles sont à lui. Peu de gens ressemblent à Marie-Denise, religieuse de la Visitation, que Dieu conduisit par la voie des dévotions multipliées ; de sorte qu'une personne de la Communauté ayant vu le livre où elle prenait note de toutes ses formules de prières et de toutes ses intentions, lui dit : « Ma chère sœur, pourquoi dites-vous tant de prières ? » Et elle répondit : « Parce que Dieu m'a fait connaître que telle était la fin pour laquelle il m'a créée. »

Il est bien différent de varier ses dévotions mentales et de s'imposer sans discernement une multitude de prières vocales ; et ce que les écrivains spirituels disent dans l'un de ces cas ne peut pas toujours s'appliquer également à l'autre. Cependant, il n'y a point d'erreur plus commune que de les confondre l'un avec l'autre. Or, se charger d'une multitude immense de prières vocales n'est pas *toujours* (car ce mot n'existe pas dans la science spirituelle, excepté lorsqu'il s'agit du péché), mais presque toujours un grave inconvénient. Combien de personnes, après avoir pris un brillant essor, n'ont pas tardé à se sentir faibles et fatiguées, et enfin à retomber sur la terre, embarrassées dans leurs litanies, succombant sous leur *memorare*, surchargées de chapelets, et enfin retenues, enchaînées par les obligations d'une multitude de tiers-ordres et de confréries ? Elles se sont ruinées par les dévotions, et dans neuf cas sur dix, sans que personne sût ou leur permît de faire ce qu'elles ont fait.

Avoir une grande multitude de dévotions mentales peut souvent être un mal, mais le cas est complètement différent du précédent ; et les censures que quelques auteurs rigoristes infligent sans réserve à une variété de ce genre, ne sont certainement pas en harmonie avec les pratiques des saints ou avec la douce doctrine qu'enseignent leurs ouvrages. Il n'y a rien à quoi un homme s'habitue aussi vite qu'à un système de direction spirituelle, et le chemin qu'il suit lui paraît si exclusivement être l'unique chemin qui conduit au salut, qu'il peut à peine croire à la diversité des voies de Dieu, ou donner au Saint-Esprit la liberté qu'il demande dans le cœur de ceux qu'il veut conduire. Nous savons suffisamment qu'une réelle mortification et une constante abnégation de soi-même sont les véritables routes qui mènent au sommet de la perfection ; mais faudra-t-il s'asseoir en pleurant sur le bord du chemin parce qu'on n'a qu'une vertu ordinaire, et qu'on ne se sent pas le courage de s'élancer sut les hauteurs escarpées ? N'y a-t-il point d'autres sentiers que l'amour a tracés sur le flanc de la montagne, au-dessus de la plaine, quoique bien au-dessous des cimes élevées de la perfection ! Ah ! que de personnes sont tombées à terre, retenues sur le sol et refoulées plus bas encore, parce qu'on les a imprudemment lancées trop haut ? « Une bonne supérieure, disait sainte Jeanne-Françoise de Chantal, doit apprendre à voler en bas aussi bien qu'à voler en haut » ; et le premier de ces devoirs est plus difficile à remplir que le second ; car, remarquez bien son expression, il ne s'agit pas de rester en bas en repos, mais de voler en bas. Du reste, il peut être parfaitement vrai que le chemin le plus court ou le plus direct pour parvenir à une sainteté éminente consiste, comme le recommande un écrivain célèbre, à s'en tenir à une seule chose, à un seul sujet de méditation et d'examen de conscience, à un seul exercice de dévotion, et à ne point s'écarter un moment, pendant de longues années, de cette route pénible et monotone. Toutefois, qui pourrait suffire à ces exigences ? Serait-ce les gens du monde, privés des secours qu'offre une maison religieuse, sans noviciat, sans pénitences fixées par la règle, mais soumis à une foule de devoirs aussi impérieux que propres à distraire, et entourés de la dissipation inévitable qu'apporte le commerce de la société ? Et pourtant ils sont appelés à aimer Dieu ; ils ne veulent pas manquer leur vocation. Il vous faut inventer un procédé pour dessécher leurs âmes ou pour les inonder de la rosée du ciel. Telle est la cause de ces anomalies spirituelles que nous remarquons dans certaines personnes pieuses font la vie se partage entre les pratiques du cloître et les plaisirs du monde. Et quelles sont les conséquences déco bizarre mélange ? Le chagrin, les chutes, l'impétuosité avec laquelle on se lance dans le tourbillon du monde, comme pour se venger des rigueurs du passé, et un relâchement plus complet que jamais dans la vie chrétienne, auquel je pense en frémissant. Le fruit de ces expériences n'est rien moins que la haute sainteté ou même la sainteté ordinaire, il n'en résulte aucune espèce de sainteté.

Une foule de personnes pensent que la dévotion pour être véritable, doit être sévère. Mais ce système de sévérité répond-il à leur attente ? On entend des gens condamner les malheureux dévots parce qu'ils aiment les cérémonies, les bénédictions, les dévotions exaltées, les Madones, les fêtes et les pratiques étrangères. Pour ces hommes sévères, une dévotion italienne est quelque chose voisin de l'hérésie ; et cela, je suppose, parce qu'elle a le malheur de venir de la ville sainte ! Or, je vous le demande, de ce qu'une personne aime toutes ces démonstrations extérieures, s'ensuit-il qu'il n'y ait rien de plus dans sa piété ? Parce qu'elle possède un des caractères qui constituent un bon catholique, doit-elle, par cela même, manquer des autres ? Parce qu'elle aime les fleurs, ira- t-elle rejeter les fruits ? — Oh ! mais ce qu'il faut, c'est de la mortification ; ce qui est nécessaire, c'est de remplir consciencieusement les devoirs de son état. — C'est vrai, mais de grâce, quelles mortifications pratiquez-vous, honnête disciple de la dévotion sévère ? Sont-elles extérieures, est-ce le cilice ou la discipline ? Sont-elles intérieures, aimez-vous à ce qu'on parle mal de vous, à ce qu'on ne vous accorde qu'une faible considération ? Et comment vous acquittez-vous des devoirs de votre état ? L'aumône, par exemple, en est un, et un autre consiste à nous tenir à l'abri des séductions du monde. Quel témoignage pouvez-vous rendre sous ce rapport ? Soyez vrais envers vous- mêmes, ou plutôt soyez vrais avec Dieu. Si nous avons besoin de mortifications ou de devoirs bien remplis pour nous édifier, je soupçonne que nous devons les chercher dans les dévots et non chez vous. Si vous pouviez faire ajouter l'enthousiasme au nombre des péchés mortels, à quel poste d'honneur serait élevé la tiédeur ? Du reste, il est parfaitement possible que l'enthousiasme ne soit pas exactement le mal le plus dangereux qui menace le monde ; du moins notre pays n'a pas considérablement souffert de ses ravages. Et d'ailleurs, en matière spirituelle, ce que nous devons redouter le plus ce sont les fautes dans lesquelles nous sommes le plus sujets à tomber ; mais, croyez-moi, vous n'avez rien à craindre d'un enthousiasme exalté ou d'une piété excessive.

D'un autre côté, il peut arriver souvent que des âmes aient besoin de quelque chose de plus qu'une solidité aussi sèche (si rien de sec peut être solide dans une religion toute d'amour). Donnez dans les commencements pour carrière à leur ferveur une dévotion pleine de variété, de diversions, d'intérêts et même de changements, et elles finiront par s'élever à des choses plus hautes, et par gravir avec un courage plus viril les sentiers plus ardus et plus directs de la sainteté. Mais admirez comme Dieu appelle les âmes et les conduit par les voies les plus agréables et les plus attrayantes, à moins qu'on n'ait un goût bien sensible pour les chemins pénibles et escarpés. Une foule de personnes se perdent parce qu'on les force à s'élever trop haut ; beaucoup d'autres trouvent leur ruine dans l'aversion qu'elles éprouvent pour une dévotion sensible, et dans une sécheresse qu'elles prennent à tort pour de la solidité. Oh ! je vous en conjure, faites tout ce qu'il vous plaira, mais ne dégoûtez pas les fidèles de leur Dieu, qui est si bon et si miséricordieux ! Faites plutôt tout ce qui est en votre pouvoir, afin de leur apprendre à goûter ses douceurs infinies. On donne aux âmes de graves avertissements, sans tenir compte de l'époque, des lieux, des personnes ou des conditions ; on les invite à se détacher des dons de Dieu, à rejeter loin d'elles les doux sentiments et la tendre ferveur, quand le danger est plutôt dans leur attachement à leurs voitures, à leurs chevaux, à leurs tapis et à leur vieille porcelaine, aux promenades et aux spectacles, en un mot à ce monde si brillant et si cher à leurs yeux. Que dis-je ? si ces malheureux riches pouvaient s'attacher tant soit peu, ne fût-ce qu'à une image ou à un bénitier, ce serait un miracle précieux de la grâce, si l'on considère tout ce qu'ils ont pour les éloigner de Dieu, car ils vivent dans une sphère qui semble tourner en dehors de son omniprésence. Non ! non ! les avis que sainte Thérèse donne à des Carmélites aux pieds nus ne sont guère applicables aux gens de cette espèce. Oh ! il vaut infiniment mieux voltiger comme la phalène autour des bougies allumées pour un salut solennel, que de s'endormir sans amour au milieu des douceurs que procurent les jouissances des sens et les commodités de la vie, qui paraissent et qui peut-être ne sont pas sans péché actuel ; le cas est difficile à décider.

Oraisons jaculatoires et attention

5. Une autre méthode de glorifier Dieu au moyen des choses ordinaires et peu importantes, c'est la pratique de l'oraison jaculatoire. Ce n'est pas ici le lieu d'entrer dans des détails à ce sujet. Les rapports avec les matières que nous traitons sont assez évidents. C'était la pratique principale des Pères du désert, et c'est par elle qu'ils se sont élevés à un tel degré de sainteté. Saint François de Sales dit : « que tout l'édifice de la dévotion repose sur a cet exercice, qu'il peut suppléer aux défauts des autres prières, mais que toutes les autres prières ne sauraient suppléer aux siens. » L'abbé Isaac, cité dans Cassien, rapporte des choses étonnantes au sujet de cette simple invocation : « *Deus, in adjutorium.* » — Le P. Brandano, étant sur le point de partir pour le Portugal, demanda à saint Ignace à quelles dévotions il devait exercer les novices vices de la Compagnie. Le Saint lui répliqua : « Outre les dévotions ordinaires et extérieures, ils doivent s'exercer à rechercher en toutes choses la présence de Dieu dans leurs conversations, dans leurs promenades, dans les regards qu'ils jettent autour d'eux, dans les discours qu'ils écoutent, dans leurs pensées, puisqu'il est certain que la divine Majesté est en toutes choses, au moins de trois manières différentes : par essence, par présence et par puissance. » Il ajouta : « Que cet exercice de trouver Dieu en tout est moins fatigant qu'une méditation sur des sujets abstraits, et qu'en retour Dieu nous visite d'une manière miraculeuse, ne fût-ce que pour une seule aspiration. » Ainsi donc, nous pouvons soupirer après la gloire de Dieu, lancer au ciel, comme un trait d'amour, quelque mot en faveur des intérêts de Jésus-Christ, ou murmurer une courte prière pour les âmes en quelque lieu que nous soyons. Sans nous fatiguer, nous pouvons faire une multitude de ces oraisons jaculatoires dans le cours d'une journée, et chacune d'elles est plus grande aux yeux de Dieu qu'une bataille gagnée, une découverte scientifique ou une révolution politique. À plusieurs de ces prières est attachée une indulgence ; ainsi, une seule et courte phrase nous servira à acquérir des mérites, à obtenir des grâces, à satisfaire pour nos péchés, à glorifier Dieu, à rendre hommage à Jésus

et à Marie, à convertir des pécheurs, et à adoucir par des indulgences les souffrances des saintes âmes du purgatoire. Ne pouvons-nous rien faire de plus pour Jésus, que ce que nous avons fait jusqu'à ce jour ? Ô amour ! c'est à vous de nous enseigner ce que nous devons faire, et de nous le rappeler quand nous l'oublions.

Mais, afin de remplir ces fins, il ne suffit pas de murmurer négligemment et du bout des lèvres quelque parole que n'accompagne pas une intention intérieure. C'est la mode aujourd'hui de dénigrer la prière vocale. Toutefois, il ne faudrait pas oublier que des hérésies se sont produites à cet endroit dans ces derniers temps, et qu'elles sont sous le poids des censures attachées aux propositions condamnées. C'est à l'aide de la prière vocale que les Pères du désert se sont élevés à une sainteté aussi éminente, et le P. Baker nous dit qu'aujourd'hui encore Dieu conduit par cette voie des âmes sur les hauteurs de la contemplation et de l'union mystique. Il assigne plusieurs motifs à la différence qui existe entre les effets que la prière vocale produisait sur les anciens et ceux qu'elle produit sur nous. « La première raison, dit-il, c'est la vie retirée qu'ils menaient, la rigoureuse solitude et le silence presque perpétuel auxquels ils se condamnaient ; pratiques que nous ne sommes guère capables, je crois, d'observer aujourd'hui. La seconde était leurs jeûnes, leurs abstinences et autres austérités infiniment au-dessus des forces de corps aussi faibles et aussi délicats que les nôtres. La troisième consistait dans leurs occupations extérieures en dehors du temps fixé pour la prière, occupations infiniment plus propres à disposer les âmes au recueillement et à la réception des inspirations divines, que celles auxquelles on se livre de nos jours[54].

Comme l'ouvrage du P. Baker est assez rare, mes lecteurs me sauront gré de citer les conclusions dans lesquelles il résume sa doctrine touchant la prière vocale. « Comme toute espèce de prière exige nécessairement une certaine attention de l'esprit, sans laquelle il n'y a point de prière, il est bon de savoir qu'il y a différentes sortes et différents degrés d'attention. Tous sont bons, mais il y en a de meilleurs et de plus avantageux les uns que les autres. D'abord, il y a une sorte d'attention qui consiste à concentrer ses réflexions sur les mots et le sens de la phrase que les lèvres articulent ou que l'esprit parcourt. Or, cette attention devant nécessairement, dans la prière vocale, va-

---

54   *Sancta Sophia* 1, 202 et 2, 8 et seq.

rier et changer, selon que les versets des psaumes, etc., se succèdent les uns aux autres, elle ne saurait tenir les affections ou l'esprit fixé sur Dieu avec assez de force et d'efficacité, parce qu'elle présente sans cesse de nouvelles considérations ou des affections successives. C'est là le degré d'attention le plus élémentaire et le moins parfait, il est, pour ainsi dire, à la portée de toutes les âmes ; et moins elles sont parfaites, plus elles trouvent de facilité à s'y soumettre. En effet, les âmes qui ont pour Dieu une affection aussi tendre que solide, ne briseraient pas volontiers le lien qui les attache à Dieu, et qu'elles trouvent aussi doux qu'avantageux, pour le remplacer par un nouveau ; et si elles le faisaient, elles auraient à s'en repentir.

En second lieu viennent les âmes qui n'ont qu'une habitude ordinaire de la prière mentale, qui, dans la récitation de leur office, apportent avec elles, ou, à l'aide de l'acte de dévotion qu'elles accomplissent, font naître en elles-mêmes une affection efficace pour Dieu, et désirent la conserver et l'entretenir avec le plus profond recueillement possible, sans s'inquiéter si elle est appropriée au sens du passage qu'elles récitent dans ce moment. Cette sorte d'attention se rapporte à Dieu et non aux mots, aussi est-elle infiniment plus avantageuse que la première. C'est pourquoi il serait aussi peu sensé que préjudiciable de détourner les âmes de l'une pour leur inspirer l'autre ; car, puisque toutes les prières vocales tirées de l'Écriture et d'autres sources ont été ordonnées dans le but unique de fournir aux âmes ce dont elles manquaient, c'est-à-dire un pieux sujet d'affection pour les unir à Dieu, une âme qui a déjà rempli cette fin, qui est unie à lui, ne doit pas en être séparée et mise dans l'obligation de recourir à de nouveaux liens avant que les premiers aient perdu leur force.

Un troisième et plus sublime degré d'attention à l'office divin, consiste à faire de la prière vocale une prière mentale, c'est-à-dire que l'âme, intimement unie à Dieu dans une simplicité parfaite, peut aussi s'attacher au sens et à l'esprit de chaque passage que les lèvres articulent, et par-là elle trouve que son affection, son adhésion et son union sont devenues à la fois plus intimes et plus simples. Cette attention n'arrive pas avant que l'âme soit parvenue à un état parfait de contemplation, en vertu duquel l'esprit est si constamment uni à Dieu, et, d'un autre côté, l'imagination si complètement gouvernée par l'esprit, que rien ne saurait les distraire.

Heureuses les âmes, Dieu sait combien le nombre en est limité, heureuses les âmes qui sont parvenues à ce troisième état, auquel on doit arriver graduellement par une pratique constante des deux autres, surtout du second. C'est pourquoi, lorsqu'on récite l'office, les âmes même les plus imparfaites feront bien, si elles se sentent suffisamment recueillies, de continuer ainsi le plus longtemps qu'il leur sera possible, et de maîtriser les écarts de leur imagination. Et le meilleur moyen d'obtenir et d'augmenter ce recueillement dans la récitation de l'office divin, c'est la pratique de la prière mentale, soit dans la méditation, soit dans les actes immédiats de la volonté, dont le but et l'objet unique sont de procurer une attention constante, et une adhésion de l'esprit à Dieu[55]. »

6. Il ne sera pas inutile de répéter ici qu'en union avec les mérites de notre doux Sauveur et les trésors surnaturels et magnifiques que nous avons examinés dans le chapitre dernier, nous pouvons offrir non-seulement nos actions ordinaires, mais encore tout ce qui nous arrive, Nos petites souffrances, nos peines, nos contrariétés et nos fatigues peuvent ainsi devenir des missionnaires pour prêcher la foi, des apôtres pour convertir les pécheurs, et des anges pour louer la majesté de Dieu. Nos petites mortifications, quelque rares et misérables qu'elles soient, entrelacées avec la couronne d'épines, jointe à la lance et aux clous, exerceront sur le cœur de Jésus une influence puissante en notre faveur ou en faveur des autres. Les grâces que nous avons reçues dans la journée peuvent acquérir une valeur double si nous les offrons le soir en union avec les grâces de Celui qui est la source des nôtres. C'est ainsi que Jésus nous aide à l'aimer, c'est ainsi qu'il fait de nous des rois et des prêtres. Si nous répandons des larmes sincères quand il est outragé, s'il est vrai que nous soupirions après la gloire de notre bon Père, si nous sommes touchés de compassion pour les âmes privées de grâces ou assaillies par les tentations, voyez que de miracles nous pouvons opérer sans nous détourner de notre chemin, sans nous soustraire à nos occupations, ni même (car Notre-Seigneur l'a voulu ainsi) sans nous priver de nos délassements et de nos récréations. Oui, tout doit être pour Jésus ; et, quand nous voyons ce que nous pouvons faire, et hélas ! ce que nous n'avons pas fait, nous pouvons commencer à croire qu'il n'y a

---

55   2, 13, 14, 15.

pas un coin du monde où la gloire de Dieu recueille une moisson moins abondante ou plus stérile que dans nos pauvres cœurs.

La fable ne raconte-t-elle pas l'histoire d'un certain roi, qui avait reçu la faculté de convertir en or tout ce qu'il touchait, et qui ne tarda pas à être singulièrement embarrassé d'un pareil don ? Telle est la condition où nous place l'Évangile, cette loi de grâce. Tout ce que nous touchons est converti en or, par l'intention et par l'oblation. Mais notre puissance ne sera jamais une entrave pour nous ; nous ne remplirons jamais Dieu de gloire, ni le ciel de nos mérites. Quelle triste pensée lorsque, arrivés au terme de notre carrière, nous jetterons un coup d'œil en arrière sur les occasions innombrables que nous avons négligées. Mais comment, dira-t-on, comment pouvons-nous les remarquer ? comment nous les rappeler maintenant qu'elles nous viennent en si grand nombre et si souvent ? Je réponds qu'on ne peut donner pour cela aucune règle, ni définir aucune méthode fixe. *Il faut aimer. Il faut aimer. Il faut aimer.* Il n'y a pas d'autre moyen. C'est la condition sine qua non. L'amour vous enseignera tout, il vous initiera aux secrets de Jésus ; l'amour rendra tout facile et doux ; l'amour deviendra pour vous une seconde nature. Quels que soient vos besoins, l'amour y suppléera, y satisfera, et l'amour seul peut le faire. Il faut aimer. Est-ce pénible d'aimer Jésus ? Oh non, il n'est pas difficile de l'aimer ; il est plutôt difficile de l'aimer trop peu, si tant est qu'on l'aime.

Je voudrais que nous pussions voir tel qu'il est et apprécier le privilège que Dieu nous accorde, en nous permettant de l'aimer. Si nous avions sauvé la vie du fils d'une reine, nous serions longtemps avant d'oublier l'expression de reconnaissance peinte sur le visage de l'auguste mère ; et toute notre vie les paroles brûlantes de sa gratitude retentiraient à notre oreille ; les larmes d'une souveraine, surtout des larmes de cette nature produisent sur le cœur une trop vive impression pour qu'on les oublie de sitôt. Mais qu'est-ce que cela comparé à la permission de plaire à Dieu, ne fût-ce qu'une fois dans notre vie ? Cette pensée grandit en nous jusqu'à ce qu'elle accable notre intelligence. Songeons à ce que nous sommes, à notre origine, à notre révolte, aux infirmités de notre nature, à la bassesse de notre personne, aux horribles crimes dont nous sommes coupables, à cette froideur qui nous rend dignes de mépris ; et de l'autre côté Dieu invisible,

Dieu, la sainteté par essence, Dieu que rien ne saurait comprendre, condescend à ce que nous lui plaisions ; il soupire après les efforts que nous faisons pour lui plaire, il dispose tout de telle sorte qu'à l'aide de la grâce nous puissions lui plaire, et il met à notre disposition une foule de moyens et de trésors surnaturels, pour nous mettre en état de remplir cette fin ! Cette immense condescendance est au-dessus de toute expression. Oh ! puisse notre divin Sauveur rendre nos cœurs assez grands pour la comprendre ! Mais que parlons-nous de comprendre une de ces condescendances ? N'a-t-il pas rendu nos cœurs assez grands pour le comprendre lui-même, son corps, son âme et sa divinité ? C'est ainsi que nos pensées s'égarent dans une autre condescendance, dans un autre amour. Et il en est toujours de même ; miséricorde sur miséricorde ; elles s'accumulent à l'infini ; gravissez une hauteur, et là vous trouverez d'autres hauteurs encore plus élevées ; tout est amour, toujours amour et rien qu'amour ! Ô Dieu bien-aimé ! Dieu bien-aimé ! Sainte Gertrude dit que nous pouvons vous appeler ainsi ; et quel autre nom pourrions-nous vous donner ? Oh ! pourquoi ne vous aimons-nous pas ? Dieu bien-aimé ! oui, bien-aimé, au-delà de toute expression, de toute pensée !

Si nous songeons à ces trois choses, à Dieu, à nous-mêmes et au système surnaturel au milieu duquel nous sommes placés, nous parviendrons certainement à voir que, sans être des saints, sans ressembler à ceux qui le sont, nous avons à notre disposition, pour glorifier Dieu, des moyens dont la grandeur est positivement effrayante. D'abord, en unissant nos actions à celles de Jésus, elles acquièrent une valeur presque infinie. Ce que nous avons à offrir à Dieu ressemble à l'infini. Que dis-je ? nous pouvons offrir Jésus, qui est l'infini même. Nous pouvons offrir à Dieu son égal ! et cela dans toutes nos actions, dans toutes nos paroles, dans toutes nos pensées, dans toutes nos peines. Considérons ensuite la multiplicité de nos actions : il est impossible de les compter ; elles défient tous les chiffres. Deux hommes sont invités à se lever de bonne heure le matin, afin de faire une demi-heure de méditation : l'un le fait, l'autre ne le fait pas. Le premier acquiert des mérites, et, en même temps, il procure à Dieu plus de gloire, infiniment plus de gloire qu'il n'en a reçu de toutes les sciences du monde et de tous les arts réunis depuis le déluge. En voici les causes : la mortification que cet homme s'impose en se levant de bonne heure, la modestie avec laquelle il s'habille, l'acte de présence de Dieu qu'il formule, le signe de croix qu'il fait, ses prières préparatoires, sa méditation, la pénitence que lui impose sa posture ; l'ennui et les distractions qui viennent l'assaillir, les résolutions qu'il prend en terminant, les aspirations qu'il a fait monter vers le ciel dans le cours de sa prière, et l'obéissance dont il a fait preuve en remplissant ce devoir. Il serait plus vrai de dire que chacun de ces mérites est un faisceau de mérites réunis. Mais comptons-en seulement dix ; cette simple petite pratique donnerait les résultats suivants : chaque année, cet homme glorifierait Dieu trois mille six cent cinquante fois par cette seule action, et chaque fois il plairait à Dieu (faveur qui, accordée une seule fois dans toute la durée de l'éternité, serait déjà une condescendance indicible), et il le glorifierait plus que toute la science du monde n'a pu le faire, parce qu'il le glorifierait d'une manière surnaturelle.

Après avoir considéré la multiplicité de nos actions, examinons combien il est facile de les offrir à Dieu en union avec les mérites de son Fils. Un seul regard lancé sur Jésus, et tout est dit. Il ne faut ici ni soupirs, ni paroles, ni longues réflexions. L'amour lève les yeux vers Jésus, et tout est consommé. Souvenez-vous ensuite que tout mérite implique un nouveau degré de grâce, et qu'à chaque degré de grâce correspond un degré de gloire éternelle, si nous mourons dans la persévérance. L'œil n'a point vu, l'oreille n'a point entendu, le cœur n'a point conçu un seul degré de la gloire réservée aux bienheureux ; et ensuite il nous faut multiplier chaque mérite par des millions de millions de fois. Puis, si nous venons à tomber dans le péché mortel, et qu'ensuite Dieu nous permette d'invoquer, avec un cœur contrit, le précieux Sang, Jésus, non content de nous pardonner, nous rend cette somme immense de mérites ; tant est vive l'ardeur dont il brûle de nous voir avec lui dans le ciel pendant toute l'éternité ! Et il existe des catholiques tièdes ! et vous, ô mon Jésus, avec quelle patience vous les supportez ! Vous étendez sur la terre un filet d'amour que vous avez tramé de toute éternité ! Nous le rompons en mille endroits, et que faites-vous alors ? ô le plus doux, le plus cher et le meilleur des Pères ! Vous vous remettez à l'œuvre avec un amour inaltérable pour en tisser un nouveau dont les mailles se composent de préceptes pleins de miséricorde, et d'une crainte mêlée de joie, et dans ce filet vous prenez les âmes qui n'ont pas voulu se laisser prendre par l'amour !

Oh ! combien il est doux d'être sauvé par Jésus ! il semble qu'il vaille mieux pour nous d'être rachetés à ce prix que de n'avoir jamais failli. Il est si doux de devoir quelque chose à Jésus ! Quel bonheur de ne pouvoir nous passer de lui pour un seul moment ! Quelle joie de le trouver partout, et partout occupé à nous placer sous de nouvelles obligations, à forger pour nous de nouvelles chaînes d'amour ! Ah ! que ne sommes-nous liés si intimement à lui que nous ne puissions-nous en séparer ! Là purgatoire ne devient-il pas le ciel quand on songe que, dès lors, on est à Jésus, oui, bien à lui, sans retour et à jamais ? Les neuf cents années durant lesquelles Adam fit pénitence au milieu des ronces et des épines d'une terre à peine habitée ne seraient pas trop pénibles, si nous pouvions à ce prix obtenir qu'un seul cœur donnât à Jésus un degré d'amour de plus ! Cependant, nous sommes au sein de son Église, où le principe, le milieu et la fin de notre religion entière est « que toute chose est à nous, que nous sommes à Jésus-Christ, et que Jésus-Christ est à Dieu ! »

S'il est un spectacle touchant au-delà de toute expression, c'est de voir Dieu, la sainteté éternelle, demander sa glorification à ses créatures, au sein de ce monde qui est l'ouvrage de ses mains. L'amour dont il fait preuve est aussi vif que la douleur la plus aiguë. C'est un père qui souffre le martyre pour son enfant coupable. Et ensuite de le voir lui, le Créateur, suppliant ! le Tout-Puissant devenu mendiant ! repoussé de tous ceux à qui il tend la main ! n'est-ce pas un spectacle à nous transporter de douleur ? L'amour ne nous jette-t-il pas hors de nous-mêmes ? Et qui se montre plus avare que nous à son égard ? Hélas ! qui donnera à nos yeux des torrents larmes pour pleurer nuit et jour sur notre ingratitude ? Er vérité, que les hommes n'aiment pas Dieu ? c'est là un mystère plus incompréhensible que le mystère de trois personnes en un seul Dieu ? Et pourtant, que peut-on trouver de plus aimable que Dieu ! Est-il un père plus tendre ? Il nous demande de la gloire, il nous demande de la gloire, à nous, misérables pécheurs ! Pourquoi, oh ! pourquoi ne l'aimons-nous pas ? Que peut-il faire davantage ? Oh ! regardez, enfants de Dieu, regardez ! Il est au milieu de ce monde qu'il a créé, conduisant, arrangeant tout (que sa divine majesté en soit à jamais bénie) ! Il est en ce monde, comme si la cause finale de toute création était nous, non pas lui !

7
De l'action de grâces

L'action de grâces négligée
Toutes les matières que nous avons traitées dans les chapitres précédents, peuvent se réduire à ceci : Que l'Évangile étant une loi d'amour depuis le commencement jusqu'à la fin, il ne nous suffit pas de sauver simplement notre âme ou de nous montrer plus exact que par le passé à remplir nos devoirs, mais que nous compromettons notre propre salut si nous n'essayons pas de secourir les âmes des autres soit par nos actions, soit par nos prières. De plus, l'Évangile étant une loi d'amour, notre religion doit être, autant que possible, un service d'amour, et, par conséquent, nous courons grand risque de nous perdre si nous prenons cette vie comme une simple occasion de gagner le ciel, au meilleur marché possible, en n'observant que les préceptes rigoureusement nécessaires, en mettant de côté, comme des objets qui ne nous concernent nullement, la gloire de Dieu, les intérêts de Jésus et le salut des âmes. Je n'ai point trop exigé de vous ; je ne vous ai proposé ni austérités corporelles, ni éloignement du monde ; je ne vous ai point invités à gravir les hauteurs de la contemplation ; je ne vous ai point excités à l'amour des

souffrances ou à des efforts pénibles et incessants pour vivre dans le recueillement et le sentiment de la présence de Dieu ; je n'ai fait que mettre sous vos yeux les pratiques et les maximes des saints, à l'aide desquelles vous pourrez vous occuper davantage de Dieu avec autant de facilité que d'affection ; je ne vous ai même pas dit : Telle chose du moins doit être faite, ou vous ne devez pas omettre telle autre ; j'ai tout laissé à votre discrétion et à votre amour. Je ne fais point de règles, je cherche seulement à persuader à quelques personnes (une seule me suffirait) d'aimer Dieu un peu davantage pour l'amour de lui. L'ordre que je suis dans mon sujet me conduit naturellement maintenant à parler de l'action de grâces. Nous avons vu que pour nous mettre en état de pratiquer l'intercession, notre adorable Sauveur, dans son amour indicible, nous donne d'abord ses propres trésors, afin que nous les lui offrions de nouveau et que nous recueillions les fruits admirables de cette offrande ; puis, non content de cette générosité, il nous permet de rendre presque infinies nos actions les plus ordinaires, en les unissant à ses mérites et à ses intentions. Mais ces deux trésors ne sont pas seulement utiles à l'intercession, ils servent encore à formuler des actions de grâces, à louer Dieu et à lui exprimer nos vœux. Je traiterai dans ce chapitre de l'action de grâces, et ensuite je m'occuperai des louanges et des désirs dans le suivant.

S'il est une chose dont on ne saurait s'expliquer l'absence complète dans la religion pratique de la plupart des hommes, c'est l'action de grâces. Il serait difficile d'exagérer la négligence que beaucoup de gens montrent à l'égard de ce devoir. On fait certainement assez peu de prières, on fait moins encore d'actions de grâces. Après chaque million de *Pater* et d'*Ave*, qui s'élèvent de la terre pour demander à Dieu d'en détourner tous les maux, et d'y faire descendre ses grâces, combien dit-on de ces prières pour remercier Dieu des maux qu'il a détournés et des grâces qu'il a répandues ? Hélas ! il n'est que trop aisé de trouver la cause de cette ingratitude. Notre intérêt nous pousse naturellement à la prière ; mais l'amour seul inspire la reconnaissance. Un homme dont tous les vœux se bornent à éviter l'enfer sait qu'il doit prier ; mais il n'a en lui aucun instinct aussi puissant pour Je porter à rendre grâces. C'est là l'histoire de tous les temps. Jamais prière plus ardente ne sortit du cœur de l'homme que le cri déchirant poussé par les dix lépreux à la vue de Jésus qui entrait dans la ville. Le désir d'être exaucés les rendait obséquieux et prudents. Ils se tenaient à distance, de peur de l'irriter en s'approchant trop près de lui, en proie comme ils l'étaient à la plus horrible maladie. Hélas ! comme ils connaissaient peu cet aimable Seigneur, lui qui avait consenti à être considéré comme un lépreux par les enfants des hommes ! Les infortunés élevaient la voix en disant : « Jésus, Maître, ayez pitié de nous ! » Et une fois le miracle opéré, neuf d'entre eux, pleins d'une joie égoïste, allèrent se montrer aux prêtres ; mais un, un seul (et c'était un pauvre Samaritain), voyant qu'il était guéri, revint sur ses pas, en glorifiant Dieu à haute voix, se prosterna aux pieds de notre Sauveur et lui rendit grâces. Le cœur sacré de Jésus fut affligé, et, pour ainsi dire, étonné d'une pareille ingratitude : « Dix n'ont-ils pas été guéris ? dit-il. Où sont donc les neuf autres ? Il ne s'en est pas trouvé un qui revînt sur ses pas pour glorifier Dieu, excepté ce pauvre étranger ! » Combien de fois n'avons-nous pas causé cette triste surprise au sacré Cœur !

Quand un devoir négligé révolte l'âme autant que ce manque de reconnaissance, il n'est pas inutile de faire voir jusqu'où s'étendent les obligations que ce devoir fait peser sur nous ; et le meilleur guide ici, c'est l'autorité de la Sainte Écriture. Saint Paul dit aux Éphésiens « que nous devons rendre grâces de toute chose à Dieu le Père au nom de Notre-Seigneur Jésus-Christ[56]. » Ailleurs, il dit que nous devons « abonder en toute simplicité qui opère en nous, rendant grâces à Dieu[57]. » Voici l'avis qu'il donne aux Philippiens : « Ne convoitez rien, mais, en toutes choses, exprimez votre désir à Dieu par la prière, la supplication et l'action de grâces[58]. » L'Apôtre dit aux Colossiens : « Comme vous avez reçu le Seigneur Jésus-Christ, marchez en lui, appuyés sur lui et édifiés en lui, et confirmés dans la foi, comme vous l'avez aussi appris, rendant par lui d'abondantes actions de grâces[59]. » Et ailleurs : « Ne négligez pas la prière, mais

---

56   Ep 5, 20.

57   2 Co 9, 11.

58   Ph 4, 6.

59   Col 2, 7.

veillez-y avec soin dans vos actions de grâces[60]. » Les créatures sont faites pour être reçues avec reconnaissance par les fidèles et par ceux qui ont eu connaissance de la vérité ; « car toute créature de Dieu est bonne, et il ne faut rien rejeter de ce qui a été reçu avec des actions de grâces[61]. » Et tel était le caractère des Gentils, que, « lorsqu'ils venaient à connaître Dieu, ils ne le glorifiaient pas comme leur Dieu et ne lui rendaient pas d'actions de grâces[62]. »

Qu'est-ce que notre vie sur la terre, sinon une préparation à la vie dont nous irons jouir dans le ciel ? Or, louer Dieu et lui rendre grâces, telle sera l'occupation de notre vie dans le ciel. Tout le langage des anges, des anciens, et des créatures vivantes de l'Apocalypse se réduit à ces mots : « Amen ! bénédiction et gloire, sagesse, grâces, honneurs, puissance et force à notre Dieu dans tous les siècles des siècles : Amen ! » Nous invoquons constamment la sainte Vierge, les anges et les saints ; or, nous savons, nous sommes assurés qu'ils prient sans cesse pour nous dans le ciel ; toutefois, n'ai-je pas raison de dire que, lorsque notre imagination se forme un tableau du ciel, ce n'est pas la prière qui en est l'expression dominante, mais la louange et l'action de grâces ? Que dis-je ? quand la mort a étendu la main sur certains serviteurs de Dieu, la vie du ciel a répandu sur eux un avant-goût de ses douceurs ; ils semblaient alors oublier la prière. Et, comme s'ils entendaient déjà les cantiques angéliques dont ils saisissaient la mélodie, ils s'occupaient à rendre grâces à Dieu durant ces heures terribles qui, plus que tout le reste de la vie, semblent exiger des prières multipliées et pressantes. C'est ainsi que le bienheureux Paul de la Croix étant tombé dangereusement malade, passait les jours à rendre grâces à Dieu et à le louer, répétant souvent avec une dévotion particulière ces paroles du *Gloria in excelsis* : « Nous vous rendons grâces à cause de votre grande gloire ! » Cette parole avait toujours été son invocation favorite, et il avait souvent exhorté ses religieux à s'en servir quand ils entreprenaient quelque œuvre particulière, en disant avec ferveur : « Pour la plus grande gloire de Dieu. » D'autres fois, il se prosternait en esprit devant le trône de la

---

60   Col 4, 2.

61   1 Tm 4, 3.

62   Rm 1, 21.

très-sainte Trinité, et il s'écriait avec amour : « *Sanctus, sanctus ! sanctus !* ou *Benedictio et claritas* » etc., qu'il avait coutume d'appeler les chants du paradis.

Or, l'Église de la terre est le reflet de l'Église du ciel ; le culte de la première n'est que l'écho du culte de l'autre. Si la vie dans le ciel est consacrée à glorifier Dieu et à lui rendre grâces, il doit en être de même sur la terre. Le centre de tout culte est l'Eucharistie ; c'est là, comme le mot l'indique, un sacrifice d'actions de grâces. Tout découle de là. Elle est dans l'Église, comme le centre d'où partent tous les rayons. L'esprit de l'Eucharistie doit se retrouver en tout. Les juifs eux-mêmes ont senti que toute prière doit finir un jour, excepté la prière d'actions de grâces, comme Wetstein le prouve d'après le Talmud. Mais nous devons y vaquer dès à présent comme à une partie de notre service d'amour. Supposons que la véritable idée du culte soit celle que révèle implicitement la conduite de la plupart des hommes ; qu'il s'agisse seulement d'une simple prière adressée à un être supérieur ; quels rapports s'établissent dès lors entre nous et Dieu ? Il est notre Roi, notre supérieur, un gardien de trésors, et lui-même un bien infini. Nous allons lui exposer notre demande. Il est pour nous ce qu'est un homme riche vis-à-vis d'un mendiant. Notre intérêt, voilà le point principal pour nous. Ou bien, nous redoutons sa justice ; nous désirons voir notre châtiment remis, et nos péchés pardonnés. Dieu est miséricordieux, et il nous exaucera si nous prions avec persévérance. En faisant consister tout le culte dans la prière seule, nous ne pouvons-nous élever au-delà de cette considération. Tout cela est parfaitement vrai, et d'ailleurs essentiellement nécessaire. La prière peut nous apprendre à mettre notre espérance en Dieu ; une prière exaucée, à lui donner notre confiance. Mais le Dieu infiniment bon ne veut pas que nous restions dans une telle position vis-à-vis de lui. Nous devons être avec lui pendant toute l'éternité ; c'est lui qui doit être à jamais notre bonheur ; la vie consiste à le connaître et à l'aimer ; et quand on l'aime, on se réjouit de le louer à jamais. De même que l'esprit d'oblation, la permission d'offrir à Dieu des présents, d'établir entre Dieu et nous des rapports plus affectueux et plus familiers, tel est aussi l'effet de l'esprit de reconnaissance. Remercier un bienfaiteur pour obtenir davantage de lui, et non pour lui exprimer sa reconnaissance, n'est qu'une demande déguisée. Nous remercions Dieu, parce que nous l'aimons, parce que l'amour qu'il a pour nous nous touche, nous surprend, nous attendrit et nous gagne à lui. Oui, l'action de grâces est tellement une affaire d'amour, que nous remercierons le Seigneur plus que jamais dans les cieux, quand il aura couronné tous ces dons par le don de la vision béatifique ; quand il nous aura donné de lui-même tout ce que nous pouvons en recevoir, et que nous n'aurons plus rien à attendre de lui. L'action de grâces appartient donc à l'essence même du culte catholique ; et de même que notre amour grandit à mesure que nous suivons cette pratique, de même, en la négligeant, nous faisons voir la faiblesse de notre amour.

Ah ! si nous avons raison de plaindre Dieu (pour nous servir de l'expression hardie de saint Alphonse) parce que les hommes pèchent contre sa divine Majesté, plaignons-le davantage encore en voyant combien les hommes se montrent froids envers lui et avares d'actions de grâces. Rien n'est si odieux aux yeux des mondains que l'ingratitude ; et c'est pourtant le partage de chaque jour, de chaque instant du Dieu tout-puissant. La langue ne saurait exprimer tout ce qu'il a fait pour l'homme ; il n'est pas possible de jamais épuiser l'abondante mine de miséricorde que renferme chacun de ses titres de Créateur, de Roi, de Rédempteur, de Père et de Pasteur. Il aime à être remercié, parce que tout ce qu'il demande de nous c'est de l'amour, et daigner le demander, c'est déjà de sa part un acte d'amour infini. Il a bien voulu se reposer du soin de sa gloire sur notre gratitude ; et nous la lui avons refusée ! Et, pour comble d'horreur, cet affront n'est pas, comme le scandale du péché, l'œuvre de ses ennemis, de ceux dont la conversion peut un jour le glorifier parmi les hommes : non, cet outrage lui est fait par les siens, par ceux qui fréquentent les sacrements, qui font profession de piété, par ceux qu'il comble chaque jour des dons les plus précieux du Saint-Esprit. Beaucoup d'entre nous sont frappés d'horreur à la vue d'un péché mortel ou d'un sacrilège ; on nous rencontre tristes et abattus dans ces jours où le monde célèbre ses fêtes criminelles ; le scandale nous blesse au vif comme un charbon ardent ; l'hérésie est pour nous une réelle souffrance, une amertume poignante, qui produit sur nous un effet aussi pénible que la fumée dans nos yeux. C'est bien. Et pourtant nous aussi, nous refusons de donner à Dieu la gloire qui lui est due, en négligeant de lui rendre grâces. Nous pouvons le glorifier si aisément : et cependant nous ne pensons pas à le faire. S'il en est ainsi, pouvons-nous dire que nous l'aimons véritablement ? Combien de fois me faudrait-il répéter que nous n'avons rien autre chose à faire qu'à louer Dieu et à le glorifier ? Dieu nous garde de songer que nous ayons d'autre devoir à remplir. Parcourons donc le monde, en recherchant avec soin les perles négligées de la couronne de gloire de notre Père céleste, afin de les lui offrir de nouveau.

Comment avons-nous le cœur de désirer autre chose ? Quelques-uns des serviteurs de Dieu ont été jusqu'à désirer de ne jamais mourir, afin de le glorifier sur la terre en souffrant davantage. Il ne nous appartient pas de former de tels souhaits ; mais ils peuvent nous être utiles en nous faisant voir combien peu nous avons d'amour ; et je dois penser qu'une telle découverte est de la plus haute importance. Je puis croire que des hommes se trompent, et pensent aimer Dieu lorsqu'ils ne l'aiment pas, ou bien désirent l'aimer sans savoir comment s'y prendre. Mais peut-on connaître la faiblesse de son amour pour Dieu, et la facilité avec laquelle on peut arriver à l'aimer davantage sans désirer de le faire î Jésus est mort pour empêcher que cela soit possible ; serait-il mort en vain ?

Pardonnez-moi de répéter encore ce que j'ai déjà dit tant de fois. Nous ne reprochons pas aux pécheurs qui vivent en dehors de la grâce de Dieu et éloignés des sacrements de ne point taire d'actions de grâces ; ils ont d'autres devoirs à remplir d'abord ; il faut qu'ils fassent pénitence, qu'ils se réconcilient avec Dieu, et lavent de nouveau leur âme dans le précieux Sang de Jésus. L'omission de l'action de grâces est un acte d'ingratitude que Dieu peut reprocher seulement à des enfants à qui il a déjà pardonné, qui vivent en paix avec lui et dans la jouissance de tous ses privilèges. Or, ceci mérite une attention spéciale. Je ne sais si vous serez d'accord avec moi sur ce point, mais, selon moi, les fautes des personnes pieuses, je ne veux pas dire leurs erreurs et leurs faiblesses, mais les tantes volontaires et dans lesquelles le cœur a failli, entraînent toujours avec elles je ne sais quoi de si odieux, que telle est peut-être la raison pour laquelle Dieu, dans l'Apocalypse, éclate dans un langage si extraordinaire et si terrible contre la tiédeur. Quand les anges demandèrent à Notre-Seigneur, tandis qu'il montait au ciel : « Quelles sont ces blessures dans vos mains ? » Il répondit : « Les blessures que j'ai reçues dans la maison de mes amis ! » Que de sens renfermé dans ces mots ! Il ne serait pas inutile de composer un Traité sur les péchés des personnes pieuses, car ils sont nombreux et variés, et il s'y rattache quelque chose de pervers, d'odieux, qui leur est propre. L'ingratitude est l'un des principaux caractères de cette espèce de péchés. Au moins ne perdez pas ceci de vue tandis que nous parlerons de l'action de grâces. C'est ici un sujet qui intéresse uniquement les bons catholiques, les hommes et les femmes qui prient, qui fréquentent les sacrements, en un mot qui forment la partie pieuse de nos paroisses. Et, si l'on a des reproches à faire sous ce rapport, c'est à eux qu'il faut les adresser. Réellement, c'est là une véritable consolation. Les personnes d'une dévotion sévère et sèche sont d'ordinaire pleines de confiance en leur vertu, je répète que c'est une véritable consolation de les pousser au pied du mur, et de pouvoir leur dire : Nous n'avons rien à démêler avec les pécheurs pour le moment ; vous ne pouvez donc rejeter le blâme sur eux, c'est vous qui êtes les coupables : la réprobation retombe sur vous seuls; il s'agit ici d'un devoir que vous devez remplir, et si vous le remplissez mal, vous êtes des misérables; oui, des misérables, car tel est le nom qui convient à des ingrats ; eh bien ! malgré toutes vos prières et tous vos sacrements, vous ne le remplissez pas. C'est une triste conséquence qu'il vous faut tirer de là. Toutefois, pourquoi ne pas prendre courage, vous et moi, dire franchement un *Confiteor* du fond du cœur, demander à Dieu un accroissement de grâce, et alors il pourra voir quels changements nous ferons dans la suite subir à notre conduite ? Délivrez-nous, Seigneur, des fautes ordinaires des personnes pieuses ! Il y a des sacrements pour le péché ; pour la tiédeur il n'y en a point. Qui ne sait, pour peu qu'on ait quelque habitude de diriger les âmes, qui ne sait combien la fréquente communion endurcit les cœurs tièdes ? Avez-vous jamais vu guérir dix personnes atteintes du mal de la tiédeur ? Et qu'est-ce qui en a guéri neuf sur ces dix ? la honte qui suit une chute dans le pèche mortel ! Hélas ! c'est un jeu désespéré celui où l'on abandonne à l'enfer le soin d'accomplir ce que n'a pu faire la pensée du ciel, et où l'on risque l'éternité.

La Bible est une révélation d'amour, mais ce n'est pas la seule ; il existe pour chacun, de nous une révélation spéciale et personnelle de l'amour divin, dans le regard que nous jetons en arrière sur cette Providence paternelle qui a veillé sur nous durant tout le cours de notre vie.

Qui de nous peut revoir cette longue chaîne de grâces dont se compose son existence depuis l'heure de son baptême, sans éprouver un sentiment de surprise à la vue de l'amour infatigable et vigilant dont Dieu a fait preuve à son égard ? La manière dont tout a été disposé pour son bien-être, les obstacles qui ont disparu à mesure qu'il s'en approchait et à l'instant même où ils paraissaient insurmontables, les tentations tournées à son avantage, et ce qu'il regardait naguère comme un châtiment quand il se trouvait en face, devenu une preuve d'amour, quand il l'a regardé en arrière ; chaque peine a trouvé sa place dans la vie de cet homme, et il eût perdu beaucoup s'il en avait été privé. Des connaissances, traits du hasard, ont eu leur signification et leur utilité ; en un mot, il semblerait que l'amour même le plus prévoyant n'aurait pu tisser autrement la trame de sa vie, quand même l'amour seul en aurait composé le fond. Cet homme ne l'a pas ressenti sur le moment ; il ne savait pas que Dieu demeurait autant avec lui, car l'amour d'un père fuit l'ostentation. Quand Jacob étendit sur la terre ses membres fatigués et qu'il reposa sa tête sur une pierre pour s'endormir, dans l'endroit où il eut le songe de l'échelle, il ne vit rien d'extraordinaire en ce lieu ; mais, à son réveil, il s'écria : « En vérité, le Seigneur est ici et je ne le savais pas. » Quand Moïse eut exprimé à Dieu le désir de voir son adorable Majesté, le Seigneur lui ordonna de se placer dans le creux d'un rocher, et le couvrit de sa droite tandis que passait cette gloire dont nul mortel ne saurait soutenir l'éclat, et il lui dit : « Je retirerai ma main, et alors tu pourras me regarder par derrière ; quant à ma face, tu ne peux la voir. » Telles sont les voies ordinaires de Dieu ; il se montre à nous plein de tendresse, d'amour, de prudence et de miséricorde. Nous sentons nos cœurs s'enflammer en nous, ainsi que les deux disciples, tandis que Jésus marchait et conversait avec eux sur la route d'Emmaüs ; mais ce n'est que lorsqu'il disparaît que nous apprenons la vérité, et alors nous reconnaissons Notre-Seigneur lui-même.

Telle est la cause pour laquelle nous ne pouvons arriver à connaître Dieu que par la méditation. Il nous faut peser toute chose en notre cœur, ainsi que fit Marie. Comme Isaac, aimons à méditer et à penser. Thésaurisons avec les miséricordes de Dieu, sachons les apprécier et les recueillir avec soin, suivant l'exemple de Jacob et de David. Jacob ne perdait jamais de vue sa vie aventureuse ; Dieu était pour lui le Dieu de Béthel, le Dieu d'Abraham, la crainte d'Isaac. Et David ne reprochait-il pas sans cesse à son peuple d'oublier le Dieu qui pour eux avait accompli de si grandes choses en Égypte, des œuvres si merveilleuses dans la terre de Cham, et des vengeances si terribles dans la mer Rouge ? Les bienfaits dont nous avons connaissance sont plus que suffisants pour allumer en nous l'amour le plus fervent. Et pourtant, nous n'en connaîtrons jamais la moitié avant le jour du jugement ! Qui sommes-nous pour que Dieu daigne ainsi nous donner des lois, et s'appliquer à faire notre bonheur ? N'avait-il que ce monde unique à gouverner ? N'existait-il pas pour lui en dehors de notre misère d'autres créatures plus sages, plus saintes, plus affectueuses ? Et pourtant, nous nous préoccupons de la prédestination et des peines éternelles. Nous raisonnons étourdiment sur des choses que nous ne pouvons changer et que nous ne comprenons pas. Je pense que c'est là une conduite qui manque essentiellement de discernement ; car, examinez les circonstances telles qu'elles sont en réalité : Nous avons sur Dieu des notions très-étendues ; toutefois, nous ne savons de lui que ce qu'il a bien voulu nous en révéla lui-même. De sorte qu'en raisonnant contre lui, nos arguments sont basés moins sur ce que nous voyons que sur ce qu'il a daigné nous faire connaître de ses perfections. Or, c'est ici l'occasion de faire une observation que bien des personnes négligent, c'est que Dieu fait principalement briller à nos yeux sa miséricorde et sa condescendance. Sa sévérité est, pour ainsi dire, cachée dans l'ombre de sa redoutable Majesté, à cause de la terreur qu'elle inspire, mais aussi parce qu'il nous a dit bien peu de chose à ce sujet. Quand il est question d'amour, oh ! alors, les expressions dont il se sert sont multipliées, explicites et même minutieuses. Il explique, il répète, il donne des raisons, il argumente, il persuade, il se plaint, il invite, il presse, il exalte.

Ce n'est qu'à de rares intervalles qu'il laisse tomber un mot sur sa rigueur. Il la constate comme un fait, et n'en parle plus. Il effraie par une révélation soudaine, mais comme c'est l'amour seul qui le porte à inspirer la crainte, il ne lui est pas difficile ensuite de tout expliquer, de tout aplanir, de tout adoucir. D'ailleurs, les expressions les plus terribles, qui ont rapport à ses jugements, sont des cris arrachés à la surprise de ses créatures, comme il arriva à Job, à Isaïe, à saint Pierre et à saint Paul, plutôt que des révélations émanées de la bouche du Tout-Puissant. Il y a dans ce fait même une nouvelle preuve de son amour. Ne pouvons-nous comprendre ce que sa sagesse et sa miséricorde nous daignent signifier par cette manière d'agir ? Il en est de Dieu comme d'un astre, nous n'en voyons qu'un côté ; et que pouvons- nous connaître de ce que nous ne voyons pas ? Qui pourrait compter les preuves de sa bonté, variées à l'infini, et les inventions multipliées de sa compassion, et ces étranges mouvements de tendresse qu'il ressent pour ses créatures ? Il s'efforce d'attirer nos regards sur ses bienfaits, mais nous ne le voulons pas. Nous préférons nous occuper de ce qu'il aimerait mieux nous voir négliger. Et nous détournons les yeux des marques innombrables d'amour que nous donne ce divin Père, et qui sont pour nous autant de preuves positives et sensibles d'une affection indicible ! Oh ! tandis que Dieu dispose tout à l'amour, et presse tant d'aimer, qu'il est douloureux de voir la persévérance avec laquelle nous nous jetons à l'encontre de sa tendresse et de ses désirs les plus ardents ! Considérez le bonheur d'être béni de Dieu. Mettez-vous dans la balance, et pesez-vous avec lui ; et alors vous verrez quel honneur c'est pour nous d'attirer sa pensée, d'occuper son attention, d'éprouver sa patience, de provoquer son amour ! En réalité, la seule pensée de Dieu est semblable à un lit sur lequel on peut s'étendre et venir chercher le repos quand on le désire. Le souvenir de sa souveraineté illimitée doit être pour nous un bonheur plus grand que la vision d'un ange, plus doux que la vue du visage de Marie, quand elle jettera un sourire de bienvenue à notre âme purifiée et pardonnée. La pensée que Dieu est tel qu'il est, nous offre plus, infiniment plus que du repos ; c'est de la joie et du bonheur. Qu'il ait entretenu pour nous un amour éternel, qu'il soit notre tendre Père, c'est là une joie au-delà de toute expression. C'est le ciel qui commence sur la terre ! N'est-ce donc pas une des merveilles du monde que la reconnaissance soit si rare ? N'est-ce pas une merveille plus grande que le petit nombre des prières, et presque aussi grande que l'amour inconcevable que Dieu a pour nous ?

L'esprit des saints est un esprit de reconnaissance

De tout temps, l'esprit de reconnaissance a été l'un des traits caractéristiques qui ont marqué les Saints. L'action de grâces a été leur prière favorite ; et lorsque leur amour gémissait de l'ingratitude des hommes, ils invitaient les animaux et même les êtres inanimés à bénir la bonté de Dieu. Saint Laurent Justinien nous offre, dans son *Traité de l'Obéissance*, un magnifique passage sur l'action de grâces. « Quiconque, dit-il, entreprendrait d'énumérer tous les bienfaits de Dieu ressemblerait à un homme dont tous les efforts tendraient à renfermer dans un petit vase les puissantes eaux de l'immense Océan ; et cela même serait plus aisé que de publier avec une éloquence humaine les bienfaits innombrables de Dieu. Toutefois, bien que la multitude et la grandeur de ces dons incompréhensibles les mettent infiniment au-dessus de toute expression, il ne faut en aucune façon les passer sous silence, ou négliger de les rappeler, parce qu'on ne saurait le faire d'une manière convenable ; au contraire, la bouche doit les confesser, le cœur les honorer, la religion les adorer, autant qu'il est permis à la faiblesse de l'homme. Car, si nos paroles ne nous permettent pas de les exprimer, nous pouvons néanmoins leur offrir une place dans les pieux espaces d'un cœur ouvert à l'affection. En vérité, la miséricorde infinie de notre Créateur éternel condescend à approuver non-seulement ce que l'homme peut, mais même ce qu'il désire faire ; car le Très-Haut compte les mérites des justes non-seulement d'après les œuvres qu'ils ont accomplies, mais aussi d'après les désirs de leur volonté[63]. » Dans une des révélations faites à sainte Catherine de Sienne, Dieu le Père lui dit que l'action de grâces invite constamment l'âme à se réjouir en lui ; qu'elle arrache entièrement les hommes à la négligence et à la tiédeur, et enfin leur inspire un vif désir de devenir de plus en plus agréables à ses yeux. Notre-Seigneur dit à sainte Brigitte que l'action de grâces est une des raisons de l'institution du saint sacrifice de la Messe : « Mon corps, lui dit-il, est immolé chaque jour sur l'autel, afin que les hommes qui m'aiment se rappellent plus souvent mes bienfaits. » — « Heureux ! dit saint Bernard, heureux celui qui, à chaque faveur qu'il reçoit, remonte en esprit vers Celui qui est la source de toutes grâces ; car, si nous ne nous montrons point ingrats quand il

---

63 Traité de l'Obéissance, ch. 28.

nous donne quelque chose, nous appelons de nouveaux bienfaits sur notre tête. » Et ailleurs le même saint dit encore : « Rendez grâces à Dieu, et vous en recevrez des faveurs toujours plus abondantes. » Saint Laurent Justinien ajoute : « Montrez seulement à Dieu que vous êtes reconnaissants de ce qu'il vous a accordé, et il répandra sur vous des dons plus nombreux et plus excellents. » Sainte Marie-Madeleine de Pazzi reçut aussi une révélation, dans laquelle il lui fut dit que l'action de grâces prépare l'âme à recevoir les dons de la libéralité infinie du Verbe éternel.

Arrêtons-nous ici, cher lecteur, et méditons quelques instants ensemble sur le Verbe éternel ; rappelons-nous qu'il est la seconde personne de la Sainte Trinité, le Verbe du Père engendré de toute éternité, la splendeur de la Majesté divine, la sagesse incréée, la même Personne qui s'est incarnée et qui a été crucifiée pour nous, la même qui nous a envoyé le Saint-Esprit, qui nous a donné Marie pour Mère, qui se donne elle-même dans le saint Sacrement, et dont l'esprit repasse en ce moment les myriades innombrables de toutes les créations possibles : songez donc quelles doivent être ses libéralités infinies et sans mesure. Nous ne pouvons en compter le nombre, en épuiser la fraîcheur, en comprendre la plénitude, ni donner des noms intelligibles pour l'homme à leurs espèces, à leurs inventions, à leurs variétés, à leurs merveilles. Oh ! si nous pouvions avoir une dévotion plus spéciale à la personne du Verbe éternel, si nous pouvions lire toutes les merveilles que l'Église nous rapporte à son sujet, et ensuite méditer et faire des actes d'amour sur ce que nous avons lu ? C'est là la véritable méthode pour augmenter notre dévotion envers sa sainte humanité, pour apprendre à veiller auprès de son berceau, à pleurer au pied de sa croix, à prier devant son tabernacle, à se réfugier dans son Cœur sacré. Priez saint MICHEL, saint Jean l'Évangéliste, et saint Athanase de vous obtenir cette dévotion ; c'est là leur ministère spécial ; et vous verrez avec quelle ardeur vous vous élancerez dans les voies de Dieu, quand l'amour aura enflammé votre cœur. Et souvenez-vous alors qu'il a lui-même fait connaître à sa servante, dans une révélation, que l'action de grâces prépare l'âme à recevoir les dons de son étonnante libéralité. Il faut donc dès ce moment commencer à offrir à Dieu de nouvelles actions de grâces, plus dignes du Roi du ciel que ces simples et rares formalités, ces respectueuses civilités dont vous vous êtes contenté jusqu'à ce jour, pour reconnaître les nombreuses obligations que vous avez contractées envers Notre-Seigneur. Promettez-le-lui, et ensuite poursuivez votre lecture, le cœur enflammé d'un amour plus ardent.

Saint Bonaventure, ou plutôt l'auteur des *Méditations sur la vie de Jésus-Christ*, nous rapporte que la sainte Vierge ne cessait de rendre grâces à Dieu, et de peur que les civilités ordinaires de la vie ne vinssent la distraire des louanges de Dieu, elle avait coutume de répondre, quand on la saluait : « Grâces soient rendues à Dieu ! » et pour imiter son exemple, plusieurs saints ont adopté la même pratique. Le P. Martinez de la Compagnie de Jésus, qui fut surnommé l'apôtre du Pérou, à cause de son zèle pour les âmes, et des travaux miraculeux qu'il accomplit dans ce pays, avait coutume de répéter quatre cents fois, et souvent même six cents fois par jour « *Deo grattas* », et il se servait à cet effet d'une sorte de chapelet exclusivement destiné à cet usage, il s'efforçait de persuader aux autres de pratiquer la même dévotion, et il déclarait qu'il ne connaissait pas de courte prière plus agréable à Dieu, pourvu qu'elle fût prononcée avec une pieuse intention. On rapporte aussi de lui, dans le procès de sa canonisation, que les différents actes d'amour qu'il offrait à Dieu s'élevaient parfois à plusieurs milliers dans le cours d'une journée.

Il existait parmi les juifs une magnifique tradition rapportée par Philon et citée par Lancicius. Quand Dieu eut créé le monde, il demanda aux anges ce qu'ils pensaient de l'œuvre de ses mains. L'un d'eux répondit qu'elle était si vaste et si parfaite qu'il n'y manquait qu'une seule chose, à savoir, une voix claire, puissante et harmonieuse, qui remplît tous les coins du monde de ses chants délicieux, offrant ainsi jour et nuit des actions de grâces à son Créateur pour ses bienfaits sans nombre. Ah ! ils ne savaient pas, ces anges, combien le saint Sacrement devait un jour remplir leur pensée bien au-delà de leurs vœux ! C'est pourquoi nos actions de grâces ne doivent pas être un exercice de dévotion que nous suivions de temps à autre ; la voix de l'amour qui vit sans cesse au fond de notre cœur ne doit jamais se taire.

Dans plusieurs des textes que j'ai cités précédemment, saint Paul parle de la prière accompagnée d'actions de grâces; comme si l'on ne devait point dire de prière dont l'action de grâces ne fît partie ;

et c'est là un exemple à l'appui de ce que j'ai avancé en disant que l'esprit de l'Eucharistie se retrouve dans toutes les parties, dans tous les actes de la dévotion catholique : « Je pense, dit saint Grégoire de Nysse, que si durant tout le cours de notre vie nous ne cessions de converser avec Dieu, si nous ne faisions autre chose que lui rendre grâces, nous serions aussi éloignés de remercier notre divin Bienfaiteur d'une manière convenable, que si nous n'avions jamais songé à le faire. Car le temps se divise en trois parts, le passé, le présent et l'avenir. Si vous envisagez le présent, c'est par Dieu que vous vivez ; si vous songez à l'avenir, c'est en lui que résident toutes vos espérances ; enfin, retournez-vous dans le passé, vous n'eussiez jamais existé s'il ne vous avait créé. Votre naissance est un bienfait de lui. Et ensuite votre vie et votre mort sont, comme dit l'Apôtre, encore des bienfaits de lui. Quelles que soient vos espérances futures, elles dépendent de ses bienfaits. Le présent seul vous appartient ; c'est pourquoi si vous ne cessiez de remercier Dieu pendant toute votre vie, votre reconnaissance suffirait à peine aux grâces du présent ; quant au passé et à l'avenir, votre imagination ne saurait inventer une méthode praticable pour y subvenir. »

À ces autorités il ne faut pas oublier d'ajouter toutes les actions de grâces que l'Église a revêtues de ses indulgences, afin d'amener plus aisément ses enfants à glorifier Dieu de cette manière. Nous aurons dans la suite l'occasion de revenir sur un fait, c'est que beaucoup de ces dévotions sont des actions de grâces à la très Sainte Trinité pour les dons et les bienfaits qu'elle a répandus sur la très-sainte Vierge.

Une pratique qui nous aidera considérablement à rendre nos actions de grâces, consiste à classer les principales faveurs pour lesquelles nous sommes tenus de remercier Dieu ; et je serais d'avis qu'en cela, comme en beaucoup d'autres choses, on voulût suivre l'ordre et la méthode que propose le P. Lancicius.

Divers motifs de rendre grâces à Dieu

1. Avant tout, nous devons remercier Dieu des bienfaits qu'il a répandus sur tous les hommes indistinctement. Saint Chrysostome insiste avec force sur ce point; et Notre-Seigneur appelait cette pratique le collier de son épouse ; car, ayant daigné épouser sainte Brigitte, parmi les instructions qu'il lui donna au sujet des ornements

spirituels dont elle devait parer son âme, il lui dit : « L'épouse doit porter sur la poitrine les signes de son fiancé ; c'est-à-dire le souvenir des bontés que je t'ai montrées, à savoir, la générosité avec laquelle je t'ai créée, en te donnant un corps et une âme, la libéralité avec laquelle je t'ai accordé la santé et mille faveurs temporelles, la bonté avec laquelle je t'ai ramenée de tes égarements, en mourant pour toi, et je t'ai réintégrée dans ton héritage, s'il te plaît d'y rentrer. » Olandini rapporte du P. Pierre Lefèvre que cette reconnaissance était un des principaux traits de son caractère. Il se rappelait toujours avec gratitude non-seulement les faveurs dont il avait été l'objet, mais les bienfaits qui lui étaient communs avec les autres hommes; il n'oubliait jamais que, pour les uns comme pour les autres, la libéralité de Dieu avait droit à la reconnaissance des créatures ; et c'était pour lui une véritable cause de tristesse de voir que les hommes, en général, ne font aucune attention à ces dons, mais les prennent comme une chose qui leur est due ; il gémissait de voir les hommes bénir si rarement l'aimable volonté et la bonté infinie de Dieu, qui a d'abord créé le monde, puis l'a racheté, enfin nous a préparé une gloire éternelle, et, dans toutes ses œuvres, a daigné penser spécialement et distinctement à chacun de nous. Sous la rubrique des bienfaits généraux, il faut, ranger toutes les grâces de la sainte humanité de Jésus, les glorieux privilèges de la Mère de Dieu, et toute la splendeur des Anges et des Saints. Entre autres promesses que Dieu fit à sainte Gertrude, on remarque celle-ci :

« Quiconque louera Dieu avec dévotion et lui rendra grâces pour les faveurs qu'il a conférées à Gertrude, recevra en retour, du Tout-Puissant, autant de grâces spirituelles qu'il aura offert d'actes de reconnaissance, sinon sur-le-champ, du moins en quelque occasion favorable. » C'est pourquoi Orlandini nous dit que Pierre Lefèvre ne cessait de féliciter les anges et les bienheureux sur les dons qu'ils avaient reçus, considérant avec soin les grâces spéciales dont ils avaient été l'objet. Puis il les prenait séparément, nommant ceux qu'il pouvait, et, profondément ému, il rendait grâces à Dieu au nom de chacun d'eux ; il regardait cette pratique comme extrêmement agréable aux habitants de la Jérusalem céleste, et très-utile à nous-mêmes, car, dans le ciel, les bienheureux sentent le poids de la dette de reconnaissance qu'ils ont contractée envers Dieu, et ils voient qu'ils ne pourront jamais l'acquitter. Il persévéra dans cette dévotion jusqu'à ce qu'il en arrivât au point que Dieu n'accordait à personne un gage de sa bonté, sans que Pierre Lefèvre se reconnût envers le Tout-Puissant une dette personnelle. Il se faisait, en quelque sorte, le mandataire de ceux qui se réjouissaient d'un bonheur ou d'un succès quelconque, et aussitôt qu'il remarquait une personne ainsi favorisée, il se mettait à l'œuvre, bénissait Dieu, et lui rendait grâces. À peine avait-il connaissance de quelque joie ou de quelque prospérité, qu'il entonnait son hymne de joie et de reconnaissance au Seigneur. Il faisait plus : à la vue d'une belle ville, d'un champ fertile, d'oliviers chargés de fruits ou de vignes abondantes, son œil s'enflammait, et comme ces objets ne pouvaient parler pour eux-mêmes, il parlait pour eux, remerciait Dieu de leur avoir donné tant de beauté, et rendait grâces au nom de ceux qui les possédaient, à cause des droits qu'ils avaient reçus sur ces biens. Oh ! qu'elle devait être admirable l'âme de ce pieux religieux ! Comblé de dons variés et privilégiés, enrichi de grâces particulières qui, pour ainsi dire, n'appartenaient qu'à lui seul, et surtout doué de dispositions intérieures qui étaient à la fois pour lui un trait caractéristique et un trésor spécial ; cet homme pieux n'a guère trouvé, parmi les Saints canonisés, d'âme plus favorisée que la sienne sous ce dernier rapport. Il n'est donc point étonnant que saint François Xavier ait inséré son nom dans les Litanies des Saints, et que saint François de Sales parle de la joie et de la consolation qu'il ressentit en consacrant un autel dans le village qui avait vu naître le bon religieux savoisien. Toutefois, semblable à Balthazar Alvarez, que sainte Thérèse aperçut dans le ciel élevé au-dessus de tous ses contemporains, bien que, parmi ceux-ci, beaucoup fussent canonisés, Pierre Lefèvre n'est point placé sur les autels de l'Église, mais repose en paix sur le sein de Dieu, parmi ceux dent la gloire est cachée. Bénie soit à jamais la sainte Trinité pour tous les dons et toutes les grâces dont elle a embelli cette âme ! Que Dieu soit béni pour tous les trésors de grâces qu'il a à jamais répandus sur les Saints qu'il tient aujourd'hui cachés dans son sein, de sorte que nous ne pouvons le glorifier pour eux !

2. La seconde catégorie des miséricordes divines, pour laquelle nous sommes tenus d'offrir des actions de grâces continuelles, consiste évidemment dans cette multitude de faveurs personnelles

que, malgré notre indignité, nous avons reçues de la bonté de Dieu. Saint Bernard s'exprime à cet égard d'une manière admirable dans son premier sermon sur les cantiques. « Dans ces luttes sans trêve que soutient, à toute heure du jour, celui qui mène une vie sainte en Jésus-Christ, soit contre la chair, soit contre le monde, soit contre le démon (car la vie de l'homme sur la terre n'est qu'un combat perpétuel, ainsi que chacun de vous peut l'avoir appris par expérience) dans toutes ces luttes nous devons chaque jour renouveler nos chants de reconnaissance, pour remercier Dieu des victoires que nous avons obtenues. Avons-nous triomphé d'une tentation, dompté un vice, évité un danger imminent, découvert à temps le piège que nous tendait l'esprit malin, délivré notre âme d'une passion qui depuis de longues années la tenait subjuguée, ou enfin obtenu par la grâce de Dieu une vertu que nous souhaitions et implorions depuis longtemps, que nous reste-t-il à faire, sinon, suivant le conseil du Prophète, d'entonner le cantique de louanges et d'actions de grâces, et de bénir Dieu à chaque bienfait que nous recevons de sa bonté ? Autrement, quand viendra le dernier jour, Dieu rangera au nombre des ingrats celui qui ne pourra lui dire : J'ai chanté vos justifications aux jours de mon pèlerinage[64]. Que dis-je ? à chaque pas que nous faisons, à mesure que la vertu fait un progrès dans le cœur de chacun de nous, il nous faut adresser un cantique de louanges à la gloire de Celui qui nous ainsi exaltés. » Voici maintenant l'opinion du P. Lancicius[65] : « J'engage fortement les fervents et fidèles serviteurs de Dieu à lui rendre grâces avec une affection spéciale et une vive reconnaissance, au moins quatre fois par jour, à cause des faveurs personnelles qu'il a daigné répandre sur eux : d'abord le matin dans la méditation ; secondement, au milieu du jour ou avant dîner ; en troisième lieu, pendant l'examen de conscience, et enfin au moment de prendre leur repos. Au premier rang de ces bienfaits personnels, il faut mettre la grâce qui nous appelés de l'hérésie à la foi catholique, de l'abandon des sacrements à une vie meilleure, ou de chutes réitérées dans le péché à une conversion sincère. » Notre-Seigneur dit un jour à sainte Brigitte : « L'épouse doit être prête, parée d'ornements éclatants de blancheur et de beauté, lorsque son fiancé vient la cher-

---

64 Ps 118, 54.

65 *Lancic.* 2, 35.

cher pour la conduire à l'autel. Pour vous, votre parure est blanche quand vous songez avec reconnaissance aux péchés qui vous ont été remis, à la bonté avec laquelle je vous ai purifiée du péché d'Adam, à la patience qui m'a fait supporter vos chutes, enfin à l'appui que je vous ai prêté dans des circonstances où, sans moi, vous eussiez succombé. »

En remerciant Dieu des bienfaits personnels qu'il nous a accordés, il faut lui rendre grâces de la santé et de la vie qu'il nous a conservées : par-là, en effet, il nous donne les moyens d'amasser chaque jour des trésors immenses de mérite, et de glorifier l'adorable Majesté de Dieu par d'innombrables actes d'amour. Remercions-le aussi des humiliations et des calomnies dont nous avons eu à souffrir, de nos paroles, de nos actions, de nos omissions, de nos intentions interprétées par la malveillance, des médisances dont nous avons été l'objet, en un mot de toutes les mortifications que notre amour-propre a dû subir. En effet, si nous considérons les véritables intérêts de notre âme, nous regardons comme des bienfaits réels les humiliations et les mépris, non-seulement à cause de l'aide qu'ils nous offrent pour avancer dans la voie de la perfection, mais aussi à cause des occasions que nous y trouvons de glorifier Dieu, d'acquérir des mérites, et par là d'obtenir une place plus élevée dans le ciel. Non, rien ne saurait procurer une plus grande gloire à Dieu que l'exercice des vertus chrétiennes, pratiquées par une âme souffrante et humiliée. Ainsi donc, si nous ne sommes pas placés dans une des conditions, dans un des états de la vie où nous puissions attirer les regards et l'admiration des hommes, rendons-en à Dieu de ferventes actions de grâces, en songeant au danger que courraient nos âmes dans une condition plus élevée et plus honorable. La patience et la longanimité de Dieu devraient aussi faire le sujet de continuelles actions de grâces. N'est-ce pas un spectacle digne d'admiration de voir d'un côté la miséricorde dont il fait preuve à notre égard, et de l'autre la persévérance avec laquelle nous nous obstinons à l'offenser ? Combien de fois ne nous a-t-il pas accordé notre pardon, rendu les mérites que nous avions perdus, et comblés de nouvelles grâces ? La conduite de Dieu à notre égard n'a été qu'un long miracle de patience. Ah ! que nous avons bien sujet de nous écrier avec cette dame espagnole dont parle le P. Rho : « Si j'avais à bâtir une Église en honneur des attributs de Dieu, je la dédierais à sa divine patience ! » Oh ! qu'elle devait être belle Pâme de cette pieuse femme, et que de doux mystères se sont passés entre elle et Dieu !

Ensuite que de péchés n'avons-nous pas été sur le point de commettre, et que nous aurions commis si la grâce n'était venue à notre secours ? Une foule de tentations, qui ont été la ruine de tant d'autres, n'ont pas même été un obstacle pour nous. L'empereur Antonin, tout païen qu'il était, remerciait Dieu des occasions de mal faire auxquelles il n'avait pas été exposé. C'est donc là un autre bienfait personnel pour lequel nous ne devons cesser de rendre grâces au Tout-Puissant. Enfin, il y a trois grandes faveurs qu'un catholique doit toujours avoir présentes à la mémoire : le choix de la Divinité qui a fait de lui un catholique, et non pas un juif, un mahométan, ou un hérétique ; la Providence qui l'a couvert d'une égide protectrice depuis le moment de sa naissance ; et la libéralité du Seigneur qui l'a comblé d'une telle profusion de faveurs et de grâces, qui n'étaient pas absolument nécessaires à son salut, mais dans lesquelles il a trouvé de quoi orner son âme, et augmenter sa joie en Jésus-Christ.

Saint Chrysostome voulait aussi qu'on se rappelât avec une reconnaissance particulière les bienfaits cachés dont Dieu nous a comblés à notre insu. « Le Seigneur, dit-il, est une abondante source de clémence dont les flots coulent sur nous et autour de nous, lors même que nous ne le savons pas. » Orlandini nous dit que sous ce rapport, comme sous tant d'autres, la conduite du P. Lefèvre était remarquable. Il avait coutume de dire qu'il n'y a peut-être pas de grâces pour lesquelles nous devions nous montrer plus reconnaissants envers Dieu, que celles que nous n'avons point demandées, et celles qu'il répand sur nous à notre insu. Il n'est pas improbable qu'au dernier jour, beaucoup d'entre nous découvriront que ces grâces secrètes ont été l'axe autour duquel leur vie a gravité, l'instrument de leur prédestination et de leur salut éternel.

3. Ne croyons pas qu'on exige de nous un trop grand sacrifice, quand les écrivains spirituels nous recommandent de rendre grâces à Dieu de toutes les afflictions, de toutes les tribulations auxquelles nous avons été soumis dans le passé, ou que le présent nous voit encore souffrir. Sans doute, ce n'est point ici le lieu d'entrer dans des détails sur l'usage qu'on peut faire des peines de la vie et sur

la miséricorde qui les envoie. Ces réflexions se présenteront d'elles-mêmes au lecteur. Jean d'Avila avait coutume de dire qu'un seul *Deo grattas*, parti d'un cœur affligé, valait mieux que six mille exclamations semblables lancées du sein de la prospérité. Mais il nous faut encore recourir à Orlandini, qui décrit si bien le don de reconnaissance que Pierre Lefèvre possédait au plus haut degré. Ce bon religieux pensait qu'il ne suffisait pas pour les hommes de s'humilier sous la main de Dieu dans un temps de calamités publiques ; mais qu'il fallait rendre au Seigneur de sincères actions de grâces de tous les maux, tels que la famine et la disette, la guerre, les inondations, les épidémies et tous les autres fléaux que le ciel nous envoie. C'était avec *la plus vive* douleur qu'il voyait les hommes refuser de reconnaître en ces circonstances la miséricorde de Dieu. Quand il gémissait sur les infortunes des autres, ce qui aiguisait le plus sa douleur, c'était de penser que les hommes ne voient pas avec quelle douceur Dieu les éprouve, car la véritable reconnaissance ne trouve pas seulement son aliment dans les faveurs qu'on lui accorde. « Non, dit saint Antiochus, nous ne pouvons point dire d'une personne qu'elle est réellement reconnaissante, jusqu'à ce que nous l'ayons vue rendre à Dieu de vives et sincères actions de grâces au milieu de l'adversité. » Et saint Jean Chrysostome, dans ses homélies sur l'Épître aux Éphésiens, dit que nous devons remercier Dieu à cause de l'enfer même et des tourments qu'on endure dans ce lieu de douleurs, parce que rien ne contribue autant que la pensée de ces supplices à maîtriser le désordre de nos passions.

4. Une dévotion non moins importante consiste à rendre grâces à Dieu pour ce que nous appellerons ses bienfaits secondaires. Sans doute, en raison de la distance immense qui nous sépare de Dieu, chacune de ses bontés est pour nous d'un prix infini ; mais, comparées entre elles, les miséricordes divines peuvent être moins grandes les unes que les autres. Saint Bernard applique à cette dévotion l'ordre que Notre-Seigneur donna à ses disciples, de recueillir les restes des pains multipliés, afin que rien ne se perdît. On lit dans la Vie de la bienheureuse *Battista Varani*, religieuse de saint François, que Notre-Seigneur lui dit un jour : « Quand vous devriez passer le reste de votre vie sans commettre un seul péché, quand vous devriez vous imposer plus de pénitences que tous les Saints du ciel

n'en ont jamais fait, quand vous devriez remplir de vos larmes le lit immense des mers et souffrir autant de douleurs que vous en êtes capable, toute cette sainteté, toutes ces pénitences, toutes ces larmes, toutes ces souffrances ne seraient point assez pour me remercier da la moindre grâce que j'ai laissé tomber sur vous. » Une autre fois, rapporte Battista, le Seigneur lui fit comprendre que la glorieuse Mère de Dieu, unissant ses perfections à celles de tous les hommes et de tous les anges, ne saurait dignement remercier Dieu d'avoir créé jour notre usage la moindre fleur des champs à cause de la distance infinie qui sépare sa grandeur divine de notre bassesse. Orlandini nous apprend que Pierre Lefèvre excellait également dans cette dévotion. Ce bon Père avait coutume de dire que dans tout bienfait de Dieu, fût-ce le plus léger, il y a trois choses à considérer, le donateur, le don, et l'affection qui l'a fait donner ; et que, si nous méditons avec soin sur cep trois points, nous verrons que tout est grand dans les miséricordes de Dieu. Et, sans doute, continue son biographe, telle était la raison pour laquelle cette âme bénie était toujours inondée des grâces les plus abondantes ; car Dieu étant an océan inépuisable de bontés, la source de ses libéralités ne saurait cesser de couler sur l'âme sage et reconnaissante qui lui offre un réservoir digne d'elle. Aussi Thomas A-Kempis fait-il observer que, si nous considérons la dignité du donateur, nul bienfait ne saurait être de peu de valeur dès qu'il vient de Dieu. Notre-Seigneur enseigna même à sainte Gertrude à remercier Dieu pour les bienfaits à venir qu'elle n'avait point encore reçus, tant l'action de grâces est agréable à Dieu.

5. Saint Ignace avait coutume de dire qu'il n'existe peut-être pas une seule personne au monde qui comprenne parfaitement les obstacles que nous opposons à Dieu lorsqu'il veut opérer de grandes choses dans nos âmes. En effet, il est difficile de s'imaginer tout ce que Dieu ferait pour nous, si nous voulions seulement le laisser faire. C'est pourquoi des personnes pieuses ont fait l'objet d'une dévotion particulière de remercier la divine Majesté de tous les bienfaits que sa munificence aurait répandus sur elles, si elles-mêmes ne l'en avaient empêchée. D'autres personnes, émues d'un vif sentiment de reconnaissance, ont remercié Dieu des bienfaits dont elles avaient négligé de lui rendre grâces au moment où elles les avaient reçus. Pierre Lefèvre disait des messes, ou en faisait dire, en expiation de

l'indifférence et de l'ingratitude avec laquelle lui ou d'autres avaient accueilli les bénédictions de Dieu ; et, toutes les fois qu'il voyait un homme riche, il faisait un acte de réparation pour les oublis dont cette personne pouvait s'être rendue coupable envers son divin Bienfaiteur. D'autres ont été vivement touchés des bienfaits que Dieu leur accordait, et lui en ont rendu grâces au moment même ; mais ensuite il leur semble qu'ils n'ont pas mis dans l'expression de leur reconnaissance toute la vivacité et toute l'affection possibles. Saint Laurent Justinien nous apprend que ce sentiment a une part dans le cantique d'action de grâces que les bienheureux chantent dans le ciel ; puis viennent les bienfaits dont nous avons abusé ou que nous n'avons pas dignement appréciés ; et saint Bernard nous dit qu'ils doivent être les objets d'une gratitude spéciale. Quelques personnes ont même été jusqu'à remercier Dieu des biens que d'autres leur préparaient, ou qui croissaient en eux, ou, enfin, qui leur arrivaient pendant leur sommeil. Cet exemple sert, du moins, à faire voir combien l'amour est ingénieux dans un cœur reconnaissant. Mais il est une autre pratique de Pierre Lefèvre, rapportée par Orlandini, que je serais fâché d'omettre, car elle est digne de nous servir de modèle. Cette dévotion consiste à offrir à Dieu des actions de grâces pour avoir empêché une foule de nos actions et de nos paroles de donner le scandale qu'elles étaient de nature à produire. Peut-il exister une miséricorde plus douce qu'une telle faveur ?

6. Quelques personnes pieuses ont aussi songé à remercier Dieu en faveur des créatures privées de raison ; c'est là une dévotion agréable à la sagesse éternelle qui a présidé à la création du monde ; de plus, elle nous offre l'avantage d'une excellente pratique de la présence de Dieu, en nous permettant, en tout temps et en tout lieu, de nous élever jusqu'à lui au moyen de ses créatures. Mais en cela nous devons moins songer à la puissance que Dieu nous a donnée sur ces êtres, ou à l'usage qu'il nous permet d'en tirer, qu'à l'amour que ce bon Père ressentait pour nous en les créant. Lui-même, du reste, en a fait la remarque à sainte Catherine de Sienne : « Quand une âme, lui dit-il, dans laquelle l'amour est arrivé à l'état de perfection, vient à recevoir de moi quelque faveur ou quelque grâce, elle ne songe pas tant au bienfait lui-même qu'au sentiment de charité qui m'a poussé à le lui accorder. »

7. Nous pouvons aussi glorifier Dieu, en le remerciant des biens qu'il a conférés à nos ennemis. Cette dévotion sera d'autant plus agréable à Dieu, qu'elle nous offrira une opportunité de pratiquer l'amour fraternel. En effet, il est impossible de s'y livrer pendant quelque temps sans que la froideur et le ressentiment ne fassent place à la douceur et à la tendresse, même à l'égard de ceux qui nous ont fait du mal, ou qui montrent la plus grande aversion pour nous. Comme le but principal de cet ouvrage est de rassembler en plus grand nombre possible les diverses combinaisons que l'affection suggère pour faire glorifier davantage notre aimable Sauveur ; comme c'est en faveur des offenses faites à Dieu et des intérêts lésés de Jésus-Christ que je veux émouvoir mes lecteurs, je les entretiendrai ici de quelques autres méthodes d'action de grâces qui répondent parfaitement à mon dessein. Regardez les âmes damnées ! il n'en est pas une que Dieu n'ait comblée de bénédictions, sur laquelle il n'ait répandu sans cesse les grâces les plus affectueuses, pas une qu'il ne se soit efforcé de gagner par les caresses divines de son Saint-Esprit. Mais, dans l'enfer, la reconnaissance n'existe pas ; la justice seule y parle, l'amour se tait. C'est pourquoi Louis Dupont, dans la préface de ses *Méditations*, nous recommande de rendre grâces à Dieu de tous les dons de la nature et de la grâce qu'il a répandus sur ceux qui se sont à jamais perdus par des actes libres de leur volonté. Que dis-je ? il s'est trouvé des hommes si jaloux de la gloire de Dieu que, dans la crainte qu'un seul point de sa création ne célébrât pas sa bonté, ils se sont plu à louer son amour qui n'inflige aux réprouvés qu'un châtiment inférieur à leurs crimes (*citra condignum*). Comme la bonté de Dieu s'est montrée prodige ! Les chiffres seraient impuissants pour exprimer la multitude des dons qu'il a accordés aux réprouvés. Ajoutez à ceux-ci tous les juifs, les infidèles et les hérétiques qui sont maintenant sur la terre, et ne pensent point à lui rendre grâces ! Songez aux mauvais catholiques qui vivent dans le péché mortel, qui foulent aux pieds les sacrements, crucifient de nouveau Notre-Seigneur, et l'outragent publiquement ! Que Dieu soit béni pour tous les dons qu'il a accordés à tous ces hommes ! Puisse le Saint-Sacrement glorifier Dieu pour eux du fond de tous les tabernacles où il réside en ce monde : car la voix de la vie mystique de Jésus est plus douce mille fois que cette voix sonore, claire et harmonieuse que,

selon le rêve de la tradition juive, les anges souhaitaient entendre s'élever de tous les points de la création.

Voulez-vous mettre cette théorie en pratique ? Suivez le plan qu'ont adopté en France les apôtres de la prière. Soyez bien persuadés que la prière ne sera pas moins une prière parce que vous la ferez sous forme d'action de grâces. Que dis-je ? Elle en sera d'autant plus avantageuse. Le dimanche, invoquez la très-sainte Trinité, et remerciez-la au nom de l'Église, du pape, des prêtres et de tous les fidèles en état de grâce. Le lundi, en union avec tous les Saints, remerciez Dieu de tout ce qu'il a fait, de tout ce qu'il fait actuellement, et se propose de faire dans la suite pour le catholicisme en Europe. Le mardi, invitez les saints anges à se joindre à vous pour rendre grâce à la divine Majesté des miséricordes qu'elle a eues pour trente-six millions de nègres et de sauvages. Le mercredi, invoquez saint Joseph, et remerciez Dieu avec lui de tout l'amour dont il a daigné faire preuve à l'égard de trois cent quarante-cinq millions de païens répandus dans l'Asie orientale. Le jeudi, uni à Notre-Seigneur dans le Saint-Sacrement, suppléez à l'ingratitude de deux cent vingt millions d'infidèles dispersés dans la partie occidentale de l'Asie. Le vendredi, retirez-vous dans le cœur sacré de Jésus, et, enflammé par le souvenir de sa Passion, réparez l'ingratitude de cent vingt millions d'hérétiques et de schismatiques. Le samedi, offrez à Dieu le cœur immaculé de son aimable Mère, au nom de tous les pécheurs du monde, en retour des bienfaits sans nombre qu'il a répandus sur eux. Oh ! mon Dieu ! puisse votre gloire trouver un accroissement dans ces prières, fût-il presque imperceptible ! Puisse chaque jour voir grandir le nombre des cœurs qui aiment Jésus, et qui gémissent de le voir si peu aimé ! Qu'importe la vie, qu'importe la mort, pourvu que Dieu soit aimé, aimé davantage, et toujours davantage ? Doux Jésus ! quand serons-nous enflammés de cet amour ? Quand sera-ce, ô doux Sauveur ? Où est ce feu que vous êtes venu allumer sur la terre ? Pourquoi ne consume-t-il pas notre cœur ? Ô aimable Sauveur ! si nous ne vous aimons pas davantage, du moins nous pouvons nous haïr à cause du peu d'amour que nous avons pour vous !

8. Une autre pratique consiste à remercier Dieu, avec la ferveur et la joie la plus vive, d'avoir rempli le ciel d'une multitude d'anges et de saints qui l'adorent comme leur chef, et lui témoignent la recon-

naissance due à l'auteur de toute grâce, à la source de tout bien. Car, si nous avons pour lui un amour sincère, nous ressentirons le regret le plus amer en voyant combien nous sommes loin de l'aimer autant qu'il le mérite. C'est donc un véritable bienfait qu'il nous a accordé, en créant des êtres qui l'aiment plus, infiniment plus que nous. Non contentes de cette pratique, des personnes pieuses ont remercié Dieu du culte et de l'adoration qu'il reçoit à chaque moment sur la terre et dans le purgatoire, de tous les sacrifices qu'on lui offre, de toutes les prières qui se disent dans l'Église, de tous les vœux par lesquels les hommes fervents se lient à son service, enfin de chaque progrès que l'amour divin fait dans les cœurs où règne la grâce. D'autres ont trouvé un attrait particulier dans la reconnaissance que leur inspiraient les mystères glorieux de la vie de Jésus-Christ, et le contraste qu'ils présentent avec les mystères de la joie et ceux de la douleur. Elles l'ont remercié de la gloire qu'il en a retirée lui-même, de la gloire que par eux il a rendu à son Père, et des bienfaits dont ils ont été la source pour nous. C'est pourquoi ceux qui ont eu une dévotion spéciale à la résurrection de Notre-Seigneur, ont toujours eu coutume d'y joindre un goût non moins vif pour l'action de grâces.

Reconnaissance pour le don de la foi
9. D'autres saints se sont distingués par les sentiments profonds et continuels de reconnaissance que leur inspiraient le don de la foi et toutes les merveilles surnaturelles de notre sainte religion. Chacun de ces deux motifs est la source d'une dévotion particulière. Celui-ci invite les hommes à se réjouir de la souveraineté absolue de Dieu, et de la puissance illimitée de son adorable Majesté, et les console de leur propre bassesse et de leur néant,

Comme Pierre Consolini, ils se sentent attirés vers l'opinion des théologiens qui, dans la doctrine de la grâce, font une part moins large au libre arbitre de l'homme qu'à la volonté de Dieu ; ils pensent ne pouvoir jamais assez remercier Dieu de ce que leur sort est aussi complétement abandonné à sa merci. Pour rien au monde, ils ne voudraient changer leur condition ; ils ne peuvent guère concevoir comment d'autres ne partagent pas leur manière de voir ; ils bénissent Dieu à cause de ses promesses, mais leur âme est plus habituée à mettre sa confiance dans l'amour de leur divin Créateur ; ils ne s'inquiètent point de mériter. Ce qui les intéresse, c'est la gloire de leur Père céleste : « Je ne puis souffrir entendre parler de mérites », disait saint François de Sales ; cependant, il n'en faut pas conclure que tout le monde ait le droit de tenir le même langage. Dans la tristesse, c'est sur la pensée de la souveraineté de Dieu plutôt que sur sa fidélité qu'ils se reposent. Ce sont là les personnes qui trouvent un bonheur inaltérable dans la religion, excepté lorsque Dieu, pour les faire grandir en sainteté, retire d'elles cette heureuse sécurité ; et alors même elles disent, avec Job : « Quoique je meure pour lui, cependant en lui je mettrai ma confiance. »

Les hommes animés de pareils sentiments, semblent, en vertu d'une grâce spéciale, avoir horreur de l'égoïsme et de l'esprit du monde. Ils se réjouissent du succès des entreprises spirituelles des autres hommes ou des ordres religieux rivaux du leur. C'est pour eux un véritable sujet de joie de voir combien surnaturelles sont toutes les dispositions de l'Église par rapport aux mérites, aux satisfactions, à la rémission des péchés, aux habitudes innées et aux indulgences. Ils ont un profond respect pour toutes les bénédictions de l'Église, pour ses sacrements, leur forme et la manière de les administrer, pour les rubriques de ses cérémonies, qui ressemblent plutôt à un avant-goût des cieux qu'à l'appareil des pompes de la terre. Ils cherchent leur gloire dans l'opposition qui existe entre les principes de l'Évangile, la force vitale de l'Église, et les calculs et les maximes du monde. Ils trouvent leur joie dans la force de la faiblesse, dans l'exaltation de la sainte pauvreté, dans la splendeur de l'abaissement, dans la toute-puissance de la souffrance, dans le triomphe de la défaite. Toutes ces pensées sont pour eux comme les parfums des Moluques que le vent apporte de loin au navigateur fatigué ; elles sont imprégnées de l'odeur du ciel ; en elles on respire Dieu. Les hommes pieux éprouvent un bonheur ineffable en voyant que les conversions sont l'ouvrage d'une grâce invisible et non de la controverse ; que Dieu prend souvent sa cause dans ses propres mains, et qu'il la fait triompher sans le secours des faibles mortels. Ils ne se forment pas de difficultés désespérantes sur Dieu et sur la nature, parce que, contrairement à la doctrine de certaines publications, ils ne regardent pas l'homme comme le centre vers lequel convergent tous les systèmes, comme la raison dernière de la création et le but suprême que Dieu s'est marqué. Une semblable théorie rétrécirait pour eux le domaine de la spiritualité, absolument comme on rétrécit le domaine de la science naturelle en faisant de la terre le centre du système solaire, ou du système solaire le centre de l'univers ; ils voient dans Jésus le centre de toutes choses, la raison dernière de la création, et le but que Dieu a fixé à ses travaux, puisque Celui qui trouve en lui-même son bonheur et son repos, a daigné dire qu'il travaillait. D'après leur manière de voir, la prédestination de Jésus explique tout, harmonise tout, contrôle tout, en un mot est la source de toutes choses en dehors de l'unité de la très Sainte Trinité ; et la prédestination de Marie est une partie de la sienne. Ils ne sont ici-bas que pour suivre ses pas, et ils n'attachent d'importance qu'à la seule dignité qui ait du prix à leurs yeux, l'honneur d'être aimé de lui. Ainsi que les astres secondaires s'éclipsent devant la lumière éclatante du soleil, ainsi les vérités terribles de la foi, la liberté d'offenser Dieu, l'éternité des peines ne sauraient frapper les yeux de ces pieuses personnes, éblouies qu'elles sont de l'aimable éclat de la prédestination de Jésus.

Remercier Dieu du don de la foi est une pratique que je ne saurais trop recommander dans le siècle où nous vivons. C'était la dévotion favorite de sainte Jeanne-Françoise de Chantal, dont l'âme était si noble et si belle. Je ne me ferai point scrupule de citer à ce sujet un extrait assez long de sa biographie, parce que, de toutes les variétés de la vie spirituelle, de toutes les manifestations de l'esprit de sainteté, je n'en trouve pas qui nous convienne mieux que le doux et aimable esprit de la Visitation. Je suis peut-être naturellement porté à m'exprimer ainsi à cause des rapports qui existent entre cet Ordre et l'Oratoire. Durant le séjour que saint François de Sales fit à Rome dans sa jeunesse, il passait une grande partie de son temps à l'Oratoire dont il appelait la règle « une admirable manière de vivre. » Un de ses amis de cœur était notre vénérable Juvénal Ancina, et saint François figura comme témoin dans le procès de sa canonisation. Quand ce saint Évêque voulut consolider l'œuvre de son apostolat dans le Chablais, il établit un oratoire de Saint-Philippe à Thonon, avec sept Pères dont il fut lui-même le supérieur. C'est pourquoi le Saint-Siège a autorisé quelques-unes de nos Congrégations à observer sa fête, comme celle d'un saint de l'Ordre. La règle de la Visitation offre plusieurs points frappants de ressemblance avec la règle de Saint-Philippe. L'édition des œuvres de l'évêque de Genève, imprimée à Venise, porte pour titre : Œuvres spirituelles de saint François de Sales, Supérieur de l'Oratoire de Thonon, et fondateur de la Visitation de Sainte-Marie ; et la traduction de la Vie de Marie-Aimée de Blonay, par Charles-Auguste de Sales, publiée à Naples, en 1694, porte en titre : Par un enfant spirituel de saint François de Sales et de Saint-Philippe de Néri.

Mais, pour revenir à sainte Jeanne-Françoise, on lit d'elle[66] : « Qu'étant allée résider à la campagne après son mariage, et lorsqu'elle fut devenue veuve, elle fit apprendre léchant du *Credo* à ceux de ses domestiques qui avaient les plus belles voix, afin qu'ils aidassent à le chanter avec plus de solennité à la messe paroissiale. Elle y prenait un grand plaisir ; et plus tard, lorsqu'elle fut religieuse, elle chantait souvent le symbole pendant les récréations. Elle avait une dévotion spéciale envers les martyrs, parce qu'ils avaient répandu leur sang pour la foi, et envers les saints des premiers siècles, parce qu'ils avaient défendu cette croyance par leurs écrits et leurs travaux. Aussi, était-il devenu proverbial parmi les religieuses, lorsqu'arrivait la fête d'un de ces grands saints des premiers siècles, de dire : « C'est un des saints de notre Mère ! » Non contente d'entendre lire leur vie au réfectoire et de parler d'eux en récréation, elle faisait quelquefois porter dans sa chambre le livre qui contenait leur histoire pour la relire en particulier. Vers la fin de ses jours, elle acheta la *Vie des Saints*, en deux volumes, y nota la biographie de ces grands saints et des premiers fidèles de l'Église, qu'elle se plaisait à relire avec une grande dévotion. Elle avait un culte particulier pour saint Spiridion, qui avait captivé la raison subtile d'un philosophe à l'aide du *Credo*. Elle savait par cœur l'hymne de saint Thomas : « *Adoro te, supplex* », et la récitait souvent. Elle l'apprit à plusieurs de ses sœurs, et leur dit qu'elle répétait le vers suivant deux ou trois fois :

Credo quidquid dixit Dei Filius.
Je crois tout ce que le Fils de Dieu a dit.

Dans les premiers temps de son veuvage, elle s'abandonna si complètement à cette dévotion, qu'elle trouvait son plus grand plaisir à pénétrer son intelligence de la vérité de ces paroles : « Je bois le

---

[66] *Dans Vie*, vol 2, p. 6. Éditions de l'oratoire.

jus de la vigne, et je crois que c'est le sang de l'Agneau de Dieu. Je goûte le pain, et je crois que c'est véritablement la chair de mon Sauveur. » Mais, quand elle se fut mise sous la direction de saint François de Sales, celui-ci lui enseigna à simplifier sa croyance, à réciter des actes de foi également fervents et courts, et lui fit voir ainsi que la foi la plus simple est aussi la plus ardente et la plus forte. Chaque matin, elle répétait le *Credo* et le *Confiteor* à la fin de l'évangile de la messe ; et un jour, tandis qu'elle exhortait ses religieuses à suivre son exemple, elle s'écria : « Ô mon Dieu ! quel besoin avons-nous de nous humilier, nous qui ne sommes pas jugées dignes de confesser notre religion devant tous les tyrans de la terre ! » C'est ainsi que saint Philippe se leva une nuit plein d'agitation, et craignant que le prédicateur de la veille n'eût donné à ses auditeurs une favorable idée de son Ordre, il s'écria : « À quoi bon se vanter ? nous ne sommes rien ; la Congrégation ne possède pas encore un membre qui ait versé son sang pour la foi. » Sainte Jeanne-Françoise fit aussi graver certaines inscriptions sur les murs de la cellule, qui servit ensuite à recevoir les novices ; et elle écrivit au-dessous du Crucifix le verset suivant tiré du Cantique des Cantiques : « Je me suis assise à l'ombre de mon bien-aimé, et son fruit était doux à mon palais. » Une sœur l'ayant priée de lui dire pourquoi elle avait mis cette inscription en cet endroit : « Afin, répondit-elle, de faire souvenir des actes de foi purs et simples ; car, bien que la foi soit une lumière par elle-même, elle est une ombre pour la raison humaine ; et je désire que mon intelligence s'abaisse pour reposer à l'ombre de la foi, en vertu de laquelle nous croyons que Celui qu'on a attaché sur cette croix avec tant de mépris est véritablement le Fils de Dieu. » Une autre fois elle dit : « Qu'elle ne levait jamais les yeux sur un crucifix sans avoir l'intention que son seul regard fût un acte de foi semblable à celui du centurion, qui répétait, en frappant sa poitrine : « Cet homme est vraiment le Fils de Dieu. »

Elle dit un jour en confidence à une certaine personne, qu'étant encore dans le monde, elle avait reçu de Dieu une grande lumière qui lui avait fait voir les avantages que donne une foi pure. Elle avait compris que notre intelligence n'est parfaite en cette vie qu'autant que nous la captivons pour l'assujettir aux exigences obscures de la foi ; et que l'esprit reçoit des lumières proportionnées à l'humilité avec laquelle il se soumet à ces obscurités. Pour elle, toujours elle avait détesté les sermons où l'on s'efforce de prouver par la raison naturelle le mystère de la sainte et adorable Trinité, ainsi que les autres articles de notre croyance ; car une âme fidèle ne doit chercher d'autre raison que cette raison unique, suprême et universelle à savoir, que Dieu a révélé ces choses à son Église avec tous les détails nécessaires.

Elle ne se souciait point d'entendre confirmer sa foi par le récit de miracles ou de révélations, et souvent elle faisait omettre les passages de ce genre dans la Vie des Saints qu'on lisait au réfectoire, ou dans les sermons sur les fêtes et les mystères de Notre-Seigneur et de la très-sainte Vierge. Elle ressemblait sous ce rapport à saint Louis, roi de France, d'illustre mémoire. Ce prince, étant un jour prié de se rendre dans sa chapelle particulière pour être témoin d'une apparition miraculeuse qui avait lieu pendant la messe, refusa d'y aller, disant que, grâce à Dieu, il croyait à la présence réelle de Notre-Seigneur dans le Saint-Sacrement ; que tous les miracles du monde ne rendraient pas sa foi plus vive, et qu'il ne désirait pas en voir, dans la crainte de perdre ainsi le fruit des bénédictions que Notre-Seigneur réserve à ceux qui croient sans avoir vu. Sainte Jeanne-Françoise disait souvent à ses religieuses : « Qu'avons-nous besoin de preuves, de révélations et de miracles, sinon pour remercier Dieu de les avoir accordés à ceux qui en avaient besoin ? Dieu nous a révélé tout ce qui est nécessaire par la voix de son Église. »

Lorsqu'elle composa ses *Méditations* pour les retraites, qu'elle eut soin d'extraire des écrits de saint François, elle désira en avoir une sur la grâce incomparable qui nous est faite, d'être les enfants de la sainte Église. Elle l'écrivit sur une feuille de papier à part, et dit à ses filles spirituelles qu'elle n'avait pas été au-delà de cette méditation pendant les deux premiers jours de sa retraite. Elle lisait l'Écriture sainte par ordre de ses supérieurs ; mais, de tous les chapitres du livre sacré, les Actes des Apôtres étaient celui qu'elle préférait ; et il est impossible de dire combien de fois elle le lut et le relut. Elle en racontait l'histoire à sa Communauté avec une ferveur toujours nouvelle ; et il semblait aux religieuses, chaque fois que leur supérieure parlait de cette Église primitive, qu'elle leur disait quelque chose dont elles n'avaient jamais entendu parler auparavant. Quand cette pieuse femme apprit que son fils venait d'être tué en combattant contre les Anglais dans l'île de Rhé, elle se jeta à genoux les mains jointes, et, levant les yeux au ciel, elle s'écria : « Permettez-moi, ô mon Seigneur et mon Dieu ! permettez-moi de parler pour donner cours à ma douleur ; et que vous dirai-je ? ô mon Dieu ! sinon que je vous rends grâces de l'honneur que vous m'avez fait en appelant à vous mon fils unique lorsqu'il combattait a pour l'Église de Rome. » Elle prit ensuite un crucifix et le baisa, en disant : « Je reçois ce coup, ô mon Rédempteur ! soumise à votre volonté sainte, et je vous supplie de recevoir mon enfant dans le sein de votre divins miséricorde. » Après ces pieuses paroles, elle s'adressa à celui qu'elle pleurait : « Ô mon cher fils ! que tu es heureux d'avoir pu sceller de ton sang la fidélité qui a de tout temps attaché tes ancêtres à l'Église de Rome ; en cela, je m'estime heureuse moi-même, et je rends grâces à Dieu d'avoir été ta mère. »

Action de grâces après la messe et la communion

10. Mais il est une espèce d'action de grâces qui doit faire partie de toutes les autres, à laquelle toutes les autres se rattachent par un lien nécessaire ; une action de grâces qui doit éclater par des larmes plutôt que par des paroles ; c'est celle qu'il faut rendre au Saint Sacrifice de la Messe, à Jésus-Christ présent en personne au milieu de son Église. Ce n'est pas seulement le bienfait inestimable du sacrifice qui doit entretenir en nous une reconnaissance éternelle ; ce n'est pas non plus l'amour indicible et la condescendance qu'il atteste ; mais c'est la joie de penser qu'enfin l'homme peut offrir à Dieu des actions de grâces dignes de sa Majesté infinie. Le temps n'est plus où la créature affligée s'asseyait en pleurant sur le bord du chemin de la vie et se lamentait parce que son Créateur était privé du culte, des louanges, des remercîments auxquels il a droit. Une seule messe est une louange infinie, et les messes se succèdent, presque sans interruption, à chaque moment du jour et de la nuit, dans notre hémisphère ou à nos antipodes. Le Saint-Sacrement réside dans les églises où se presse un nombreux concours de fidèles comme dans les sanctuaires abandonnés, et partout où il est, il rend à Dieu des louanges infinies, un culte ineffable, des remercîments au-dessus de toute expression ! et l'objet principal de la sainte Messe, c'est l'Eu-

charistie, le culte de l'action de grâces. Oui, même une simple créature, à l'aide du Saint-Sacrement, peut s'élever à un acte d'adoration tellement sublime, qu'autrement elle n'y eût jamais songé ; car la créature ne saurait rendre un plus profond hommage à son Créateur qu'en le recevant réellement présent dans l'adorable mystère de l'Eucharistie. Avec quelle douceur l'âme se repose dans cette pensée ! que de plaintes intérieures elle nous aide à étouffer ! Ainsi, plus de cette inquiétude orgueilleuse que fait naître en nous la vue de notre faiblesse, de notre misère, de l'impossibilité où nous sommes d'aimer Dieu comme nous sentons qu'il doit être aimé. Ah ! que Jésus soit béni ! il est tout pour nous. Tout ce dont nous avons besoin nous arrive par lui, dans les endroits les plus étranges, de la manière la plus inexplicable ! Ne pouvons-nous pas dire que nous aimons Dieu comme il veut l'être, que nous l'adorons autant qu'il convient, puisque Jésus est à la fois notre amour et notre adoration ? Quel bonheur ! quelle source inépuisable de bonheur ! N'est-il pas infiniment plus doux de devoir tout à Jésus, que de le trouver en nous-mêmes, si cela était possible ? Il n'est pas de plus grand plaisir en cette vie que de sentir à chaque instant nos obligations envers notre aimable Sauveur se multiplier à l'infini. Plus nos dettes s'élèvent, plus notre joie s'exalte ; plus nos obligations semblent nous lier, plus notre cœur se sent libre. Savoir que dans tout le cours de l'éternité nous serons toujours aussi loin de satisfaire l'amour de Dieu, toujours dans la même impossibilité d'acquitter notre dette envers lui, c'est là le comble de la joie. Cependant, que Jésus soit béni, mille fois béni ! car en lui Dieu trouve des louanges, une adoration, des actions de grâces profondes, magnifiques, infinies comme lui-même !

Voici une pratique qui nous permettra peut-être de juger de la sincérité de notre reconnaissance envers notre divin Sauveur, et de la manière plus ou moins sérieuse dont nous nous sommes acquittés des devoirs qu'elle impose. Quoi qu'on puisse penser des diverses méthodes de pratiquer cette dévotion, d'après l'exemple des Saints ou le conseil des écrivains spirituels, l'Église tout entière a reconnu la convenance et la nécessité d'une action de grâces particulière après la sainte communion.

S'il est un moment où la reconnaissance rend toute expression muette, c'est celui où le Créateur daigne accabler sa créature du don miraculeux de lui-même, et où il est réellement en nous. C'est pourquoi les écrivains spirituels nous exhortent, dans cette circonstance, à ne point ouvrir immédiatement un livre, mais à nous entretenir intimement avec Jésus qui est dans notre cœur. Nous aurons certainement alors quelque chose à lui dire, ou lui, du moins, nous parlera dans le profond silence de notre cœur, si nous voulons seulement l'écouter. Toutefois, que se passe-t-il alors en réalité ? Si la ferveur et la régularité avec lesquelles nous faisons notre action de grâces après la communion indiquent la mesure de notre amour pour Jésus, rien ne saurait être plus affligeant. Pour la plupart d'entre nous, s'il est dans la vie un quart d'heure ennuyeux, fatigant, également stérile en œuvres et en résultats, c'est celui que nous consacrons à ce que nous appelons notre action de grâces. Nous ne trouvons rien à dire ; notre cœur est sec. Nous ne saurions recevoir une plus grande faveur en ce monde. Chaque fois que nous communions, ce prodige devient plus étonnant ; tant notre tiédeur et notre ingratitude font de l'amour qu'il continue à nous porter une merveille chaque jour plus étrange. Il est venu Celui qui doit être notre joie dans toute l'éternité, et nous n'avons rien à lui dire ! Nous nous ennuyons en sa compagnie. Nous nous sentons soulagés quand nous le croyons parti. Nous avons été polis envers lui ; nous lui avons demandé sa bénédiction comme à notre supérieur ; mais, du reste, nous ne lui avons guère montré que de la politesse ; tout au plus, du respect. Hélas ! hélas ! à quoi bon exhorter les hommes à adopter différentes manières de rendre des actions de grâces, quand la visite de Notre-Seigneur lui-même peut à peine leur en arracher une seule ? L'action de grâces semble n'avoir plus qu'un asile sur la terre, et chaque jour son domaine paraît devenir plus précaire. Néanmoins, ces actions de grâces, malgré leur froideur, leur faiblesse et leur impatience, n'auront pas été inutiles, si elles nous font comprendre combien peu en réalité nous tenons à Jésus. Si nous pouvions recevoir sa grâce sans le recevoir lui-même, ce serait là précisément la religion de notre cœur. Ah ! aimable Seigneur ! vous savez tout cela, et vous demeurez dans le tabernacle !

Mais, direz-vous, « il est bien dur de votre part de nous abandonner ainsi, après quelques paroles plus ou moins amères. Puisque nos actions de grâces sont si défectueuses, nous essaierons volontiers de les améliorer, si l'on veut seulement nous en indiquer les moyens. »

Eh bien ! examinons ensemble ce que nos bons auteurs nous disent.

Il n'est pas, je pense, de difficulté qui se fasse plus généralement sentir, que celle de faire une bonne action de grâces après la sainte communion. Les écrivains spirituels, ainsi que je l'ai fait observer, nous recommandent de ne point nous servir de livre, du moins dans les premiers instants qui suivent la réception du corps de notre Sauveur. Ils nous assurent que s'il est dans la vie des moments où la grâce soit plus abondante, plus puissante que jamais, c'est le temps que Jésus demeure dans nos cœurs, réellement présent dans le Saint-Sacrement. Saint Alphonse, et d'autres écrivains spirituels, n'ont pas craint d'affirmer qu'une seule communion bien faite suffit pour rendre un homme digne d'être canonisé, et que l'action de grâces est le moment où l'âme s'identifie à celui qu'elle possède au dedans de soi, et où elle s'abreuve plus copieusement que jamais aux sources de la lumière et de la vie. Le conseil de saint Philippe respire tout entier l'aimable sagesse de celui qui l'a donné ; il nous recommande, si nous avons fait notre méditation avant la messe, de ne point chercher de nouvelles pensées après la communion, mais de reprendre le cours des réflexions qui ont produit le plus d'impression sur nous dans l'oraison. Nous épargnerons ainsi un temps considérable que nous eussions perdu autrement, soit à trouver un sujet, soit à choisir parmi tant de choses que nous avons à dire à Notre-Seigneur, celle par laquelle nous voulons commencer. Cette recommandation est conforme en tous points à la manière tranquille dont notre Saint avait coutume d'envisager les choses spirituelles. Il voulait que nous fussions tellement familiers avec Notre-Seigneur, que si nous étions obligés de le recevoir au moment où nous ne l'attendons pas ou sans y être préparés, notre conduite rappelât plutôt la quiétude contemplative de Marie que l'activité moins parfaite de Marthe. C'est animé du même esprit qu'il exprima le désir que les Pères de sa Congrégation n'eussent pas d'heure fixe pour célébrer la messe, mais qu'ils fussent prêts à la dire quand le sacristain venait les en prévenir.

Beaucoup de personnes qui vivent dans le monde n'ont pas le loisir de faire une méditation en règle avant la communion, et d'autres ont une manière différente de faire oraison, et consacrent leur temps à ce qu'on appelle la prière affective, dans laquelle la volonté joue un rôle plus important que l'intelligence. Or, ces personnes rencontrent une certaine difficulté à trouver, dans leurs prières, des pensées dont elles puissent reprendre le cours, après qu'elles ont reçu la communion. D'autres encore, surtout celles qui ont une dévotion particulière envers le Saint-Sacrement, mais qui cependant ne peuvent se rendre le témoignage qu'elles sont habituellement unies à Dieu, ne sauraient appliquer à leur usage la recommandation de saint Philippe, et doivent en ce moment concentrer davantage leurs pensées sur le Saint-Sacrement, et sur Jésus réellement présent en elles. En pareilles circonstances, considérant combien il est à la fois important et difficile de faire une bonne action de grâces après la communion, j'espère ne pas fatiguer mes lecteurs, en leur offrant les moyens d'atteindre à ce but. Je leur présenterai d'abord une analyse de la méthode d'actions de grâces recommandée par le P. Lancicius, et répétée par lui dans deux traités différents. Je désire être bien compris : je n'entends point recommander cette méthode telle que l'auteur la donne. Elle est infiniment trop longue et trop minutieuse ; et je crois qu'elle ne servirait qu'à refroidir la dévotion, à cause de la multiplicité des actes qu'elle renferme. Il faut donner au sentiment un champ plus spacieux, et simplifier beaucoup l'exercice tout entier. Je ne le donne donc que pour fournir des matériaux. C'est une mine où chacun, suivant ses goûts, ou suivant les circonstances, viendra chercher l'aliment nécessaire à ses réflexions ou à ses aspirations ; car elle renferme une foule de pensées aussi profondes que belles.

1. Les actes qui, d'après le P. Lancicius, doivent suivre immédiatement la sainte communion, sont les actes d'humilité. Il faut nous humilier profondément devant le Dieu, plein de grandeur, qui vient à nous, et songer alors 1° aux péchés de notre vie passée, 2° aux imperfections et à la tiédeur de notre vie présente, 3° à la bassesse de notre nature comparée à la divinité de Jésus-Christ, et 4° aux perfections divines et humaines de notre adorable Sauveur.

2. Ensuite viennent les actes d'adoration. Nous devons adorer, 1° la très-sainte Trinité dans la divine Eucharistie, 2° la sainte humanité de Jésus présent au dedans de nous dans ce moment, 3° cette même humanité présente dans le sanctuaire des églises où l'on garde le Saint-Sacrement. Réjouissons-nous alors du culte et des honneurs qui lui sont rendus dans les temples où une multitude de fidèles se

pressent à ses pieds, et pleurons sur l'outrage qu'on lui fait en lui refusant les hommages auxquels il a droit, et sur les blasphèmes dont il est peut-être en ce moment l'objet. 4° Adorons ensuite avec un respect et un amour particulier l'âme de Jésus-Christ, resplendissante de tous les ornements de la sainteté, remplie de mérites, et brûlant depuis longtemps pour nous de l'amour le plus constant et le plus fécond ; 5° le corps de Jésus qui, pour nous, a souffert des traitements si cruels et si humiliants, qui, pour nous, a été immolé, et imprimons, en esprit, de respectueux baisers sur les différentes parties de ce corps qui, pour l'amour de nous, a été tourmenté jusqu'à la mort.

3. Nous devons ensuite rendre grâces à Dieu du fond de notre cœur, de ce qu'il est venu à nous dans la sainte communion, de ce qu'il est venu sur la terre dans l'incarnation, de tous les mérites, de tous les exemples de vertus qu'il a, dans le cours de sa vie, laissés pour notre plus grand bien, d'avoir institué la sainte Eucharistie et tous les autres sacrements, de sa mort et de notre rédemption ; si nous sommes prêtres, de l'honneur qu'il nous a fait en nous élevant au sacerdoce, du bienfait de la création, de notre conservation, du don de la foi, de notre justification ; si nous sommes religieux, de notre vocation, de notre persévérance dans l'état de grâce ou dans une sainte résolution, de la patience avec laquelle il a supporté nos imperfections, nos péchés et peux des autres, de la sainteté qu'il a accordée à tant de bienheureux, des épreuves et des tribulations que nous avons eu à subir en différentes circonstances, du soin assidu avec lequel Dieu nous a conduits dans la voie de la perfection, de toutes les faveurs particulières que nous avons reçues de lui, et pour lesquelles chacun lui doit des remercîments, de tous les bienfaits qu'il a répandus sur nous par la main des autres, de toutes les grâces, générales et particulières, que Dieu a jamais accordées, et qu'il accordera jamais aux créatures, surtout de celles qu'il a répandues sur la sainte humanité de Jésus, sur sa bienheureuse Mère, et sur tous les saints et les élus, de l'institution de la Congrégation, de la Confrérie ou de l'Ordre auquel nous appartenons, de son développement, des persécutions par lesquelles il a passé, et d'où il est sorti plus fort et plus pur, de tous les saints et de tous les savants qu'il a produits, de toutes les vocations, aussi douces qu'admirables, qui ont grossi le

nombre de ses membres, de tous les fruits de salut que le monde en a retirés, de tous les amis, de tous les bienfaiteurs dont l'affection les soutient.

4. Puis vient l'oblation. Offrez à la très-sainte Trinité l'adorable sacrement que vous venez de recevoir, ces reconnaissances de la joie, de l'honneur, de la complaisance, qu'y puise la divine Majesté, à cause de toutes les grâces dont il est la source pour nous et pour tant d'autres, offrons-le pour nos péchés et pour nos besoins, pour ceux des autres, pour nos amis et nos ennemis, vivants ou morts. Offrez à notre aimable Sauveur que vous venez de recevoir, en union avec ses mérites et ses membres sacrés, votre âme et votre corps, avec toutes vos facultés, vos membres, vos sens, vos actions et le reste, ne désirant en retour que la sanctification de toute votre personne, afin d'être comme un holocauste perpétuel. Embrasé du désir ardent de plaire à la divine Majesté et de la glorifier, consumez-vous vous-même et déduisez-vous en cendres, purement pour l'amour de Dieu ; la volonté ferme que vous avez de mourir et de souffrir tout, plutôt que de l'offenser encore par un péché quelconque, soit mortel, soit véniel ; votre intention de choisir en tout ce qui se rapproche le plus de la perfection, et parmi les choses parfaites celles qui répugnent davantage à vos sens, à votre jugement, à votre volonté, à votre honneur, parce que vous espérez ainsi agrandir la gloire de Dieu, et devenir plus semblable à Jésus crucifié ; votre résolution de persévérer dans l'observance des commandements et êtes conseils de Dieu, dans l'obéissance à votre règle, et dans une vie parfaite, quelles que soient les tribulations qu'elle vous offre ; l'empressement avec lequel vous désirez endurer pour Jésus-Christ de grandes souffrances, que les hommes jugeront légères, de sorte que vous n'obtiendrez par là aucune gloire à leurs yeux ; votre détermination de ne chercher qu'en Dieu seul la fin de toutes vos actions ; et enfin le désir dont vous brûlez d'amener tous les hommes à concevoir pour lui l'amour le plus pur, et l'ardeur avec laquelle vous soupirez après cette conversion.

5. Ensuite viennent les actes de demande. Implorez de Jésus-Christ : la rémission de vos péchés, des taches dont ils ont souillé votre âme et des châtiments qu'ils appellent sur elle ; la persévérance dans sa grâce et dans une vie sainte ; si le Saint-Esprit vous en ins-

pire la pensée, et que votre directeur vous le permette, demandez des souffrances de tout genre, vives, multipliées, personnelles, secrètes, et auxquelles les autres hommes n'attachent ni n'estime, ni sympathie. Priez afin qu'elles vous arrivent sans que vous les ayez méritées, et sans exposer au péché ni vous, ni ceux qui vous affligent ; suppliez Dieu d'augmenter en vous sans cesse l'esprit d'humilité, de pauvreté, de chasteté, d'obéissance, de foi, d'espérance, de charité, de prudence, de justice, de force, de tempérance, de patience, de dévotion, de prière, de discernement ; de vous aider à mortifier vos passions, à conserver une pureté inaltérable d'âme et d'intention, enfin à pratiquer toutes les vertus. Demandez un cœur que ne souille aucune action formellement ou matériellement mauvaise, peu méritoire ou équivoque, un cœur pur de toute habitude vicieuse, de tout mouvement désordonné des passions, un cœur enfin qui, pour satisfaire à la justice de Dieu, ne doive point subir quelque peine temporelle, soit maintenant, soit à l'heure de la mort. Demandez à Dieu avec ferveur que sa grâce vous accompagne dans tout ce que vous entreprendrez, afin de découvrir ce qu'exigent la nature, la perfection et la mortification, afin, ensuite, de régler ce que vous faites sur les habitudes de vertu, innées ou acquises, que vous possédez en vous, de telle sorte que vos actions soient en harmonie parfaite avec la connaissance que vous avez de vos devoirs, et les intentions du divin Législateur. Demandez une longue vie, pleine de sainteté, et féconde de résultats pour le bien des âmes. Implorez la grâce de traiter rudement votre corps, sans cependant porter une fâcheuse atteinte à de plus grands biens, tels que la santé ; priez Dieu de bénir vos sermons, vos conversations, et les confessions que vous entendez, afin que toutes ces œuvres portent des fruits de salut, et de vous envoyer, en temps opportun, quelque peine, toutes les fois que vous avez mérité un châtiment temporel. Bien plus, demandez sans crainte à notre aimable Sauveur de vous mettre en état, autant que possible, de faire de toutes vos facultés, de tous vos sens, de tous vos membres et de toutes vos actions, ce que sa divinité a fait des facultés, des sens, des membres et des actions de sa sainte humanité.

Priez Dieu le Père en faveur des pasteurs de l'Église, afin qu'ils donnent à leur troupeau l'exemple de toutes les vertus, en faveur des infidèles, des hérétiques, des schismatiques, des pécheurs et des âmes tièdes, en faveur des saints, afin qu'ils se multiplient sans cesse et qu'ils persévèrent dans la voie de l'Esprit-Saint ; pour les rois et les princes temporels, afin que Dieu augmente dans leur cœur l'amour de la religion et de la justice, qu'il fasse régner la paix entre eux, et donne le succès à leurs entreprises légitimes ; pour ceux qu'afflige la misère ou la maladie, afin qu'ils reçoivent secours et consolation ; pour les opprimés, afin que Dieu leur accorde le don de patience et la délivrance de leurs maux, si cela n'est pas en opposition avec sa gloire ; pour ses ennemis, afin qu'ils soient comblés de grâces et de gloire ; pour l'Ordre ou la Congrégation à laquelle vous appartenez. Demandez en son nom au Père Éternel la mortification de toutes les passions, l'esprit de dévotion, une vie édifiante, le zèle pour le salut des âmes, des fruits de vertu sans cesse renaissants, le progrès dans les sciences sacrées, la protection de la Providence dans les épreuves, un revenu temporel suffisant, et un grand nombre d'ouvriers dans la vigne du Seigneur; implorez la compassion de la divine Majesté en faveur de tous les membres de votre Congrégation qui dorment du sommeil éternel, surtout de ceux qui sont morts dernièrement et qui ont été recommandés aux prières de la Communauté ; pensez aussi à ceux qui ont été vos ennemis, à vos parents, à vos amis, surtout à ceux pour lesquels on n'offre que peu ou point de prières, afin qu'ils soient délivrés du purgatoire le plus tôt possible, et qu'ils deviennent dans le ciel vos protecteurs particuliers ; priez pour toutes les affaires que vos supérieurs ont récemment recommandées à vos prières, ou si ce sont des personnes pour lesquelles vous avez été invité à prier, demandez à Dieu de les assister dans les circonstances particulières qui les ont obligées à implorer votre aide.

6. Notre devoir nous ordonne ensuite de faire divers actes des différentes vertus qui ont rapport au Saint-Sacrement. 1° Un acte d'adoration : Rendez le culte que demande la Divinité à ce Sacrement ineffable qui est en ce moment au fond de votre cœur et de toutes les églises répandues sur la surface du globe. La ferveur de cet acte d'adoration deviendra plus sensible encore si vous venez à songer à tous ces sanctuaires où le Saint-Sacrement ne reçoit que de failles hommages, où il est comme prisonnier entre les mains des Grecs schismatiques, ou dans le pays où son culte est outragé par les péchés les pins graves. 2° Un acte de foi, reconnaissant Jé-

sus-Christ, que vous venez de recevoir, comme vrai homme et vrai Dieu, et croyant fermement tous les dogmes que la sainte Église enseigne sur l'humanité et la divinité du Fils de Dieu, ou ceux que les hérétiques ont niés. 3° Un acte d'espérance : Attendez du Christ, notre Dieu et cause nécessaire de tout bien, les dons naturels ainsi que les grâces et la gloire surnaturelle, et espérez toutes ces faveurs, au nom des mérites de son humanité. 4° Un acte de charité : Embrassez-le d'abord dans toute la ferveur de votre volonté intérieure comme Dieu et comme homme; ensuite, félicitons-nous de ce que sa divinité est tellement parfaite en elle-même, tellement au-dessus de nous, que nous ne saurions en concevoir une juste idée ; en troisième lieu, réjouissons-nous en songeant que sa divinité est l'objet de l'adoration et de l'amour des anges et des saints dans le ciel, et sur la terre des hommes justes ; réjouissons-nous de ce que son âme et son corps sont bénis dans les cieux d'une manière ineffable, et ornés de dons incomparables ; en quatrième lieu, ressentons une vive douleur de voir son amour blessé par tant de péchés passés, présents ou à venir, dont tant de chrétiens, et nous les premiers, ne cessons de l'assaillir ; gémissons surtout en songeant à tous ces malheureux pour lesquels Jésus a tant fait et tant souffert, et qui se sont perdus de leur plein gré, par leur propre perversité ; enfin, animés de l'amour le plus tendre, formons le désir de voir le plus tôt possible tous les péchés et toutes les imperfections disparaitre de ce monde, le nombre des justes grossir de jour en jour, et les saints continuer avec persévérance à avancer dans la voie de la perfection ; souhaitons que les infidèles et les hérétiques rentrent dans le sein de l'Église, et que Dieu et Jésus-Christ considéré comme homme, reçoivent de la part des créatures les honneurs et l'amour que Dieu demande pour lui-même et pour la sainte humanité de son Fils.

7. Nous devons contempler dans Notre-Seigneur, envisagé comme Dieu, les attributs de sa divinité et ses autres perfections, et formuler divers actes à ce sujet.

Considérons d'abord son indépendance, ou selon le langage des théologiens son *aséité*, en vertu de laquelle il existe par lui-même, et demandons la grâce de ne dépendre que de lui seul et de nos supérieurs, uniquement pour l'amour de lui. Puis, réfléchissons sur son éternité, et implorons de lui une vie longue, afin de le servir longtemps et de souffrir beaucoup pour lui. Tournons ensuite notre attention vers son omniprésence ; désirons du fond du cœur qu'il soit connu et aimé en tout lieu, et faisons un acte fervent d'amour et d'adoration pour réparer tous les péchés qui se commettent en ce moment dans le sanctuaire sans limites de sa sainte et redoutable immensité. Après, nous pourrons admirer la fécondité infinie avec laquelle Notre-Seigneur tire des effets si admirables de l'ordre naturel et de l'ordre surnaturel, et lui demander, dans l'un comme dans l'autre, des grâces de toute espèce, afin de devenir nous-mêmes an appât qui attire les hommes à son amour, un filet qui les retienne captifs. Considérons sa sagesse infinie, et prions-le de nous rendre sages en ce qui concerne notre instruction ou celle des autres, de répandre sur nous les dons de conseil, de prudence, l'esprit de discernement, et d'accorder à toute notre Congrégation l'avancement dans la vertu et les progrès dans les études théologiques, sans lesquelles nous ne saurions travailler avec fruit au salut des âmes. Méditons ensuite sur la bonté de Dieu, et prions, afin que dans nos actions il ne voie rien qui ne soit bon ; mais il n'en sera ainsi que lorsque toutes nos actions seront faites librement, sans imperfections, et pour une fin surnaturelle, qui est Dieu lui-même. Puis, nous passerons à la génération éternelle et à la personne du Verbe, en vertu desquelles il est constitué Fils de Dieu, et nous le supplierons, au nom de cette filiation divine, de nous accorder, autant que possible, avec une abondante libéralité, selon la mesure de sa puissance ordinaire, toutes les perfections naturelles ou surnaturelles de la grâce et de la gloire, qui sont communicables à ses fils adoptifs, de la même manière qu'elles lui furent communiquées lorsqu'il réunit en lui-même la personne du Verbe éternel avec la nature humaine. Enfin, nous devons méditer sur le concours actuel qu'il apporte à toutes les actions de ses créatures, et implorer sa grâce afin que, de même qu'il rapporte à lui et à sa gloire, comme à la seule fin 'digne de lui, le concours intérieur ou extérieur qu'il prête à chacun de nos actes, de notre côté nous fassions toutes nos actions, sans aucune exception, pour lui et à cause de lui, et cela avec une telle perfection qu'il n'y ait rien en nous où l'on ne puisse retrouver la gloire de Dieu, d'une manière soit directe, soit indirecte.

D'après la même méthode nous pouvons apercevoir d'autres

perfections en Dieu et en faire le sujet d'actes analogues, tels, par exemple, que des actes de joie, en songeant que Dieu possède ces perfections en lui-même et de remercîment, parce qu'il a daigné nous les manifester et nous en communiquer les effets en certaine proportion. C'est ainsi que nous pouvons en même temps distinguer les perfections de la sainte humanité de Notre-Seigneur, aussi bien celles qui ont rapport à l'intégrité de la nature humaine, comme le corps et ses membres, l'âme et ses facultés rationnelles ou non, que celles qui sont une addition à la nature, telles que les habitudes et les actions, soit permanentes, comme la vision béatifique, soit transitoires, comme les conversations, les prières, les miracles et autres œuvres analogues. Tandis que nous méditons sur les facultés et les dispositions de l'âme à jamais bénie de Notre-Seigneur, nous pouvons lui demander de rendre nos facultés aussi semblables aux siennes que possible, et de les orner de dispositions aussi belles que celles qui ornaient les siennes, et de les exciter à accomplir des œuvres telles qu'il en a accompli lui-même. En portant nos regards sur son corps suspendu à la croix, considérons chacun de ses membres en particulier, et prions le Verbe qui, renfermé dans ce corps, a imprimé à ce membre les mouvements les plus parfaits, maintenant qu'il est descendu en nous dans la sainte communion, de régler et de gouverner non-seulement nos facultés intérieures, mais encore tous nos membres et tous nos actes extérieurs, afin qu'ils soient, pour ainsi dire, l'expression et l'image de sa sainte humanité. Demandons-lui de faire de nos actions intérieures et extérieures le reflet de ses pensées et de ses actes ; car cette transformation est rangée par les saints et les docteurs au nombre des effets les plus précieux de la sainte communion.

8. Pour conclure notre action de grâces, nous présenterons Notre-Seigneur, que nous venons de recevoir dans la sainte Eucharistie, à l'adoration de tous les esprits bienheureux. Aux saints anges nous pouvons dire : « Voici, ô sublimes ministres de Dieu, vous qui exécutez ses ordres, voici le premier né du Père Éternel, que, d'après le commandement du Très-Haut, vous avez adoré à son entrée dans le monde : obtenez-moi la grâce de le servir avec le même esprit, la même fidélité que vous mîtes à le servir au temps de votre épreuve, et que vous conservez encore aujourd'hui dans votre céleste et glo-

rieuse vie. Aux patriarches et aux prophètes nous dirons : Ambassadeurs du ciel, vous à qui Dieu a fait part de ses admirables secrets, voici le Rédempteur qui vous a été promis depuis le commencement du monde, que vous avez désiré et si longtemps attendu : faites que mon cœur palpite d'amour pour lui, et que toutes les puissances de mon âme soupirent nuit et jour après lui. Aux saints apôtres nous dirons : Illustres prédicateurs de l'Évangile, voici votre Maître bien-aimé, pour lequel votre cœur a brûlé de l'amour le plus vif, puissé-je obtenir par votre intercession la grâce de l'aimer par-dessus toute chose, et avec la plus grande ferveur ! Aux martyrs nous tiendrons ce langage : Voici, ô courageux défenseurs de la Foi, voici Jésus crucifié, pour l'amour duquel vous avez si volontiers répandu votre sang ; oh ! demandez à Dieu pour moi l'honneur de souffrir pour lui, de passer ma vie sur une croix où j'endurerai de cruels tourments, sur laquelle je serai cloué par la main puissante de la nature, ou celle des méchants, et d'où je puisse passer sans obstacle dans le sein de mon Rédempteur. Puis nous nous adresserons aux pontifes, confesseurs de la foi : Voici, ô pasteurs du troupeau de Jésus-Christ, voici l'Agneau sans tache, que vous avez si souvent immolé au Très-Haut, en odeur de suavité, sur le saint autel ; aidez-moi à passer dignement les moments de cet auguste sacrifice, à l'offrir à Dieu comme il convient, et, m'associant moi-même sans cesse à la sainte oblation, à présenter au Seigneur, en odeur de suavité, une offrande perpétuelle de moi-même et de mes bonnes œuvres. Passant ensuite aux religieux, confesseurs de la Foi : Fidèles serviteurs de Dieu, leur dirons-nous, voici votre doux et bien-aimé Seigneur, pour l'amour duquel, en réalité comme en désir, vous avez méprisé les plaisirs du monde ; aidez-moi, pour l'amour de lui, à persévérer jusqu'à la mort dans mon état, quelque misérable qu'il puisse être, et que si je cherche à m'élever sur les hauteurs de la perfection, ce ne soit jamais que pour plaire à Dieu. Quant aux saints et aux bienheureux de notre Congrégation, nous leur dirons : Voici, ô très-chers frères, votre chef, à l'exemple duquel vous avez conformé vos paroles et vos œuvres en cette vie, accordez-moi, ainsi qu'à tous mes frères qui combattent encore pour sa gloire dans les rangs de l'Église militante, la grâce de conquérir une multitude d'âmes, sans que notre piété intérieure ait à en souffrir, faites que notre nombre s'augmente d'une foule d'excellents ouvriers, appelés à cultiver le même champ, et que tous ensemble, chargés d'une abondante moisson de mérites, nous passions avec vous dans sa sainte société. De là nous nous présenterons devant le chœur des vierges, et nous leur dirons : Voici, chastes épouses de l'Agneau sans tache, voici Celui pour lequel vous avez gardé votre virginité avec tant de bonheur ; obtenez que mon cœur et mes œuvres restent toujours purs aux yeux de Celui qui est votre bien-aimé et le mien, et que sans souillure pour la flétrir, sans péché à expier, mon âme s'envole de cette vie pour monter vers lui dans les cieux. Enfin, nous nous adresserons à tous les Saints : Voici, ô les meilleurs des amis, vous qui êtes la consolation de ma pauvre âme, voici le Maître, l'auteur et la récompense de votre sainteté ; demandez-lui pour moi la grâce de marcher, comme vous l'avez fait, dans les sentiers sublimes de la vertu, et de rester fidèle à l'esprit de son ordre ; de sorte que les années, en passant sur ma tête, ne me voient pas végéter à l'endroit où j'étais d'abord, mais qu'elles soient témoins des efforts que je tente pour gravir les hauteurs de la perfection. »

Alors nous pourrons dire à notre aimable Sauveur :

« Maintenant, Seigneur, je m'éloigne de vous pour quelques instants, mais non point sans vous ! Non ! car vous êtes la consolation, la joie, le seul bien de mon âme. Je me jette avec confiance entre les bras de votre immense charité, avec mes frères, mes amis et mes ennemis. Aimez-nous, ô Seigneur, autant que cela vous est possible, enivrez-nous de votre amour, et transformez-nous en votre image, ô vous, la joie et le bonheur de nos cœurs ! Accordez-nous de vivre entièrement avec vous, de ne nous occuper que de vous et pour vous, enfin, dans toutes nos actions, dans toutes nos paroles, dans toutes nos pensées, de ne nous proposer d'autre but que vous seul, vous, notre amour et notre unique bien, qui vives et régnez dans toute l'éternité. Nous terminerons notre action de grâces par l'oraison *Respice*. Nous vous supplions, ô Seigneur, de jeter un regard de compassion sur cette famille qui est la vôtre, et pour laquelle Notre-Seigneur Jésus-Christ n'a pas hésité à se livrer aux mains des méchants, et à souffrir le tourment de la croix ; lui qui vit et règne avec vous et le Saint-Esprit, en l'unité de Dieu, dans tous les siècles des siècles. Ainsi soit-il. »

Je le répète, je n'engage personne à suivre cette méthode telle que je viens de l'exposer : mon intention est seulement que l'on vienne puiser à cette source, quand on en sentira le besoin, quelques gouttes d'eau vive pour rafraîchir le cœur desséché, et y verser la consolation qu'offre une dévotion variée. Elle mérite une étude attentive, car elle est en elle-même un véritable traité sur les moyens de vivre saintement, développés de la manière la plus solide. C'est une esquisse d'après laquelle on pourrait définitivement tracer un caractère spirituel. Dans ces actions de grâces, on exprime des désirs qu'on tient pour exaucés d'avance, on demande à Dieu des choses qui font tressaillir et trembler. C'est encore là un bien pour notre âme. Lancicius les propose comme s'il n'était pas une âme pieuse qui songeât pour un instant à les repousser. Nous ne devons pas formuler de tels désirs de notre propre mouvement ; mais il est bon de s'humilier ; et quoi de plus humiliant pour nous que de voir combien nous sommes loin de ce que nous devons être, et peut-être, ce qui nous fera encore mieux arriver à notre but, de ce que nous croyons être. Nous sommes humiliés, mais non découragés. Car, si nous nous laissions aller au découragement, ce serait une preuve qu'il n'y a en nous aucune spiritualité véritable, que nous en sommes encore au point d'où nous sommes partis, tandis qu'à cette heure, nous devrions au moins être en vue du terme béni de notre pèlerinage.

Il est encore dans cette méthode d'action de grâces un autre point qui mérite d'attirer notre attention ; c'est qu'elle excite très-vivement la dévotion à la personne du Verbe éternel. C'est l'absence de cette dévotion qui rend nos prières si légères et si froides ; c'est à elle surtout qu'on doit rapporter le défaut de ce profond esprit d'adoration qui est la marque distinctive de la dévotion au Saint-Sacrement, et aussi cette sécheresse d'âme qu'une fréquente communion semble augmenter au lieu de la faire disparaître. Prêchons seulement et enseignons la divinité de Jésus, sans nous inquiéter du peu d'attrait qu'offrent les sermons théologiques, et nous ne tarderons pas à voir tous les cœurs s'attendrir, sans que nous ayons besoin pour cela d'être éloquents, et Bethléem et le Calvaire répandront les trésors infinis de leur amour entre les mains du plus pauvre et du plus simple des humbles pauvres de Jésus-Christ. Oh ! combien de personnes ont trouvé la méditation toute différente de ce qu'elle était pour elles, lorsqu'elles ont apporté avec elle à la crèche ou au pied de la Croix, la pensée de la divinité de Notre-Seigneur ! Bien qu'elles ne fussent pas dans l'habitude de s'élever bien haut par la prière, ou de se mortifier par de pénibles austérités, un seul rayon de cette doctrine a suffi pour que leur prière se terminât souvent par une espèce de contemplation dans le sein de la très-sainte Trinité. Il en est plus d'une qui ne saurait exprimer par la parole humaine ce qui lui est arrivé ; mais les vers suivants du Dante pourraient admirablement s'appliquer à l'état dans lequel cette âme s'est trouvée plongée, du moins pendant quelques instants ; « Alors j'entendis tout le Paradis retentir de ces chants : Gloire au Père, au Fils et au Saint-Esprit ! Et telle était la douceur de ce chant que mon esprit en fut ravi. Et le spectacle qui frappait mes yeux me jeta dans une égale extase ; un sourire universel était répandu sur toute chose ; partout régnait une joie au-dessus de toute comparaison ; un bonheur ineffable ; une vie, une paix, un amour éternel ; des richesses inépuisables, et une félicité sans bornes[67]. »

Réflexions pratiques sur le même sujet

C'est ici le moment de nous adresser cette importante question : Comment nous sommes-nous acquittés jusqu'à présent des devoirs de l'action de grâces en général ! Quel est notre sentiment habituel au sujet des bienfaits que Dieu ne cesse de répandre sur nous ? Combien de temps avons-nous consacré à passer en revue les faveurs dont nous avons été comblés ? Y avons-nous jamais songé, même dans nos retraites ? Saint Ignace nous donne le sage conseil de commencer tous les jours notre examen de conscience par compter les miséricordes de Dieu, et par lui en rendre grâces. Sommes-nous même restés fidèles à cette simple petite pratique ? Plusieurs d'entre nous ont des heures fixes dans le cours de la journée pour remplir différents devoirs spirituels ; avons-nous fixé un temps particulier pour remercier Dieu ? Plusieurs d'entre nous, encore, conservent dans leur livre de piété une liste des personnes et des choses pour lesquelles ils se proposent de prier ; avons-nous quelque moyen semblable pour nous rappeler chaque jour les bienfaits dont nous devons rendre grâces à Dieu ? Pendant des semaines entières nous

---

67   Paradis, 27.

avons assiégé le trône de Celui qui est la source de tout bien ; pendant des semaines entières nous avons tout mis en œuvre, prières, chapelets, communion, et même pénitences, pour obtenir l'objet de nos désirs ; et, quand enfin Notre-Seigneur s'est rendu à nos importunités, notre reconnaissance a-t-elle été proportionnée à nos supplications ? Combien de temps a-t-elle duré ? En quoi a-t-elle consisté ? A-t-elle été accompagnée d'une ferveur nouvelle, ou d'une augmentation d'amour ? S'est-elle bornée à un simple *Te Deum* ? Ou bien, murmurant à la hâte : *Deo gratias*, nous sommes-nous jetés avec une avidité inconvenante sur ce que la main de Dieu nous offrait ; l'avons-nous pris comme une chose due, et sans éprouver autre chose qu'un vague sentiment de reconnaissance ? Hélas ! je crains bien que nous n'ayons lieu d'être honteux de nous-mêmes sous ce rapport. Loin d'entretenir en nous un esprit de gratitude, un souvenir vif et perpétuel des miséricordes de Dieu, de nous montrer réguliers et empressés à lui offrir des sacrifices d'actions de grâces, nous restons indifférents, laissant au Saint-Esprit le soin d'inspirer à nos cœurs le sentiment de nos obligations envers Dieu, et de la dépendance où nous nous trouvons vis-à-vis de lui. Nous attendons ces inspirations, et, quand elles sont venues, nous n'y correspondons que faiblement ; de sorte que nous laissons, pour ainsi dire, Dieu demander nos remercîments, plutôt que de les lui offrir librement, et avec un cœur brûlant d'amour. Nous serions assez prompts à blâmer une pareille conduite, si c'était ainsi que nos semblables agissaient à notre égard. Mais répondez avec sincérité sur ce point à votre ange gardien, et dites alors si c'était une exagération de ma part quand je disais que la disproportion qui existe entre la prière et l'action de grâces est une des merveilles de ce monde, et l'une de ses plus tristes merveilles.

Et quelle est la cause de tout ceci ? Peu m'importe de le répéter sans cesse, jusqu'à ce que vous soyez fatigués de l'entendre, si, par-là, je puis parvenir à le graver dans votre mémoire. La cause en est dans cette obstination avec laquelle vous refusez de regarder Dieu comme votre Père. Excepté le péché mortel, il n'y a guère de misère qui ne trouve sa source dans cette notion sévère, sèche et dure qu'on se forme de Dieu. Telle est la racine du mal ; c'est là qu'il faut frapper avec la hache, si vous désirez sincèrement devenir un autre homme. Cette mesure est nécessaire ; nul autre plan pour vous amender ne saurait y suppléer. Vous pouvez multiplier les méditations et les examens de conscience, réciter votre chapelet, et, comme vous en avez déjà fait la triste expérience, tout cela n'aboutira qu'à de médiocres résultats. Oh ! n'est-il pas étonnant de voir des personnes se livrer régulièrement chaque jour à l'exercice de l'oraison, sans que leur cœur devienne plus tendre ? Elles n'ont pas vaincu une seule passion, l'amour n'a pas fait un seul pas dans leur âme ! Elles ont l'habitude de la prière, sans en avoir le don. Qu'elles s'imposent des pénitences, et elles ne feront par-là qu'endurcir leur cœur, en le plongeant dans les illusions d'une orgueilleuse humilité, au lieu de l'attendrir par la douce influence d'un amour pur et véritable. Les sacrements même n'agissent plus que comme des machines détraquées. Vous plaignez-vous de la lenteur de vos progrès dans la vie spirituelle, de l'absence de toute dévotion sensible, de la force qui vous manque pour former ou tenir de bonnes résolutions, de chutes décourageantes dans les fautes graves, du défaut de respect dans vos prières, ou enfin du peu d'affabilité que vous mettez dans vos rapports avec les autres ? Quel que soit le cas, remontez à la source, elle est la même pour tous : c'est la fausse notion que vous avez conçue de Dieu. Il faut vous en dépouiller. Attachez-vous à entretenir à son égard les sentiments d'un enfant pour son père. Implorez de l'Esprit-Saint le don de piété, car c'est lui qui fera naître en vous cet amour filial. Vous devez avant tout regarder Dieu comme « Celui que le ciel et la terre révèrent comme le Père de toutes choses. » Rappelons-nous que l'Esprit de Jésus-Christ est le seul véritable esprit, et que c'est un esprit d'adoption en vertu duquel nous crions : Abba, Père ! Non, jamais vous ne marcherez dans la voie droite, tant que l'idée de Dieu, considéré comme votre Père, n'aura pas absorbé toutes les autres idées que vous avez conçues de lui, ou du moins tant qu'une harmonie, basée sur la subordination, n'aura pas relié ces dernières à l'idée principale, qui est l'âme de l'Évangile et la vie de l'aimable enseignement de Notre-Seigneur. Un homme ne saurait mieux faire que de consacrer sa vie tout entière à la propagation de cette seule idée, la miséricordieuse paternité de Dieu.

En matière de progrès spirituel, nos intérêts se confondent avec la gloire de Dieu. C'est là encore une des inventions de son amour ingénieux. Nous trouverons une raison nouvelle de nous vouer à la pratique de l'action de grâces, en songeant aux fruits que nous pouvons en recueillir au point de vue spirituel. Croître en sainteté n'est autre chose que de recevoir continuellement ces grâces nouvelles, dont Dieu récompense chacun des actes par lesquels nous correspondons aux grâces qu'il nous a déjà données ; et nous savons que rien ne saurait nous attirer des grâces aussi abondantes ou inviter Dieu à répandre sur nous ses trésors avec autant de profusion, que la dévotion de l'action de grâces. Mais ce n'est pas là le seul secours qu'elle nous offre pour nous élever dans la sainteté. Il faut aussi tenir compte des effets qu'elle produit sur notre âme. Un grand nombre de personnes s'efforcent d'avancer dans la spiritualité, et elles sentent comme une main invisible qui les retient en arrière. Le fait est, bien qu'elles ne s'en aperçoivent pas, qu'elles ne se sont point encore entièrement données à Pieu. Leur séjour a été trop court dans le purgatoire de la vie spirituelle, ou bien elles ont transigé avec Dieu, et ont conservé certains attachements, ou enfin elles ont désiré se dépouiller de leurs mauvaises habitudes peu à peu et sans violence, de façon à s'épargner les peines d'une conversion. Or, l'action de grâces ne tarde pas, quoique d'une manière imperceptible, à faire de notre religion un service d'amour ; elle nous amène à considérer les choses comme Dieu les considère, à nous ranger de son côté contre nous-mêmes, et à embrasser ses intérêts lors même qu'ils semblent en opposition avec les nôtres. Nous sommes ainsi conduits à rompre définitivement les liens qui nous attachent au monde, et à sortir de son atmosphère funeste, pour suivre en paix le chemin du ciel. Nous arrivons aussi par-là à nous pénétrer plus profondément du sentiment de notre propre bassesse, et à nous convaincre que nous sommes moins que rien en présence de Dieu. Et qu'est-ce que tout cela, sinon rendre notre conversion plus entière, plus complète ?

D'ailleurs, l'action de grâces ne prend pas une part moins grande à notre avancement dans la sainteté qu'à notre conversion. Tout progrès procède de l'amour, et l'amour est à la fois la cause et l'effet de l'action de grâces. Le sentiment de la présence de Dieu est pour l'âme ce que la lumière et l'air sont pour les plantes ; et l'action de grâces rend ce sentiment habituel à nos âmes. En effet, elle nous fait voir continuellement des actes de miséricorde dans des circonstances où nous ne les eussions pas aperçus ; elle nous met en état d'apprécier plus dignement la valeur, et en quelque sorte de sonder l'abîme de la condescendance divine d'où ils sont sortis. Bien plus, si nous sommes nous-mêmes fidèles à cette pratique, nous nous affligerons de voir les autres y manquer ; cette douleur entretiendra en nous un amour délicat et tendre pour Dieu, et y fera naître cet esprit de réparation qui accompagne toujours le progrès dans la sainteté. Notre cœur s'agrandit à mesure que l'idée de pieu s'agrandit en nous, et dès lors nous nous élançons d'un pas rapide dans la voie de ses commandements, où jadis nous nous traînions avec peine. Nous avons conscience d'une force secrète qui nous aide à franchir les obstacles et à mépriser la crainte ; en un mot, d'une liberté de bien faire que nous ne connaissions pas auparavant ; et tous ces avantages viennent de ce que l'action de grâces nous a fait mesurer la grandeur de la bonté de Dieu et l'abîme de notre bassesse ; aussi rien ne semble-t-il trop grand ou trop difficile quand il y va de la gloire de Dieu. Imitant l'exemple d'Areuna, au temps d'une épidémie, nous donnons au roi comme si nous-mêmes étions des rois, et dans l'esprit qui sied à la dignité royale. L'action de grâces a couronné nos cœurs.

C'est une grave erreur de n'accorder qu'une faible importance au bonheur qu'on trouve dans la religion, à la joie qu'on goûte dans les services de Dieu à la douceur qu'on trouve dans la prière, au contentement qu'on éprouve dans la mortification, et à la part du sentiment dans la dévotion. Il est vrai que Dieu ne nous refuse pas seulement ses consolations lorsqu'il est irrité contre nous et qu'il veut nous punir ; et, d'ailleurs, quelle que soit son intention, notre devoir est de nous soumettre à son aimable mais impénétrable volonté. Toutefois, ces consolations ne sont pas moins un puissant auxiliaire dans la vie spirituelle ; elles doivent donc être l'objet de nos désirs les plus ardents, mais, en même temps, il faut les demander avec esprit de soumission. Combien de fois n'a-t-on pas vu une personne s'acquitter mal de tous ses devoirs, parce qu'elle ne trouvait pas de bonheur dans sa religion ! Partout, à la messe, au salut, son cœur est enveloppé d'un voile que ni les sons de la musique, ni l'éclat des lumières, ni la présence même de Dieu ne sauraient percer. Les bienfaits de Dieu sont aussi onéreux pour de telles âmes, que ses châtiments le sont pour d'autres. La prière devient une pénitence, la confession une torture, la communion un véritable supplice. Ce que Dieu bénit pour elles, les irrite comme une blessure cuisante ; la paix qu'il répand les agite et les inquiète ; ces malheureux ne connaissent d'autre lumière que le faux jour où les place leur mauvaise humeur, d'autres chants que les plaintes d'un esprit chagrin. Demandez aux personnes de cette catégorie, si elles ont jamais pratiqué l'action de grâces, et vous trouverez que vous avez frappé juste. Le défaut de cette dévotion a été le vice radical de toute leur vie. Ce sont peut-être des gens nouvellement convertis à la foi catholique ; ils se sont rendus à contre-cœur à la grâce qui les appelait. Une fois à l'abri dans l'Église, ils se sont créé des difficultés partout, depuis le pape et les dignitaires de l'Église romaine, jusqu'au dernier anneau de la chaîne hiérarchique. Des obstacles imaginaires les ont arrêtés à chaque pas ; leur conversion a été pour eux la source de malheurs temporels ; la foi mérite-t-elle u| pareil sacrifice ? Et puis, quel ennui d'apprendre une nouvelle religion, des cérémonies nouvelles ! Cette pensée suffit pour les aigrir. Une autre fois, c'est un prédicateur qui a tenu un langage étrange pour eux, et ils vont s'en plaindre à mille personnes différentes, comme si tout devait se conformer à leur manière de voir. C'était le jour de l'Assomption, et les braves et simples gens du peuple voulaient qu'on leur racontât le couronnement de leur Mère dans le ciel ; mais cet important converti était à l'église, et on aurait certainement dû le consulter à ce propos. Quelle impertinence d'oser dire devant lui que la sainte Vierge avait douze étoiles sur la tête ; était-ce des planètes ou des étoiles fixes ? Ce sujet présente d'énormes difficultés à résoudre. En vérité, les prédicateurs devraient être plus prudents ! Passant ensuite au confessionnal, on trouve tout si gênant, si rude, si vulgaire, si matériel. Ainsi, pour une cause ou pour une autre, cette pauvre âme a toujours été misérable depuis le jour de sa conversion. Et pourquoi ? Pleines d'elles-mêmes et du désir de s'élever sans cesse, cherchant partout les consolations, avides de sympathies, les personnes de cette espèce n'ont jamais songé peut-être à se jeter à genoux, avec la simplicité d'un enfant, pour remercier Dieu du miracle d'amour qui les a amenées où elles sont actuellement. Un cœur reconnaissant aurait accepté avec joie toutes les difficultés qui se sont offertes à lui aux abords de sa nouvelle position, comme une pénitence due à cette dureté que la grâce a eu tant de peine à vaincre dans le cours de sa t conversion. Mais ces personnes n'étaient pas reconnaissantes, et elles n'ont pas été heureuses. C'est encore là un point digne de remarque, que le bonheur en religion provient de l'esprit de reconnaissance.

Il nous reste maintenant à faire voir en quelques mots, comment, à l'aide de l'action de grâces, nous pouvons remplir nos trois objets principaux, c'est-à-dire travailler à la gloire de Dieu, servir les intérêts de Jésus, et concourir au salut des âmes. Examinons d'abord ce qui concerne la gloire de Dieu. Il a daigné abandonner le soin de sa gloire en grande partie aux louanges et aux actions de grâces de ses créatures ; c'est là une des fins pour lesquelles il nous a créés. Or, nulle part sa gloire n'est attaquée d'une manière plus sensible que de ce côté, c'est pourquoi il attend une réparation plus éclatante de la part de ses fidèles serviteurs. Aucun d'entre eux ne lui rend grâces, animé d'une pieuse intention, sans par lui-même ajouter un fleuron à la couronne de gloire du Très-Haut. J'ai dit que l'action de grâces apportait avec elle la joie ; et l'esprit de reconnaissance n'est pas inhérent seulement à cette joie qui est un don de l'Esprit-Saint, mais il se manifeste dans toutes les dévotions particulières où l'on retrouve la joie. Les personnes qui ont honoré d'un culte spécial saint Raphaël, l'ange de la joie, ont généralement reçu le don d'action de grâces dans une mesure plus qu'ordinaire. Nous en avons un exemple dans le livre de Tobie, sans avoir besoin de recourir à la *Vie des Saints* qui se sont distingués par la pratique de cette dévotion, tels que saint Jean de Dieu, sainte Hyacinthe Mariscotti et tant d'autres. « Mon Père, il m'a rempli de joie ! » Tel est le caractère que le jeune Tobie assigne à saint Raphaël ; et, lorsque l'Archange est sur le point de se faire connaître, il leur dit : « Bénissez le Dieu du ciel, glorifiez-le en présence de toutes les créatures vivantes, car il vous a montré sa miséricorde. En effet, s'il est bon de tenir cachés les secrets d'un roi, il est honorable de révéler et de confesser les œuvres de Dieu. » Plus loin, il lui dit : « Quand j'étais avec vous, j'y étais par la volonté de Dieu, rendez-lui grâces et chantez ses louanges. » Et ailleurs : « Il est temps pour moi de retourner vers Celui qui m'a envoyé ; pour vous, bénissez Dieu et publiez ses merveilles. » Il est probable qu'en s'éloignant d'eux, il laissa tomber sur eux un rayon de sa beauté angélique, car ils se trouvèrent plongés dans une extase qui dura trois heures ; et ce que l'Ange avait laissé derrière lui, c'était l'esprit d'action de grâces. « Alors, dit l'Écriture, ils restèrent prosternés pendant trois heures la face contre terre, bénissant le Seigneur ; et puis, se relevant, ils allèrent publier ses merveilles. — Alors le vieux Tobie prenant la parole dit : « Glorifiez le Seigneur, ô enfants d'Israël ! Voyez ce qu'il a fait pour nous, et, remplis d'une crainte respectueuse, rendez-lui gloire, et exaltez le Roi éternel des mondes. Bénissez le Seigneur, ô vous qui êtes ses élus, réjouissez-vous en ces jours, et glorifiez-le ! Jérusalem, cité de Dieu, glorifiez le Seigneur, à cause de tous les biens qu'il a répandus sur toi ! » Et quelle belle fin couronna sa vie, après que l'Ange eut laissé son manteau de joie et de reconnaissance sur le saint vieillard ! « Le reste de sa vie s'écoula dans la joie, et, après avoir grandi dans la crainte de Dieu, il mourut en paix. » Et cette joie lui survécut dans la personne du jeune Tobie qui, au lieu de pleurer son père, dit de lui : « Après qu'il eut vécu quatre-vingt-dix-neuf ans dans la crainte du Seigneur, on l'enterra avec joie. » Ce sentiment ressemble à celui qu'on retrouve dans les maisons religieuses, lorsque Dieu appelle à lui un des membres de la Communauté, sentiment qui est parfois un sujet de scandale pour l'étranger qui ignore combien l'esprit du cloître est profondément opposé à celui du monde.

En second lieu, cette dévotion nous fournit de puissants moyens de servir les intérêts de Jésus. Que cherchait-il avec plus d'ardeur sur la terre que la gloire de son Père ? Quoiqu'il soit dit de lui qu'il connaissait les hommes et qu'il ne voulait pas se confier à eux, néanmoins il daigna paraître surpris en voyant qu'un seul des dix lépreux revenait sur ses pas pour rendre grâce à Dieu. Que de mystères dans ces actions de grâces qu'il fait éclater tout d'un coup, lorsqu'il remercie son Père d'avoir caché ses mystères aux sages et aux savants, et de les avoir révélés aux enfants. Il est un moyen particulier que je conseillerai de suivre pour faire prospérer les intérêts de Jésus. Je le suggère d'autant plus volontiers qu'il est plus rempli d'amour, et nous coûte moins de peine. C'est d'assumer sur nous-mêmes une espèce d'apostolat, et de propager la pratique de l'action de grâces. Il n'est peut-être pas un individu parmi nous qui n'exerce une influence quelconque sur d'autres, soit enfants, serviteurs ou amis. Enseignons-leur à faire des actions de grâces plus fréquentes, plus régulières, plus ferventes. Glissons, toutes les fois que cela nous sera possible, un mot en faveur de cette dévotion. Si chacun des dix mille membres de la Confrérie du précieux Sang persuadait à cinq personnes de rendre grâces à Dieu chaque jour, en honneur des cinq plaies de Notre-Seigneur, ces cinq personnes en exciteraient d'autres à suivre leur exemple, et cette dévotion ne tarderait pas à s'étendre à l'infini, comme les cercles que l'enfant forme, en se jouant, sur la surface d'une eau tranquille. Et quelle joie pour Jésus de voir la moisson de gloire que Dieu recueillera dans cinquante mille âmes qui feront chaque jour un acte de remercîment de plus qu'à l'ordinaire, ne fût-ce qu'un simple *Deo gratias* ! Songez combien de grâces, de mérites, de gloire, d'adorations, de louanges renferme un seul *Deo gratias*, articulé avec une pieuse intention ! Et en même temps quel léger effort faudrait-il de la part de la Confrérie pour faire monter, chaque année, vers la sainte Majesté de Dieu, trop souvent outragée, dix-huit millions deux cent cinquante mille de ces actes surnaturels. Oh ! pourquoi laissons-nous échapper tant d'occasions de servir Dieu, sans en tenter l'essai ? Quel hommage d'amour porterait à Jésus ce facile apostolat de l'action de grâces ! Mettons-nous à l'œuvre dès maintenant, car le temps fuit rapidement, et déjà nous avons tenu trop longtemps la gloire de Dieu dans l'attente.

C'est ainsi que dans les écoles, dans les séminaires et dans le sein des familles, surtout celles où se trouvent beaucoup de jeunes enfants, dans la bouche desquels Dieu a placé ses louanges, de petites associations pourraient se former. On conviendrait de faire chaque jour, à part soi, quelques aspirations de reconnaissance, ou, s'il y avait possibilité, de faire en commun un acte de cette nature, et de dire avec plus d'attention les prières avant et après les repas. L'objet de ces petites associations pourrait être de remercier Dieu en général de toutes les grâces dont sa bonté a comblé ses créatures, ou en particulier de l'incarnation, ou de la miséricorde en vertu de laquelle il a fait de Marie notre Mère aussi bien que la sienne. Supposons que les élèves d'une école chrétienne s'unissent matin et soir dans un acte d'action de grâces pour remercier Dieu du don de la Foi catholique : ces enfants béniront ainsi le Seigneur de la grâce nationale qu'il a accordée à leur pays, et acquerront ainsi une habitude qui deviendra pour eux une sauvegarde contre les tentations à venir. Ces associations pourraient, si on le jugeait à propos, embrasser la dévotion aux saints anges, dont la vie est un chant éternel de reconnaissance et de louanges ; et la vertu de pureté, fruit de cette dernière dévotion, se développerait ainsi dans l'âme des enfants. Si nous nous formons une juste idée de la gloire de Dieu, en un mot, si nous l'aimons, toutes ces pratiques auront une valeur à nos yeux, et les bénédictions qu'elles apportent cesseront de nous paraître insignifiantes. Que de temps perdu n'avons-nous pas à réparer, dans cette importante affaire de l'action de grâces !

On est étonné de voir combien de gloire un seul homme peut acquérir pour notre Sauveur, s'il veut seulement se mettre à l'œuvre. Durant le séjour que saint Jérôme fit en Orient, il entendait souvent les moines de ces contrées entonner leur doxologie : Gloire au Père, au Fils et au Saint-Esprit. Cette dévotion lui devint chère, et il pria le pape Damase de l'établir dans l'Église d'Occident, où, humainement parlant, elle n'eût jamais été en usage sans lui. Qui pourrait dire combien de fois, depuis ce temps, cette doxologie a été répétée en Occident avec une pieuse intention et un cœur brûlant d'amour ? Voyez comme elle revient sans cesse dans l'office divin. Chaque fois que sainte Marie-Madeleine de Pazzi la répétait, elle faisait en esprit l'offrande d'elle-même à la sainte Trinité, et inclinait la tête comme si elle allait la poser sur le billot et souffrir pour la Foi. Toutes les fois que saint Alphonse, dans sa vieillesse, apprenait quelque nouvelle favorable à la gloire de Dieu, ou à la prospérité de son Église, il s'écriait, le cœur rempli d'une douce émotion : *Gloria Patri, et Filio, et Spiritui Sancto*. Le bienheureux Paul de la Croix avait, dit-on, un goût merveilleux pour cette dévotion, et il s'efforça de la communiquer à ses religieux. La Vie des Saints pourrait aussi nous fournir une foule d'autres traits d'amour héroïque, qui ont rapport à cette doxologie. Toutefois, si saint Jérôme n'avait pas suggéré au pape Damase la pensée de l'introduire dans l'Église d'Occident, toute cette gloire aurait été perdue pour Dieu. Quand les hommes entreprennent quelque œuvre pour Dieu, ne fût-ce que la plus petite chose, ils ne savent jamais où elle s'arrêtera, ni tout ce qu'elle opérera pour sa gloire. Le secret de l'amour est donc de toujours travailler pour Dieu, sans s'inquiéter s'il entreprend une grande œuvre ou non. « Répandez votre pain sur les eaux qui passent : parce que vous le retrouverez après un long espace de temps. Semez votre grain dès le matin ; et que le soir votre main ne cesse point de semer : parce que vous ne savez lequel des deux lèvera le plus tôt, celui-ci ou celui-là : que si à l'un et l'autre lèvent, ce sera encore mieux[68]. »

En troisième lieu, cette dévotion sera un puissant auxiliaire du salut des âmes. Nous-mêmes, en la pratiquant, nous obtiendrons de Dieu des grâces infiniment supérieures à celles que pourraient nous attirer nos faibles prières. Oh ! procurons-nous ce doux spectacle ! Voyons les trésors de la miséricorde divine s'ouvrir devant nous, ses grâces se répandre sur nous, les cœurs endurcis s'attendrir, et l'Église universelle inondée d'une foule de bénédictions nouvelles ! Ensuite, en Offrant chaque jour à Dieu quelque réparation pour l'ingratitude et la négligence des pécheurs, nous pourrons apaiser sa colère et détourner la main de sa justice déjà levée sur leur tête et prête à les frapper de châtiments temporels et spirituels. Il est étonnant de voir combien de voies indirectes l'amour de Dieu ouvre à nos prières, afin que nous l'aidions à sauver les âmes. Je voudrais que nous fussions plus habiles à les trouver, plus infatigables à les suivre. Pauvres âmes ! nous vous avons donné assez de sandale ; plaise à Dieu que nos prières et nos actions de grâces puissent le réparer ! Le précieux Sang ne semble pas nous appartenir à moitié, tant qu'il n'est pas aussi à vous. Oh ! puissé-je ne jamais oublier qu'il est sur la terre des âmes dont le salut dépend de mon zèle et de mes prières. Il est peut-être une âme, que Dieu a aimée de toute éternité, que son amour a choisie de préférence à des millions d'autres qu'il aurait pu tirer du néant ; une âme dont le nom était dans le cœur de Jésus sur la croix, et pour laquelle il a offert en particulier toutes ses souffrances ; une âme que Marie attend avec anxiété dans le ciel. Cette âme verra-t-elle Dieu ou non ? sera-t-elle revêtue d'une beauté incomparable, couronnée de dons ineffables et plongée dans un océan de félicité éternelle ? Sa destinée en vertu d'un adorable décret de l'amour divin, dépend de ma prière ! Ah ! Seigneur ! quand vous ai-je vu avoir faim, et ai-je refusé de vous donner à manger ? Quand avez-vous eu soif, et ai-je refusé de vous donner à boire ? Puisse votre réponse retentir sans cesse à mon oreille tremblante d'amour : « Si tu ne l'as pas fait pour le plus petit d'entre ceux-ci qui sont mes frères, tu ne l'as pas fait pour moi ! »

---

[68] Qo 11, 16.

8
Louange et désir

La science et la grâce
Les savants nous font pénétrer dans les replis les plus cachés de la nature pour nous montrer, jusque dans le plus vil insecte, l'admirable harmonie qui existe entre ses habitudes et ses nécessités, ses instincts et ses besoins. Par-là ils font éclater à nos yeux non-seulement la puissance et la sagesse que proclame la création, mais aussi l'attentive prévoyance et la tendre compassion du Créateur. Nous avons admiré la même miséricorde dans le monde spirituel et dans son organisation surnaturelle. Tout pour l'amour ! tel est le système dont le développement a souvent mis notre foi à l'épreuve. Dieu nous aime avec excès ; en retour, il désire ardemment être aimé de nous, et il nous prodigue, avec une profusion incroyable, les moyens les plus extraordinaires de l'aimer et d'accroitre sa gloire. La théologie est la contrepartie de la saine physique. Elle peut nous révéler, sur les anges que nous n'avons jamais vus, des choses aussi merveilleuses que l'astronomie peut nous en apprendre sur les étoiles que nous ne pouvons atteindre. La science des lois de la grâce est semblable à la science des lois de la vie. L'histoire et la constitution de

l'Église nous frappent d'un étonnement égal à celui qu'excitent en nous les rapports de la géologie. À l'aide de la révélation, de l'Église, de la raison, et des lumières de l'Esprit Saint, les théologiens catholiques ont exploré la spiritualité avec au moins autant de certitude et de succès que les savants modernes ont exploré la matière. Ceux qui ne peuvent retenir un sourire lorsqu'ils nous entendent parler aussi familièrement des différentes choses angéliques, ressemblent à ceux qui se mettent à rire lorsqu'on leur dit qu'une planète est de telle ou telle dimension, ou qu'elle est faite d'une matière aussi légère que le liège. Dans un cas comme dans l'autre, c'est le scepticisme de l'ignorance qui excite ce sourire. La puissante intelligence de l'homme s'appliquait autrefois à étudier la vie de Dieu, ses perfections, son incarnation, et ses rapports avec les hommes. La révélation lui offrait un nombre infini d'axiomes infaillibles, et, appuyée sur de pareils secours, elle produisit le chef-d'œuvre de l'esprit humain, la théologie catholique. Depuis, on a dirigé les efforts de cette puissante raison sur les courants de l'Océan, le souffle des vents, les phénomènes électriques, la mécanique céleste, et le fruit de ces travaux a été l'étonnant système de la science moderne ; toutefois, même sous le rapport des opérations intellectuelles, ces résultats ont moins de droits à notre admiration que les Sommes de la théologie scolastique.

C'est l'ignorance de notre religion qui, plus que toute autre chose, nous empêche de distinguer l'amour extrême que Dieu a pour nous. Pour le sauvage (dont l'esprit peu observateur ne conçoit que les phénomènes où se révèle une puissance quelconque, tels que les ouragans, le tonnerre, le soleil, la mer, le vent), le Créateur est simplement un puissant esprit. Si ce même homme pouvait voir les affections et les instincts des animaux, tels que la science nous les met sous les yeux, la notion qu'il a conçue du Créateur changerait immédiatement. Ainsi, lorsque les hommes, attachés à la poursuite des biens de ce monde, négligent le culte de Dieu, ce ne sont que les terribles phénomènes de la religion, la mort, le péché mortel, le jugement, l'enfer, la prédestination, qui peuvent attirer leur attention. Il leur faut descendre dans les plus petits détails de la grâce, dans les secrets de la prière, dans les différentes dispositions des mérites et de la gloire, dans les miséricordieux trésors des indulgences, dans les doux mystères de Jésus et de Marie, afin de se former une idée quelconque de la grandeur et de la profondeur de cet amour merveilleux que Dieu a pour nous. Le fracas du tonnerre peut faire tressaillir l'homme distrait ; mais ce n'est qu'une oreille attentive qui peut saisir le frémissement de la brise du soir qui expire doucement dans le feuillage des arbres.

Nous avons vu comment Dieu nous met en état de l'aimer en nous donnant ses propres perfections et les mystères de son Fils bien-aimé, afin que nous les offrions à sa divine Majesté, comme s'ils nous appartenaient ; nous avons vu comment il désire que nous unissions nos faibles services aux intentions et aux actions de Jésus-Christ ; nous avons vu enfin comment toutes ces choses peuvent également servir à intercéder, à rendre grâces à Dieu et à le louer. Nous pouvons maintenant faire un pas de plus, et dire que, dans sa sollicitude d'obtenir notre amour et de nous donner les moyens de l'aimer, il élève nos impuissants désirs à la hauteur d'actes accomplis, et nous permet ainsi de lui rendre un culte délicieux, céleste, en lui offrant les désirs d'un cœur brûlant d'amour. Il ne veut pas toujours du sang, des douleurs, des sacrifices. Il ne refuse pas de donner pour aliment à sa gloire une offrande que n'accompagne pas une abnégation héroïque de soi-même. Le cœur le moins courageux du monde peut l'aimer et entretenir pour lui l'amour le plus fervent.

Chacun d'entre nous peut sans doute se rappeler un livre qui faisait les délices de sa jeunesse, qu'on appelle le *Voyageur au coin du feu*. Les scènes qu'il nous offrait sont encore présentes à notre imagination. Assis dans une chambre riante, ou doucement bercés sur une chaise à bascule, au milieu de jouets épars et brisés (débris des jeux qui nous avaient tour à tour amusés et fatigués pendant l'heure précédente), en un mot entourés de toute espèce de jouissances, nous pouvions traverser les déserts sablonneux de l'Afrique, errer au Brésil, dans des bois ombreux, dans des prés émaillés de fleurs, nous jouer sus les volcans de l'Islande, ou, enfin, épier les Tartares du haut de la grande muraille de la Chine. Et, quand venait la nuit, nous regardions sous nos petits lits pour voir si quelque brigand n'était pas caché là, ou nous faisions naufrage en songe, et ces alarmes, toutes vaines qu'elles étaient, suffisaient pour que le matin fût appelé aye impatience et reçu avec bonheur. Or, l'amour de Dieu a réalisé dans notre dévotion quelque chose de semblable à ces voyages au coin du feu. Nous pouvons aller d'un pays à l'autre sur la terre, faisant des vœux pour que Dieu reçoive chaque jour plus de gloire, et adorant Jésus dans les tabernacles où il est abandonné. Il nous est permis de parcourir tous les sombres royaumes du purgatoire, et là de soupirer après la gloire de Dieu et les intérêts de Jésus. Nos yeux peuvent, sans être éblouis, contempler la cour du ciel, et notre cœur unir aux adorations des anges ses désirs intérieurs et ses louanges muettes. Nous pouvons passer d'un attribut de la divine Majesté à un autre, et offrir à chacun d'eux l'hommage de nos félicitations, de notre joie, de nos vœux, et même du désir impossible de les voir plus parfaits. Cependant, ce n'est pas là simplement un amusement, une manière innocente d'occuper notre esprit, en le fixant sur les grandeurs de Dieu. Non ! c'est un véritable culte, un hommage qui plaît à l'Éternel, une adoration qui a pour résultat de nous obtenir des grâces actuelles, et de nous assurer après chacune un degré de gloire correspondant.

En vérité, il n'y a rien de plus substantiel que toutes ces choses. La montagne et les rochers qui la couvrent sont des réalités moins fortes qu'un culte véritable. La souffrance même n'est qu'une illusion en comparaison de ce qui a la vertu de plaire à Dieu. La grâce étant une participation à la nature divine, est mille fois plus solide que toutes les natures des hommes et des animaux ; et les lois de la pesanteur sont moins certaines que la gloire ineffable des bienheureux. Oui, les voies de Dieu sont bien au-dessus des voies humaines, et nous nous perdons dans les conseils de son amour. Si, à l'aide de notre faible discernement des choses spirituelles, nous pouvons toucher et sentir la réalité de tout ce qui a rapport à Dieu, est-il étonnant que les saints aient parlé avec tant d'indifférence et de dédain des choses de la terre, comme si la douleur et le plaisir, la vie et la mort, étaient des choses tellement insignifiantes que peu importe laquelle est le partage de l'homme ? Non, il n'est pas de science comparable à la science d'aimer Dieu.

Ce que c'est que la louange et le désir

La *louange* et le *désir*, tel est le double objet dont je vais vous entretenir dans ce chapitre, et je m'occuperai aussi des pratiques que les saints nous ont proposées dans cette dévotion. La louange est quelque chose de plus que l'action de grâces. C'est un hommage rendu à la bonté, à la toute-puissance, à la pureté et à la beauté de Dieu. C'est glorifier Dieu d'être ce qu'il est, et de ce qu'il n'y a rien qui lui ressemble. C'est inviter tous ses anges et tous ses saints à l'exalter de tout leur pouvoir ; et, des bienheureux nous élevant jusqu'à Marie, la supplier de glorifier la divine Majesté mieux que nous ne saurions le faire. Puis, après avoir épuisé le trésor de ses prérogatives presque divines, nous pouvons monter jusqu'au sacré Cœur de Jésus, qui est semblable à un océan sans rives, dont chaque vague resplendit de l'éclat de la gloire ineffable qu'il rend à Dieu. Mais là encore nous rencontrons une limite, bien que la jolie petite gravure française (où l'on voit un ange qui s'efforce de sonder le sacré Cœur et ne peut faire descendre sa sonde que jusqu'à la moitié) soit l'expression de la vérité, en tan t qu'il est donné aux hommes et aux anges de mesurer la profondeur de ce Cœur divin. Alors, puisant une sainte hardiesse dans notre amour, dans un excès d'amour, nous osons nous jeter sur le sein du Très-Haut, et, dans une douce extase, prêter l'oreille aux mille voix qui en sortent pour le louer et le bénir lui- même. Qu'un pareil esprit est différent de celui qui discute sans cesse la nécessité de l'obéissance, qui s'informe exactement des droits qu'il a sur Dieu, qui s'assure jusqu'à quel point le Très-Haut s'est engagé par son alliance avec l'homme, enfin qui suit l'opinion probable en faveur de la pratique la plus facile. Je ne dis pas qu'un pareil esprit soit condamnable. Je ne critique, je ne blâme rien. Je dis simplement une chose que personne ne saurait nier, c'est qu'un pareil esprit diffère essentiellement de l'esprit de louange. De plus, ce dernier est infiniment plus facile et plus doux : il n'apporte aucune souffrance avec soi ; il n'exige aucune austérité ; il ne nous force pas à gravir les hauteurs escarpées de la contemplation. La dévotion n'offre rien de plus simple. Mais ce n'est pas seulement un esprit différent de celui dont nous venons de parler ; ses résultats sont aussi différents, ainsi que le genre de spiritualité qu'il produit. Il nous excite à servir Dieu par amour ; c'est pourquoi il trouve sa place dans ce traité, qui, sans lui, serait incomplet.

Par *désir* je n'entends pas ce que les théologiens appellent l'amour de concupiscence, en vertu duquel nous soupirons tous après Dieu comme après notre fin dernière et notre souverain bien. Cet amour de concupiscence n'entre pas dans le plan que je me suis tracé. Par désir, j'entends la dévotion que font naître dans nos cœurs l'amour de complaisance et l'amour de bienveillance, que je me propose de vous expliquer dans la suite. C'est désirer que Dieu reçoive plus d'amour, plus d'obéissance, plus de gloire de la part des hommes. C'est souhaiter, dans notre amour pour lui, de voir augmenter tout ce qui, dans le ciel, sur la terre, dans l'enfer et dans le purgatoire, peut contribuer à alimenter ou à accroître sa gloire accidentelle. C'est former des désirs même impossibles, comme de souhaiter qu'il soit plus parfait et plus beau qu'il n'est, lui qui est la perfection même et la beauté absolue. C'est désirer de souffrir le martyre pour la foi, d'éteindre l'enfer, ou de faire évacuer le purgatoire. C'est désirer, jusqu'à ce que des larmes de componction jaillissent de notre cœur, de voir anéantir le péché, disparaître les scandales, et la tiédeur s'évanouir de la terre. C'est désirer surtout de servir l'aimable et terrible Majesté de Dieu autrement que nous ne le faisons, et d'attendrir ces cœurs de pierre qui ne battent point pour Dieu. C'est désirer que chaque grain de sable du rivage, chaque feuille de la forêt, possèdent l'intelligence et la voix d'un Séraphin pour grossir le chœur qui chante les louanges de Dieu. Là encore nous trouvons une différence entre cet esprit et celui qui consiste à faire des vœux pour échapper aux flammes de l'enfer, pour ne faire qu'un court séjour dans le purgatoire ou l'éviter entièrement, à prier pour obtenir une vie tranquille et une mort douce, à implorer des biens temporels, à demander des guérisons aux reliques des saints, enfin à soupirer après la paix, la joie et la stabilité du ciel, purement et simplement, parce que le contraire nous rend malheureux en ce monde. Encore une fois, qu'on ne se méprenne pas sur le sens de mes paroles. Je ne dis pas que ce dernier esprit soit mauvais. Point du tout. Je souhaiterais que tous les enfants des hommes en fussent animés. Mais il est évidemment différent de l'esprit de désir. Ce dernier est aussi plus facile et plus doux. D'ailleurs, comme l'esprit de louange, il fait naître un genre de spiritualité tout différent, et conduit au service d'amour.

La *louange* et le *désir*, tels sont donc les deux points qui doivent fixer notre attention. Désormais je ne les séparerai plus ; car ils se rapprochent et s'éloignent si constamment l'un de l'autre, que nous simplifierons la question en les considérant comme une seule et même chose. Vous savez, pour revenir sur ce que j'ai déjà répété tant de fois, vous savez que j'exige de vous une grande confiance en Dieu. Un culte n'est pas digne de ce nom, lorsqu'il n'est pas l'expression de la confiance. Sans confiance point d'amour ; mais aussi, point de confiance sans un sentiment filial. Nous revenons toujours au même point : Dieu est notre Père ! Considérez les perfections de Dieu, sa puissance comme son amour, sa justice aussi bien que sa miséricorde ; pesez-les toutes avec une égale attention, avec une égale bonne foi. Autant qu'il est permis à nos faibles lumières de juger des dispositions de Dieu, ou de l'apprécier lui-même, nous devons convenir qu'un culte ne saurait lui être agréable s'il n'est établi sur la confiance. C'est là le véritable hommage que la créature doit rendre à son Créateur. Depuis l'horrible crainte qui honore le puissant Esprit par des sacrifices humains ou par de fanatiques suicides, jusqu'à ce mélange d'impertinence et de superstition qui constitue le fétichisme, l'absence de ce sentiment filial de confiance se retrouve dans toutes les nuances des fausses religions. Le culte magnifique que nous rendons à Dieu comme à notre Père se distingue surtout par ce trait, c'est qu'il exerce particulièrement l'amour à mettre sa confiance dans les perfections de Dieu qui remplissent d'effroi un cœur où l'amour ne vit pas. C'est un grand acte d'amour de se reposer sur la redoutable puissance de Dieu, comme un enfant se repose sur son père. C'en est un plus grand encore de nous rappeler ce que nous sommes, et, malgré le souvenir de nos péchés, de mettre toute notre confiance dans sa justice, de nous reposer, comme l'enfant qui dort sur les genoux de sa mère, sur cet attribut même qui s'attache à l'homme sans amour comme un spectre acharné à sa poursuite, aussi longtemps qu'il croit et qu'il vit. Tout pour l'amour, et l'amour pour nous tous ; tout pour Jésus, et Jésus pour tous. Voilà la religion tout entière. La théologie, la terre, le purgatoire, le ciel, tout est là. Les juifs eux-mêmes ont senti que tout roule sur cette pensée que Dieu est notre Père. « Rien, dit un livre rabbinique, ne prouve le zèle de l'adorateur autant que l'emploi qu'il fait de ces mots : Notre Père ! — Celui qui fait le bien par amour pour Dieu est béni trois fois au-delà de celui qui le sert par crainte. » Telles étaient les traditions des juifs eux-mêmes. Et maintenant que Jésus est venu pour adoucir et attirer toute chose à lui, qu'il a voilé sa gloire éternelle sous les aimables regards de ses yeux humains, aussi doux que ceux de sa Mère, qu'il est venu allumer le feu de son amour sur la terre pour en renouveler la face, hélas! quelle douleur pour son cœur adorable! une foule de catholiques font de leur foi et des devoirs qu'elle leur impose une formalité sèche et froide, un culte avare et peu généreux qui n'est même pas à la hauteur des prostrations et des ablutions d'un mahométan !

Actes intérieurs

J'ai déjà dit précédemment qu'aucune partie du système des dévotions de l'Église ne produit autant d'impression sur les personnes nouvellement converties, que la valeur et l'importance que le catholicisme attache aux actes intérieurs. Elles voient avec surprise l'Église imposer à ses enfants, sous peine de péché, l'obligation de réciter des Actes de foi, d'espérance, de charité et de contrition, à certaines époques ou dans des circonstances données. Elles tressaillent en entendant commenter la doctrine de Notre-Seigneur touchant les péchés qu'on peut commettre en son cœur. Elles ont à se familiariser avec la puissance attribuée à l'intention. Or, tout cela, comme le reste du système catholique, fait ressortir Dieu. Dieu est un acte simple. Tout ce qui se fait a un rapport quelconque avec Dieu, et tire de lui sa signification et sa réalité. Les paroles ne sont donc que de purs accidents. Bien plus, les actes extérieurs n'ajoutent qu'un degré comparativement faible à la malice de la volonté intérieure. On a consenti à la pensée, formé l'intention, et cédé de plein gré à la tentation. Le fait est irrévocablement accompli. Il a touché Dieu, il est inscrit dans le livre suprême. Il n'est pas nécessaire que la voix porte témoignage contre lui ou que la main l'exécute. C'est un acte : Dieu le regarde comme tel, bon ou mauvais, digne d'une récompense ou d'un châtiment. Les péchés de pensée, dit le concile de Trente, sont marqués de ces caractères terribles ; d'abord, ils font parfois à l'âme une blessure plus profonde que les péchés d'action ; et, en second lieu, ils sont aussi plus dangereux. *Nonnunquam animam gravius souciant, et periculosiora sunt iis quæ manifeste admittuntur.* Ils sont aussi plus nombreux, plus aisés à commettre, et d'un aspect moins effrayant que les autres. Or, le mérite réel des désirs pieux et des louanges muettes du cœur, et de tous les actes de dévotion secrets ou exprimés, constitue la part de l'amour dans cette question. Il suffit que ce soient des actes intérieurs, il ne faut rien de plus. Comme tels, ils ont touché Dieu et reçu de lui leur valeur et leur mérite. Ainsi, prenant le contre-pied de ce que produisent les péchés de pensée, nous pouvons dire que les actes intérieurs de piété font parfois sur l'âme une plus forte impression que les actes extérieurs ; tandis qu'ils ont en outre l'avantage d'être plus nombreux et plus faciles à formuler. N'est-ce pas assez pour blesser au vif notre amour que de nous approcher du bord de ces Océans innombrables, creusés dans le cœur de chaque homme, de voir les mille vagues qui s'élèvent à chaque minute et brillent à la surface, de songer que le moindre de ces flots peut faire monter vers la divine Majesté un hommage aussi doux que le chant des anges, et cependant, qu'un pareil trésor est négligé, que les hommes ne prennent pas la peine d'en profiter, et qu'ainsi Dieu est privé de la gloire qui lui est due? Dieu nous aime tant, et il désire si ardemment posséder notre amour, qu'il a rendu aussi aisé à nos cœurs de le louer, par les mérites de Jésus-Christ, qu'à l'encensoir de laisser transpirer des nuages embaumés par ses pores innombrables ; et pourtant nous ne voulons pas le faire ! Il est difficile d'apprécier la valeur réelle de ces actes intérieurs. Il y avait dans le couvent de sainte Marie-Madeleine de Pazzi une religieuse nommée la sœur Marie-Bénédicte Vettori, que sa supérieure vit, cinq heures après sa mort, briller au sein d'une gloire qui surpassait la béatitude de plusieurs autres vierges du monastère, et regarder fixement sans crainte l'humanité et la divinité du Verbe éternel. Le jésuite confesseur de Marie-Madeleine, continue ainsi : « C'est pourquoi, après avoir été pendant quelque temps ravie en extase à la vue d'un spectacle aussi délicieux, la Sainte s'écria à plusieurs reprises : Oh ! que tu es heureuse, toi qui savais user des trésors cachés ! Oh ! quelle précieuse grâce d'être élue parmi les élues, et cependant d'être regardée comme une âme ordinaire ! Si le Verbe n'avait daigné remarquer que les œuvres, il n'aurait eu que peu de chose à récompenser, car le temps des œuvres a été court. Mais, ô bonté ! Dieu ne laisse pas une pensée, un mot, un désir sans récompense ! Âme bénie ! grandes et continuelles ont été tes œuvres, peu d'hommes en ont pratiqué de semblables, car elles ont été intérieures ! Ô grandeur incomprise des œuvres intérieures ! une seule d'entre elles a vaut mille ans d'exercices extérieurs[69] ! »

Souvenez-vous donc que c'est de ce point que nous partons. Il n'y a rien dans le monde d'aussi réel, d'aussi substantiel que l'amour de Dieu. Un acte d'amour de Dieu est un chef-d'œuvre plus parfait qu'une statue de Phidias ou de Praxitèle ; quelque chose de plus solide que les Alpes, de plus durable que ce globe qui est sorti si fort des mains de Dieu. En comparaison de cette grande réalité, tout le reste n'est qu'une vaine chimère ; tout le reste est vide de sens et s'évanouit bientôt. Un acte d'amour est une œuvre complète ; les effets en sont plus puissants, les conséquences en sont plus importantes que les effets ou les conséquences de tout autre acte. La mort par elle-même ne saurait en égaler la grandeur. Et pourtant que faut-il pour constituer un acte d'amour ? Un regard du cœur, qui, avec la rapidité de l'éclair, pénètre dans les cieux. De pareils actes peuvent se multiplier au-delà de tout calcul, et jusqu'au milieu des occupations en apparence les plus propres à distraire. Loin d'en, être affaiblis, ils puisent dans la répétition une nouvelle intensité, une puissance inconnue. Toutefois ils n'exigent aucun effort, c'est même pour nous un plaisir de les formuler. Et quand nous rapprochons ces faits de notre manière d'agir, il semble qu'il y ait dans le contraste quelque chose d'invraisemblable. On se refuse à croire à la dureté de nos cœurs. Nous paraissons lutter contre Dieu pour savoir qui l'emportera, de la froideur ou de l'amour. Oh ! béni soit donc ce magnifique esprit de réparations offertes à la Majesté de Dieu, qui a jadis animé tant de saints ! C'est tirer un miel délicieux du calice des fleurs les plus amères. Le peu d'amour que nous avons pour Dieu nous fournit, en vertu de ce précieux droit de réparation, d'autres moyens de l'aimer davantage. Qui osera dire maintenant que toute chose n'est pas disposée pour servir l'amour ?

Connaissance et amour des perfections divines

Si nous voulons nous former une idée nette de ce qui constitue le désir et la louange, il est nécessaire que nous entrions jusqu'à un certain point dans la question de l'amour divin, ses différentes espèces

---

69   *Vie de l'Ora.*, p. 119.

et ses diverses manifestations. Toutefois, loin de nous entraîner hors de notre sujet, cet examen jettera un grand jour sur plusieurs des chapitres précédents. En effet, si tout pour Jésus veut dire tout pour l'amour, l'amour divin devient le sujet même de ce traité. Ce que les théologiens appellent l'amour de concupiscence consiste, comme je l'ai dit précédemment, à soupirer saintement après Dieu comme après notre fin dernière, notre souverain bien, et la grande récompense qui surpasse de beaucoup nos mérites ; comme lorsque saint Paul s'écrie : « Je désire être dissous pour être avec Jésus-Christ. » Cet amour, nous devons le posséder toute notre vie, quand même Dieu ne nous accorderait pas toujours la grâce de le ressentir. Les révélations de sainte Gertrude offrent un passage qui montre combien est agréable à Dieu cette soif que nous éprouvons de le voir, et qui explique en même temps ce regard fixe avec lequel la plupart des personnes pieuses se plaisent à contempler le Saint-Sacrement. Elle reçut de Dieu l'assurance que toutes les fois qu'un homme jette des regards pleins d'ardeur et de dévotion sur l'hostie où le corps de Jésus-Christ se cache sous les voiles sacramentels, il ajoute un degré à la gloire qui l'attend dans le ciel; et dans la vision future du Dieu qu'il contemplera durant toute l'éternité, il sera gratifié des joies spéciales et proportionnées au nombre des regards pieux et fervents qu'il aura jetés, tandis qu'il était en ce monde, sur le corps de Notre-Seigneur, ou (ce qui rentre à merveille dans notre sujet) correspondant au nombre de fois qu'il aura désiré le faire, et qu'un motif raisonnable l'en aura empêché[70]. C'est pourquoi Lancicius recommande, comme une dévotion parfaitement appropriée à l'octave de la Fête-Dieu[71], de tâcher d'entendre la messe dans un endroit d'où l'on puisse apercevoir l'hostie reposant sur le corporal, ou, si cela est impossible, de tenir les yeux fixés sur l'ostensoir où elle est exposée, tant en matière de religion la familiarité est nécessaire au respect ! Et remarquez bien que Dieu a daigné attacher la même promesse au désir de voir, aussi bien qu'à l'acte même ; de sorte que les paroles si remarquables de saint Laurent Justinien n'étaient pas l'expression d'une dévotion exagérée, lorsqu'il disait : « Persévérons dans la prière, afin que chaque jour nous apporte des grâces plus

---

70 Livre 4, ch. 25.

71 2, 94.

précieuses que celles de la veille. Car il arrive souvent que ce que les mérites ne peuvent faire, l'intercession des désirs le fait. Oui, Dieu trouve une si grande joie dans les prières de ceux qui le supplient, qu'il exauce leurs désirs, pourvu qu'ils partent d'une âme pure, d'un cœur humble, et d'une sincère dévotion. Il suffit que ces trois conditions se trouvent réunies dans une prière pour qu'un homme puisse demander toute chose conforme à l'esprit de Dieu, et qu'il la reçoive du Père des lumières et de son Fils Jésus-Christ[72]. » « L'inconnu, dit saint Augustin, ne saurait être aimé (*non enim diligitur nisi cognitum*), et on n'aime que ce qu'on connaît. » Et saint Thomas développe admirablement cet axiome dans sa Somme théologique (*secunda secundæ*). C'est cette connaissance de Dieu qui nous conduit à ces autres espèces d'amour dont nous avons besoin pour exposer notre sujet des louanges et des désirs ; il me faut donc tenter ce qui semble la plus folle des v entreprises : je vais essayer de décrire Dieu.

Dieu est simple : il n'a ni corps, ni parties distinctes. Il est simple, car il n'a rien d'emprunté. Il est bon sans qualité, grand sans quantité, créateur sans avoir besoin de rien ; partout sans avoir de place, éternel sans avoir de terme, enfin il change toute chose et reste immuable. Il est bon d'une bonté infinie, bon pour tous, mais surtout bon pour les hommes. Il est infini dans la multitude de ses perfections, dans leur intensité et dans leur magnificence. Il est présent partout de différentes manières ; toutefois, nulle part une souillure ou une tache ne saurait l'atteindre. Il est immuable : son éternité le défend des injures du temps, son immensité le met à l'abri des changements de place, et sa sagesse assure la constance de ses desseins. Il est éternel sans commencement et sans fin ; éternel, animé d'une vie qui existe tout entière et tout à la fois, et dont il a une possession parfaite. Il subsiste en vertu de l'incomparable unité de sa nature adorable, et l'intérêt suprême de tout en ce monde consiste dans l'unité de Dieu. Il est la pureté par excellence, la sainteté ineffable, la beauté la plus éclatante. Sans cesse reposant au sein d'une paix adorable, l'inquiétude ne saurait approcher de son être. Il se révèle à la nature, à la foi, à la gloire ; et pourtant il demeure incompréhensible pour tous. Son nom est le Dieu ineffable. Sa science est infiniment au-dessus de notre conception, et fait jaillir la source de sa joie inal-

---

[72] *De Exalt. Crucis.*

térable. Son être est la vérité même, et sa vie est la fontaine inépuisable de la vie. Sa volonté est sainte, irréprochable, suprême, et sa liberté sans égale, au-dessus de toute expression. L'amour qu'il ressent pour ses créatures est éternel, constant, gratuit, et sa miséricorde est un abîme aussi magnifique qu'infini de compassion et de condescendance. Sa justice est sans tache comme sa sainteté, et bienveillante comme sa miséricorde. Sa puissance est illimitée, et ne respire que l'amour : rien ne saurait approcher de sa félicité. Toutefois, ce ne sont pas là des perfections séparées ; il est lui-même chacune d'elles, et il est unique : trois personnes égales, coéternelles et consubstantielles ne formant qu'un seul Dieu. Telle est, dans la sèche langue des écoles, la description de Celui qui est pour nous un Père rempli d'amour et d'indulgence, le Dieu qui règne sur tout, Dieu à jamais béni ! Ainsi soit-il !

Pouvons-nous lire une semblable description, sans comprendre qu'un culte à demi rendu ne suffit pas à Dieu ? Il ne saurait régner sur un cœur dont les affections sont partagées, car, qui est digne d'occuper le même trône que lui ? En quoi consiste notre religion, sinon dans l'amour ? Quel autre culte pouvons-nous lui rendre ? Quand nous avons osé mettre notre confiance en lui, c'est alors que nous l'avons honoré. Et, d'ailleurs, ces attributs, semblables aux flots du torrent qui tournoie, ne nous attirent-ils pas à eux par l'éclat de leur beauté ? Que pouvons-nous faire, sinon nous écrier avec saint François de Sales : « Ô bonté si infinie, ô infinité si bonne ! » Du reste, ce n'est qu'autant que ces définitions, d'ailleurs si sèches, sont animées et brûlantes des feux du Saint-Esprit, qu'elles peuvent allumer dans nos cœurs un amour sincère pour Dieu. Mais une fois l'âme embrasée, comme depuis longtemps la vôtre l'est, non- seulement elle soupire après Dieu comme après son unique souverain, mais elle a besoin de quelque chose de plus. Examinons d'abord ce que produit en nous cette suave notion de Dieu, dans laquelle le cœur sent ce que l'intelligence perçoit.

Si Dieu, pour être aimé, doit être d'abord connu, et si, d'un autre côté, il n'a fait toutes les créatures que dans le seul but de se communiquer à elles et d'être aimé d'elles, il s'ensuit qu'il importe à la gloire de Dieu que ses perfections ne restent pas ignorées et que sa bonté soit reconnue. De même que Notre-Seigneur a dit que, lorsqu'il monterait dans les cieux, il attirerait tous les hommes à lui ; ainsi, quand la divine Majesté apparaîtra aux yeux des hommes, une multitude d'entre eux sentiront leurs cœurs attirés vers elle, et remplis de sentiments d'adoration et d'amour mêlé de crainte. C'est pourquoi, comme la gloire de Dieu est l'un des trois objets que nous nous proposons en ce moment, il est facile de voir combien nous pouvons la servir, dans quelque condition que nous soyons placés, en faisant mieux connaître Dieu parmi ceux avec lesquels nous nous trouvons.

C'est un fait digne de remarque qu'un très-petit nombre de personnes méditent sur les attributs de Dieu. On semble s'imaginer que sur un pareil sujet on ne saurait jamais connaître, dire ou penser que peu de chose ; ou tout au plus qu'il offre une matière aux sublimes contemplations plutôt qu'aux humbles méditations d'une âme qui fait son entrée dans la vie spirituelle. Si l'on devait négliger les mystères de la vie de Jésus-Christ et les actes de sa sainte humanité pour l'étude des attributs de Dieu, ce serait là sans doute une illusion, et comme sainte Thérèse nous l'apprend, une très-dangereuse illusion. Mais, en réalité, il semble presque de toute nécessité qu'une méditation sur la sainte humanité de Notre-Seigneur, pour produire des fruits, soit accompagnée d'une méditation sur les attributs de Dieu : et l'on peut observer à ce propos que, quand le bienheureux Paul de la Croix institua les religieuses de la Passion, il leur fixa pour sujet perpétuel d'oraison la Passion de Jésus-Christ et les attributs de Dieu. Il est pénible d'avouer cependant que, parmi toutes les classes de la société, il est peu d'hommes dont les perfections de Dieu occupent parfois les pensées. On voit des gens tressaillir en entendant dire certaines choses sur Dieu, comme ils tressailliraient au récit de quelque action non révélée de Notre-Seigneur et de sa sainte Mère, ou à la nouvelle de quelque grande découverte de la science moderne, qui bouleverserait une partie de leurs connaissances antérieures et jetterait pour un moment la confusion dans leur esprit. Oui, c'est la véritable raison qui fait que Dieu est si peu aimé, que nous le servons avec tant de froideur, de sécheresse, et surtout qu'on se plaint aussi généralement de la difficulté et de l'ennui qui accompagnent l'exercice de la Présence de Dieu, plus que tout autre pratique de dévotion. Or, chacun de nous a sans cesse l'occasion de glisser un mot en faveur de Dieu, de faire remarquer aux autres sa sagesse, reconnaître sa bonté, de prendre son parti, et d'établir un contraste entre ce qu'il désirerait que nous fissions et ce que font les hommes en général. Nous voyons des personnes bonnes et pieuses se laisser entraîner dans une fausse voie ; nous déplorons les inconséquences de ceux dont le dévouement fait d'ailleurs l'objet de notre joie et de notre admiration ; et tout cela provient de ce que Dieu n'est pas connu, et qu'on ne voit pas où est sa véritable gloire.

Mais lors même que l'occasion de glorifier ainsi Dieu, en l'enseignant aux autres, nous ferait défaut, nous pouvons toujours le glorifier en l'étudiant nous-mêmes, en lisant, en méditant sur lui, et en offrant sans cesse à sa divine Majesté des actes respectueux et fervents de louange et de désir. Pour cela, nous n'avons besoin de personne. Il n'est même pas nécessaire de parler. Nous continuerons à le glorifier en faisant à son sujet des actes d'amour et d'admiration, en le félicitant de ses perfections ineffables, ou en lui offrant, dans un humble esprit de réparation, les louanges qui lui sont dues par toutes ces créatures qui l'oublient en ce moment. Oh ! que ne pourrions-nous pas faire avec un amour patient, un amour réfléchi, un amour assidu !

Il n'importe pas moins aux intérêts de Jésus que Dieu soit connu par toute la terre. Il est venu pour sauver les pécheurs non-seulement en mourant pour eux, mais aussi en leur faisant connaître son Père. La vie éternelle consiste à connaître Dieu et Jésus-Christ qu'il a envoyé. Notre-Seigneur est lui-même l'éclat de la gloire de son Père, et la figure de sa substance. En sa qualité de seconde personne de la Sainte Trinité, il est le Verbe éternel, la connaissance que le Père a de soi-même, celui qu'il a institué héritier de toute chose, et par lequel il a fait le monde. C'est pourquoi, publier les perfections de Dieu devant les autres, ou les reconnaître nous-mêmes, c'est là de toutes les œuvres la plus agréable à notre aimable Sauveur, car c'est l'imitation de son œuvre : que dis-je ? c'est sa propre œuvre, à laquelle il nous permet de coopérer ; c'est sa propre grandeur, ce sont ses propres perfections que nous publions et que nous reconnaissons ainsi. Il n'est pas de dévotion plus convenable à la personne du Verbe éternel que de louer et d'exalter les splendeurs de la très-sainte Trinité.

Cette pratique concerne également le salut des âmes. Quelle expérience les personnes nouvellement converties à la foi catholique ont-elles acquise dans l'Église ? Ce n'est point tant la connaissance et l'amour de Marie, comme se l'imaginent ceux qui sont restés dans la voie des ténèbres ; ce n'est pas tant la puissance de la grâce et l'efficacité des sacrements que leur nouvelle religion leur a révélés, bien qu'elles aient appris à ce sujet des choses merveilleuses. Non. Depuis que ces personnes sont devenues catholiques, le plus grand changement qui s'est opéré en elles a été leur notion de Dieu. Dès lors la pensée de Dieu n'a cessé de grandir et de se développer en elles, jusqu'à ce qu'elle ait absorbé leur esprit. Le principal fruit d'une dévotion ardente et même enthousiaste envers la sainte Vierge, a été de leur faire connaître Dieu de jour en jour davantage, et d'en agrandir la pensée dans leur cœur. Quand ces personnes jettent un regard en arrière sur les jours de leurs erreurs passées, il leur paraît que leur ignorance consistait moins dans leur mépris pour Marie ou le saint Sacrement, pour la pénitence ou le purgatoire, que dans la fausse idée qu'elles s'étaient faite de Dieu ; de sorte qu'au premier coup d'œil jeté sur le passé, cet homme s'écrie : Eh quoi ! je ne croyais pas en Dieu ! et c'est à peine une exagération. C'est alors qu'il comprend pour la première fois tout ce qu'il y a de solide dans la religion. Et qu'elle douceur la connaissance de Dieu n'apporte-t-elle pas avec soi ! quel réel et précieux trésor ! La vie a changé de face : ses épreuves, ses douleurs, ses vicissitudes, ses souffrances ne sont plus les mêmes. Elles ont désormais en elles une fontaine rafraîchissante qui jaillit continuellement, ou, comme dit le Prophète : « un immense rocher qui projette son ombre sur le désert. » Mais la douceur n'est pas venue toute seule ; avec la douceur est venue la force, la force d'agir, la force de supporter. Non ! les hommes ne se font pas une idée de la grandeur et de l'excellence de l'œuvre qu'ils accomplissent, toutes les fois qu'ils développent tant soit peu dans l'esprit d'un autre la connaissance du Très-Haut. Ce n'est pas à un péché seul qu'ils ont mis obstacle, mais à des centaines de péchés. Ce n'est pas à une seule grâce qu'ils ont servi de canal, mais à des milliers de grâces. Ce n'est pas une seule dévotion qu'ils ont enseignée, mais toutes les dévotions, car toutes découlent de celle que fait naître en nous une connaissance de Dieu plus développée qu'auparavant.

Cette science est le fondement du royaume de Jésus-Christ dans nos âmes. Combien d'hérétiques ne retourneraient-ils pas à la vraie foi, s'ils voulaient seulement se donner la peine de lire et de méditer sur Dieu ! Combien de catholiques, au lieu de faire des progrès dans la voie de la spiritualité, restent stationnaires, parce qu'on ne leur annonce pas les perfections divines, ou qu'ils n'en font pas le sujet de leur lecture ! Combien d'autres serviraient Dieu par amour, s'ils voulaient étudier son essence et ses attributs ! Je crois qu'une simple lecture du traité *de Deo*, malgré la sécheresse et la dureté de son langage technique, contribuerait plus à la conversion des âmes qu'une demi-douzaine de livres spirituels, fussent-ils même les plus brûlants et les plus ascétiques qui aient jamais été écrits. Gloire à Dieu, au moins de la part de ceux qu'il a été chercher dans l'hérésie pour les conduire dans le sein de la véritable Église, et qui ont senti ainsi la notion de Dieu se développer en eux, principalement à l'aide de la dévotion envers sa sainte Mère ! Car c'est de ces âmes qu'on peut dire avec raison : « La terre désolée et sans chemin se réjouira ; la solitude sera dans l'allégresse, et elle fleurira comme, le lis. Elle poussera, elle germera de toutes parts ; elle sera dans une effusion de joie et de louanges ; la gloire du Liban lui sera donnée, la beauté du Carmel et la fertilité de Saron. Ils verront eux-mêmes la gloire du Seigneur, la magnificence de notre Dieu. Fortifiez les mains languissantes et affermissez les genoux tremblants. Dites à ceux qui ont le cœur abattu : Prenez courage et ne craignez point ; voici votre Dieu qui vient vous venger et rendre aux hommes ce qu'ils méritent : Dieu viendra lui-même et il vous sauvera. Alors les yeux des aveugles verront le jour, et les oreilles des sourds seront ouvertes ; le boiteux bondira comme le cerf, et la langue des muets sera déliée, parce que les sources d'eau sortiront de la terre dans le désert, et que des torrents couleront dans la solitude. La terre qui était desséchée se changera en un étang, et des fontaines jaillissantes arroseront des terres desséchées. Dans les cavernes où les dragons habitaient auparavant, on verra naître la verdeur du roseau et du jonc. Il y aura là un sentier et une voie qui sera appelée la voie sainte : l'impur n'y passera point, et ce sera pour vous une voie droite, en sorte que les ignorants y marcheront sans s'égarer. Il n'y aura pas là de lion, la bête farouche n'y montera point : ceux qui auront été délivrés y marcheront. Ceux que le Seigneur aura rachetés retourneront et viendront à Sion chantant ses louanges ; ils seront couronnés d'une allégresse éternelle ; ils vivront désormais dans l'allégresse et le ravissement : la douleur et les gémissements seront bannis à jamais de leurs cœurs[73]. »

De l'amour de complaisance

Examinons maintenant quels fruits produit en nous cette connaissance de Dieu qui nous vient de la foi. Nous voyons en lui la plénitude ineffable de toutes les perfections possibles et incompréhensibles. Puisqu'il est infiniment beau, il doit donc être infiniment désirable, et tel est le jour sous lequel il apparaît à l'intelligence éclairée des lumières de la foi. Or, toutes les fois que l'intelligence perçoit quelque chose de désirable, il s'ensuit un mouvement immédiat de la volonté, qui n'est pas un acte libre, mais la conséquence nécessaire des lois de notre nature. Ce sentiment s'appelle complaisance. Mais bien qu'il ne soit pas, par lui-même, un acte libre, son action ne tarde pas à se faire sentir, à moins que la raison n'y apporte obstacle. Il commence bientôt à se traduire librement par des sentiments de joie, de plaisir, de louange et de désir. C'est ainsi que nous arrivons à la deuxième forme de l'amour divin, qui est l'amour de complaisance, en nous réjouissant en Dieu de ce qu'il est aussi bon, de ce qu'il est Dieu. Nous l'en félicitons. Que dis-je ? nos désirs vont au-delà de la complaisance, jusqu'à l'impossible ; nous désirons qu'il soit meilleur et plus parfait ; et ce désir est une véritable manière de lui témoigner notre amour. De plus, dans l'impuissance où nous sommes d'augmenter sa gloire personnelle, nous désirons du moins augmenter sa gloire accidentelle qui lui revient de l'obéissance et de l'amour de ses créatures, qu'il a créées pour cette fin. Cette complaisance est, comme je l'ai dit, le fruit de la connaissance de Dieu que la foi fait germer dans notre cœur ; elle continue à s'y développer, à moins que le péché et la tiédeur ne l'arrêtent ou ne l'étouffent. Voici (s'il est permis d'employer le langage de l'Écriture pour exprimer ces actes d'un amour mutuel), voici quelle est la position de l'âme vis-à-vis de Dieu. En présence de cet océan de magnifiques attributs et de sublimes perfections, l'âme, ravie d'admiration, semble prêter l'oreille à une voix qui s'élève à la surface des grandes eaux,

---

73 Is 35.

en disant : « Je vous ai aimée d'un amour éternel ; c'est pourquoi je vous ai attirée à moi par la compassion que j'ai eue de vous. Je vous édifierai encore, et vous serez édifiée de nouveau, vierge d'Israël[74]. » Et l'âme murmure, partie en elle-même, et partie de vive voix : « Sachez que le Seigneur est le vrai Dieu. » — J'ai dit au Seigneur : « Vous êtes mon Dieu. — Vous êtes le Dieu de mon cœur, et le Dieu qui est mon héritage à jamais[75]. » Alors la voix des grandes eaux reprend : « Si quelqu'un entend ma voix et m'ouvre la porte, j'entrerai chez lui, et je souperai avec lui, et lui avec moi[76]. » Et l'âme ravie, hors d'elle-même, répond : « Que mon bien-aimé vienne dans son jardin, et qu'il mange du fruit de ses arbres[77]. » Alors, s'adressant aux anges et aux hommes, la voix s'écrie : « L'odeur qui sort de mon fils est semblable à celle d'un champ plein de fleurs que le Seigneur a comblé de ses bénédictions[78]. » L'âme fidèle l'entend ; mais sachant qu'elle n'a rien en elle-même qui soit bon, elle s'adresse à son tour aux anges et aux hommes, en disant : « Le roi m'a fait entrer dans ses appartements secrets, et ses mamelles sont meilleures que le vin. À Dieu ne plaise que je me glorifie en autre chose qu'en la croix de Notre-Seigneur Jésus-Christ. — Je vis, ou plutôt ce n'est pas moi qui vis, mais Jésus-Christ qui vit en moi. — Mon bien-aimé est pour moi comme une grappe de raisin de Chypre dans les vignes d'Engaddi[79]. »

De quel délice est remplie cette complaisance en Dieu ! Aucune borne ne lui est imposée ; libre à elle, si cela lui est possible, de s'étendre à l'infini comme Dieu lui-même. Ne parlons donc point ici de limites ni de modération. La modération est une bassesse, une fraude, une infidélité quand il s'agit de Dieu. Il est lui-même tout entier devant nous, infiniment parfait, infiniment désirable ; réjouissons-nous en lui. Qu'est-ce que la terre ! que sont les choses de la terre ? ne pourrons-nous jamais nous élever au-dessus de nous-

---

74   Jr 31, 3-4.
75   Ps 99, 15, 72.
76   Ap 3, 20.
77   Ct 5, 1.
78   Gn 27, 27.
79   Ct 1, 3 ; Ga 6, 14 ; Ga 2, 20 ; Ct 1, 13.

mêmes, de notre bassesse, de notre misère, de nos sordides intérêts et de nos ignobles désirs ? Dieu grandit à nos yeux comme l'éclat du soleil levant. Nous ressemblons à ce bon vieillard dont il est parlé dans la vie de saint Philippe, et qu'on vit un jour s'éloigner de l'autel, pas à pas. Son visage rayonnait d'admiration et de ravissement, et il dit à ceux qui l'interrogeaient que, méditant sur la grandeur de Dieu, il s'était senti pressé par elle comme par un homme qui l'eût repoussé avec force et obligé à reculer.

Plus nous venons à connaître Dieu, plus la complaisance grandit en nous ; car, pour remplir nos cœurs, la simple pensée de Dieu doit être multipliée et réfléchie par mille objets divers. Il en est de même du soleil lorsqu'il éclaire une chaîne de montagnes : il ne se multiplie pas lui-même, mais comme la pluie de lumière qu'il répand tombe de sommet en sommet, nous nous trouvons de plus en plus plongés dans ses flots éclatants. Il en est ainsi avec Dieu : chacun des attributs auxquels nous donnons un nom (bien qu'en réalité ses attributs ne soient autre chose que lui-même), devient pour nous une montagne à part, couronnée et resplendissante de la gloire de Dieu, qui de là se réfléchit sur nos âmes ; tandis que cette multitude de perfections anonymes, pour lesquelles nous n'avons ni expressions, ni idée, ni point de comparaison, est pour nous comme la connaissance de cette brillante étendue de montagnes qui sont hors de la portée de nos regards, mais qui, nous le savons, sont plongés dans ces flots de lumière dorée, et augmentent encore la splendeur enflammée, répandue tout autour de la terre, de la mer et du ciel.

Qui pourrait penser à soi, lorsqu'on est ainsi avec Dieu ? Qui pourrait s'affliger en songeant à l'empire absolu, à la souveraineté sans contrôle du Seigneur, quand on se trouve perdu, doucement perdu dans cette complaisance, et qu'on se réjouit avec Dieu de ce qu'il est Dieu, et que rien ne lui fait défaut ? Il est le maître, laissons-le faire ce qui lui paraît bon. Ce qu'Elie disait dans la douleur, nous pouvons certainement le dire dans la joie. Ah ! doux Jésus ! comment se fait-il que nous négligions cette heureuse complaisance ? Elle est si pleine de contentement et de paix, d'oubli de soi-même et d'amour filial ! Oh ! apprenez-nous à contempler sans cesse votre magnificence, semblable à un océan sans rives, à nous réjouir de ce que vous êtes ce que vous êtes, de ce que vous l'avez été depuis toute l'éternité, et que vous le serez encore à jamais, dans votre adorable immutabilité ! « L'âme, dit saint François de Sales, qui est en l'exercice de l'amour de complaisance, crie perpétuellement en son sacré silence : Il me suffit que Dieu soit Dieu, que sa bonté soit infinie, que sa perfection soit immense. Que je meure ou que je vive, il importe peu pour moi, puisque mon cher bien-aimé vit éternellement d'une vie toute triomphante : la mort même ne peut attrister le cœur qui sait que son souverain amour est vivant. C'est assez pour l'âme qui aime, que celui qu'elle aime plus que soi-même soit comblé de biens éternels, puisqu'elle vit plus en celui qu'elle aime qu'en celui qu'elle anime ; ainsi qu'elle ne vit pas elle-même, mais son bien-aimé vit en elle[80]. »

L'amour de complaisance, rigoureusement parlant, est la joie que nous ressentons des perfections infinies de Dieu, en songeant qu'il est ce qu'il est. Or, de même que la connaissance de Dieu, que nous devons à la foi, ne se borne pas à une simple connaissance, mais se convertit nécessairement en complaisance, laquelle se traduit par des actes libres de louange et de désir, ainsi ce libre amour de complaisance ne pourrait pas n'aboutir qu'à lui-même. Il devient un amour nouveau et d'une qualité supérieure, qu'on appelle amour de bienveillance. L'amour que nous avons pour Dieu est précisément le contraire e celui que Dieu a pour nous. Il nous aime d'abord de l'amour de bienveillance, opérant en nous tout le bien que nous possédons, et quand il l'a opéré, il nous aime d'un amour de complaisance, à cause de l'œuvre qu'il a accomplie en nous. Mais notre bienveillance envers Dieu, comme le remarque saint François de Sales, n'est que la conséquence naturelle de la complaisance que nous avons en lui. Nous nous réjouissons d'abord de ce qu'il est aussi bon et aussi parfait, et ensuite nous désirons qu'il puisse devenir, si cela était possible, meilleur et plus parfait ; ce dernier acte constitue l'amour de bienveillance. Pour plus de clarté, nous allons emprunter les paroles de saint François lui-même.

« Nous ne pouvons désirer d'un vrai désir aucun bien à Dieu, parce que sa bonté est infiniment plus parfaite que nous ne saurions ni désirer ni penser. Le désir n'est que d'un bien futur en Dieu, puisque tout bien lui est tellement présent que la présence du bien

---

80 *Amour de Dieu*, 5, 3.

en sa divine Majesté n'est autre chose que la divinité même.

Ne pouvant donc point faire aucun désir absolu pour Dieu, nous en faisons des imaginaires et conditionnels en cette sorte : Je vous ai dit, *Seigneur, vous êtes mon Dieu*, qui, tout plein de votre infinie bonté, *ne pouvez avoir indigence ni de mes biens*, ni de chose quelconque : mais, si par imagination de chose impossible, je pouvais penser que vous eussiez besoin de quelque bien, je ne cesserais jamais de vous le souhaiter au prix de ma vie, de mon être et de tout ce qui est au monde. Que si, étant ce que vous êtes et que vous ne pouvez jamais cesser d'être, il était possible que vous reçussiez quelque accroissement de bien, ô mon Dieu, quel désir aurais-je que vous l'eussiez ! Alors, ô Seigneur éternel ! je voudrais voir convertir mon cœur en souhait et ma vie en soupir, pour vous désirer ce bien-là. Ah ! mais pourtant, le sacré bien-aimé de mon âme, je ne désire pas de pouvoir désirer aucun bien à votre Majesté ; ainsi je me complais de tout mon cœur en ce suprême degré de bonté que vous avez, auquel ni par plaisir ni même par pensée on ne peut rien ajouter. Mais, si ce désir était possible, ô Divinité infinie, ô infinité divine, mon âme voudrait être ce désir, et n'être rien autre que cela, tant elle désirerait de désirer pour vous ce qu'elle se complaît infiniment à ne pouvoir désirer, puisque l'impuissance de faire ce désir provient de l'infinie infinité de votre perfection qui surpasse tout souhait et toute pensée. Eh ! que j'aime chèrement l'impossibilité de ne vous pouvoir désirer aucun bien, ô mon Dieu, puisqu'elle provient de l'incompréhensible immensité de votre abondance, laquelle est si souverainement infinie que, s'il se trouvait un désir infini, il serait infiniment assouvi par l'infinité de votre bonté qui le convertirait en une infinie complaisance. Ce désir donc, par imagination de choses impossibles, peut être quelquefois utilement pratiqué comme les grands sentiments et ferveurs extraordinaires. Aussi dit-on que le grand saint Augustin en faisait souvent de pareille sorte.

C'est encore une sorte de bienveillance envers Dieu quand, considérant que nous ne pouvons l'agrandir en a lui-même, nous désirons de l'agrandir en nous, c'est-à-dire de rendre de plus en plus et toujours plus grande la complaisance que nous avons en sa bonté. Et lors, nous ne désirons pas la complaisance pour le plaisir qu'elle nous donne, mais parce que seulement que ce plaisir est en Dieu.

Car, comme nous ne désirons pas la condoléance pour la douleur qu'elle met en nos cœurs, mais parce que cette douleur nous unit et nous associe à notre bien-aimé douloureux ; ainsi n'aimons-nous pas la complaisance parce qu'elle nous rend du plaisir, mais d'autant que ce plaisir se prend en l'union du plaisir et bien qui est en Dieu, auquel, pour nous unir davantage, nous voudrions nous complaire d'une complaisance infiniment plus grande, à l'imitation de la très-sainte Reine et Mère d'amour, de laquelle l'âme sacrée magnifiait et agrandissait perpétuellement Dieu. Et, afin que l'on sût que cet agrandissement se faisait par la complaisance qu'elle avait en la divine Bonté, elle déclare que son esprit avait tressailli de contentement *en Dieu son Sauveur*[81]... »

Ces explications suffisent à mon dessein, et voici où je veux vous amener. De même que je vous ai pressés de travailler à la gloire de Dieu, aux intérêts de Jésus, et au salut des âmes, à l'aide de ce qu'on appelle l'amour de condoléance, c'est-à-dire de la douleur que nous inspirent les péchés des autres, de continuer votre œuvre au moyen de la prière d'intercession et de l'action de grâces en offrant non-seulement vos propres actions à Dieu en union avec celles de Notre-Seigneur, mais encore ses propres perfections, les mystères de Jésus et de Marie, et les mérites des anges et des saints ; je veux maintenant vous amener à glorifier Dieu par les actes de louange et de désir, qui sont l'expression de l'amour de complaisance et de l'amour de bienveillance. Il en existe une multitude : les actes de joie que nous formons en voyant que Dieu est tel qu'il est ; les actes de félicitation que nous lui offrons, à lui-même, à ses perfections, à ses œuvres et aux mystères de sa sainte humanité; les actes de désir, par lesquels nous formons pour lui des souhaits impossibles qui, selon saint François de Sales, sont de véritables actes d'amour, agréables à ses yeux; des actes de désir, par lesquels nous exprimons le regret qu'il n'ait pas reçu plus de gloire de la part du monde, dans le cours des années précédentes, de la part des damnés, et ainsi de suite; des actes de désir, que l'intercession peut rendre efficaces, et en vertu desquels nous souhaitons qu'il reçoive plus de gloire qu'il n'en reçoit actuellement de la perfection des Saints, de la conversion des pécheurs, et de la prompte délivrance des âmes du purgatoire; des actes de louanges.

---

81 *Traité de l'amour de Dieu*, livre 5, ch. 6.

Par-là nous désirons que chaque grain de sable du rivage, chaque feuille de la forêt possède l'intelligence d'un ange pour louer Dieu, et nous offrons sans cesse à la divine Majesté l'aident, amour avec lequel les Séraphins chantent continuellement ses louanges dans le ciel ; enfin des soupirs poussés par la douleur et l'amour, des actes de condoléance et de réparation par lesquels nous essayons de consoler son amour méprisé, sa Majesté outragée, sa bonté oubliée et sa gloire diminuée. Il est vrai que tous ces actes respirent la plus haute sainteté. Toutefois ils n'exigent pas les austérités qui nous effraient, ni les facultés surnaturelles qui font reculer notre impuissance aussi bien que notre humilité. Ils ne nous coûtent pas plus que ceux dont j'ai parlé dans les chapitres précédents, et pourtant, comme eux, ils peuvent produire des résultats aussi importants que faciles.

Les saints et la classe moyenne de l'Église formés par les pieux fidèles

Si vous venez à examiner de près quelqu'un des bienheureux, vous découvrirez que sa sainteté consiste en six points : 1° l'obéissance aux commandements de Dieu et aux préceptes de son Église ; 2° une passion aussi forte qu'ardente pour la gloire de Dieu ; 3° les intérêts de Jésus ; 4° le salut des âmes ; 5° un violent amour des souffrances et des austérités volontaires, accompagné de terribles épreuves intérieures et de ce que les mystiques appellent les purgations passives de l'esprit ; et 6° des extases, des grâces extraordinaires, et des facultés surnaturelles. Or, nous pouvons écarter le premier point, car il s'agit d'une loi générale que nous devons tous observer, sous peine de compromettre notre salut. Quant au cinquième, nous pouvons sincèrement avouer qu'il nous est étranger ; nous le repoussons autant par lâcheté que par humilité, et l'amour-propre ne nous aveugle pas jusqu'à nous empêcher de voir que le sixième point est infiniment au-dessus de nous et incompatible avec notre état actuel. Il reste donc le deuxième, le troisième et le quatrième point. Chacun d'eux est également au-dessus de ce que les fidèles doivent nécessairement pratiquer, et au-dessous des sublimes hauteurs de la sainteté. Ces trois points sont à notre portée, d'autant plus qu'ils n'exigent pas les austérités qui nous ont effrayés, ni les efforts surnaturels qui élèvent une âme sur la sainte montagne de la contemplation où nous la perdons de vue. De plus (et c'est là une consolation bien douce) la beauté de la sainteté consiste beaucoup plus dans l'accomplissement des trois points qui sont à notre portée, que des deux autres dont la sublimité nous ôte le courage d'y aspirer.

Or, les personnes pieuses, dans l'âme desquelles on retrouve un vif amour de la gloire de Dieu, des intérêts de Jésus, et du salut des âmes, abondent dans les pays catholiques, dans les temps favorables, et semblent être par rapport à l'Église ce que sont les classes moyennes par rapport à l'État ; s'ils n'en sont les héros, ils lui donnent du moins la vie, la force, la santé et l'indépendance. Ce sont les enfants de la paix ; toutefois, que les temps changent, que la persécution éclate, et l'on verra éclore parmi eux des milliers de martyrs. Mais les saints, ces créations toutes spirituelles de la vie intérieure, appartiennent à un autre ordre de choses. Il est donc évident que, dans les temps ordinaires, nos efforts doivent tendre à augmenter cette moyenne classe de fidèles ; autrement nous deviendrons tellement froids, notre religion sera si loin d'inspirer l'intérêt, que nous ne réussirons jamais à ramener au bercail une seule brebis égarée, ni à appeler la compassion de qui que ce soit sur la multitude de nos pauvres, dont personne ne voudra prendre soin. Il n'est pas moins clair que le démon a un intérêt considérable à diminuer le nombre des chrétiens de cette catégorie. Aussi, pour parvenir à ce but, prend-il deux routes différentes. Tantôt il cherche à décrier la religion, en faisant dire aux hommes que c'est là du roman, de l'enthousiasme, de l'enfantillage, de la ferveur de convertis, de la fantaisie, de la nouveauté, une théorie impraticable, que sais-je ?... Tantôt il excite les gens à aspirer trop haut, à tenter des efforts au-dessus de leurs forces, à choisir avec affectation les livres les plus mystiques, à courir après les miracles et les prodiges, à faire des vœux imprudents, à tenter Dieu en se chargeant d'un nombre infini de prières; et alors, quand leurs ailes de cire sont fondues, accablés de fatigue et de dégoût, ils tombent dans la pure et simple observance des commandements de rigueur, et, trop souvent, hélas ! plus bas encore.

Le but de ce Traité est de tracer un tableau de cette classe moyenne, de faire parler aux yeux la vie de ceux qui la composent, et d'offrir les exemples de leur dévotion. C'était surtout cette classe de personnes que saint Philippe s'efforçait de multiplier dans Rome, et c'est aussi là l'œuvre principale qu'il a léguée aux soins de ses enfants. Je ne dis pas l'œuvre exclusive, autrement nous perdrions tous nos droits sur cette multitude de pécheurs qui nous sont si chers, qui se laissent guider vers nous par le parfum que répand le nom de notre Saint, et tombent ainsi volontairement dans les filets de ses humbles apôtres. C'est pourquoi, si vous aspirez à devenir un saint, semblable à ceux que l'Église a canonisés, ce livre ne saurait vous être utile. Jamais je n'aurais songé à l'écrire, s'il eût été pour vous. Celui qui a gravi les rochers escarpés peut seul vous entretenir des secrets de sa pénible ascension. Ceci est une carte sur laquelle sont tracées les voies aisées de l'amour divin, plus hautes que la plaine, et à l'abri des tourbillons de poussière qui la couvrent, mais pas tellement élevées qu'elles ne se trouvent encore dans la région des fleurs parfumées et des arbres verdoyants, où coulent des sources pures et rafraîchissantes. Si vous avez jamais lu la vie de saint Philippe, vous devez vous rappeler qu'une certaine personne, enflammée du désir de parvenir à la sainteté, rêva que le bon Père l'entraînait à travers des ronces sauvages et épineuses. Je voudrais que nous eussions tous le cœur d'affronter de pareilles épreuves ; mais il n'en est point ainsi. À quoi bon essayer d'être vertueux en théorie ? Toutefois, c'est une grande chose d'aimer Dieu, c'en est une plus grande encore de grandir sans cesse dans son amour ; mais le faire aimer des autres est une si grande faveur, que c'est pour nous un sujet de surprise et de joie, tous les jours renaissant, que Dieu nous permette d'accomplir une aussi grande mission.

N'allez pas croire que je fasse peu de cas des pratiques de mortifications, soit intérieures, soit extérieures, ni que je sois d'opinion que l'amour affectif peut suppléer à l'amour effectif, ou que la mortification intérieure puisse dispenser de l'obligation de s'imposer quelques pénitences corporelles, quand on aspire à la perfection. Mon petit livre n'est pas une somme de théologie ascétique. Mais, si nous ne pouvons-nous élever aussi haut, ce n'est pas là une raison suffisante pour tomber aussi bas. Certains écrivains spirituels des plus sévères semblent considérer l'amour affectif comme une sorte d'illusion, ou tout au plus comme le culte d'un homme à sentiments exaltés. Oh ! c'est là un jugement précipité et malveillant, qui ne ressemble en rien aux jugements de l'Église ni de Dieu. Je conviens que nous ne devons pas nous arrêter là, que nous devons continuer à mortifier des passions déréglées, à travailler et à souffrir. Cependant, il est certain aussi que l'amour purement affectif est bon en soi ; il ne se borne pas non plus pour les catholiques à un culte de sentiments ; car j'ai fait voir précédemment (et mes raisonnements étaient fondés entièrement sur la théologie), que de telles pratiques peuvent devenir très-effectives, et qu'elles le sont presque inévitablement. L'amour affectif est donc le chemin qui conduit à l'amour effectif. D'ailleurs, en poursuivant trop exclusivement l'un des deux, on perd généralement l'un et l'autre. Je sais qu'une foule de chrétiens ont pris la ferme résolution de ne point aspirer à la sainteté. Eh bien ! si Dieu était irrité contre eux, s'il leur imputait une pareille pusillanimité à crime, si Jésus se détournait d'eux, et cessait de les compter au nombre des siens, il serait inutile de nous occuper d'eux. Mais il n'en est pas ainsi : nous pouvons donc nous approcher d'eux avec douceur, et leur demander, puisqu'ils ne veulent pas être des saints, si du moins ils ne consentiront pas à aimer Notre-Seigneur jusqu'au Calvaire, sans aller jusqu'au crucifiement. Ces sentiments deviendront les nôtres, quand notre pauvre cœur, honteux de ses faiblesses, nous dira que nous sommes nous-mêmes au nombre de ces soldats lâches, dont les intentions sont bonnes, mais dont le cœur est pusillanime, qui composent en grande partie l'armée de Notre-Seigneur, ce maître si généreux et si dévoué.

Je ne crois pas qu'on puisse m'accuser de mauvaise foi, si, tout en prétendant plaider la cause de Dieu, et demander pour lui un service d'amour, je me sers d'arguments empruntés à vos propres intérêts. Beaucoup d'entre vous, j'en suis persuadé, ne sont pas contents d'eux-mêmes. Vous voudriez avoir plus d'amour pour Dieu, plus d'attachement pour Jésus. Vous sentez le besoin de sortir de cet état de froideur, de sécheresse, de mauvaise volonté dont vous faites preuve à son égard. Vous souhaiteriez une plus grande liberté d'esprit, des affections plus naturelles en religion, une connaissance plus familière des instincts et des intérêts du ciel. Vous sentez qu'un service d'amour a le sens commun en sa faveur, que ce culte mesquin que vous rendez à Dieu ne vous rend ni plus heureux ni meilleur ; et, d'ailleurs, il y a quelque chose au fond de votre cœur qui vous rapproche de Dieu et vous attire vers un ordre de choses supérieur. Regardez maintenant tout ce que ces actes de louange et de désir peuvent faire en votre faveur. Ils arracheront le monde de votre cœur, et désormais ses plaisirs ne vous inspireront plus que le mépris et le dégoût. Ces mêmes actes vous feront pénétrer dans un ordre de pensées tout différent, dans une sphère d'affections et de sympathies toute nouvelle pour vous. Ils vous rendront la pratique de la présence de Dieu également facile et délicieuse. Ils décideront pour vous mille cas de conscience, en vous élevant tout d'un coup dans une atmosphère plus brillante, dans laquelle les doutes et les difficultés en question s'évanouiront soudain. Ils feront pour vous de la paresse, de la frivolité et de la dissipation un fardeau insupportable, tant vos goûts auront changé ! Les anges, malgré toute leur beauté, parurent indifférents à sainte Marie-Madeleine, le matin de la résurrection, parce que c'était Jésus qu'elle cherchait. Que lui importaient leur physionomie céleste et les rayons qui les couronnaient ? On avait enlevé son Seigneur, et elle ne savait pas où on l'avait caché. Le jardinier, selon la douce remarque de saint François de Sales, le jardinier ne lui rappelait que des fleurs, tandis que son esprit était rempli de clous, d'épines et de croix. Toutefois, comme il se trouva sur son chemin, elle ne put retenir la pensée qui l'occupait tout entière : « Seigneur, si vous l'avez enlevé d'ici, dites-moi où vous l'avez mis, afin que je l'emporte. » Les trois Rois traversèrent à la hâte Jérusalem ; la cour les effrayait ; et ils ne trouvèrent le repos que quand leur étoile s'arrêta au-dessus de l'étable de Bethléem, où Jésus était couché dans une crèche. L'épouse rencontre les sentinelles de la ville, et son cœur s'échappe de ses lèvres : « Avez-vous vu celui que mon âme chérit ? » C'est ainsi que les actes de louange et de désir font de nous des hommes nouveaux. Nous sommes tout pour le ciel. La mort même a changé d'aspect. Toute chose nous semble facile quand elle est pour Jésus ; toute chose nous semble douce quand elle nous rapproche de lui.

Comme on sent différemment alors ! Une certaine personne ayant dit au P. Dominique, prêtre de l'Ordre des Passionnistes, qu'elle avait peur du jugement particulier, le bon religieux fondit en larmes, et s'écria avec cet élan qui lui était naturel : « Oh ! mais comme il est doux de voir pour la première fois la sainte humanité de Jésus ! » Voilà les fruits de la *louange* et du *désir*. Nous ne pouvons pas être tout ce que nous voudrions en cette vie, mais nous pouvons nous en rapprocher par l'amour. Nous pouvons arriver à ce point de douce simplicité avec laquelle l'épouse s'écriait : « Mon bien-aimé est à moi, et je suis à lui, et il se nourrit parmi les lis, jusqu'à ce que le jour commence à paraître et que les ombres de la nuit se retirent peu à peu[82]. » Oui, tout est là ! Jusqu'à ce que le jour paraisse et que l'ombre se retire ; jusqu'à ce que le jour paraisse et que l'ombre se retire ; jusqu'à ce que le jour paraisse et que l'ombre se retire !

Pratiques de louange et de désir

1. J'emprunterai le premier exemple que j'apporte à l'appui de ces pratiques à l'autorité de ce livre qu'on appelle le Recueil des indulgences. Il est une sorte de chapelet sur lequel on peut réciter des actes d'amour de Dieu, et auquel le pape Pie VII a attaché certaines indulgences en 1818. Je citerai quelques-uns de ces actes, pour faire voir plus clairement ce que j'entends : Je désire, ô mon Dieu ! que tout le monde vous aime. — Oh ! que je serais heureux, si je pouvais, au prix de mon sang, vous faire aimer par tous les hommes. — Venez, ô créatures ! venez toutes adorer mon Dieu ! — Ô mon Dieu ! que n'ai-je mille cœurs pour vous aimer, ou plutôt que n'ai-je le cœur de tous les hommes pour vous aimer pour eux ! — Oh ! que le nombre des mondes n'est-il plus grand, afin que plus grand aussi soit le nombre de ceux qui vous aiment ! Quel bonheur ce serait là pour nous ! Heureux celui qui pourrait vous aimer avec le cœur de toutes les créatures possibles ! — Je me réjouis de ce que les anges et les bienheureux vous aiment dans le ciel, et je désire vous aimer avec une ardeur semblable à celle des saints qui ont eu le plus d'amour pour vous, comme saint Joseph, comme la sainte Vierge, dans chacun de ses mystères, comme Notre-Seigneur, dans tous les tabernacles où il demeure caché sous les voiles sacramentels. — Je voudrais aimer comme ce divin Sauveur vous aime dans le ciel en ce moment, et comme il vous aimera dans toute l'éternité ! — Enfin je souhaiterais, ô mon Dieu ! de vous aimer de cet amour éternel que vous avez pour vous-même !

2. Les félicitations suivantes sont recommandées par Lancicius dans ses dévotions à Jésus ressuscité[83] : 1° Félicitons d'abord Jésus

---

82 Ct 2, 16-17.

83 *Lancic.* 2, 90.

ressuscité des dons attribués à son corps glorifié, et qu'il a mérités par sa mort, tels que le triomphe de son ascension, la dignité royale, son empire sur le monde entier, la plénitude de sa puissance dans le ciel et sur la terre, la suprématie qu'il exerce sur l'Église, les fonctions de juge qui lui sont confiées, et enfin tous les dons que nous ignorons, et dont les théologiens ne font pas mention. 2° Félicitons-le des fruits abondants que sa vie, sa passion et sa mort ont produits parmi les hommes et les anges ; surtout félicitons-le de la faveur en vertu de laquelle les anges fidèles ont été confirmés en grâce, et des secours de toute espèce que les hommes ont reçus pour se préserver du péché, pour s'en relever, ou pour s'élever dans la perfection ; félicitons-le de tous les sacrements et des indulgences, et, enfin, de la résurrection de nos corps. On peut ici, sans inconvénient, faire mention de la dévotion particulière que la sœur Marie-Denise de la Visitation, avait pour son ange gardien. Elle avait coutume de le féliciter du seul trait de son histoire passée dont elle eût une connaissance parfaitement certaine, c'est-à-dire de la grâce qu'il obtint de rester fidèle à Dieu, tandis que ceux qui l'entouraient tombaient victimes de leur révolte. 3° Félicitons Dieu de ce que des chœurs innombrables d'anges et de saintes âmes l'adorent dans le ciel comme leur chef suprême, comme la source et la cause de toutes les grâces et de tous les honneurs qu'ils ont reçus ; félicitons-le du culte divin qui lui revient dans le ciel et hors du ciel, sur la terre et dans le purgatoire, des messes célébrées, des églises bâties, et de toutes les bonnes œuvres qui s'accompliront jusqu'au dernier jour. 4° Louons-le de cette charité infinie, en vertu de laquelle, selon le récit de saint Denis, Notre-Seigneur révéla à saint Carpus qu'il était prêt à souffrir de nouveau la mort pour le salut du genre humain. Il daigna aussi faire la même révélation à sainte Brigitte !

« Ô mes amis ! dit-il, mes brebis sont si chères à mon cœur, qu'avant d'être séparé d'elles, j'aimerais mieux, si cela était possible, souffrir pour chacune d'elles en particulier une mort aussi cruelle que celle de la croix ! » Une autre fois le Seigneur lui dit : « Oh ! si cela était possible, avec quelle joie et quel amour je serais prêt à mourir encore autant de fois qu'il y a d'âmes dans l'enfer ! » Hélas ! triste preuve de la dureté de nos cœurs ! L'amour extravagant (si je puis parler ainsi) de Notre-Seigneur pour nous, nous aide à concevoir combien est misérable l'amour que nous prétendons avoir pour lui !

3. Comme les actes sur lesquels je m'arrête actuellement sont surtout des actes intérieurs, il ne sera pas inutile de rappeler ici la manière dont sainte Marie-Madeleine de Pazzi se préparait à la fête de la Pentecôte. Étant ravie en extase, le jour de l'Ascension, elle s'écria : « Ô saints apôtres ! quand le Seigneur monta dans les cieux, il vous enseigna ce que vous deviez faire avant de recevoir le Saint-Esprit, daignez me l'enseigner maintenant. Saint Jean, modèle des âmes pures, aimable saint Philippe, vous ne repousserez pas ma prière. Dites-moi dans quel état doit être mon appartement supérieur, quelles doivent être, durant ces quelques jours, mes opérations intérieures et extérieures. Il serait bon de me bâtir un appartement élevé ; je le trouverai dans le côté du Verbe, et j'habiterai dans l'union de son amour. En quoi consisteront ma nourriture et mon breuvage spirituels ? Je broierai soigneusement, comme avec chaque dent, cette précieuse nourriture, et je la trouverai dans la considération des œuvres, grandes ou petites, que le Verbe éternel a accomplies durant son séjour parmi nous. Mon breuvage sera le sang qui a coulé de ses mains et de ses pieds comme de quatre fontaines abondantes, et, parfois, j'irai puiser à cette source d'où sortent tant de ruisseaux, et qui jaillit elle-même de sa tête adorable. Ô Verbe plein d'amour ! vous êtes demeuré trente-trois ans parmi nous, je devrais, depuis le commencement du jour jusqu'au coucher du soleil, faire trente-trois actes d'anéantissement de moi-même. Telle sera la première de mes opérations intérieures. Huit jours après votre Nativité, vous avez répandu votre sang pour nous, et je devrais faire huit examens de conscience par jour ; car si une âme n'a pas été parfaitement éprouvée et purifiée de ses faiblesses, elle n'est pas digne de verser son sang pour vous, c'est-à-dire de s'offrir à vous avec le désir du martyre ; et toutes les fois que je ferai cet examen, je renouvellerai en même temps les vœux de ma profession religieuse. Vous êtes demeuré quarante jours sur la terre après votre Résurrection, j'élèverai quarante fois mon esprit vers vous dans le cours de la journée. En mémoire des sept années que vous avez passées en Égypte, je vous offrirai sept fois par jour ceux qui sont encore ensevelis dans l'ombre du péché ; chaque jour aussi je me remettrai moi-même quarante

fois à la discrétion de votre bon plaisir, pour rappeler les quarante jours qui se sont écoulés depuis votre naissance jusqu'à votre présentation dans le temple. Mon aliment spirituel consistera dans une méditation quotidienne sur votre adorable Passion, et je méditerai en même temps sur l'amour ardent avec lequel vous vous êtes fait chair, sur l'humilité qui vous portait à converser avec les hommes, sur la douceur de vos paroles, et sur la joie que vous ressentîtes en écoutant la Chananéenne et la Samaritaine. Celle-ci ne vous demandait rien, c'est vous qui l'avez invitée à vous demander quelque chose. Je soumettrai aussi à mes réflexions ces paroles divines : "Celui-ci est mon Fils bien-aimé, en qui j'ai mis toute mon affection" ; mon bonheur est de remplir la volonté de mon Père ; apprenez de moi que je suis doux et humble de cœur. —Vous êtes resté douze ans sans faire éclater votre sagesse, je ferai intérieurement douze actes d'amour de mon prochain et autant d'actes d'humilité. Oh ! combien d'occasions s'offrent à nous pour formuler ces actes intérieurs, pour enchaîner notre raison et notre volonté. Sept fois j'adorerai le Saint-Sacrement à la place de ceux qui ne le font pas ; sept fois aussi je vous adorerai, ô mon Christ ! vous qui, la tête humblement baissée, portez votre croix pour les élus. J'offrirai par trois fois des hommages particuliers à la très-sainte Vierge, comme à la mère et à la protectrice spéciale de toutes les âmes religieuses, afin qu'elle nous aide, par une assistance particulière, à remplir les vœux de notre profession religieuse. Toutes les fois que l'occasion s'en présentera, je ferai des actes de charité envers mon prochain, avec tout l'amour et la gaieté de cœur possibles. Je veillerai sans cesse sur tous mes sens, et, afin de ne pas paraître étrange, je le ferai en temps opportun et d'une manière convenable ; car, si je ne regardais personne, chacun croirait que je suis irritée ; et, si je ne répondais pas quand on m'adresse la parole, on pourrait former quelque soupçon. Trois fois par jour je rappellerai à mes sœurs la dignité de notre vocation, en disant quelque chose à la louange de ce saint état, et j'y penserai moi-même continuellement. Aussi souvent que l'occasion s'en présentera, je me ferai un devoir de consoler les affligés, peu importe que leur douleur soit intérieure ou extérieure ; et, après chacune de mes actions, je tâcherai de rester dans l'exercice constant de la charité, et de veiller sans cesse sur mon cœur. » Évidemment, cette dévotion ne convient pas à tout le monde, mais chacun y peut trouver son édification et son instruction. En effet, n'est-ce pas avoir gagné beaucoup que de voir combien peu nous aimons Dieu, quelle mauvaise volonté nous mettons à le servir ? C'est là un des grands avantages que procure la lecture de la *Vie des Saints.* Parce que l'exemple des saints n'est pas facile à imiter, il n'en faut pas conclure que leur vie ne soit pas utile à la pratique. Je dirai plus, très-souvent c'est dans ces admirables biographies que nous puisons l'humilité, que nous ranimons la ferveur de notre amour.

4. À ce sujet, je rappellerai une coutume qui est en vigueur dans la plupart des maisons religieuses : c'est le renouvellement des vœux à certaines époques périodiques. Ce que je dis des membres d'une communauté s'applique également aux personnes qui se sont engagées envers Dieu par un vœu quelconque, ou, du moins, par une promesse solennelle, et qui veulent la renouveler. C'est là un autre exemple qui prouve combien l'amour divin est ingénieux. De même que Dieu nous permet de lui offrir les mystères de Jésus-Christ comme s'ils nous appartenaient, il veut bien aussi que nous lui offrions plusieurs fois les vœux que nous avons faits, afin que la même action répétée augmente sa gloire et nos mérites. Sainte Marie-Madeleine de Pazzi nous apprend combien cette rénovation des vœux est agréable à Dieu. « Toutes les fois, dit-elle, qu'on renouvelle les promesses faites à Dieu, l'alliance qui unit la créature au Créateur se trouve aussi renouvelée, et l'union entre l'âme et son bien-aimé est plus ou moins forte, selon l'état de perfection dans lequel elle se trouve alors, ou le degré de charité qu'elle possède. Cette rénovation que l'âme fait intérieurement est une consolation pour la Sainte Trinité, parce que cette âme renouvelle sa complaisance intérieure en même temps qu'elle fait cette oblation à Dieu, et se rappelle le plaisir de la première offrande avec une complaisance et une joie toujours nouvelles. Cet acte n'est pas moins agréable à Marie, que si elle renouvelait elle-même son vœu de virginité. Les anges y trouvent aussi leur gloire, car ils nous voient correspondre ainsi aux inspirations qui nous ont été envoyées par leur ministère, et les saints se réjouissent parce que d'autres s'élancent sur leurs traces à la suite de leur Créateur. C'est aussi une consolation pour le chœur des vierges qui entonnent un chant nouveau, en voyant grandir la vertu qu'elles

ont pratiquée avec une affection spéciale ; leur gloire y trouve un accroissement comme si, chaque fois que cette rénovation a lieu, on célébrait la fête des vierges. Quant à l'âme, elle en retire elle-même des fruits immenses. En effet, les grâces pleuvent sur elle en plus grande abondance, les promesses qui lui ont été faites acquièrent une force nouvelle, et elle goûte une paix inconnue, tandis que son union avec Dieu se resserre et produit des fruits qui apparaissent dans ses paroles et dans ses œuvres. Oh ! qu'elle est grande la dignité de ces vœux et de ces promesses qu'on fait à Dieu dans la profession solennelle, puisque leur simple renouvellement produit de tels résultats et fait porter à l'âme des fruits si délicieux ! Il ne faut donc pas nous étonner, ô Verbe éternel ! si ceux qui possèdent la lumière, les religieux dont l'Ordre porte votre saint nom (les Jésuites), célèbrent cette rénovation comme une fête solennelle, d'autant plus que les mondains font tant de cas du jour anniversaire de leur naissance ou d'un grand événement. Ah ! combien n'avons-nous pas plus de raison de célébrer, dans des transports de joie spirituelle, le jour où nous avons été unis à Dieu par des liens si puissants que rien ne saurait jamais les briser[84]. » Sainte Marie-Madeleine avait coutume elle-même de renouveler chaque jour ses vœux, car elle les considérait comme quelque chose de divin, et un privilège singulier que Dieu confère à ceux qu'il appelle à l'état religieux ; elle les regardait comme le « prix et les trésors du paradis », et les aimait comme les « chaînes de l'amour divin. »

Saint François Xavier renouvelait fréquemment ses vœux, et il disait que toutes les fois qu'il agissait ainsi il sentait sa jeunesse se renouveler comme celle de l'aigle ; aussi répétait-il sans cesse à ses frères en religion qu'une rénovation quotidienne de leurs vœux serait leur meilleur moyen de défense contre les attaques et les embûches du démon. Lancicius nous apprend que le P. Cenuto, Jésuite italien, avait coutume de faire une rénovation mentale de ses vœux trois mille fois par jour, et durant une octave de l'Épiphanie, il acquitta fidèlement les vingt-quatre mille fois. On lit encore dans la vie du B. Alphonse Rodriguez, frère lai de la Compagnie de Jésus qu'il renouvelait chaque jour ses vœux, et que cette pratique l'entretenait dans un état de ferveur constante. Notre-Seigneur lui fit comprendre

---

84   *Vit*. Chapitre 118.

que cette dévotion était agréable à sa divine Majesté, et lui montra les fruits qu'en retirerait son âme, ainsi que les grâces dont elle serait enrichie en retour. Un jour qu'il entendait la messe et qu'il renouvelait ses vœux, en remerciant Dieu de sa vocation religieuse avec une grande ferveur, il reçut une lumière extraordinaire, qui lui parut éclipser toutes les lumières naturelles. À cette lueur, il vit la grandeur des bienfaits qu'il avait reçus jusqu'à ce moment, sa propre bassesse et son indignité, et l'impossibilité où il était de jamais rendre à Dieu des actions proportionnées à ses bienfaits. Le cœur rempli d'une sainte honte, il n'osa lever les yeux sur son bienfaiteur, ni même ouvrir la bouche pour le remercier, mais il se recueillit et s'humilia en silence. Cependant Dieu, qui accueille toujours avec plaisir la prière d'un cœur humble, fit sentir au pieux religieux que cette muette action de grâces était agréable aux yeux de sa divine Majesté, et le saint entendit une voix extérieure qui frappait son oreille : « Alphonse, disait-elle, persévère en ma présence à renouveler tes vœux, et tout ira bien pour toi ! » Cette faveur jeta l'humble frère dans une confusion plus grande encore, et, sans perdre de vue son indignité, il se crut le jouet d'une illusion diabolique. Mais la voix de Dieu se fit entendre de nouveau : « Alphonse, pourquoi crains-tu ? Il n'y a là pour toi aucun sujet de crainte, car il n'y a point d'illusion ; fais ce que je te commande ! » Et en même temps le Seigneur lui donna la conviction intérieure que tout venait d'en haut.

Lancicius rapporte une anecdote au sujet d'un homme doué d'une grande prudence et de talents supérieurs, qui entra dans la Compagnie. Toutes les règles lui plaisaient, excepté celle qui prescrit la rénovation des vœux, et qu'il appelait une frivolité et une impertinence. Quand vint le jour de renouveler ses vœux, il sentit au fond de son cœur une violente répugnance ; toutefois, il imposa silence à sa raison et à son amour-propre ; il fit ce qu'on exigeait de lui, mais avec une telle confusion, qu'il savait à peine où il était. Dieu, cependant, récompensa son obéissance. Lorsque le prêtre, entre les mains duquel il avait renouvelé ses vœux, vint à lui avec le Saint-Sacre-ment pour le communier, il vit Notre-Seigneur dans l'hostie, et se sentit inondé d'une délicieuse consolation et d'une lumière qui lui fit voir combien le renouvellement des vœux est agréable à Dieu. Il fondit en larmes, reconnut son erreur, et, comme la grâce divine continuait à couler comme une source féconde dans son cœur, il resta quelque temps sans pouvoir parler[85].

Tout ce que nous venons de dire peut également s'appliquer au renouvellement des vertueux desseins ou des désirs héroïques. L'auteur de l'*Imitation* nous invite à renouveler chaque matin les bonnes intentions que nous avons prises, et à nous exciter en même temps à la ferveur, comme si notre conversion datait de ce jour. Lancicius nous recommande certaines catégories d'actes et de désirs héroïques qu'il est bon de renouveler : 1° Les actes d'humiliation, en vertu desquels nous reconnaissons notre néant. Notre-Seigneur dit à sainte Marie-Madeleine de Pazzi : « Toutes les fois que vous ferez un acte d'anéantissement, souvenez-vous que si une créature humaine ne peut subsister sans un cœur, vous ne pouvez subsister sans moi. Tant que cette pensée demeurera en vous, soyez sûre que vous demeurerez unie à moi ; et ma paix sera avec vous, lors même que vous semblerez soutenir des combats incessants contre les tentations, auxquelles je permettrai de vous assaillir, mais non de vous vaincre. Plus vive sera leur attaque, plus abondants seront les secours que je vous prêterai, sans que vous en puissiez sentir ni la présence, ni la douceur. »

Une autre fois, Jésus lui dit : « Ceux qui me servent devraient le faire avec une telle humilité, que leur âme semblât chercher le centre de la terre. En effet, de même qu'une flèche, en tombant, ne s'arrête pas avant d'avoir touché le sol, ainsi mon esprit ne repose que sur l'âme qu'il trouve plongée au milieu de son néant. » Ailleurs, Dieu le Père dit encore à sainte Madeleine : « L'échelle des paroles de mon Verbe est plus haute que l'échelle de Jacob, car le pied en est posé sur l'âme qui, par l'humilité et la connaissance qu'elle a de soi-même, est abaissée en-dessous de l'abime où là plonge une humble opinion de soi, tandis que la juste connaissance de soi-même la fait monter jusqu'au sein de mon être. Et telle est la différence entre les deux échelles : celle de Jacob ne montait pas au-dessus du ciel et ne descendait pas en-dessous de la surface de la terre ; mais l'autre échelle s'élève au-dessus des étoiles, selon que l'âme s'humilie ; que dis-je ? elle peut atteindre le cœur de mon être éternel car son exaltation consiste dans l'humilité de l'âme. » 2° Le désir et l'intention d'éviter tout péché volontaire jusqu'aux moindres imperfections ; de sorte

---

[85] *Lanc.* 2, 26.

que, suivant l'exemple de saint Augustin, nous aimions mieux mourir que de commettre un péché, ou bien avec saint Jean Chrysostome, nous préférions voir l'enfer ouvert à nos yeux que d'offenser Dieu, ou, enfin, selon l'héroïque paradoxe du bienheureux Alphonse Rodriguez, nous soyons prêts à tomber dans l'enfer sans l'avoir mérité, plutôt qu'à offenser Dieu par un péché véniel, fût-ce le moindre qu'on saurait concevoir. 3° Le désir et l'intention de souffrir toute espèce de tourment pour l'amour de notre aimable Seigneur. Ce sont les sentiments que saint Ignace s'efforce d'inspirer par la contemplation du royaume de Jésus-Christ, dans la seconde semaine de ses exercices : « Ô souverain Roi et Maître suprême de toute chose, malgré mon indignité, confiant dans votre grâce et dans votre secours, voici que je viens m'offrir entièrement à vous et soumettre tout ce que j'ai à votre volonté, déclarant, en présence de votre bonté infinie, de la glorieuse Vierge votre mère, et de la cour céleste, que mon intention, mon désir et ma résolution est de vous suivre le plus près possible, et d'imiter la patience avec laquelle vous avez supporté les insultes et les épreuves intérieures et extérieures. » 4° Les désirs et les intentions touchant l'amour de nos ennemis. 5° Le désir et l'intention d'abandonner notre volonté et notre liberté entre les mains de Dieu, sans jamais chercher à reprendre ce que nous lui avons donné, sans rien excepter du sacrifice.

Pour comprendre combien ces désirs, considérés comme sacrifices d'amour, sont agréables à Dieu, il suffit d'observer un fait, c'est qu'il a souvent inspiré à ses serviteurs de pieux desseins qu'il n'avait pas l'intention de leur faire exécuter. C'est Abraham qui reçoit l'ordre de sacrifier Isaac ; c'est saint Philippe brûlant du désir d'aller prêcher l'Évangile dans les Indes, et de répandre son sang pour la foi. La *Vie des Saints* nous offre une foule de traits de ce genre. C'est pourquoi saint François de Sales ne se trompe pas, quand il dit que former des désirs impossibles touchant Dieu et ses perfections est un hommage réel, une preuve d'un véritable amour qui ne saurait manquer d'être agréable à ses yeux. Nous pouvons trouver là de nombreux sujets de réflexions, et, si nos cœurs étaient ce qu'ils doivent être, il en jaillirait mille sources de larmes de componction.

Tout en prenant soin, dans l'intérêt de nos âmes comme dans celui de la gloire de Dieu, de développer en nous l'esprit de louange, il ne faut pas oublier que c'est moins une vertu personnelle qu'un don de Dieu, et par conséquent qu'il faut l'implorer par des prières spéciales. Nous ne devrions pas non plus négliger d'invoquer dans ce but le patronage de sainte Gertrude, qui posséda au plus haut degré, même parmi les saints, un admirable esprit de louange incessante. Si nous pouvions l'imiter en cela, peut-être arriverions-nous ensuite à participer à sa non moins admirable liberté d'esprit. De quelle importance est cette liberté, et quels liens étroits l'unissent à l'esprit de louange ! Je désirerais que les hommes voulussent étudier la vie de sainte Gertrude plus qu'ils ne le font ; car il est certain que notre plus grand défaut consiste dans le manque de liberté d'esprit. C'est là la principale raison qui fait qu'un service d'amour est une chose si rare parmi les chrétiens. Certes, si les personnes qui vivent dans le monde et dans la société désirent mener une vie dévote, qu'elles n'aillent pas s'imaginer qu'une vie monastique, plus ou moins déguisée, plus ou moins tronquée, soit le genre de spiritualité qui-leur convient. Leur position et leurs devoirs leur ôtent le libre usage de leur temps ; elles ne peuvent diviser leur journée en demi-heures, en quarts d'heures, comme si elles étaient dans un paisible cloître, n'ayant d'autre obligation que d'obéir à la cloche du couvent. C'est pourquoi, dans neuf cas sur dix, dire aux personnes de cette catégorie de se tracer une règle et de s'astreindre à la suivre ; les forcer à s'assujettir à des heures fixes pour vaquer à leurs exercices de piété, équivaut à dire aux personnes qui composent la société moderne, qu'elles ne doivent pas aspirer à mener ce qu'on appelle une vie dévote. Combien de gens ont abandonné entièrement la piété, parce qu'ils avaient essayé de suivre une règle, et qu'ils ont trouvé impossible d'y rester asservis ! Combien de gens se sont attachés uniquement à avoir des heures fixes, à faire les choses en temps donné, à suivre de point en point leur chronomètre dans l'accomplissement de pratiques divisées à l'infini, et dont ensuite le zèle s'est ralenti parce qu'une santé faible, un changement d'occupations, ou les plaisirs de la saison sont venus déranger leurs heures fixes et rendre impossibles leurs plans tracés sur le papier ! Si le vêtement de la spiritualité se dessèche, il n'est pas d'un long usage. Il éclatera en une douzaine d'endroits différents, dans le cours d'une semaine, comme l'habit de peau dont se revêtent les Patagons. Les gens du monde ne tarderont pas à le jeter de côté avec dédain, et à se contenter d'une piété moins qu'ordinaire. Ils ont essayé de la spiritualité, mais ils n'ont pas réussi, leurs efforts ont échoué ; et, comme le genre de spiritualité qu'ils ont tenté n'a point été couronné de succès, ils ne veulent pas croire qu'un autre pourrait être plus heureux. On ne s'imagine pas avec quelle facilité on se met à l'aise dans les régions inférieures. C'est là un phénomène aussi effrayant que difficile à croire. Si ce n'était cette déplorable facilité avec laquelle on prend ainsi son parti, on pourrait espérer que le sens commun, une honnête pudeur, et un raisonnement discret, finiraient par triompher. Mais ce parti pris ressemble à la manière d'agir du hérisson. La rudesse ne le blesse pas ; la douceur ne peut le gagner, et la persuasion le laisse tel qu'elle l'a trouvé, plein d'aspérités et intraitable.

Esprit des Bénédictins
Or, le mauvais succès de cette espèce de piété d'ordonnance, aussi bien que le préjugé qui repousse toutes les autres comme peu sûres ou peu solides, provient du manque de liberté d'esprit. Où règne la loi de Dieu, où souffle l'esprit du Christ, là est la liberté. Nul ne peut lire les écrivains spirituels de l'ancienne école de saint Benoît, sans remarquer avec admiration la liberté d'esprit dont leur âme était pénétrée. C'est précisément ce que nous avons le droit d'attendre d'un Ordre dont les traditions sont aussi respectables. Ce serait un grand bien pour nous que de posséder un plus grand nombre d'exemplaires et de traductions de leurs œuvres. Sainte Gertrude en est un bel exemple ; elle respire partout l'esprit de saint Benoît. Il y a des traités complets de la vie spirituelle que les gens du monde lisent d'un bout à l'autre, et ils sont sincèrement convaincus que la méthode qu'on leur propose est une contrainte à laquelle ils ne pourraient essayer de se soumettre sans indiscrétion. D'après ces rigides auteurs, tous les jeunes gens doivent mener une vie de séminariste, ou renoncer entièrement à la dévotion. Chaque demoiselle doit être, en quelque sorte, une religieuse moins l'habit, ou sinon abandonner tout espoir de devenir tant soit peu meilleure que la plupart de ses compagnes. Oh ! quels obstacles une pareille doctrine apporte à l'amour, à un amour sage, à un amour tel que Jésus en demande à chacun d'entre nous ! Faire du monde un immense couvent, plus

ou moins relâché, ce n'est pas là le moyen de servir les intérêts de notre aimable Maître. Les règlements spirituels peuvent produire la confiance en soi-même. Ils ne sont que d'une médiocre utilité à la véritable, simple et constante piété. L'esprit de la religion catholique est un esprit facile, un esprit de liberté ; et c'était là surtout l'apanage des Bénédictins ascétiques de la vieille école. Les écrivains modernes ont cherché à tout circonscrire, et cette déplorable méthode a causé plus de mal que de bien. En effrayant le monde, ils diminuent la dévotion ; en outrepassant les bornes, ils l'abaissent.

Il est assez difficile de parler de liberté d'esprit sans avoir l'air de recommander la négligence, ou de soutenir l'inexactitude, la paresse et le caprice. Mais nous pouvons en toute sécurité développer ce sujet d'après sainte Gertrude elle-même. Les traits suivants de sa vie[86] serviront à faire voir de quelle délicieuse liberté d'esprit elle jouissait. Jamais on ne la vit s'abstenir de la sainte communion, par crainte des dangers que courent, selon les livres spirituels, ceux qui communient indignement. Au contraire, plus elle était vivement pénétrée de ses imperfections, plus était grande l'ardeur avec laquelle elle accourait vers notre adorable Sauveur, soutenue par l'espérance et l'ardent amour qu'elle avait pour son Dieu. Ce qui l'excitait à agir ainsi, était un sentiment d'humilité qui lui faisait regarder comme inutiles, et presque indignes de considération, toutes les bonnes œuvres qu'elle pouvait accomplir, et toutes les pratiques par lesquelles les hommes ont coutume de se préparer à la communion. Par la même raison, elle ne s'abstenait jamais d'approcher de la sainte Table, ainsi que le font beaucoup de personnes, lorsque, par hasard, elle n'avait pas accompli tous ses exercices ordinaires ; car, en présence du don gratuit qui nous est accordé dans l'Eucharistie, tous les efforts de la dévotion humaine lui paraissaient comme une goutte d'eau comparée aux immenses réservoirs de l'Océan. Ainsi, sans trop s'attacher à aucune de ses préparations particulières, elle se reposait sur la condescendance infinie de Dieu, et ne s'inquiétait que de recevoir cet auguste sacrement dans un cœur brûlant d'amour.

Un jour qu'elle voyageait, elle tomba, par accident, d'une dangereuse hauteur. Pleine d'une sainte joie, elle s'écria : « Oh ! mon aimable Sauveur, quel bonheur pour moi si cette chute eût abré-

---

86   Vita, 1, 92.

gé le chemin qui me reste à parcourir pour venir jusqu'à vous ! » Quelques-unes de ses compagnes furent tant soit peu scandalisées de l'entendre parler ainsi, et lui demandèrent si elle n'avait pas peur de mourir sans recevoir les sacrements. « Je désire de tout mon cœur, répondit-elle, être fortifiée par les sacrements avant de mourir ; mais j'ai la hardiesse de mettre la Providence de mon Seigneur et mon Dieu au-dessus de tous les sacrements, et je crois que c'est là la meilleure préparation à la mort. Peu importe que ma mort soit lente ou soudaine, pourvu qu'elle soit agréable aux yeux de Celui vers lequel j'espère qu'elle me conduira. Car, quel que soit mon trépas, j'ai confiance dans la miséricorde de Dieu, sans laquelle je serais perdue à jamais, lors même que toute ma vie aurait été une préparation à la mort. »

Une personne pieuse avait longtemps prié pour obtenir quelque grâce particulière, et Dieu n'exauçait pas ses prières, ce qui la fit tomber dans un état dangereux de découragement. Enfin Dieu lui dit : « J'ai tardé à vous exaucer, parce que vous n'aviez pas assez de confiance dans les effets de ma miséricorde. Imitez la vierge de mon choix, imitez Gertrude, qui se repose si fermement sur ma Providence, qu'il n'est rien qu'elle n'espère de la plénitude de ma grâce ; c'est pourquoi je ne saurais lui rien refuser de ce qu'elle me demande. »

On retrouve une autre preuve caractéristique de cet esprit dans la coutume suivante, qu'elle suivait invariablement : Elle ne voulait jamais choisir ses vêtements, ni rien dont on lui offrait le choix, mais elle fermait les yeux, étendait la main, et prenait la première chose qu'elle touchait. Aussitôt qu'elle l'avait prise, elle s'y attachait comme à un présent qui lui venait de la main de Dieu ; elle concevait une véritable affection pour cet objet, et cessait de se montrer indifférente à son égard. Réfléchissez un peu sur cette conduite, vous y trouverez de quoi corriger la roideur de la vôtre, et de quoi modifier vos idées sur la sainte indifférence.

Voici un tableau de la vie de sainte Gertrude. Un jour que sainte Mathilde chantait dans le chœur, elle vit Jésus assis sur un trône élevé, et Gertrude qui montait et descendait devant lui, sans jamais détourner les yeux de la face de son Rédempteur, et semblait en même temps vaquer à une foule de devoirs extérieurs. Tandis que Mathilde, remplie d'étonnement, contemplait ce spectacle, elle entendit Notre-Seigneur qui disait : « Ceci est l'image de la vie que ma fille bien-aimée, Gertrude, mène en ma présence. Elle marche toujours devant moi. Elle ne donne point de repos à ses désirs, point de trêve à sa sollicitude jusqu'à ce qu'elle ait trouvé ce qui est le plus près de mon cœur, ce qui m'est le plus cher ! et aussitôt qu'elle l'a découvert, elle s'en acquitte avec une scrupuleuse fidélité. Mais ce que j'admire le plus en elle, c'est qu'elle ne s'arrête point-là. Elle répond aussitôt, sans jamais cesser de rechercher ma volonté, afin de ranimer son zèle par de nouvelles actions et par de nouvelles pratiques de vertu. C'est pourquoi sa vie entière n'est qu'une chaîne non interrompue de louanges offertes à mon honneur et à ma gloire. » Sainte Mathilde se rappela aussitôt la faiblesse ordinaire d'une piété active et pleine de zèle, car elle croyait l'avoir remarquée dans sa chère Gertrude, et se hasarda à dire : « Mais, Seigneur, si la vie de Gertrude est aussi parfaite, comment se fait-il qu'elle ne puisse supporter les défauts des autres et qu'elle les exagère autant ? » Notre-Seigneur lui répondit avec une admirable douceur : « C'est parce qu'elle ne peut supporter la moindre tache sur son propre cœur, qu'elle ressent aussi vivement les chutes de son prochain. » On pourrait écrire sur cette seule remarque presque un volume entier de commentaires spirituels !

Encore un trait. Écoutons le témoignage même de Dieu : Un saint homme supplia Dieu, dans ses prières, de lui faire connaître ce qui lui plaisait tant dans sa Gertrude. Le Seigneur daigna lui répondre que c'était l'indépendance de son cœur. Le saint homme, qui estimait ce don beaucoup au-dessous de sa juste valeur, répliqua avec un certain étonnement : « Et moi, Seigneur, je croyais que ce qui vous plaisait le plus dans son âme, c'était la parfaite connaissance qu'elle a d'elle-même et l'amour ardent auquel vous lui avez fait la grâce de parvenir. » « Il est vrai, reprit Notre-Seigneur, que ce sont là deux grandes perfections ; mais la liberté d'esprit les renferme toutes deux et constitue elle-même un don si précieux, un bien si parfait, qu'elle suffit pour faire arriver une âme à la plus haute perfection. C'est elle qui dispose le cœur de Gertrude à recevoir à chaque moment de sa vie quelque faveur nouvelle, et qui l'empêche de s'attacher à rien de ce qui pourrait me déplaire ou me disputer l'empire de son cœur. »

Telle était cette sainte, la sainte par excellence des louanges et des pieux désirs ! Oh ! plût à Dieu qu'elle revînt dans l'Église pour être ce qu'elle fut dans les siècles passés, le docteur et le prophète de la vie intérieure, comme Débora qui, assise sous les palmiers du mont Éphraïm, chantait ses cantiques et jugeait Israël.

Après avoir déjà tant parlé du peu de succès qu'obtiennent généralement les personnes qui vivent dans le monde et qui aspirent à la dévotion, je ne puis m'empêcher, bien que mon sujet ne l'exige pas nécessairement, d'ajouter encore quelques mots. Depuis que Dieu a fermé le jardin d'Eden et l'a caché à nos curieuses investigations, on dit que rien ne ressemble autant à un paradis terrestre qu'un noviciat de Jésuites. Hélas ! on ne peut transformer le monde en un lieu semblable. Les gens du monde doivent essayer de mener une vie angélique, non pas dans la tranquille retraite de Sant'Andrea, où l'on respire l'air de la sainteté, mais au milieu des distractions d'une vie bruyante. Pour vivre comme dans le cloître au milieu du monde, il faudrait, si je puis parler ainsi, enfermer le monde avec nous dans notre cellule, et ne pas faire attention à ce dangereux compagnon. C'est pour avoir voulu mener une vie de moine au milieu du monde, et faire de l'état séculier une contrefaçon du couvent, qu'une foule de gens de bien ont échoué dans leurs efforts pour devenir meilleurs.

Mais il est encore une autre cause. La vie contemplative est totalement différente de la vie active, chacune a ses occupations et ses habitudes. Il faut, dans l'une comme dans l'autre, être conséquent avec soi-même, le succès est à ce prix. Or, à l'exception d'un très-petit nombre de personnes favorisées d'une vocation particulière, les gens du monde sont appelés à mener une vie active. C'est encore là une erreur dans laquelle on tombe constamment. On résume toute la spiritualité pour le for intérieur, tandis que toute la vie active est consacrée au monde et uniquement au monde, absolument comme les Méthodistes (secte protestante) qui donnent le dimanche à l'exercice de la religion, et les six jours de la semaine aux affaires et aux plaisirs. Les personnes de cette catégorie ne font point entrer le christianisme dans la vie active. Aussi, qu'arrive-t-il ? Les prières et les offices de l'Église sont sans cesse en lutte ouverte avec les promenades et les parties de plaisir. La religion finit par succomber et par abdiquer ses droits dans un misérable concordat. En d'autres termes, cher lecteur, je présume (je dis je présume, car je n'oserais *affirmer* en matière de science spirituelle), je présume, dis-je, que nous ne saurions mener une vie dévote dans le monde, sans nous occuper activement des pauvres. Visiter les malades, contribuer au développement des écoles, fréquenter les hôpitaux, s'intéresser aux pécheresses pénitentes et aux enfants trouvés, tel est, dans mon opinion, le secret dd la perfection dans le monde. Vivre de la vie contemplative dans le monde pendant trois heures par jour, est un glorieux privilège. Mais, malheureusement, il est de courte durée. Que diriez-vous si j'avais raison, si la causé de la chute de tant de personnes pieuses était réellement la mauvaise distribution qu'elles font de leurs œuvres, en consacrant à Dieu toute la vie intérieure, et la vie active tout entière au monde, et si les riches, pour devenir saints, devaient se dépouiller de leurs trésors et s'ensevelir dans un couvent, ou bien travailler de leurs mains pour ceux qui sont au-dessous d'eux et se faire les compagnons des pauvres ?

Votre vie de chrétien se compose de la messe, de la communion, de la méditation, de l'examen de conscience, de quelques petites austérités et d'autres actes analogues. Mais tous ces exercices, pris séparément, sont tous plus ou moins contemplatifs. Sans doute, tout cela est excellent ; mais Dieu demande de vous quelque chose de plus. Vous êtes appelé à mener une vie chrétienne et active, et si vous êtes riche, vous êtes réservé à un apostolat qui Consiste à remplir constamment un ministère de charité envers les pauvres. Parcourez les pays catholiques où les pieuses personnes de la classe moyenne se trouvent en grand nombre, où elles multiplient leurs bonnes œuvres et brillent de tout l'éclat de leur beauté spirituelle ; il semble là que le secret du salut consiste dans cette glorieuse activité dont les pauvres sont l'objet. Quand vous sortez de prier ou que vous quittez l'église, vous ne pouvez pas, sans vous rendre singulier, exprimer dans la conversation les impressions que vous apportez avec vous ; et, d'ailleurs, la prière est comme une fleur délicate épanouie sur l'âme, et que l'air vicié des appartements du monde ne tarde pas à flétrir; mais, au sortir de la mansarde du pauvre ou de l'hôpital, de l'asile des orphelins ou de la cellule de la *fille repentie*, vous êtes environné d'une atmosphère enchantée, espèce d'armure céleste sur laquelle viennent s'émousser les traite empoisonnés du monde, désormais impuissante sur vous. C'est une plante vivace ; un sourire ne la flétrit pas ; une parole ne la tue pas, une calomnie ne la fane pas comme cette tendre fleur exotique qu'on appelle la prière. Partout où est le monde, l'âme est en danger : mais il n'est guère de dissipation, de plaisir ou de mode qu'une ardente charité envers les pauvres ne puisse dépouiller de tous ses dangers, et même sanctifier. Soyez-en convaincus, ô vous qui vivez dans le monde ! la charité pour vous est le synonyme de la persévérance, et le soin des pauvres est la présence réelle de votre Seigneur.

Quel miracle est l'amour que Dieu a pour les hommes ! En réalité, est-il en eux quelque chose qui puisse les faire aimer ? Si nous comparons nos facultés à celles des anges, comme nous paraîtrons petites ! Si nous considérons que les animaux remplissent la fin de leur création infiniment mieux que nous, de quoi serons-nous fiers ? Bien plus, Dieu a mis les hommes sans cesse à l'épreuve, et chaque fois ils lui ont fait défaut, ils ont trompé son attente avec un égoïsme au-delà de toute expression. D'abord, le paradis terrestre et la première chute. Chacun sait ce qui arriva alors. Dieu fut mis dans la balance avec une pomme ; la pomme l'emporta. Le déluge fut un châtiment terrible, mais la miséricorde l'accompagna. Toutefois, nous ne tardons pas à trouver que Dieu n'est plus connu que d'une seule famille, celle des Patriarches. Puis vinrent les Juifs. La patience de Job n'est qu'une faible image de la longanimité dont Dieu fit preuve envers son peuple. Il répandait ses bienfaits sur Israël, et Israël le méprisait ; il punissait, et les cœurs n'en devenaient que plus durs. Il leur envoya son Fils et ils le crucifièrent ; et ce fut au tour des Romains de se rendre maîtres de la nation at du pays, de brûler la ville et le temple. Regardez le monde depuis que Jésus-Christ a été crucifié : il semblerait que la Passion de notre divin Sauveur n'est qu'une entreprise avortée, tant la face du monde, tant son esprit, tant ses mœurs sont peu changés. Les effets de l'Évangile sur le monde semblent se réduire d'abord à l'épisode d'un roman extraordinaire intercalé dans l'histoire, et ensuite à quelques mots nouveaux introduits dans les différentes langues pour exprimer les phénomènes et le génie de l'incarnation. En jetant les yeux sur le monde en général, peut-on découvrir d'autres résultats que l'Évangile y ait produits ? Nous autres chrétiens, nous offrons le plus triste spectacle. Quel respect avons-nous pour nos sacrements ? Combien d'entre nous servent leur maître crucifié avec un généreux amour ?

Oui, si Dieu aime les hommes, c'est un véritable miracle ; et pourtant, comme il les a aimés ! Il ne s'est pas fait ange pour l'amour des anges, mais pour l'amour des hommes, il s'est fait Homme. Il faut, sous ce rapport, ne consulter que l'Écriture. C'est là simplement une des mystérieuses dispositions de Dieu, comme le dit de lui la Sagesse éternelle : « J'ai été établi dès l'éternité, et dès le commencement avant que la terre fût créée. Les abîmes n'étaient point encore, lorsque j'étais déjà conçu, les fontaines n'étaient point encore sorties de la terre, la pesante masse des montagnes n'était pas encore formée ; j'étais enfanté avant les collines. Il n'avait point encore créé la terre, ni les fleuves, ni affermi le monde sur ses pôles. Lorsqu'il préparait les cieux, j'étais présent ; lorsqu'il environnait les abîmes de leurs bornes et qu'il leur prescrivait une loi inviolable, lorsqu'il affermissait l'air au-dessus de la terre et qu'il dispensait dans leur équilibre les eaux des fontaines, lorsqu'il renfermait la mer dans ses limites et qu'il imposait une loi aux eaux afin qu'elles ne passassent point leurs bornes, lorsqu'il posait les fondements de la terre, j'étais avec lui et je réglais toutes choses ; j'étais chaque jour dans les délices, me jouant sans cesse devant lui, me jouant dans le monde, et mes délices sont d'être avec les enfants des hommes[87]. »

Quelles paroles pourront exprimer le privilège que nous possédons d'aimer un Dieu dont la beauté est incompréhensible, la bonté ineffable et la sainteté infinie ? On pourrait croire qu'un tel amour de notre part n'est qu'une insolente profanation ; et que, s'il nous était permis de paraître devant Dieu animés de cet amour instinctif qu'on trouve dans l'animal qui paît, ou dans l'oiseau qui boit, ce serait déjà assez d'honneur pour nous. Toutefois, si, dans son inépuisable miséricorde, il nous permet de l'aimer, ce doit être au prix de notre sang, des souffrances, des humiliations, de la pénitence, de pénibles offrandes, d'une terrible austérité, et enfla d'une abnégation complète de nous-mêmes. Ah ! Dieu de bonté ! ce n'est là que l'expression de la réalité ; mais ce n'est pas nous dont le sang coule, ni nous qui souffrons, ni nous qui sommes humiliés, c'est lui ! Il pleure pour nous faire sourire ; il saigne pour que nous soyons sauvés ; il se laisse outrager afin que nous nous réjouissions ; il tremble, il est inquiet, abattu, il sue du sang, afin que nous soyons en paix

---

87 Pr 8.

avec nous-mêmes, tranquilles sur la terre, dans l'amitié de Dieu, et remplis d'une douce confiance dans l'avenir éternel qui nous attend. Non content de nous permettre de l'aimer avec passion, il dispose tout de manière à nous rendre l'amour plus facile. Il convertit nos désirs ; et il nous laisse l'aimer, le glorifier, nous procurer de la gloire à nous-mêmes par des moyens qui attireraient le sourire sur les lèvres de l'incrédule, tant ils ressemblent à un conte fait à plaisir, à l'artifice dont se sert un bon père, aux jeux d'un amour enfantin. Si c'est là le spectacle qu'il offre sur la terre, que sera-t-il, que fera-t-il dans le ciel ? Isaïe et saint Paul nous ont dit que toute tentative pour le découvrir serait vaine. Il nous faut d'autres yeux pour le voir, d'autres oreilles pour l'entendre, une autre intelligence, un autre cœur pour le concevoir. Est-il vrai qu'un bonheur semblable doive un jour devenir notre partage ? Oui, et le sang de notre doux Jésus est le gage assuré de notre félicité. Et qu'avons-nous fait pour nous en rendre dignes ? Est-il quelque proportion entre l'œuvre et la récompense ? Non, non, il n'en est point. Tout nous vient de Jésus. Jésus est le secret de toute chose. Jésus est la solution de Dieu. Quelle religion ! quel Dieu ! Sachez, ô habitants de la terre ! sachez que tout n'est pas dans l'ordre naturel comme vous le croyez. Nous pouvons tous aimer Dieu autant qu'il nous plaît, et de toutes les manières que notre imagination nous suggéré. Je voudrais que les anges pussent proclamer cette consolante vérité à toute heure du jour et de la nuit, au son de la trompette, aux quatre coins du monde ! Si, à cette nouvelle, les hommes abandonnent leurs affaires temporelles pour devenir comme les pêcheurs de Galilée, et porter toute leur attention vers le ciel, ce n'est là que ce qu'on a le droit d'attendre. La permission d'aimer à l'infini ! voilà le privilège de la créature, et Dieu l'a acheté au prix de son sang. Quelle religion ! quel Dieu !

Est-ce là le terme où s'arrêtent les miracles ? Non ! il en est un plus grand encore. C'était déjà une grande merveille que Dieu aimât les hommes. C'était quelque chose de plus étonnant encore qu'il souffrît leur amour. Mais l'homme peut surpasser Dieu ; il fait un prodige infiniment plus surprenant ; il n'aime pas Dieu quand il en a le pouvoir. Pourrait-on croire à une pareille ingratitude, si malheureusement on n'en était témoin. Oh ! si l'habitude n'avait pas endurci nos cœurs, une pareille malice exciterait en nous autant d'horreur qu'un abominable parricide. Nous ne saurions qu'en penser. Nous n'arriverions que lentement à y croire, et à mesure que nous y ajouterions foi, nous nous sentirions frappés de stupéfaction. Mais l'oubli de Dieu est dans l'ordre des choses, et personne ne songe guère à remarquer ce phénomène. Hélas ! si nous pouvions le voir tout à coup, tel que là foi nous le présente, nous voudrions avoir des larmes de sang pour effacer notre infamie ! Et que peut- on dire aux hommes, pour les exciter à aimer Dieu, qui soit à moitié aussi fort que ce que ce Dieu a déjà fait pour eux ? Il y a tant d'éloquence dans sa miséricorde, tant de tendresse dans sa bonté, tant de persuasion dans son indulgence, que, s'il échoue dans sa tentative, les hommes peuvent se dispenser de prêcher son amour. Telle était probablement la pensée de saint Paul, quand il parlait de la folie de la prédication. Jésus crucifié était à lui seul le sermon et le prédicateur ; que fallait-il de plus ? Il y aurait de la folie à le demander. Seulement, dans son amour, Dieu nous permet de prêcher ; nous rencontrons l'amour à chaque pas, nous nous heurtons contre lui à chaque détour ; Dieu nous permet d'employer les paroles de son alliance, et de faire voir aux autres le peu d'amour que nous avons pour lui, en leur disant le grand amour qu'il a pour nous. Il a encore fait éclater son amour, en laissant la conquête du monde dépendre de cette folie de la prédication. Mais vous et moi, nous l'aimons ! Eh bien ! c'est encore là une autre merveille ; comment se fait-il que nous ayons ce bonheur, quand autour de nous tant d'autres en sont privés ? C'est simplement un don qu'il nous accorde, une grâce qu'il nous fait. Là encore nous retrouvons Jésus. H nous a enseigné à aimer, et voyant le peu d'aptitude de ses écoliers, il a pris de l'amour dans son cœur sacré et l'a mis dans le nôtre, afin que par-là nous aimions Dieu. Et toute la part que nous avons prise dans cette circonstance, c'est d'avoir laissé éteindre, faute de soin, la lampe allumée. Il semblerait qu'il choisit à dessein ceux qui sont le moins capables de l'aimer. Vous et moi nous devons certainement le sentir. Nous pourrions nommer une foule de personnes qui ne l'aiment point, et cependant elles ont un cœur mille fois plus généreux que le nôtre, et elles eussent été infiniment supérieures à nous, si Dieu leur avait accordé ces grâces qu'il nous a données.

Misérables que nous sommes ! Pourquoi Dieu n'a-t-il pas tiré du néant d'autres âmes qui l'auraient aimé et glorifié, enfin, qui n'auraient pas eu la bassesse des nôtres ? C'est qu'il aimait nos âmes, c'est qu'il nous aimait nous-mêmes. Il nous a choisis de toute éternité, il nous a donné une préférence éternelle, et nous aime d'un amour qui ne s'éteindra jamais. Pourquoi ? Cette question demeure sans réponse. Il nous aimait, il nous a choisis, voilà tout. Qu'avons-nous donc à faire avec ce monde qui n'aime pas Dieu ? Ah ! c'est là que se trouve la véritable question. Nous avons la tête et le cœur pleins d'une multitude de plans plus ou moins sages, plus ou moins héroïques, à l'aide desquels nous voulons servir sa gloire et parvenir à l'aimer. C'est bien. Cette pensée nous occupe jour et nuit. Mais que pouvons-nous faire ? quelle est l'entreprise la plus voisine de l'infini que nous puissions tenter ? comment pourrons-nous être à la fois aux quatre coins du monde ? Voici la réponse ; je conviens qu'elle ne satisfait pas à la nécessité ; mais enfin c'est une réponse : Nous pouvons beaucoup faire à l'aide de l'amour et de l'esprit de réparation.

Oh ! faisons quelque chose pour l'amour de Jésus ! Pouvez-vous voir l'amour divin errer de cœur en cœur sans être touché de sa misère ? Il n'est pas de mendiant sur la terre aussi méprisé que celui par qui le monde a été fait et par qui il subsiste. Excitez un cœur à lui donner l'aumône en l'honneur du Père, en honneur du Fils ; réparez le refus qu'il a essuyé auprès d'un autre, et redoublez vous-même d'amour en honneur du Saint-Esprit. Il est rare de voir un homme entreprendre une chose sans en poursuivre l'exécution ; peu de personnes manquent leur but quand elles y tendent avec persévérance. Oh ! quel admirable succès couronnerait nos efforts, si quelques-uns d'entre nous prenaient une détermination inébranlable, et se disaient : « Je suis résolu à faire aimer Dieu davantage parmi les hommes. Je ne veux pas être venu au monde pour rien. Puisque Dieu m'a créé, ce sera pour propager son amour. Quelque peu que ce soit, je contribuerai à faire aimer Dieu davantage parmi les hommes. »

Avons-nous jamais pris une semblable résolution ? Prenons-la maintenant. J'ai foi en elle. Quand commencerons-nous ? Aujourd'hui. Très-bien. Nous avons désormais une tâche axée, et cette tâche sera remplie. Ô majesté d'un Dieu bien-aimé ! Par le cœur de Jésus, nous vous promettons de faire de grandes et généreuses choses pour vous !

Marie, Jésus, Dieu

Il serait superflu de faire voir ici de quelle utilité la pratique des louanges et des désirs peut nous être dans notre double tentative pour augmenter la gloire de Dieu et lui faire réparation de la froideur dont les autres ont fait preuve à son égard. Mais, quand nous avons fait tous nos efforts, les résultats paraissent si petits, que nous pouvons nous rejeter sur notre doctrine et notre pratique de l'oblation, pour suppléer à ce qui nous manque. Vers qui nos yeux se tournent-ils naturellement ? Vers Marie, vers la Mère Immaculée de Dieu, vers celle qui non seulement fut conçue sans tache, mais qui ne put même jamais comprise dans le décret qui concernait le péché. Nous n'aurions jamais connu Dieu comme nous le connaissons, sans le secours de Marie. Elle jette sur nous le reflet de la magnificence de Dieu. Sa dignité est la plus sublime qui puisse être, comme saint Thomas nous l'apprend ; la toute-puissance même n'en saurait créer une plus élevée. Elle est comme un trophée d'amour auquel les trois personnes divines ont attaché tous les dons et toutes les prérogatives qu'une créature est capable de recevoir. Elle est revêtue tout entière de la beauté de Dieu. Il s'est communiqué à elle d'une manière que nous n'osons exprimer. L'Église donne à Marie des noms qui nous font tressaillir d'étonnement, comme si elle avait emprunté les titres du Très-Haut, et réclamé une participation aux divins attributs. Nous sommes invités à parler de la sainte Vierge en des termes qui ne semblent appartenir qu'à la sagesse incréée du Père. Le Fils a transféré à sa Mère ce qui est à lui en propre. Elle est supérieure au reste de la création, plus digne, plus belle, plus puissante, plus chérie de Dieu que toute autre créature ; aussi est-elle en présence du Seigneur « comme l'hymne ineffable qui lui convient dans Sion. » Elle est toute louange, toute action de grâces. C'est sur elle que se repose la miséricordieuse complaisance du Créateur ; c'est sur elle qu'il répand avec délices la plénitude de ses bénédictions. Il trouve en elle son plaisir. Les louanges de Marie sont donc comme un culte infini que nous pouvons offrir à Dieu. Autrefois, les serviteurs de Dieu prenaient pour sujet de leurs cantiques les mers et les montagnes, les oiseaux et les poissons, la chaleur et le froid, les puits et les vallées, les animaux et les hommes. Ils les chargeaient de louer, d'exalter et d'élever au-delà des cieux la gloire et la bonté de

Dieu. Mais Marie est le cantique des chrétiens. L'Église nous invite à remercier dans l'élan d'un ardent amour la très-sainte et indivisible Trinité, à cause des dons et grâces dont Marie a été comblée ; et plusieurs indulgences sont attachées à cette dévotion. Examinez tout ce qui est renfermé dans cette invitation. Entrez dans l'esprit de l'Église. Souvenez-vous que Marie est le cantique des chrétiens.

Qu'elles sont douces, les louanges de Marie ! Est-il rien au-dessus de leur suavité ? Tendre Mère, quelle joie pour nous de songer que vous êtes la bénédiction de Dieu ! Qu'elles sont douces, qu'elles sont belles, les louanges de la Vierge immaculée ! Est-il rien de plus doux et de plus beau ? Oui, aimable Mère, et nul ne le sait mieux que vous. « Il était un cèdre sur le Liban ; ses branches étaient belles et touffues ; il était fort haut, et son sommet s'élevait au milieu de ses branches épaisses. Les pluies l'avaient nourri ; un grand amas d'eau l'arrosant l'avait fait pousser en haut ; les fleuves coulaient tout autour de ses racines, et il avait envoyé ses ruisseaux à tous les arbres de la campagne. C'est pourquoi il avait surpassé en hauteur tous les arbres de la contrée ; son bois avait poussé fortement, et ses branches s'étaient étendues à cause des grandes eaux qui l'arrosaient. Et, comme son ombre s'étendait fort loin, tous les oiseaux du ciel avaient fait leur nid sur ses branches, toutes les bêtes des forêts avaient fait leurs petits sous ses feuilles, et un grand nombre de nations habitaient sous l'ombre de ses rameaux. Il était parfaitement beau dans sa grandeur et dans l'étendue de son bois, parce que sa racine était près des grandes eaux. Il n'y avait point de cèdres dans le jardin de Dieu qui fussent plus hauts que celui-là ; les sapins ne l'égalaient point dans sa hauteur, ni les planes dans l'étendue de ses branches ; il n'y avait point d'arbre dans le jardin de Dieu qui ressemblât à celui-là, ni qui lui fût comparable en beauté[88]. »

Admirez la douceur avec laquelle le Prophète parle de la sainte humanité de Jésus. C'est infiniment plus à lui qu'à notre sainte Mère que le Père céleste s'adresse, quand il dit : « Montrez-moi votre visage ; que votre voix se fasse entendre à vos oreilles ; car votre voix est douce et votre visage agréable[89]. » Et quelle gloire pour Marie ! La voix de Jésus résonne comme la sienne, et la face du Fils res-

---

88 Ez 31.

89 Ct 2, 14.

plendit comme les traits de la Mère ! Mais qui pourrait exprimer les louanges que la voix de Jésus chante à la gloire de Dieu ? Un ange ayant fait vibrer pendant un instant sa voix céleste à l'oreille de saint François, le bienheureux sentit qu'il serait mort de joie, si cette musique s'était prolongée un moment de plus ; quelle doit donc être la voix de la sainte humanité de Notre-Seigneur ? Oh ! quel bonheur de s'agenouiller en silence pour louer Dieu, excité par la douce pensée que la voix de Jésus adresse à son Père un cantique divin de louanges ineffables ! Oh ! quelle consolation de songer que Dieu reçoit enfin des honneurs dont le prix est infini, à cause de l'union bénie du Verbe avec la sainte humanité de Notre-Seigneur ?

Mais c'est aux Bienheureux seuls qu'il appartient de traiter convenablement ce sujet. Laissons donc parler saint François de Sales : « Après avoir ouï toutes les louanges que tant de créatures différentes, à l'envi les unes des autres, rendent unanimement à leur Créateur, quand, enfin, on écoute celle du Sauveur, on y trouve une certaine infinité de mérite, de valeur, de suavité qui surmonte toute espérance et attente du cœur ; et l'âme alors, comme réveillée d'un profond sommeil, est tout à coup ravie par l'extrémité de la douceur de telle mélodie.

Eh ! je l'entends, ô la voix, *la voix de mon bien-aimé !* voix reine de toutes les voix, voix auprès de laquelle les autres voix ne sont qu'un muet et morne silence[90]. Voyez comme ce cher ami s'élance, le voici qui vient tressaillant ès plus hautes montagnes, outre-passant les collines. Sa voix retentit au-dessus des Séraphins et de toute créature ; il a la vue de chevreuil pour pénétrer plus avant que nul autre en la beauté de l'objet sacré qu'il veut louer ; il aime la mélodie de la gloire et louange de son Père plus que tous : c'est pourquoi il fait des tressaillements, des louanges et des bénédictions au-dessus de tous. Tenez, le voilà, ce divin amour du bien-aimé, comme il est derrière la paroi de son humanité ; voyez qu'il se fait entrevoir par les plaies de son corps et l'ouverture de son flanc, comme par des fenêtres, et comme par un treillis au travers duquel il nous regarde.

Oui, certes, l'amour divin assis sur le cœur du Sauveur comme sur son trône royal, regarde par la fente de son côté percé tous les cœurs des enfants des hommes. Car ce cœur étant le roi des cœurs,

---

90   Ct 2, 3.

tient toujours ses yeux sur les cœurs. Mais, comme ceux qui regardent au travers des treillis voient et ne sont qu'entrevus, ainsi le divin amour de ce cœur, ou plutôt ce cœur du divin amour, voit toujours clairement les nôtres et les regarde des yeux de sa dilection ; mais nous ne le voyons pas pourtant, seulement nous l'entrevoyons. Car, ô Dieu ! si nous le voyions ainsi qu'il est, nous mourrions d'amour pour lui, puisque nous sommes mortels, comme lui-même mourut pour nous tandis qu'il était mortel, et comme il en mourrait encore, si maintenant il n'était immortel. Ô, si nous voyons ce divin cœur comme il chante d'une voix d'infinie douceur le cantique de louanges à la divinité ! Quelle joie, quels efforts de nos cœurs pour se lancer afin de toujours ouïr ! Il nous y semond, certes, ce cher ami de nos âmes. *Sus, lève-toi*, dit-il, sors de toi-même, prends le vol devers moi, *ma colombe, ma très-belle*, en ce céleste séjour où toutes choses sont joie et ne respirent que louanges et bénédictions[91]. Tout y *fleurit*, tout y répand de la douceur et du parfum. Les *tourterelles*, qui sont les plus sombres de tous les oiseaux, y *résonnent* néanmoins leur ramage. Viens, ma bien-aimée, toute chère, et, pour me voir plus clairement, viens ès mêmes fenêtres par lesquelles je te regarde ; viens considérer mon cœur *en la caverne* de l'ouverture de mon flanc, qui fut faite lorsque mon corps, comme une maison réduite en *masure*, fut si piteusement démoli sur l'arbre de la croix ; *viens, et me montre ta face*. Eh ! je la vois maintenant sans que tu me la montres ; mais alors, et je la verrai et tu me la montreras, car tu verras que je te vois. *Fais que j'écoute ta voix*, car je la veux allier avec la mienne ; ainsi *ta face* sera belle, et *ta voix* très-agréable. Ô quelle suavité à nos cœurs, quand nos voix, unies et mêlées avec celle du Sauveur, participeront à l'infinie douceur des louanges que ce Fils bien-aimé rend à son Père Éternel[92]. »

N'est-ce pas là tout ce qu'exige la Majesté de Dieu ? Les aspirations, les élans les plus passionnés de notre amour ne sont-ils pas satisfaits et ne s'arrêteront-ils pas là avec délices ? Non, ce n'est point encore assez ; les louanges mêmes de la sainte humanité de Notre-Seigneur ne suffisent pas. L'amour peut encore faire une distinction. Les actions humaines de Jésus, telles que ces louanges

---

91 Ct 2, 19.

92 *Amour de Dieu*, livre 5, chapitre 11.

si suaves, ont sans doute une valeur infinie à cause de sa divinité, mais elles ne sont pas infinies en elles-mêmes. La louange est donc en quelque chose inférieure à la Majesté qu'elle loue. Il nous faut monter plus haut encore, jusqu'à ce que nous nous reposions dans cette louange parfaite, infinie, souveraine, que la Divinité se donne à elle-même. Ô mon Dieu ! je vous bénis de ce que vous êtes si grand, que ni Marie, ni même la sainte humanité de Jésus ne peuvent vous louer comme vous méritez de l'être ; et je vous bénis aussi à cause de cette louange infinie, incessante et suffisante que vous puisez en vous-même ; cette pensée, par un effet de votre grâce, fait tout mon bonheur sur la terre.

Mais laissons encore parler saint François. Il va résumer tout ce que nous avons essayé de dire sur la Louange, le Désir, la Complaisance et la Bienveillance : « Ô Dieu ! quelle complaisance, quelle joie à l'âme qui aime de voir son désir assouvi, puisque son bien-aimé loue, bénit et magnifie infiniment soi-même ! Mais en cette complaisance naît derechef un nouveau désir de louer, car le cœur voudrait louer cette si digne louange que Dieu se donne à soi-même, l'en remerciant profondément et rappelant derechef un nouveau désir de louer, car le cœur voudrait louer cette si digne louange que Dieu se donne à soi-même, l'en remerciant profondément et rappelant derechef toute chose à son secours, pour venir avec lui glorifier la gloire de Dieu, pour bénir sa bénédiction infinie et louer sa louange éternelle, si que par ce retour et répétition de louange sur louange, il s'engage entre la complaisance et la bienveillance en un très-heureux labyrinthe d'amour, tout abîmé en cette immense douceur, louant souverainement la Divinité de quoi elle ne peut être assez louée que par elle-même. Et, bien qu'au commencement l'âme amoureuse eût eu quelque sorte de désir de pouvoir louer son Dieu, si est ce que revenant à soi elle proteste qu'elle ne voudrait pas le pouvoir assez louer, ainsi demeure en une très-humble complaisance de voir que la divine bonté est si très-infiniment louable, qu'elle ne peut être suffisamment louée que par sa propre infinité. »

« En cet endroit, le cœur ravi en admiration chante le cantique du silence sacré :

> À votre divine Excellence
> On dédie dans Sion

L'hymne d'admiration,
Qui ne se chante qu'en silence.

Car ainsi les Séraphins d'Isaïe, adorant Dieu et le louant, voilent leurs faces et leurs pieds, pour confesser qu'ils n'ont nulle suffisance de le bien considérer, ni de le bien servir, car les pieds, sur lesquels on va, représentent le service, mais pourtant ils volent de deux ailes par le continuel mouvement de la complaisance et de la bienveillance, et leur amour prend son repos en cette douce inquiétude.

Le cœur de l'homme n'est jamais tant inquiété que quand on empêche le mouvement par lequel il s'étend et remue continuellement, et jamais si tranquille que quand il a ses mouvements libres ; de sorte que sa tranquillité est en son mouvement. Or, c'en est de même de l'amour des Séraphins et de tous les hommes séraphiques, car il a son repos en son continuel mouvement de complaisance par lequel il tire Dieu en soi, comme le resserrant, et de bienveillance, par lequel il s'étend et jette tout en Dieu. Cet amour donc voudrait bien voir les merveilles de l'infinie bonté de Dieu, mais il replie les ailes de ce désir sur son visage, confessant qu'il n'y peut réussir. Il voudrait aussi rendre quelque digne service, mais il replie le désir sur ses pieds, avouant qu'il n'en a pas le pouvoir, et ne lui reste que les deux ailes de complaisance et de bienveillance avec lesquelles il vole et s'élance vers Dieu[93]. »

Ah ! aimable Seigneur ! comment se fait-il que nous ne pensions à rien moins qu'à cela ? Pourquoi, dès à présent, le monde ne devient-il pas pour nous un objet de mépris, la vie un poids insupportable, et la mort un bienfait ? Pourquoi notre cœur bat-il à d'autres pensées qu'à la pensée de Dieu ? Pourquoi n'êtes-vous pas la seule douceur que nous puissions goûter, ô vous qui, tant de fois, nous avez semblé doux par-dessus toute chose ? Pourquoi n'êtes-vous pas notre unique repos, notre plus chère récréation, ô vous qui êtes notre Père, notre Frère et notre Dieu ? Pourquoi ne daignez-vous pas prendre pitié d'infortunés incapables de s'aider eux-mêmes ? Pourquoi n'allumez-vous pas votre feu dans nos cœurs, afin que nous vous servions par amour ? Ah ! Jésus, nous aurons raison de nous plaindre de cet immense amour que vous avez pour nous, si vous ne nous en donnez un peu pour vous !

---

93   Saint François, *Traité de l'Amour de Dieu*, livre 5, chapitre 12.

9
Du purgatoire

Réflexions sur l'enfer

On ne saurait croire à quel point la gloire de Dieu devient chère à ceux qui la cherchent sans cesse. Cette poursuite même leur fournit de nouveaux instincts à l'aide desquels ils découvrent l'objet de leurs désirs, tandis que leur discernement, aiguisé par l'amour, devient de jour en jour plus vif. « La terre est pleine de votre gloire. » Quelle joie pour un cœur qui aime ! Mais ce n'est point assez que le ciel ait laissé déborder ces torrents de gloire qui, en tombant, ont inondé la terre de bénédictions. Nous voudrions de tout notre cœur qu'il n'y eût pas un coin dans le monde qui n'en fût rempli. Toutefois, il est un endroit d'où la gloire de Dieu semble n'avoir rien à attendre, un endroit d'où ne s'exhale ni plainte ni prière, ni joie ni louange, ni bénédiction ni action de grâces, ni aspiration ni désir. C'est la demeure de ceux dont le procès est fini et qui ont perdu leur cause, et Dieu pour l'éternité. Là se trouve la grâce stérile, ou celle dont les fruits se sont gâtés sur l'arbre. Là sont les sacrements qui n'ont point produit de bien. La croix a été vaincue : les desseins d'un Dieu, brûlant d'amour pour nous, ont rencontré une résistance effective et ont été repoussés avec perte. Cependant il est de foi que Dieu recueille dans cet abîme de misère une abondante moisson de gloire ; car l'âme damnée rend un hommage involontaire à sa justice, comme l'âme régénérée rend à son amour un hommage volontaire. Jésus n'est pas non plus sans y trouver ses intérêts, car les supplices de l'enfer, quelque terribles qu'ils soient, puisque la pensée seule nous fait frémir, ces supplices sont inférieurs à ce que mérite le péché, inférieurs à la juste mesure du châtiment, et cela à cause de Jésus, dont le Précieux sang, en quelque sorte, a coulé jusque-là. D'ailleurs, ce lieu d'horreur n'est pas sans exercer quelque heureuse influence sur le salut d'une foule d'âmes, à cause du saint et salutaire effroi qu'il excite en elles, et de la fausse notion de Dieu qu'il corrige dans l'esprit de ceux qui ne réfléchissent pas. Notre-Seigneur ayant fait voir à la sœur Françoise du Saint-Sacrement, Carmélite espagnole, l'état d'une âme damnée, et l'ayant forcée à plusieurs reprises, dans une vision, d'étudier les différents supplices de ce lieu de douleur, il la reprit de ce qu'elle pleurait : « Françoise, lui dit-il, pourquoi pleures-tu ? » Elle se prosterna à ses pieds, et lui répondit : « Seigneur ! je pleure la damnation éternelle de cette âme, et la manière dont elle a été damnée. » Jésus daigna lui répondre : « Ma fille, cette âme est damnée parce qu'elle l'a bien voulu ; je lui ai offert les secours multipliés de la grâce afin qu'elle se sauvât, mais elle les a repoussés. Ta compassion est agréable à mes yeux, mais je préférerais que tu adorasses ma justice. » Et dans une autre occasion, comme elle était obligée de tenir ses regards fixés sur les supplices de l'enfer, les anges lui dirent : « Ô Françoise ! efforcez-vous de mettre dans votre cœur la sainte crainte de Dieu. » Qui douterait que le ciel renferme en ce moment des milliers d'âmes qui n'y seraient jamais entrées, si l'enfer n'avait existé. Hélas ! quel cruel reproche pour la froideur des hommes ! Mais, néanmoins, le plus sûr auxiliaire de la croix de Jésus-Christ sur la terre est le feu terrible de l'enfer.

En vérité, il est bon pour nous de songer parfois à cet horrible lieu ! Aussi vrai que ce beau pays existe, aussi vrai que le soleil resplendit sur les blanches murailles, sur les beaux ponts, sur les brillants jardins, et sur les admirables palais de sa magnifique capitale, aussi vrai que des milliers d'hommes et de femmes y vivent, et y remplissent les devoirs de leurs différentes conditions, aussi vrai que tout cela est, il existe un enfer, où, à l'heure qu'il est, des multitudes innombrables d'infortunés se tordent dans les souffrances les plus cruelles, dans les angoisses du désespoir. À l'exception des bienheureux dans le ciel, nul n'a autant conscience de sa vie, nul ne la sent aussi vivement que ces millions d'âmes à jamais perdues. Il n'est pas impossible que nous tombions nous-mêmes dans l'enfer. Il n'est pas impossible que nous y ayons déjà précipité quelqu'un. Quand nous passons dans les rues, nous pouvons voir ceux qui descendront dans cet abîme de douleurs pour n'en plus sortir. Il s'y trouve en ce moment des âmes qui n'y étaient pas une heure auparavant. Il est en ce moment, dans les vertes campagnes, ou dans les villes-poudreuses, dans un lit commode ou sur les flots resplendissants de la mer, des gens qui, dans une heure peut-être, seront dans l'enfer. C'est là une vérité aussi terrible qu'incontestable.

Mais, si ce n'était pas encore là toute la réalité ; s'il y avait eu un jour où, si nous étions morts, nous serions tombés dans l'abîme ; si, à l'heure qu'il est, l'enfer renferme une foule de jeunes garçons et de jeunes filles qui ont péché beaucoup moins que nous, qui peut-être n'ont péché qu'une seule fois, tandis que nous avons péché des milliers de fois ? Oh ! nous pouvons nous humilier encore davantage. Combien de temps nous verrait-on persévérer dans le service de Dieu, si nous étions certains qu'il n'y eût point d'enfer ? Aurions-nous abandonné nos habitudes de péché, sans la considération de l'enfer ? Oh ! avez-vous jamais songé ce que c'est d'être tranquille sur la terre, en présence d'un avenir qui nous sourit, tandis que déjà nos mains et nos yeux, nos paroles et nos pensées, nos efforts pour faire le mal, nous ont assuré un titre et des droits à la damnation éternelle. Ah ! de même que les vapeurs s'élèvent de la surface stérile de l'Océan, où le blé ne croit pas, où la vigne ne porte point de fruits, et vont former les nuages qui tombent ensuite en pluie féconde sur les collines et les vallons, ainsi du sein de ces abîmes de feu et de malédiction, la miséricorde divine s'élève comme un nuage pour répandre des flots de' grâce sur l'âme des vivants. La pensée de l'enfer ne devrait jamais nous quitter, autrement une bonne opinion de nous-même ne tarderait pas à se glisser peu à peu dans nos âmes, et finirait par nous envoyer dans ce lieu terrible d'exil. Oui, il est bon, il est salutaire de penser sans cesse à l'enfer et à ce miracle de bonté qui fait que nous n'y sommes pas à l'heure qu'il est. Qu'avez-vous ? Ne tremblez pas, ce que vous voyez n'est que la blanche lueur du soleil qui éclaire la terre ; ne craignez pas, ce bruit c'est le vent qui se joue dans le feuillage de la forêt ; calmez-vous, vos yeux ne vous trompent point, c'est bien le clocher du village qui dort là-bas dans le fond poudreux du paisible paysage. Tout va bien pour le présent, nous sommes ici et nous sommes libres, mais nous devrions être là et esclaves.

Mais, si nous nous consacrons à la recherche de la gloire de Dieu, si nous en faisons notre unique occupation sur la terre, nous faudra-t-il encore descendre dans l'enfer et apprendre à trouver notre joie dans la terrible satisfaction qu'y reçoivent les redoutables attributs de Dieu ? Non. Le Seigneur en soit loué ! Notre dévotion ne nous impose pas un pareil sacrifice ; nous sommes les enfants de l'espérance et de l'amour ; nous allons où il nous est possible de trouver la gloire de Dieu, où il nous est donné de la servir et de l'agrandir ; ou, si nous montons dans la sphère de l'impossible, c'est que l'amour nous a entraînés dans le silence éloquent d'un désir extravagant et enfantin. L'enfer ne nous concerne point. Nous avons vu que de nos trois grands objets : la gloire de Dieu, les intérêts de Jésus et le salut des âmes, les deux premiers peuvent se rencontrer dans l'enfer même. Mais là ils se trouvent dans des circonstances qui ne nous concernent point, c'est pourquoi des réflexions sur l'enfer n'entrent pas dans mon plan. Il nous suffit de savoir qu'il existe un tel endroit, et qu'à cette heure des milliers d'âmes l'habitent, que des milliers d'autres y tombent à chaque instant, que les supplices qu'on y endure sont horribles, qu'il n'est pas un d'entre nous qui n'en coure le risque, la possibilité de voir ce lieu d'horreur devenir son héritage éternel. Ceux que l'amour seul conduit à servir Jésus, n'oublient point ces effrayantes vérités ; au contraire, leur amour en rend le souvenir plus vif dans leur cœur.

Dévotion en faveur des pécheurs et des âmes saintes du purgatoire
Toutefois, bien que la miséricorde de Dieu nous dispense de la nécessité de descendre dans l'enfer pour y chercher et y servir les intérêts de Jésus, il n'en est pas de même du purgatoire. Si la terre et le ciel sont pleins de la gloire de Dieu, on ne la retrouve pas moins dans

cette triste mais intéressante région, où les prisonniers de l'espérance sont retenus par la justice d'un Sauveur plein d'amour loin de la vision béatifique ; et, s'il est en notre pouvoir de servir les intérêts de Jésus sur la terre et dans le ciel, j'ose dire que nous pouvons faire encore davantage dans le purgatoire. Ce que je m'efforce de démontrer dans ce Traité, c'est la manière dont vous pouvez aider Dieu par vos prières, par vos pratiques de dévotion, quels que soient, d'ailleurs, les occupations et les devoirs de votre état, en dirigeant principalement vos intentions vers le purgatoire. Car, malgré l'opinion de certains théologiens qui, tout en avouant que les saintes âmes n'opposent aucun obstacle à l'efficacité des prières qu'on fait pour elles, prétendent néanmoins que l'effet de ces mêmes prières n'est pas infaillible, il est certain cependant qu'une semblable pratique est infiniment plus utile quand elle a pour but la délivrance de ces élus souffrants, que lorsqu'elle se propose la conversion des pécheurs de la terre, dont la perversité et les mauvaises dispositions paralysent si souvent les efforts tentés en leur faveur. Jusqu'ici j'ai cherché à faire voir que chacun de nous, sans aller au-delà des grâces qu'il a reçues, sans pratiquer des austérités qu'il ne se sent pas le courage de subir, sans avoir besoin de dons surnaturels auxquels il n'a pas droit, peut seulement, à l'aide de l'amour et d'une véritable dévotion catholique, accomplir de si grandes choses pour la gloire de Dieu, les intérêts de Jésus et le salut des âmes, qu'on ose à peine croire à tant de puissance. Ce serait donc laisser mon sujet incomplet que de ne pas m'arrêter ici quelque temps pour examiner la dévotion aux saintes âmes du purgatoire, et mon intention est de m'occuper moins des pratiques particulières, qu'on peut trouver, d'ailleurs, dans les manuels ordinaires, que de l'esprit même de cette dévotion.

Dans un ouvrage intitulé : *Les Merveilles de Dieu dans le Purgatoire*[94], qu'il écrivit à la requête du bienheureux Sébastien Valfré, prêtre de l'Oratoire de Turin, Rosignoli cite une anecdote intéressante tirée des *Annales de l'Ordre de Saint-Dominique*. C'est une discussion entre deux bons Frères, au sujet du mérite respectif de la dévotion qui a pour objet la conversion des pécheurs, et la dévotion aux saintes âmes du purgatoire. Fra Bertrando était le défenseur d'office des pauvres pécheurs, il disait constamment la messe pour eux,

---

94 *Opera*, 1, 710.

et il offrait toutes ses pénitences et toutes ses prières à l'intention d'obtenir la grâce de leur conversion. « Les pécheurs, disait-il, privés de la grâce, sont dans un état de perdition ; l'esprit malin ne cesse de leur tendre des embûches, afin de les priver de la vision béatifique et de les emporter dans le séjour des douleurs éternelles. Notre-Seigneur est descendu du ciel, et a souffert pour eux la mort la plus cruelle. Est-il rien de plus sublime que de suivre son divin exemple, et de contribuer avec lui au salut des âmes ? Quand une âme se perd, le prix de sa rédemption est perdu en même temps. Quant aux âmes du purgatoire, elles sont saines et sauves ; elles sont assurées de leur salut éternel. Il est vrai qu'elles sont plongées dans une mer de douleurs ; mais elles sont certaines d'en sortir à la fin ; elles sont les amies de Dieu, tandis que les pécheurs sont ses ennemis, et vivre dans l'inimitié de Dieu est le plus grand malheur qui existe. »

Fra Benedetto ne mettait pas moins de chaleur à défendre la cause des âmes souffrantes. Il offrait à leur intention toutes les messes dont il pouvait disposer, aussi bien que ses prières et les pénitences qu'il s'imposait. « Les pécheurs, disait-il, sont retenus dans les chaînes qu'ils se forgent eux-mêmes. Ils peuvent sortir de la voie de l'iniquité aussitôt qu'il leur plaît. Le joug qu'ils portent est l'œuvre de leur choix. Tandis que les morts, pieds et mains liés, sont retenus, contre leur gré, au milieu des tortures les plus cruelles. Tenez, mon frère, faisons une comparaison. Supposons que nous ayons devant nous, en ce moment deux mendiants : l'un, fort et bien portant, pourrait faire usage de ses mains et travailler, s'il le voulait, mais il préfère souffrir les rigueurs de la pauvreté plutôt que de renoncer aux délices de la paresse ; l'autre, au contraire, malade, perclus, incapable de rien faire pour lui-même, ne peut, dans la triste condition à laquelle il est réduit, qu'implorer la compassion des passants par ses cris et par ses larmes ; lequel des deux est le plus digne de pitié, surtout si le dernier est en proie aux souffrances les plus cuisantes ? Or, c'est précisément là l'histoire des pécheurs et des âmes du purgatoire. Celles-ci endurent le martyre le plus cruel, et sont hors d'état de faire quoi que ce soit pour elles-mêmes. Il est vrai qu'elles ont mérité ces supplices par leurs péchés ; mais elles sont maintenant purifiées de ces taches. Il faut qu'elles soient rentrées en grâce avec Dieu avant de mourir, autrement elles n'auraient pas été sauvées.

Elles sont donc maintenant chères à Dieu, chères au-delà de toute expression ; et une charité bien ordonnée doit se conformer aux sages affections de la volonté divine, et chérir le plus ce que Dieu aime par-dessus tout. »

Cependant Fra Bertrando ne voulait pas céder, quoiqu'il se vît dans l'impossibilité de faire une réponse satisfaisante aux objections de son ami. Mais, la nuit suivante, il eut une vision qui parut l'avoir entièrement convaincu ; car, dès ce moment, il changea de pratique, et offrit toutes ses messes, toutes ses prières, toutes ses pénitences, pour les saintes âmes. Il semblerait que l'autorité de saint Thomas vint à l'appui de l'opinion de Fra Benedetto, quand le docteur angélique s'exprime ainsi : « La prière pour les morts est plus agréable aux yeux de Dieu que la prière pour les vivants, car les défunts ont un plus grand besoin de secours, puisqu'ils ne peuvent s'aider eux-mêmes, comme le font les vivants[95]. »

L'autorité irrécusable de sainte Thérèse nous apprend combien cette dévotion est agréable à Dieu, et avec quelle impatience (s'il est permis de parler ainsi) il daigne soupirer après la délivrance de ces âmes, dont, cependant, il abandonne le soin à notre charité. Dans le livre de ses Fondations, elle nous dit que don Bernadino di Mendoza lui donna une maison, un jardin et une vigne pour établir un couvent à Valladolid. Deux mois après cette donation, avant que la fondation fût consommée, cet homme tomba tout à coup malade et perdit l'usage de la parole, de sorte qu'il ne put se confesser, bien qu'il donnât des marques non équivoques de contrition. « Il ne tarda pas à mourir, dit sainte Thérèse, loin de l'endroit où j'étais à cette époque. Mais Notre-Seigneur me parla et me fit connaître qu'il était sauvé (quoiqu'il eût couru grand risque de ne pas l'être), car la miséricorde de Dieu s'était étendue sur lui, à cause des dons qu'il avait faits au couvent de la très-sainte Vierge ; toutefois, son âme ne devait pas sortir du purgatoire avant que la première messe fût célébrée dans la nouvelle-maison. Je ressentis si profondément les souffrances de cette âme, que, malgré mon vif désir d'achever, dans le plus court délai, la fondation de Tolède, je partis immédiatement pour Valladolid. Un jour que j'étais en prière à Médina del Campo, Notre-Seigneur me dit de me hâter, car l'âme de Mendoza était en proie aux

---

95 Suppl. 3ᵉ partie 9, 71, article 5 ado.

plus vives souffrances. Je repartis donc sur-le-champ, bien que je n'y fusse pas préparée, et j'arrivai à Valladolid le jour de la fête de saint Laurent. » Elle continue son récit, et nous dit qu'après avoir reçu la sainte communion, à la première messe qui fut célébrée dans sa nouvelle maison, l'âme de son bienfaiteur lui apparut toute rayonnante, et elle la vit ensuite entrer dans le ciel. Elle ne s'attendait pas à ce qu'un tel succès couronnât ses pieux efforts, comme elle le remarque elle-même ; « car, disait-elle, quoiqu'il m'eût été révélé que la délivrance de cette âme suivrait la première messe, je pensais que cela devait signifier la première messe où le Saint-Sacrement serait renfermé dans le tabernacle. » Nous pourrions multiplier presque à l'infini les révélations des Saints qui prouvent la faveur avec laquelle Notre-Seigneur accueille une dévotion qui concerne de si près ses plus chers intérêts. Mais il est temps de nous former une idée nette de notre sujet.

Il y a, comme nous le savons tous, deux mondes : le monde matériel et le monde spirituel. Nous vivons dans le monde des sens, environnés de l'atmosphère du monde spirituel, et, en qualité de chrétiens, nous sommes, è chaque heure du jour et de la nuit, en communication avec ce dernier. Or, le monde matériel ne renferma qu'un fragment de l'Église. Aujourd'hui, l'Église triomphante du ciel, qui compte dans ses rangs les saints de tous les âges, qui, chaque jour, les voit s'embellir de nouveaux bienheureux, doit nécessairement surpasser de beaucoup en étendue l'Église militante, qui ne comprend même pas la majorité des habitants de la terre. D'un autre côté, il n'est point improbable que l'Église souffrante du purgatoire l'emporte de beaucoup sur l'Église militante par le nombre, comme elle l'emporte par la beauté. Nous n'avons aucun devoir à remplir vis-à-vis de ces multitudes innombrables d'âmes qui se sont perdues ; elles sont tombées loin de nous ; nous savons à peine le nom d'une seule de ces malheureuses victimes, car beaucoup de théologiens ont pensé que Salomon était sauvé, d'autres ont été jusqu'à dire que les paroles des actes des Apôtres, au sujet de Judas, n'étaient pas infailliblement décisives ; il en est même qui parlent en faveur de Saül. Quoiqu'il en soit, les âmes damnées sont séparées de nous : l'obscurité, les ténèbres les environnent ; nous n'avons aucun rapport avec elles.

Mais, en vertu de la doctrine de la communion des Saints et de l'unité du corps mystique de Jésus-Christ, nous nous rattachons à l'Église triomphante, à l'Église souffrante par les liens étroits du devoir et de l'affection ; et la dévotion catholique nous offre une foule de moyens choisis et approuvés par elle pour nous acquitter de ces devoirs. Je me propose d'en parler plus tard. Pour le présent, il suffira de dire que Dieu nous a donné une telle puissance sur le sort des morts, qu'il semble, comme je l'ai déjà dit, dépendre plus de la terre que du ciel. Ce pouvoir qu'il nous a donné, ainsi que la manière toute surnaturelle de l'exercer, n'est point la moins touchante preuve que Dieu dispose tout à l'amour. Ne pouvons-nous pas concevoir la joie des Bienheureux dans le ciel, lorsque du sein de Dieu et d'une paix éternelle ils abaissent leurs regards sur cette scène de misère, d'inquiétude, de honte et de crainte, et qu'ils se réjouissent, dans la plénitude de leur charité, de la puissance presque illimitée qu'ils exercent sur le cœur de Jésus, et en vertu de laquelle ils obtiennent nuit et jour de nouvelles grâces pour les infortunés habitants de la terre ? Cette pensée ne détourne pas leur attention de Dieu, elle ne trouble pas la vision béatifique, elle ne l'ébranle point, elle ne l'obscurcit point ; rien ne saurait ternir la gloire du ciel, ni en troubler la paix. Au contraire, il en est des bienheureux comme de nos anges gardiens : le ministère plein d'amour de leur charité accroît leur gloire accidentelle. Cette joie peut, en quelque sorte, devenir notre partage, même sur la terre. Si nous sommes pleinement imbus de l'esprit de la dévotion catholique en faveur des saintes âmes, nous ne perdrons jamais l'agréable souvenir des pouvoirs immenses que Jésus nous a donnés pour les soulager. Nous ne lui ressemblons jamais autant, nous ne le suivons jamais d'aussi près dans sa charitable carrière, que lorsque nous exerçons pieusement cette puissance. Nous nous sentons humiliés à l'excès en devenant les bienfaiteurs de ces belles âmes, si supérieures à nous. C'est ainsi que saint Joseph, dit-on, apprit l'humilité, en commandant à Jésus. Nous avons pour Jésus un amour au-dessus de toute expression, nous exerçons sur lui une puissance qui nous effraie presque, mais comme cette frayeur est délicieuse ! En effet, dans cette dévotion, nous guidons ses mains comme nous guiderions la main novice d'un enfant. Comment, ô aimable Seigneur ! comment nous permettez-vous d'accomplir de si grandes choses ! comment nous laissez-vous faire de vos satisfactions ce que nous voulons, et répandre où bon nous semble les gouttes de votre précieux sang ! comment nous est-il donné d'imposer certaines limites à l'efficacité de votre sacrifice non sanglant, de vous nommer quelques âmes en particulier ? comment osons-nous espérer que vous nous entendiez ? comment nous entendez-vous, en effet ? Oh ! admirons Jésus ! admirons la faiblesse de la sainte Enfance, admirons sa grandeur voilée dans le Saint-Sacrement, admirons l'impuissance volontaire à laquelle il se réduit pour l'amour de nous, en ce qui concerne ses chères épouses du purgatoire, dont son cœur attend avec tant d'impatience l'entrée dans la gloire éternelle ! Oh ! quelles pensées, quels sentiments, quel amour devraient nous animer lorsque, semblables à des chœurs d'anges terrestres, nous laissons tomber nos regards sur l'immense, silencieux et pur royaume des souffrances, et que de notre faible main, secouant la main de Jésus et le sceptre qu'elle tient au-dessus de ces vastes régions, nous les arrosons du baume salutaire du précieux Sang !

Deux manières d'envisager le purgatoire

De tout temps deux manières d'envisager le purgatoire ont prévalu dans l'Église ; chacune d'elles, sans être en contradiction avec l'autre, fait voir l'esprit et le genre de dévotion des hommes qui l'ont adoptée. La première est celle qu'on rencontre dans la vie de la plupart des saints italiens et espagnols, ainsi que dans les révélations qui leur furent faites ; on la retrouve également dans les ouvrages allemands du moyen âge et dans les peintures populaires du purgatoire répandues en Belgique, en Portugal, au Brésil, au Mexique et dans d'autres pays. L'autre opinion a été mise en faveur par saint François de Sales, mais elle a été dans l'origine empruntée par lui au *Traité du Purgatoire de sainte Catherine de Gênes* et aux *Révélations de la sœur Françoise de Pampelune,* religieuse carmélite. Ce dernier ouvrage a été publié avec une longue et savante critique par le Dominicain José Bonaventura Ponze, professeur à Saragosse. Chacune de ces deux opinions, je le répète, sans détruire l'autre, représente un différent esprit de dévotion.

1. La première opinion est celle qui anime les sermons effrayants des *Quaresimali* italiens, et qu'on retrouve au bord des routes, dans

ces tableaux qui excitent si souvent le dégoût du touriste anglais. Elle se complaît à représenter le purgatoire comme un enfer qui n'est pas éternel. La violence, la confusion, les gémissements, la terreur, président à toutes ses descriptions. Elle s'arrête (et c'est avec raison) sur la terrible peine des sens que l'âme souffre en vertu d'une mystérieuse permission de la Divinité. Le feu du purgatoire est le même feu que celui de l'enfer, créé comme lui uniquement et expressément pour être un instrument de torture. Le feu que nous voyons sur la terre n'est qu'un feu en peinture, en présence de ces flammes vengeresses. En outre, quelle secrète et indéfinissable horreur inspire la pensée d'une âme sans corps ainsi en proie à des tourments matériels ! Le sentiment d'une captivité aussi étroite qu'insupportable, des ténèbres profondes et épaisses ajoutent encore à l'horreur d'une pareille situation et nous préparent h ce voisinage sensible de l'enfer, car plusieurs saints nous l'ont représenté comme attenant au purgatoire. Les anges nous apparaissent comme les exécuteurs infatigables de la terrible justice de Dieu. Quelques théologiens ont même soutenu que les démons ont reçu la permission de toucher et de tourmenter les épouses de Jésus-Christ dans ces brasiers ardents. Ensuite, à la terrible peine des sens se joint la peine plus horrible encore de la séparation. La beauté de Dieu demeure, ce qu'elle a toujours été, l'objet des désirs les plus ardents. Mais l'âme est changée. Tout ce qui dans la vie et dans-le monde des sens pouvait restreindre l'ardeur qui l'attirait vers Dieu a disparu, de sorte qu'elle le cherche maintenant avec une impétuosité que l'imagination ne saurait concevoir. L'ardeur même de son amour rend sa douleur plus insupportable. Et l'on pourra juger de la force de l'amour, même sur la terre, d'après l'exemple du P. Jean-Baptiste Sanchez, qui avait coutume de dire qu'il mourrait de douleur si quelque matin, en se levant, il savait pour certain qu'il ne mourrait pas dans le cours de la journée. À tant d'horreurs on peut encore en ajouter une foule d'autres qui nous représenteront le purgatoire comme un enfer dont la durée n'est pas éternelle.

L'esprit de cette doctrine est une sainte crainte d'offenser Dieu, un vif désir de s'imposer des mortifications corporelles, une grande estime des indulgences, une horreur extrême du péché, et une habitude de trembler en présence des jugements de Dieu. Ceux dont la vie a été une série d'austérités extraordinaires, les membres des ordres religieux les plus sévères, ont toujours envisagé le purgatoire sous ce point de vue. Du reste, cette manière de voir semble découler des conclusions des théologiens scolastiques, comme on peut s'en convaincre en consultant Bellarmin, qui, dans chaque section de son *Traité du Purgatoire*, compare les révélations des saints avec les arguments de la théologie. Il n'est pas moins digne de remarque que quand le bienheureux Henri Suso, emporté par un amour pour Dieu sans cesse croissant, commença à attacher moins d'importance qu'il n'avait coutume de le faire aux peines du purgatoire, Notre-Seigneur l'avertit que ce manque de considération lui déplaisait. En effet, comment peut-on cesser d'attacher de l'importance à un jugement que Dieu a réservé au péché ? Plusieurs théologiens ont dit non-seulement que la moindre souffrance du purgatoire est plus cruelle que la plus vive souffrance de la terre, mais plus grande que toutes les souffrances de la terre mises ensemble. Sous ce point de vue nous pouvons donc envisager le purgatoire tel qu'il est, mais non pas tout entier. Toutefois, on ne saurait dire, sans témérité, d'une pareille opinion, qu'elle est grossière et grotesque. C'est celle d'une foule de saints et de serviteurs de Dieu, et c'est la pensée qui domine dans la célébration de la commémoration des morts dans les pays catholiques.

2. La seconde opinion, sans effacer aucun des traits de la peinture précédente, semble les rejeter dans l'ombre, en présentant d'autres considérations qu'elle met plus en avant. L'âme entre dans le purgatoire, les yeux éblouis et l'esprit doucement consolé par la face de Jésus, dont elle vient de voir la sainte humanité pour la première fois dans le jugement particulier qu'elle a subi. Cette vision pénètre avec l'âme dans sa nouvelle prison, elle en dissipe l'horreur, et, semblable à la pluie de rayons argentés que répand la lune, les regards de Jésus percent de leur douce lumière cette nuit horrible. Au milieu de cette mer de feu, l'âme, soutenue par cette image, résiste à tout. Dès qu'à la vue de son Dieu elle a aperçu combien elle est indigne d'entrer dans le ciel, elle s'envole par un essor volontaire vers le purgatoire, comme une colombe qui va chercher son nid dans l'épaisseur de la forêt. Il n'est pas nécessaire que des anges la plongent dans ce lieu de purification. Le libre culte de la pureté de Dieu l'y conduit. C'est ce

qui se trouve admirablement exprimé dans une révélation de sainte Gertrude, rapportée par Blosius. La sainte vit en esprit l'âme d'une religieuse qui avait passé sa vie dans l'exercice des plus hautes vertus. Elle se tenait en présence de Notre-Seigneur, revêtue des ornements de la charité ; mais elle n'osait lever les yeux pour le regarder. Elle les tenait baissés, comme si elle eût été honteuse de se trouver en sa présence, et fit voir par un certain geste le désir qu'elle ressentait de s'éloigner de lui. Gertrude, étonnée d'une telle conduite, osa s'adresser à Jésus pour en savoir la cause : « Dieu de bonté ! pourquoi ne recevez-vous pas cette âme dans le sein de votre infinie charité ? Que signifient ces étranges mouvements de défiance que je remarque en elle ? » Alors Notre-Seigneur étendit son bras droit vers l'âme de la religieuse comme pour l'attirer à lui ; mais elle, avec un sentiment de profonde humilité et de grande modestie, se retira de lui. La sainte, en proie à un étonnement toujours croissant, lui demanda pourquoi elle fuyait les caresses d'un époux si digne d'être aimé, et la religieuse lui répondit : « Parce que je ne suis pas entièrement purifiée des taches que mes péchés ont laissées après eux ; et même, si mon Dieu me permettait d'entrer librement dans le ciel dans l'état où je suis, je ne l'accepterais pas ; car, quelque brillante que je puisse paraître à vos yeux, je sais que je ne suis pas encore une épouse digne du Seigneur. »

Dans ce moment l'âme a pour Dieu l'amour le plus tendre, et en retour semble lui être plus chère que jamais. Aux yeux de ceux qui envisagent le purgatoire sous ce point de vue, l'âme paraît en cet état revêtue de la plus grande beauté. Comment une épouse chérie de Dieu pourrait-elle n'être pas toute belle ? L'âme est dans un état d'expiation, il est vrai, mais rien ne saurait briser son union avec Dieu. « Elle n'a plus le moindre souvenir, dit sainte Catherine de Gênes dans les termes les plus positifs, plus la moindre ressouvenance des péchés qu'elle a autrefois commis sur la terre. » Sa douce prison, son sépulcre inviolable, est dans la volonté adorable de son Père céleste, et là elle attend le terme de sa purification avec les sentiments d'un parfait contentement et d'un amour ineffable. Comme aucune vision de soi-même ou du péché ne vient troubler la paix dont elle jouit, l'ombre d'une crainte ou d'un doute n'obscurcit jamais pour elle le ciel serein de la sécurité. Elle ne peut plus pécher ; et il y avait un temps, lorsqu'elle était sur la terre, où ce seul don lui paraissait contenir tout le bonheur du ciel. La plus petite imperfection ne saurait l'approcher. Elle ne peut plus se livrer au moindre mouvement d'impatience. Elle ne peut plus rien taira qui soit de nature à offenser Dieu. Elle aime Dieu pardessus toute chose, et l'amour qu'elle a pour lui est pur et désintéressé. Elle reçoit constamment les consolations que les anges lui apportent, et elle ne peut que se réjouir de l'assurance de son salut qui lui est sans cesse confirmée. Que dis-je ? Ses plus cruelles angoisses sont accompagnées du sentiment d'une paix profonde, inaltérable, et telle que le langage humain ne saurait l'exprimer. Certaines révélations nous apprennent qu'il y a dans le purgatoire des âmes sur lesquelles le feu n'agit pas. Elles languissent avec résignation, loin de Dieu, et c'est là pour elles un châtiment assez grand. D'autres révélations nous font connaître qu'une foule d'âmes ne sont pas retenues dans une prison locale, mais qu'elles attendent, jusqu'à ce qu'elles soient purifiées, dans l'air, dans la tombe, auprès des autels où réside le Saint-Sacrement, dans la chambre de ceux qui prient pour elles, ou enfin sur les lieux témoins autrefois de leur vanité et de leur frivolité. Si la souffrance muette, endurée avec douceur et résignation, est un spectacle si vénérable sur la terre, que doit donc être cette région de l'Église ? Comparez ses épreuves, ses incertitudes, ses émotions avec celles de la terre, et combien plus beau et plus désirable vous paraîtra ce calme et patient royaume dont Marie a été couronnée reine, et où saint Michel est le ministre infatigable de sa clémence.

L'esprit de cette théorie est l'amour, un désir ardent que Dieu ne soit pas offensé, et un zèle fervent pour les intérêts de Jésus. Il est caractérisé par cet essor volontaire que l'âme prend vers le lieu où l'attend son héritage de souffrances. De même qu'elle a pris dans cette circonstance le parti de Dieu contre elle-même, elle se montre partout fidèle à ce noble principe. Le purgatoire, ainsi envisagé, devient un culte rendu à la pureté et à la sainteté de Dieu ; il présente les choses sous le point de vue de Dieu, et confond tous les intérêts avec l'intérêt divin. C'est précisément là ce que nous pouvions attendre de saint François de Sales, ou du cœur brûlant d'amour de sainte Catherine de Gênes. Aussi, est-ce l'impuissance plutôt que la misère des âmes détenues qui excitent dans le cœur de ceux qui se placent à ce point de vue des sentiments de compassion et de dévotion, mais c'est la gloire de Dieu et les intérêts de Jésus qui exercent sur eux la plus puissante influence.

Oh ! comme on se sent accablé sous la pensée sublime de ce saint royaume, de cet empire des souffrances. Pas un cri, pas un murmure ; là tout est muet, silencieux, comme Jésus en présence de ses ennemis. Nous ne saurons jamais à quel point nous aimons Marie, jusqu'à ce que nous levions les yeux vers elle du fond de ces abîmes, de ces vallées où brûle un feu aussi terrible que mystérieux. Ô magnifique région de l'Église de Dieu, ô aimable portion du troupeau de Marie ! Quel spectacle s'offre à nos regards lorsqu'ils s'abaissent sur cet empire consacré à l'innocence recouvrée, et en même temps aux angoisses les plus cruelles ! On y admire la beauté de ces âmes sans tache, leur douce et inaltérable patience, la grandeur des dons qu'elles ont reçus, la dignité de leurs solennelles et muettes souffrances. Le trône de Marie, brillant comme le disque de l'astre des nuits, jette sa douce lumière sur cette région de douleur et d'indicible attente; les anges, en voltigeant au-dessus de ce vaste royaume, y font scintiller leurs ailes d'argent; enfin, ô la plus douce de toutes les consolations ! il reste le souvenir de cette face de Jésus qu'on ne voit pas, mais qu'on se rappelle si bien qu'elle semble toujours présente devant les yeux, Oh ! quelle pureté se trouve dans ce culte, dans cette liturgie de la souffrance sanctifiée ! O monde ! ô monde ! bruyant séjour de l'ennui et du péché, qui ne voudrait s'échapper, comme une colombe, loin de tes périlleuses fatigues, de ton dangereux pèlerinage, pour s'envoler avec joie vers la plus humble place de cette région si pure, si assurée, si sainte, où règnent la souffrance et l'amour sans tache ?

Traité de sainte Catherine de Gênes sur le purgatoire
La publication du *Traité de sainte Catherine de Gênes*, constitue une époque si remarquable dans l'histoire de la doctrine et de la dévotion relatives au purgatoire, que je me crois obligé d'en rendre compte à mes lecteurs. Mgr Hardouin de Péréfix, Archevêque de Paris, le fit examiner par les docteurs de la Sorbonne, en 1666. Dans leur approbation, ces savants théologiens s'expriment ainsi : « C'est une rare effusion de l'esprit de Dieu sur une âme pure et aimante, un

gage merveilleux de la sollicitude qu'il a pour son Église, et du soin qu'il prend de l'éclairer et de l'assister selon ses besoins. » L'approbation continue en disant que les examinateurs considèrent ce *Traité* comme un secours providentiel pour les catholiques, au moment même où les hérésies de Luther et de Calvin, parmi tant d'autres impiétés, venaient d'attaquer les morts. En 1675, Martin d'Esparza, de la Compagnie de Jésus, présenta une critique de ce *Traité* au Cardinal Azolini, qui joue un rôle actif dans le procès de la canonisation de Catherine. Le savant religieux déclare « que la doctrine du *Traité* est irréprochable, très-salutaire, et entièrement séraphique ; qu'elle a été inspirée à Catherine par le Saint-Esprit, qui s'est communiqué à elle dans une illumination secrète, et que cette doctrine, ainsi que son dialogue entre l'âme et le corps, est par elle-même la preuve la plus éloquente de l'héroïque sainteté de la servante de Dieu. » Maineri, qui a écrit la vie de la Sainte, fait remarquer, comme une curieuse coïncidence, que le nom de *purgatoire* fut donné, en 1254, pour la première fois officiellement à l'état des personnes qui ne passent pas immédiatement de la terre au ciel, par Innocent IV, qui était de la maison des Fies-chi, famille de notre Sainte.

Nous allons donner ici un abrégé de la doctrine de son *Traité*. Aussitôt qu'une âme (que ne souille aucun péché mortel, mais qui a contracté envers Dieu une dette qu'un châtiment temporel peut seul acquitter) vient de sortir du monde et qu'elle a été jugée, elle s'aperçoit qu'elle est confirmée en grâce et en charité ; elle ne peut plus ni pécher, ni mériter, et elle est destinée, par un décret éternel et immuable, à entrer comme une reine dans le royaume des bienheureux, pour voir Dieu, pour l'aimer, et pour s'enivrer à cette source intarissable d'une perpétuelle félicité.

En ce moment, tous les péchés de sa vie passée s'offrent à cette âme, tous, tant mortels que véniels, même ceux qui lui ont été remis sur la terre par la contrition ou par le sacrement de Pénitence. Mais ce douloureux panorama s'évanouit en un moment, et dès lors l'âme ne s'en souvient plus. Voici comment sainte Catherine s'exprime à ce sujet : « Les âmes, en passant de cette vie à l'autre, embrassent dans un coup d'œil la cause du purgatoire, mais c'est une fois pour toutes. » Si Dieu permet ainsi à l'âme de revoir ses péchés, c'est pour la mettre en état en ce moment de détester, par un acte qui n'est plus méritoire, il est vrai, mais qui n'est pas moins un acte de la volonté, toutes ses fautes, et surtout les fautes vénielles pour lesquelles elle n'a pas ressenti assez de contrition durant sa vie, soit à cause de la faiblesse et des imperfections de son cœur, soit à cause de l'accident d'une mort soudaine; de sorte qu'il est strictement vrai qu'aucun péché n'est pardonné avant que le pécheur ait exprimé la douleur qu'il en ressent par un acte formel.

Après cet aperçu momentané, après ces regrets, l'âme reconnaît en elle les tristes conséquences du péché, « son funeste héritage », et c'est là ce que les Saints appellent « l'obstacle qui empêche de voir Dieu. » « La rouille du péché, dit sainte Catherine, est l'obstacle qui nous tient éloignés de Dieu, et le feu détruit la rouille. Tant qu'un objet est recouvert, il ne peut correspondre à la réverbération des rayons solaires ; mais, dès que le couvert est consumé, l'objet est dès lors soumis à l'action du soleil. » C'est ainsi que le purgatoire enlève à l'âme l'obligation du péché véniel (*reatus*), ainsi que l'obligation d'un châtiment temporel pour les péchés mortels qui lui ont été remis. Cette dernière assertion n'est pas en réalité, comme certaines personnes l'ont prétendu, contraire à la doctrine de Suarez et des autres théologiens scolastiques, qui soutiennent que le péché ne laisse dans l'âme aucune tache dont la souillure exige l'action régénératrice de ces flammes. Le langage de la Sainte, dans tout le cours de son *Traité*, semblerait indiquer que le purgatoire n'est pas tant une purification à laquelle on se soumet, qu'une obligation dont on s'acquitte.

Aussitôt que l'âme s'aperçoit qu'elle est agréable à Dieu et constituée héritière du paradis, mais, en même temps qu'un obstacle l'empêche de prendre possession immédiate de son héritage, elle conçoit un vif désir de s'affranchir du lien qui l'assujettit à la double obligation de la faute et du châtiment. Sachant que le purgatoire seul peut consumer ces deux obligations, et que telle est la fin pour laquelle Dieu condamne l'âme au feu, elle souhaite de subir cette punition. « L'âme une fois séparée du corps (j'emploie ici le langage même de sainte Catherine) ne trouvant pas en elle toute la pureté requise, et se voyant retenue par des liens que le purgatoire seul peut détruire, s'y précipite volontiers. Que dis-je ? si elle ne trouvait dans le purgatoire une force suffisante pour éloigner l'obstacle qui la retient loin de Dieu, elle se verrait bientôt dans un enfer plus cruel que le purgatoire, car dans cet état elle se sentirait dans l'impossibilité de rencontrer Dieu qui est sa fin dernière. C'est pourquoi si l'âme avait connaissance d'un autre purgatoire plus terrible que celui dont nous parlons, et dans lequel elle trouverait à s'affranchir plus tôt des obstacles qui l'arrêtent, elle s'y précipiterait aussitôt, dans l'ardeur de son amour pour Dieu. »

Mais ce n'est pas tout. Dans le chapitre suivant, la sainte continue à enseigner que si l'âme, non encore débarrassée de ses liens, avait le choix de monter droit au ciel dans l'état où elle est, ou de descendre dans le purgatoire, elle n'hésiterait pas à choisir ce dernier parti, bien que les souffrances qu'on éprouve en ce lieu soient presque aussi terribles que celles de l'enfer. Voici comment elle s'exprime à cet égard : « La langue ne saurait dire, l'esprit ne saurait concevoir de quelle importance est le purgatoire. D'après ce que j'en puis connaître, je sais que les tortures qu'on y souffre sont presque égales à celles de l'enfer. Toutefois, je sais aussi que l'âme qui aperçoit en elle la plus légère imperfection, aimerait mieux tomber mille fois dans l'enfer que de se présenter devant la divine Majesté avec un tel défaut. C'est pourquoi voyant que le purgatoire est destiné à enlever ces imperfections, elle s'y plonge et semble ainsi trouver l'œuvre d'une immense miséricorde dans l'endroit où elle peut briser les liens qui la retiennent loin de Dieu. »

Quand l'âme juste est ainsi arrivée dans le purgatoire, elle perd de vue tout le reste pour ne plus voir que deux choses : le comble de la souffrance et le comble de la joie. C'est pour elle la cause d'une vive douleur de savoir que Dieu a pour elle un amour infini, qu'il est le bien par excellence, qu'il la regarde comme sa fille, et qu'il l'a prédestinée de toute éternité à jouir à jamais de lui dans la compagnie des bienheureux. C'est pourquoi l'âme aime Dieu dans les sentiments de la charité la plus pure et la plus parfaite. En même temps elle s'aperçoit qu'elle ne peut ni le voir, ni jouir de lui, quoiqu'elle désire ardemment le faire ; et sa douleur en devient d'autant plus vive, que la malheureuse âme ignore complétement quand viendra le terme de l'exil qui la tient éloignée de Dieu et de son paradis. Telle est la peine de la privation de Dieu dans le purgatoire, dont sainte Catherine parle ainsi : « C'est une peine si excessive, que la langue ne saurait l'exprimer, ni l'intelligence en concevoir la rigueur. Quoique Dieu, dans sa bonté, m'ait permis de l'entrevoir un moment, ma langue cependant ne peut l'exprimer. » Puis elle compare la peine que cause la privation de Dieu, à un pain dont on aurait un violent besoin. « Si dans le monde entier il n'y avait qu'un seul pain qui pût satisfaire la faim de toutes les créatures, et qu'il suffit de le regarder pour être rassasié, songez à ce qu'éprouverait un homme qu'un instinct naturel invite à manger quand il est bien portant, et qui ne pourrait ni manger, ni être malade, ni mourir ! Sa faim deviendrait de plus en plus cruelle, sachant qu'il n'y a qu'un seul pain capable de le rassasier, et qu'il ne peut y atteindre, il resterait en proie à des tortures insupportables. » Cette comparaison, toutefois, ne nous met sous les yeux qu'une ombre des souffrances que l'âme endure en réalité ; elle se sent constamment entraînée par la violence de son amour vers Dieu qui peut seul la satisfaire. Cette violence est sans cesse croissante, tant que l'âme demeure privée de l'objet divin dont elle éprouve un si violent besoin ; et ses souffrances croîtraient à proportion si elles n'étaient adoucies par l'espérance, ou plutôt par la certitude que chaque instant la rapproche du moment de son bonheur éternel. Selon les paroles du Prophète, l'infortuné qui souffre sait que, a parce que son âme a été dans la peine, il verra et sera rassasié[96]. »

Quant à la peine des sens, sainte Catherine compare l'âme qui l'endure à l'or dans le creuset. « Voyez l'or, plus on le fait fondre, meilleur il est ; on le fait fondre jusqu'à ce que la moindre impureté ait disparu. Tel est l'effet du feu sur les objets matériels. Or, l'âme ne peut se fondre en Dieu, mais elle peut se réduire à sa propre substance ; et plus elle se purifie, plus elle se dégage des substances étrangères à la sienne, jusqu'à ce qu'elle demeura en Dieu tout à fait pure. Quand l'or, suivant l'expression des orfèvres, est purifié à vingt-quatre carats, il ne se réduit plus, à quelque chaleur et qu'on le soumette, parce qu'en réalité le feu ne consume que les matières impures. Le feu surnaturel agit d'une manière analogue sur l'âme ; Dieu la retient dans le feu jusqu'à ce que la moindre imperfection en ait disparu, et qu'il en ait réduit la pureté à vingt-quatre carats. Chacune cependant est traitée selon son degré de perfection. Quand

---

96 Is 53, 11.

l'âme est purifiée, elle demeure tout entière en Dieu sans rien retenir en elle-même. Dieu est sa vie. Et, quand il a attiré à lui cette âme ainsi purifiée, elle devient impassible, car il n'y reste plus rien susceptible d'être consumé ; et, si elle était encore retenue dans les flammes, une fois qu'elle est ainsi purifiée, le feu ne lui causerait plus de douleur. Que dis-je ? Ce serait alors le feu de l'amour divin, la vie éternelle elle-même, dans laquelle l'âme ne peut plus rencontrer rien qui lui soit contraire. »

Tel est le premier objet qui apparaît à l'âme : une douleur suprême. Examinons maintenant l'autre objet : la suprême joie. Comme l'âme a pour Dieu la plus pure affection, et qu'elle sait que la volonté du Seigneur ne la fait souffrir que pour la purifier, elle se conforme avec résignation à ce divin décret. Tandis qu'elle est dans le purgatoire, elle ne voit rien qui ne plaise à Dieu ; elle ne songe à rien qu'à sa volonté ; elle ne désire rien aussi vivement que d'être convenablement purifiée, afin de se présenter belle et radieuse devant la suprême Majesté. « Si une âme, dit sainte Catherine, qui n'est point encore entièrement purifiée, était admise à la vision de Dieu, elle souffrirait dix fois plus que dans le purgatoire ; car elle serait complètement hors d'état de supporter cette bonté excessive et cette exquise justice. » C'est pourquoi l'âme, au milieu de ses souffrances, est entièrement résignée à la volonté de son Créateur. Elle aime jusqu'à ses douleurs et s'en réjouit, parce qu'elles viennent de Dieu. Ainsi, au milieu d'un brasier ardent, elle jouit d'un contentement si complet, que l'intelligence humaine ne saurait le concevoir. « Je ne crois pas, dit la sainte, qu'on puisse trouver un contentement égal à celui des âmes du purgatoire, à moins que ce ne soit le contentement des bienheureux dans le ciel. Le contentement grandit chaque jour à mesure que Dieu pénètre dans cette âme, et il y pénètre à mesure que les obstacles qui la retiennent loin de lui s'évanouissent. Oui, en ce qui concerne la volonté, nous pouvons à peine dire que les peines soient des peines, tant l'âme se repose avec bonheur sur la volonté de Dieu, auquel elle est unie par les liens du plus pur amour. »

Ailleurs, sainte Catherine dit que cette joie inexplicable dont l'âme est inondée durant son séjour dans le purgatoire, trouve sa source dans la force et dans la pureté de l'amour que cette âme a pour Dieu. « Cet amour donne à l'âme un contentement qui ne peut s'exprimer. Toutefois, il n'enlève pas un iota à la souffrance ; car c'est précisément le retard qu'éprouve l'amour avant d'entrer en possession de l'objet aimé qui cause cette souffrance ; et la souffrance est proportionnée à la perfection de l'amour dont Dieu a rendu l'âme capable. C'est pourquoi le purgatoire réserve à l'âme la plus grande joie et la plus grande douleur possible, sans qu'aucun de ces deux sentiments réagisse sur l'autre. » Quant aux prières, aux aumônes et aux messes, la sainte nous assure qu'elles apportent une grande consolation aux âmes du purgatoire ; toutefois, en cela comme dans le reste, l'objet de la principale sollicitude de ces saintes âmes est que « tout soit pesé dans la juste balance de la volonté divine, laissant Dieu faire son choix en toute circonstance, et prendre ce qui est dû à lui-même et à son adorable justice, selon son bon plaisir. »

Elle termine son *Traité* en jetant un regard sur son prochain et sur elle-même. Au premier elle s'adresse ainsi : « Oh ! que ne puis-je faire entendre ma voix assez haut, pour effrayer tous ceux qui habitent sur la terre, et pour leur dire : Ô malheureux pécheurs ! pourquoi vous laissez-vous tellement aveugler par ce monde, que vous négligiez de pourvoir aux besoins que vous éprouverez à l'heure de la mort ? Vous cherchez tous un refuge dans l'espoir de la miséricorde de Dieu, mais ne voyez-vous pas que cette bonté même portera témoignage contre vous, pour avoir résisté aux volontés d'un Dieu si bon ? Ne vous bercez pas d'un vain espoir, en disant : Quand viendra l'heure de la mort, je ferai une bonne confession, je gagnerai une indulgence plénière, et au dernier moment, purifié de tous mes péchés, je serai sauvé. Réfléchissez un instant. La confession et la contrition sont également nécessaires pour gagner une indulgence plénière ; et il est si difficile d'obtenir la contrition, que, si vous le saviez, vous trembleriez, sans oser croire qu'une telle grâce puisse jamais vous être accordée, au lieu de l'attendre, comme vous le faites, avec une confiance téméraire. »

Quand elle s'examinait elle-même à la lueur d'une lumière surnaturelle, elle voyait que Dieu l'avait choisie pour être dans l'Église comme une vivante image du purgatoire. Elle dit à ce sujet : « J'aperçois maintenant dans mon âme cette sorte de purification que je remarque dans les âmes du purgatoire. Je vois que mon âme demeure dans mon corps comme dans un purgatoire entièrement conforme au véritable purgatoire, seulement de manière à ce que mon corps puisse le supporter sans mourir. Néanmoins, les souffrances augmentent peu à peu, jusqu'à ce qu'elles arrivent au point où la nature devra succomber. » Sa mort fut en effet merveilleuse, et elle a toujours été considérée comme un martyre d'amour. Il est si vrai qu'elle a été regardée, dès le principe, comme le grand docteur du purgatoire, que dans son ancienne vie, *la vita antica,* qui fut examinée par des théologiens en 1670, approuvée dans le procès de la canonisation, et écrite par Marabotta, confesseur de la sainte, et par Vernozza, son fils spirituel, il est dit d'elle : « Il semble réellement que Dieu ait voulu faire de sa créature un exemple vivant des douleurs que les âmes souffrent dans le purgatoire. Il l'a, pour ainsi dire, placée sur le haut d'un mur de séparation élevé entre cette vie et la vie à venir, afin que, témoin des souffrances qu'on y endure, elle nous fît connaître, dès cette vie, ce qui nous attend dans l'autre. » Ce n'est là que l'abrégé de ce *Traité* admirable qui a donné à sainte Catherine un rang parmi les théologiens de l'Église.

Le Dante s'est plu à exposer cette doctrine d'une manière brève, mais extrêmement touchante, dans la magnifique scène où il se représente errant avec Virgile dans les espaces du purgatoire. Le poète se sent tout à coup ébloui à la vue éclatante d'un ange qui traverse la mer, et fait avancer une barque chargée de nouvelles âmes destinées au purgatoire, et cet esquif avance si légèrement sur les eaux, qu'il en effleure à peine la surface, tandis que les âmes qui, depuis quelques instants, viennent de laisser derrière elles la vie, la terre et le jugement, chantent, avec un sentiment de tristesse mêlée de joie, le psaume : *In exitu Israël de Ægypto.* C'est certainement là une des plus belles conceptions du Dante ; et, comme il était théologien en même temps que poète, nous avons cru devoir le citer ici, afin de faire voir sous quel point de vue les hommes doués d'une intelligence supérieure envisageaient le purgatoire dès le quatorzième siècle.

Concordance des deux opinions

Voyons maintenant quel point de vue commun présentent ces deux manières d'envisager le purgatoire. C'est là une considération plus pratique. Je suppose qu'il n'est pas un d'entre nous qui s'attende à être perdu pour l'éternité. Nous connaissons et nous sentons, avec plus ou moins d'inquiétude, la grandeur des risques que nous courons ; mais n'attendre rien que la damnation, serait un péché de désespoir. La pensée de l'enfer ne sert qu'à nous donner une plus grande activité, une régularité plus complète, qu'à nous inspirer plus de circonspection et plus de crainte. Mais il n'en est pas ainsi du purgatoire. Nous nous attendons tous, je pense, à y aller un jour ; nous nous en croyons même assurés. Si nous passons légèrement sur ce sujet, il se peut alors que nous entretenions une vague espérance d'aller droit au ciel après avoir été jugés. Mais, si nous venons à réfléchir sérieusement sur notre vie, sur la sainteté de Dieu, sur ce que nous lisons dans les livres de dévotion et dans la vie des saints, j'ai peine à comprendre qu'un seul d'entre nous prétende échapper aux flammes du purgatoire, au lieu de reconnaître que, même pour nous amener dans ce lieu d'expiation, il faut un effort de la miséricorde divine. Penser autrement, ressemblerait plutôt à une vaine présomption qu'à l'héroïsme de l'espérance. Or, si nous sommes convaincus que la route qui nous doit conduire au ciel passera par le purgatoire et ses tourments (car la purification est accompagnée de souffrances), nous sommes intéressés à savoir quel point de vue commun présentent les deux manières d'envisager le purgatoire.

D'abord, tous deux s'accordent à représenter les peines du purgatoire comme extrêmement sévères, à cause de la fin que Dieu se propose d'atteindre par ce moyen, et parce qu'elles sont endurées par des âmes dépouillées de corps. Toutes deux s'accordent également sur la longue durée des souffrances. C'est là un point sur lequel il nous faut appuyer. En effet, il est difficile de convaincre les hommes de cette vérité, et pourtant, lorsqu'on en est bien persuadé, il en résulte de grands avantages pour les autres et pour soi-même. On peut concevoir cette durée de deux manières différentes : d'abord, comme consistant en un certain laps de temps, et ensuite comme puisant dans l'extrême vivacité des souffrances une longueur apparente. Pour ce qui concerne la première de ces opinions, il nous suffira de jeter un coup d'œil sur les révélations faites à la sœur Françoise de Pampelune, et nous verrons que sur plusieurs centaines d'âmes, la grande majorité avait trente, quarante ou soixante années à souffrir.

En voici quelques exemples : Un saint évêque, pour avoir commis quelques négligences dans l'accomplissement de ses sublimes fonctions, resta cinquante-neuf ans dans le purgatoire avant d'apparaître à la servante de Dieu ; un autre évêque, que sa libéralité avait fait surnommer le *Donneur d'aumônes*, passa cinq ans dans le purgatoire pour avoir ambitionné sa dignité ; un autre évêque y souffrit pendant quarante ans. Un prêtre y fit également un séjour de quarante ans, parce que sa négligence avait été cause qu'une personne malade était morte sans recevoir les sacrements; un autre fut condamné à quarante-cinq ans d'exil dans ce lieu de douleurs pour avoir rempli légèrement certaines fonctions de son ministère; un homme du monde y passa cinquante-neuf ans, à cause de son goût pour les plaisirs ; un autre, trente-cinq ans pour la même raison ; et un troisième, soixante-quatre ans, à cause de sa passion pour le jeu. Les évêques, suivant les révélations de la sœur Françoise, semblent généralement faire un plus long séjour que les autres dans le purgatoire, et y souffrir des douleurs plus vives.

Sans multiplier les exemples, ce qui serait facile à faire, ces révélations suffisent pour nous apprendre à veiller avec plus de soin sur nous-mêmes, et à prier avec plus de persévérance pour les morts. Les anciennes fondations de messes à perpétuité impliquent le même sen- liment. Nous sommes enclins à nous arrêter trop tôt, et à nous imaginer, dans l'aveuglement d'une sotte tendresse, que nos amis sont délivrés du purgatoire, bien avant qu'ils le soient réellement. Si la sœur Françoise a vu tant de ferventes Carmélites, dont plus d'une avait opéré des miracles durant sa vie, demeurer après leur mort dix, vingt, trente, soixante années dans le purgatoire, sans être proches du moment de leur délivrance, comme elles le disaient elles-mêmes, quel sera notre sort, à nous et à ceux qui nous sont chers ? Quant à la longueur apparente qui résulte de la vivacité des souffrances, nous retrouvons dans les chroniques de l'Ordre de Saint-François, dans la vie de saint François de Gérolamo et ailleurs, une foule d'exemples d'âmes qui apparaissent une heure ou deux après la mort, et qui croient avoir passé de longues années dans le purgatoire. Et tel sera peut-être le purgatoire de ceux qui seront surpris par le jugement du Seigneur au dernier jour.

Les deux manières d'envisager le purgatoire ont encore un point de commun, c'est qu'elles nous font voir toutes deux les sévères châtiments qui sont réservés dans le purgatoire à ce que le monde est convenu d'appeler des fautes légères. Saint Pierre Damien nous en offre une foule d'exemples, et Bellarmin en a recueilli et cité beaucoup d'autres. D'imperceptibles sentiments de vanité, quelques légères distractions pendant la récitation de l'office divin, ou d'autres fautes de ce genre, ont suffi pour retenir pendant de longues années dans le purgatoire ceux qui les ont commises. La sœur Françoise cite l'exemple d'une jeune fille de quatorze ans qui était condamnée à souffrir dans ce lieu de douleur parce qu'elle n'avait pas accepté avec résignation le décret de la Providence qui la retirait si jeune de la vie ; et une autre âme dit à la religieuse : « Ah ! les hommes songent bien peu dans le monde à tout ce qu'ils auront à payer ici pour des fautes qu'ils remarquent à peine là-bas. » Elle vit même des âmes livrées aux plus cruels châtiments pour avoir été scrupuleuses dans cette vie ; soit qu'il y ait dans les scrupules un manque d'abnégation de la volonté, soit que ces personnes ne les aient pas dépouillés quand l'obéissance l'exigeait. Des notions erronées au sujet des fautes légères peuvent ainsi nous conduire à négliger les morts, à cesser trop tôt nos prières et à perdre nous-mêmes le fruit d'une utile leçon.

Ensuite, les deux opinions s'accordent encore sur l'impuissance à laquelle se trouvent réduites les âmes du purgatoire. Elles gisent comme le paralytique au bord de la fontaine. La descente de l'ange n'est même pas un bienfait pour elles, à moins que quelqu'un d'entre nous ne les assiste. Il y a même des théologiens qui ont prétendu que ces malheureuses âmes ne peuvent pas prier. Quoi qu'il en soit, elles n'ont aucun moyen de nous faire savoir leurs détresses, à nous dont la charité tient leur sort dans les mains. Quelques écrivains ont dit que la sainte Vierge ne veut pas les aider sans notre coopération, que même elle ne peut pas les aider, si ce n'est d'une manière indirecte, parce qu'elle n'est plus en état de satisfaire pour elles. Cependant, je n'aime pas à entendre parler d'une chose que notre tendre Mère ne puisse faire. Quoi qu'on pense de ces opinions, elles font voir du moins l'énergique peinture que les théologiens nous tracent de l'impuissance des saintes âmes du purgatoire. Un autre trait de cette impuissance, c'est l'oubli des vivants, ou la cruelle flatterie des parents qui veulent toujours que ceux qui leur étaient unis par les liens du sang ou de l'affection soient morts en odeur de sainteté. Ces personnes auraient sans doute quelque scrupule, si elles savaient combien de messes, combien de prières elles ravissent à ces pauvres âmes, par cette exagération égoïste de leurs vertus. Je l'appelle égoïste, car ce n'est autre chose qu'une misérable invention pour se consoler dans leur affliction. Le véritable état des saintes âmes du purgatoire est l'impuissance la plus absolue. Elles ne peuvent ni faire pénitence, ni mériter, ni satisfaire, ni gagner d'indulgences ; elles sont privées de sacrements ; elles ne sont plus sous la juridiction du Vicaire de Dieu, qui répandrait sur elles en abondance les moyens d'obtenir la grâce, et une pluie de bénédictions. Tout cela n'est plus pour elles ; de l'endroit où elles sont, leur voix ne saurait arriver jusqu'au sacerdoce, ni jusqu'à l'autel.

Tels sont les points de contact par où se touchent les deux manières d'envisager le purgatoire ! Que de leçons utiles nous pouvons en retirer, aussi bien pour nous-mêmes que pour les âmes du purgatoire ! Pour nous-mêmes, en effet, sous quel jour toutes ces observations font paraître la négligence, la tiédeur et l'amour des commodités de la vie ! quelle idée nous inspirent-elles de dévotions remplies comme une simple formalité, ou par routine ! quel changement ne devraient-elles pas opérer dans notre vie ! quelle exactitude ne devrions-nous pas apporter à nos examens de conscience, à nos confessions, à nos communions, et à toutes nos prières ! Il semble que la grâce suprême, que nous ne devrions cesser d'implorer par nos importunités, soit de ressentir pour le péché cette haine que Notre-Seigneur ressentait pour lui dans le jardin da Gethsémani. Oh ! la pureté de Dieu n'est-elle pas quelque chose de redoutable, d'indicible, d'adorable ? Celui qui est lui-même un acte simple, a continué à agir, à multiplier ses actes depuis la création, et cependant sans qu'une tache soit tombée sur lui ! Il daigne s'immiscer sans cesse, avec une condescendance ineffable, dans ce qui est au-dessous de lui, — point de tache ! Il chérit ses créatures avec un amour infiniment plus vif que la plus violente passion de la terre, — point de tache ! Il est tout-puissant ; toutefois, il est hors de sa puissance de recevoir une souillure. Il est si pur que sa vue seule suffit pour rendre pur et heureux pendant toute l'éternité. La pureté de Marie n'est qu'un pâle reflet de cette éclatante pureté. Que dis-je ? la sainte humanité de Jésus elle-même ne saurait rendre à la pureté du Très-Haut un hommage digne d'elle. Et notre destin est de reposer à jamais entre ses bras, d'habiter auprès du foyer éternel de la pureté par essence ! Cependant, examinons notre vie ; rentrons-en nous-mêmes sincèrement pendant un jour seulement, et nous verrons de combien d'intentions diverses, de respect humain, d'amour-propre et de faiblesse se composent nos actions, et jusqu'à nos dévotions ! Et le purgatoire, fût-il sept fois plus ardent, dût-il être notre séjour jusqu'au jour du jugement dernier, ne semble-t-il pas un aimable noviciat à la vision du Saint des saints ?

Mais il est des personnes qui se révoltent contre la pensée du purgatoire, comme s'il ne fallait pas en passer par là. Elles ne peuvent s'imaginer qu'après nous être efforcés durant toute notre vie de servir Dieu, nous ne soyons sortis victorieux de la terrible épreuve, que pour passer de l'agonie du lit de mort dans les flammes vengeresses d'un feu dont rien n'égale l'ardeur, qui pénètre partout, et dans lequel il faut rester de longues années. Hélas ! mes chers amis, votre indignation ne vous servira de rien et ne changera pas un iota à ce qui est écrit. Mais avez-vous suffisamment pensé à Dieu ? Avez-vous jamais essayé, par une méditation assidue, de vous former une idée vraie de sa sainteté et de sa pureté ? Avez-vous élevé une barrière insurmontable entre Dieu et le monde qui, vous le savez, est l'ennemi de Dieu ? Vous êtes-vous toujours rangés du côté de Dieu ? avez-vous épousé ses intérêts ? Désirez-vous ardemment procurer sa gloire ? Avez-vous rapproché le péché de la Passion de Notre-Seigneur, et mesuré l'un par l'autre ? Oh ! si vous aviez fait cela, le purgatoire vous paraîtrait l'invention suprême la plus inattendue, la plus tendre d'un Dieu qui, rempli d'amour et de miséricorde, a résolu de vous sauver malgré vous- mêmes ! Ce serait pour vous un miracle perpétuel, un miracle tous les jours renaissant, tous les jours plus doux, un miracle qui serait pour votre âme une nourriture et un breuvage, de penser qu'étant ce que vous êtes, tels que vous vous connaissez, tels que vous pouvez croire que Dieu vous connaît, vous êtes néanmoins sauvés pour l'éternité ! Souvenez-vous de ce qu'une âme souffrante disait avec tant de simplicité et tant de force en même temps à la sœur Françoise : « Ah ! les gens du monde ne songent guère à ce que leur coûtera de l'autre côté de la tombe la vie qu'ils mènent à présent ! » Vous vous irritez quand on vous parle d'aller au purgatoire ! Quelle folie ! Du reste, on vous flatte peut-être, et il est possible que vous ne soyez jamais assez bons pour aller là. Vous refusez positivement de reconnaître le bonheur qu'on vous annonce. Et, notez-le bien, l'humilité seule conduit au purgatoire. Je me souviens qu'il fut révélé à Marie Crocifissa que plusieurs saints, étant encore sur la terre, avaient eu pour Dieu plus d'amour que d'autres n'en ont dans le ciel, mais que cependant le plus grand saint sur la terre n'était pas aussi humble que les âmes du purgatoire ; je ne me rappelle point d'avoir rien lu dans la *Vie des Saints* qui ait produit autant d'impression sur moi. Vous voyez donc que l'indignation est déplacée ici ; car ceux-là seuls ont le bonheur d'aller en purgatoire qui se croient dignes de l'enfer.

Mais nous ne profitons pas seuls de ces leçons : les saintes âmes en retirent également des fruits abondants. Nous voyons que nos charitables intentions envers elles doivent agir avec beaucoup plus de vigueur et de persévérance qu'elles ne l'ont fait jusqu'à ce jour ; car nous savons maintenant qu'il faut bien peu de chose pour faire descendre une âme dans le purgatoire et l'y retenir un temps indéfini. Mais l'appel le plus touchant que ces saintes âmes font à notre charité, c'est leur impuissance qu'elles nous montrent, et notre doux Sauveur, avec cet amour qu'il met dans toutes ses dispositions, nous a donné une puissance pour les aider, proportionnée à l'impuissance où elles se trouvent de s'aider elles-mêmes. Quelques théologiens ont prétendu que les prières faites en faveur des âmes du purgatoire ne sont pas infailliblement exaucées. J'avoue que leurs arguments ne sauraient me convaincre d'une pareille doctrine ; mais, en leur accordant même ce point, quelle influence ne pouvons-nous pas exercer en faveur des défunts ! Saint Thomas du moins nous enseigne que prier pour les morts est plus agréable à Dieu que de prier pour les vivants. Nous pouvons offrir pour eux et leur appliquer toutes les satisfactions dès Notre Seigneur. Nous pouvons faire pénitence pour eux. Nous pouvons leur abandonner toutes les satisfactions de nos actions ordinaires et de nos souffrances. Nous pouvons leur passer, par la voie des suffrages, toutes les indulgences que nous gagnons, pourvu que l'Église les ait rendues applicables aux défunts. Nous pouvons diriger vers ces âmes ou vers l'une d'entre elles l'intention du Saint-Sacrifice. L'Église, qui n'a plus de juridiction sur elles, peut cependant leur rendre les indulgences applicables ou non par la voie des suffrages et à l'aide de la liturgie, des commémorations, de l'encens, de l'eau bénite, etc., exercer sur elles une influence efficace. Mais de tous ces moyens les autels privilégiés sont les plus puissants. La Communion des saints fournit les veines et les canaux par lesquels toutes les dévotions passent pour aller trouver leur objet en Jésus-Christ. Le Ciel même daigne se servir de la terre pour agir sur les fidèles défunts. Leur Reine leur vient en aide en nous invitant à travailler à leur délivrance, tandis que les anges et les saints laissent tomber leurs dons de nos mains et nous font leurs aumôniers, sans que souvent nous nous en apercevions. Notre-Seigneur daigne jeter les yeux sur nous et semble nous dire : « Voilà mes instruments, travaillez pour moi », absolument comme un père laisse son fils faire une partie de son ouvrage, malgré le risque qu'il court de le lui voir gâter. Avoir de si grands pouvoirs à notre disposition et ne point en faire usage, serait à la fois manquer de respect à Dieu et de charité envers les hommes. Rien n'est aussi irrespectueux, parce que rien n'est moins filial que de repousser les dons de Dieu à cause de leur abondance. Les hommes obéissent généralement à un sentiment de sûreté personnelle qui les empêche de se mêler des choses surnaturelles ; mais la vérité est qu'il est impossible de s'en tenir à l'écart et d'être sauvé. Si nous n'entrons pas dans le système de l'Église, si nous n'y prenons humblement notre place, nous y serons entraînés pour être broyés. Craindre ce qui est surnaturel est un sentiment des plus dangereux ; le haïr serait un indice presque certain de la perte éternelle.

Tout ce que je viens de dire jusqu'à présent a été, du moins d'une manière indirecte, un plaidoyer en faveur de la dévotion aux âmes du purgatoire ; mais mon plan m'amène maintenant à la recommander plus directement.

Excellence et avantages de cette dévotion
1. Ce n'est pas trop dire que d'appeler la dévotion aux saintes âmes une espèce de centre vers lequel toutes les dévotions de l'Église catholique viennent converger, et qui, plus que toutes les autres,

nous permet de nous acquitter de nos devoirs envers Dieu, parce que c'est une dévotion toute d'amour, et d'amour désintéressé. Il suffira de jeter les yeux sur les principales dévotions catholiques pour se convaincre de la vérité de ce que j'avance. Prenons par exemple la dévotion de saint Ignace à la gloire de Dieu. C'était là, s'il nous est permis de parler ainsi, la dévotion favorite de Jésus. Or, le purgatoire est semblable à un champ où la gloire de Dieu est debout comme une moisson déjà mûre. Il ne se dit pas une seule prière pour les saintes âmes sans que Dieu soit glorifié par les sentiments de foi et de charité qui ont dicté cette prière. Aucune de ces âmes ne reçoit le plus faible allégement à ses souffrances sans que Dieu en trouve immédiatement un accroissement de gloire dans l'honneur rendu au précieux Sang de son Fils et dans le progrès que l'âme a fait vers le bonheur éternel. Il n'est point une âme qui sorte triomphante de son épreuve sans que Dieu en reçoive un immense accroissement de gloire. Il couronne ses propres dons dans cette âme qui lui est si chère. La croix de Jésus-Christ a triomphé. Le décret de prédestination est victorieusement accompli, et la Cour du ciel compte un adorateur de plus. Bien plus, la gloire de Dieu, sa plus douce gloire, la gloire de son amour, est assurée dans le purgatoire, car il n'y a là ni péché, ni possibilité de le commettre. Ce n'est plus qu'une question de temps. Tout ce qui est gagné, est réellement gagné. Tout ce qu'on cueille est du pur froment, et l'ivraie n'y est pas mêlée.

Ou bien encore est-il une dévotion plus chère à juste titre au cœur d'un chrétien que la dévotion à la sainte humanité de Jésus ? C'est plutôt une série de dévotions aussi belles que variées, qu'une simple dévotion. Voyez cependant comme elles se trouvent toutes, pour ainsi dire, comprises, avec la plénitude de l'amour, dans la dévotion aux saintes âmes du purgatoire. Plus tôt elles sortent de ce lieu de souffrances, plus tôt Jésus recueille une abondante moisson des fruits de son adorable Passion. Une moisson hâtive est une bénédiction du ciel aussi bien qu'une moisson abondante, et tout délai d'une âme qui tarde à entrer dans la gloire du ciel est une perte éternelle et irréparable pour l'honneur de la sainte humanité de Jésus. Comme les choses paraissent étranges dans le langage du sanctuaire ! et pourtant ce n'est que l'expression de la vérité. La sainte humanité peut-elle recevoir un hommage plus agréable que ceux qu'elle reçoit dans l'adorable sacrifice de la Messe ? Et c'est précisément là que nous trouvons notre plus puissant moyen d'action sut le purgatoire. Oui, la foi en ces sacrements appliqués à l'usage des morts est un hommage agréable aux yeux de Jésus, et on peut en dire autant de la confiance que nous avons dans les indulgences, les autels privilégiés, etc. Toute la puissance de l'Église vient de la sainte humanité de Jésus, elle est comme un cantique perpétuel d'actions de grâces entonné en son honneur. Ainsi donc, cette dévotion l'honore, parce qu'elle reflète son zèle pour le salut des âmes, ce zèle qui est le signe de son peuple et l'héritage qu'il lui a laissé.

La dévotion à notre sainte Mère est également comprise dans cette dévotion aux âmes du purgatoire, soit que nous la regardions comme la Mère de Jésus, et, comme telle, participant aux honneurs de sa sainte humanité ; soit que nous voyions en elle la Mère des miséricordes, dont le culte repose sur les œuvres de compassion ; soit enfin que nous honorions en elle la Reine du purgatoire, qui a tant d'intérêts à voir les âmes souffrantes sortir de leur captivité pour entrer dans la joie éternelle.

Ensuite, vient la dévotion aux saints anges, qui se trouve aussi satisfaite dans la dévotion aux âmes du purgatoire ; car elle contribue à faire occuper les trônes vacants parmi les chœurs angéliques, et à remplir les vides affreux causés par la chute de Lucifer et d'un tiers de l'armée céleste ; elle multiplie les compagnons des esprits bienheureux. On peut aussi supposer que les anges considèrent, avec un intérêt particulier, les membres de l'Église qui habitent le purgatoire, car ils les voient ornés de la précieuse couronne de la persévérance finale qui leur a été accordée à eux-mêmes, et cependant le ciel n'a pas été la récompense immédiate des âmes souffrantes, comme il a été, sans délai, le prix de la fidélité des anges. De plus, beaucoup de ceux-ci ont un intérêt personnel dans le purgatoire. Des milliers, peut-être des millions parmi eux, ont été commis à la garde de ces âmes, et leur mission n'est pas encore accomplie. Des milliers d'entre eux ont là des clients qui, durant le temps de la vie, les ont honorés d'un culte spécial : saint Raphaël, après avoir été si fidèle à Tobie, sera-t-il moins fidèle à ses protégés qui gémissent dans les flammes ! Des chœurs entiers s'intéressent à d'autres âmes, soit parce qu'elles doivent finalement être réunies à ces chœurs, soit parce qu'elles avaient pour eux autrefois une dévotion particulière. Marie-Denise de la Visitation avait coutume de féliciter chaque jour son ange gardien de la grâce qu'il avait reçue de rester fidèle, tandis que les autres avaient succombé. C'était, comme je l'ai déjà dit, le seul trait qu'elle connût de sa vie passée. Après cela, pouvait-il la négliger si, par la volonté de Dieu, elle allait en purgatoire ? D'ailleurs, saint Michel, comme prince de ce royaume, dont Marie lui a délégué la régence, saint Michel, désireux d'accomplir la douce mission que l'Église lui attribue dans la messe des morts, reçoit comme un hommage rendu à lui-même tout acte de charité en faveur des saintes âmes confiées à ses soins ; et s'il est vrai qu'un ! cœur généreux soit la preuve d'un cœur reconnaissant, cet esprit, dont la bonté égale le courage, nous récompensera un jour d'une manière digne d'un prince tel que lui, et peut-être dans les limites du royaume soumis à sa juridiction.

La dévotion envers les saints n'est pas non plus sans avoir un intérêt quelconque dans cette dévotion aux morts. Elle remplit les bienheureux des délices de la charité, en même temps qu'elle grossit leur nombre et embellit leurs rangs et leurs ordres. Une foule de saints patrons portent un intérêt personnel à une multitude d'âmes. Non-seulement les liens d'affection qui les unissent à leurs clients ne sont pas rompus, mais il s'y mêle un sentiment plus profond de tendresse, à cause des souffrances terribles qu'endurent les êtres qui en sont l'objet, et un peu plus vif intérêt, à cause de la victoire qu'ils ont remportée. Les saints contemplent dans ces âmes l'ouvrage de leurs soins, le fruit de leurs exemples, leurs prières exaucées, le succès qui a si magnifiquement couronné leur affectueux patronage, et leur pieuse intercession. Et ce que je dis ici des saints, en général, s'applique en particulier aux fondateurs d'ordres et de congrégations. Ah ! ces saints, ces fondateurs, sont les enfants du Sacré-Cœur ; ils ont été conçus au fond de ses replis les plus intimes; ils ont été nourris de son sang le plus pur; sang plus doux que le lait, plus généreux que le vin exprimé des raisins sans pareils de la vigne d'Engaddi ; leur charité a surpris le secret de ses palpitations : qui pourrait donc exprimer la sollicitude que ressentent ces pieux fondateurs pour ceux de leurs enfants qui achèvent dans les flammes l'œuvre de leur purification? Ces enfants, tant qu'ils ont vécu, les ont honorés ; ils ont vécu dans la maison de leur père et de leur fondateur ; sa voix retentissait sans cesse à leurs oreilles ; ses fêtes étaient des jours de bonheur, célébrés par des chants et des réjouissances spirituelles ; ses reliques étaient leur bouclier ; sa règle était pour eux un second Évangile ; ses paroles, ses actions revenaient sans cesse sur leurs lèvres ; son habit, son costume leur était aussi cher que les vêtements du monarque d'Orient le sont à son favori ; il était avec eux à chaque instant du jour ; ils poussaient leur amour pour lui jusqu'à l'excès ; ils le louaient jusqu'à faire sourire les hommes de leur orgueil de famille; ils le redoutaient comme un être dont le regard, tombant avec colère sur leur âme, était, pour eux, une calamité plus terrible que le feu, le glaive ou la maladie, et, quand ils venaient à mourir, son nom seul, avec ceux de Jésus et de Marie, pouvait adoucir les terreurs de leur esprit, repousser les attaques des démons et calmer les mouvements, les frayeurs et les surprises qui, sans porter atteinte à la perfection de notre patience, laissent cependant à la mort son aspect sévère et redoutable. Quoi donc d'étonnant si ce fondateur chérit ses enfants, quand il les voit retenus au milieu des flammes expiatoires, eux tous resplendissants d'innocence, eux, la couronne de son ordre, eux, la gloire de sa règle.

2. Mais cette dévotion envers les morts offre encore un caractère qui lui est propre. Elle ne se borne pas à des paroles, à des sentiments, ou enfin à une action qui est plus ou moins longtemps à se produire. C'est une action par elle-même, et c'est ainsi qu'elle est une dévotion substantielle. Une parole, et l'acte est accompli ; un mouvement d'amour, et une douleur est diminuée ; un sacrifice, et une âme est libre. Rien ne saurait être plus positif. Nous pourrions, en quelque sorte, la comparer à la voix féconde de Dieu, qui fait ce qu'elle dit, qui produit ce qu'elle ordonne, et qui de sa parole fait sortir une création. La principale dévotion de l'Église consiste dans les œuvres de miséricorde ; et voyez comme elles se trouvent toutes réunies dans la dévotion envers les morts ! Elle apaise la faim des âmes en leur offrant Jésus, le pain des anges. Pour étancher la soif inextinguible qui les dévore, elle leur présente son précieux Sang. Elle revêt ceux qui étaient nus d'un vêtement de gloire. Elle visite les malades, leur apporte de puissants remèdes, ou du moins les console. Elle délivre les captifs de chaines plus terribles que la mort, et les met en possession d'une liberté céleste et éternelle. Elle

accueille les étrangers, et c'est dans le ciel qu'elle leur donne l'hospitalité. Elle ensevelit les morts dans le sein de Jésus, pour y goûter un repos éternel. Oh ! quand viendra le jour du Jugement dernier, lorsque Notre-Seigneur, dans le cours de sa divine procédure, posera ces sept questions, et nous interrogera sur les œuvres de miséricorde que nous aurons accomplies, heureux l'homme qui entendra prendre sa défense dans les termes les plus doux et les plus éloquents par une foule d'âmes bienheureuses, pour lesquelles il aura fait toutes ces choses, tandis qu'elles étaient captives dans les prisons de l'espérance ! Heureux sera cet homme, et peut-être ce sera le plus pauvre mendiant qui fut sur la terre, un infortuné qui n'aura jamais donné d'aumônes, parce qu'il aura été réduit à vivre d'aumônes lui-même ! Trois fois par jour, saint François de Sales se mettait en présence de Dieu, son juge suprême, et il essayait de se juger selon les lois de Jésus-Christ. Faisons seulement cela, et nous deviendrons des serviteurs de saint Michel, les anges gardiens de cette belle, mais triste région, où les âmes souffrent et attendent.

3. Il est encore un autre point de vue sous lequel nous pouvons envisager cette dévotion. C'est qu'on y retrouve, dans sa magnifique plénitude, l'exercice des trois vertus théologales, la Foi, l'Espérance et la Charité, sources surnaturelles qui entretiennent en nous la vie spirituelle. Elle exerce la foi, parce qu'elle invite les hommes nonseulement à s'arrêter dans un monde invisible, mais encore à travailler pour ce monde avec autant d'énergie et de conviction que s'il était devant leurs yeux. Les personnes irréfléchies ou peu instruites s'effarouchent quelquefois de la minutie, de la familiarité, de l'assurance avec laquelle nous parlons du monde invisible, comme nous parlerions des bords du Rhin, des bois d'oliviers de la Provence, de la campagne de Rome, de la côte de Naples ou de tout autre endroit que nous avons pu voir, et dont la configuration géographique est aussi vivement présente à notre mémoire que si nous l'avions sous les yeux. Mais tout cela vient de la foi, de la prière, de la lecture spirituelle, de la connaissance de la vie des Saints et de l'étude de la théologie. Il serait à la fois bien étrange et bien triste qu'il n'en fût pas ainsi ; car, de quel intérêt, de quelle importance est pour nous le monde que nous voyons, en comparaison du monde que nous ne voyons pas ? De plus, cette dévotion exerce notre foi dans les

effets du sacrifice et des sacrements qui sont des choses que nous ne voyons pas, mais dont nous parlons tous les jours, ainsi que de leurs rapports avec les morts que nous regardons comme des faits accomplis et indubitables. Elle élève si haut notre foi dans la communion des Saints, qu'un hérétique sourirait si on lui disait qu'il doit un jour croire à une doctrine aussi extravagante. Elle traite les indulgences comme si elles étaient les plus ordinaires des transactions matérielles du monde. Elle connaît un trésor invisible d'où sont tirées les indulgences, les clefs également invisibles qui ouvrent ce trésor, la puissance illimitée qui les met à sa disposition et les rend sûrement efficaces, Elle sait que Dieu les agrée sans qu'il l'ait révélé, elle est convaincue de l'œuvre invisible qu'elle accomplit comme on est convaincu de l'existence des choses matérielles. La doctrine si difficile de la satisfaction n'offre aucune difficulté à la foi de cette dévotion. Au contraire elle s'y trouve à l'aise, elle fait des dispositions qui lui conviennent, transporte ses satisfactions çà et là, dirige l'une d'un côté, l'autre de l'autre, comptant que Dieu les agréera toutes. Une maîtresse de maison n'ordonne pas les détails de son ménage avec plus de tranquillité que notre dévotion n'en met à disposer de ces choses secrètes, qui offrent à chaque instant les questions les plus brûlantes, les plus difficiles à saisir pour l'intelligence, et celles auxquelles elle a le plus de peine à se soumettre. Elle fait preuve d'une foi égale dans ces dévotions catholiques qui, comme je l'ai dit précédemment, viennent toutes se grouper autour de la dévotion aux âmes du purgatoire comme autour d'un centre commun. C'est ainsi que parle l'Apôtre : « Le juste qui m'appartient, dit le Seigneur, vivra de la foi : s'il se retire, il ne me sera pas agréable. » Or, qu'est-ce que la foi ? « La foi est ce qui nous rend présentes les choses qu'on espère, et qui nous convainc de celles qu'on ne voit pas[97]. »

Cette dévotion n'exerce pas non plus d'une manière moins héroïque la vertu théologale de l'espérance, cette vertu dont le besoin se fait malheureusement trop sentir aujourd'hui dans la vie spirituelle. Regardez, en effet, quel superbe édifice s'élève à la voix de cette dévotion ; les proportions en sont grandes, variées, magnifiques ; elle y attire d'une manière ou d'une autre la création tout entière, depuis la plus faible douleur que nous éprouvons jusqu'à la

---

97 He 10-11.

sainte humanité de Jésus. Dieu lui-même n'y reste pas indifférent. Et sur quoi tout cet édifice repose-t-il, sinon sur une simple et filiale confiance dans la fidélité de Dieu, confiance qui est le motif surnaturel de l'espérance ! Nous espérons pour les âmes que nous assistons, et ce sont ces bénédictions infinies que nous espérons pour elles. Nous espérons trouver miséricorde nous-mêmes, parce que nous sommes miséricordieux ; et cette espérance aiguillonne notre zèle, sans rien ôter au mérite de notre charité. Si nous abandonnons nos propres satisfactions et les indulgences que nous gagnons aux âmes du purgatoire, au lieu de les garder pour nous-mêmes, qu'est-ce que cela, sinon un acte héroïque d'espérance ?

Nous nous arrêtons à peine à la pensée que nous prolongeons peut-être indéfiniment le temps qu'il nous faudra passer au milieu de ces terribles flammes. Nous fermons les yeux, nous étouffons cette pensée dès qu'elle s'élève en nous, nous donnons notre aumône, et nous nous jetons entre les bras de Dieu. Nous ne serons pas trompés dans notre espérance. Qui a jamais mis en vain sa confiance en Dieu ? Non ! non ! tout est en sûreté, quand on lui en abandonne le soin. D'ailleurs, je le répète, l'objet de cette dévotion est de l'autre côté de la tombe, et c'est là l'asile de l'espérance. Un voile nous cache le lieu où elle habite. « Car ce n'est encore qu'en espérance que nous sommes sauvés. Or, quand on voit ce qu'on a espéré, ce n'est plus espérance, puisque nul n'espère ce qu'il voit déjà. Mais, si nous espérons ce que nous ne voyons pas encore, nous l'attendons avec patience[98]. » Car ce n'est pas un songe que l'état des morts, ce n'est pas un vain rêve la puissance que nous avons de les secourir, pas plus que la pureté de Dieu n'est un rêve, ou le précieux Sang un songe. Ainsi, bien qu'il en existe une foule d'autres, nous avons cependant « une puissante consolation, nous qui avons mis notre refuge dans la recherche et dans l'acquisition des biens qui nous sont promis par l'espérance, laquelle sert à notre âme comme d'une ancre ferme et assurée, et qui pénètre jusqu'au sanctuaire qui est au dedans du voile, où Jésus, comme précurseur, est entré pour nous, ayant été établi Pontife éternel, selon l'ordre de Melchisédech[99]. »

Quant à la charité de cette dévotion, elle ne craint point d'imiter

---

98   Rm 8.

99   He 6.

la charité de Dieu lui-même. Est-il rien qu'elle n'embrasse dans le ciel ou sur la terre, et cela avec tant de facilité, tant de grâce, qu'il semble qu'il ne lui en coûte pas un effort, ou que toute pensée d'égoïsme s'est évanouie, afin de ne pas ternir par son contact l'éclat d'une telle charité ? C'est s'exercer à l'amour de Dieu, car c'est aimer ceux qu'il aime, les chérir parce qu'il les chérit, dans l'intention d'augmenter sa gloire, et de multiplier ses louanges. Cet amour se développe au centuple, comme nous le verrions si nous méditions sur la condition des saintes âmes du purgatoire, et si nous nous faisions une idée véritable de tout ce que suppose l'entrée de l'une d'entre elles dans le bonheur éternel. C'est un acte d'amour envers la sainte humanité de Jésus, parce qu'on exalte ainsi l'abondance de sa Rédemption. Cette dévotion honore ses mérites, ses satisfactions, ses prescriptions, ses mystères. Elle peuple le ciel, et glorifie son sang. Elle est toute pleine de Jésus, de son esprit, de ses œuvres, de sa puissance, de ses triomphes. Elle exerce en même temps, comme je l'ai déjà dit, notre amour envers la sainte Vierge, envers les anges, et envers les saints. Qui pourrait exagérer la grandeur de cette charité, et sa générosité à l'égard des âmes elles-mêmes, soit que nous leur donnions la mesure de ce que l'Église nous ordonne de donner, en y ajoutant quelque aumône volontaire ; soit que nous leur abandonnions la mesure entière de nos satisfactions durant notre vie, quand la justice ne nous oblige pas d'en disposer autrement, ainsi que fit sainte Gertrude; soit que nous entassions par-dessus cette mesure les satisfactions qui seront offertes pour nous après notre mort, selon l'exemple héroïque de dévouement du P. de Monroy ; soit enfin en faisant déborder la mesure, en y ajoutant des œuvres particulières de charité, telles que de prêcher cette dévotion dans nos conversations, dans nos sermons, dans nos livres, ou bien encore de quêter auprès des autres des messes, des communions, des pénitences, des indulgences, en faveur des saintes âmes souffrantes. Tous les hommes qui vivent sur la terre, et même les pécheurs rebelles, sont également intéressés dans cette pratique, parce qu'en grossissant les rangs de l'Église triomphante, elle multiplie le nombre de nos intercesseurs, tandis que nous combattons encore sur la terre. C'est donc aussi un acte de charité envers nous-mêmes, puisque par ce moyen nous nous créons des amis dans le ciel ; notre dévotion nous promet miséricorde à nous-mêmes quand nous serons nous-mêmes dans le purgatoire, victimes résignées, mais en proie à la plus vive détresse ; et elle augmente nos mérites devant Dieu, et par là même, notre récompense éternelle, si nous persévérons. Or, si cette tendresse pour les morts exerce à un tel degré les vertus théologales, et si la sainteté même la plus héroïque ne consiste que dans leur exercice, quelles ressources ne devons-nous pas tirer de cette belle et touchante dévotion ?

4. Mais ce qu'elle offre de plus excellent, ce sont ses effets sur la vie spirituelle. Il semblerait que ce soit là une dévotion spécialement destinée à l'usage des âmes intérieures. Mais, en réalité, elle est si pleine d'enseignements, si élevée au-dessus de la nature, que nous ne de vous pas nous étonner de l'influence qu'elle exerce sur la vie spirituelle. D'abord c'est une œuvre cachée, depuis le commencement jusqu'à la fin. Nous n'en voyons pas les résultats, de sorte qu'elle ne saurait guère entretenir la vanité ; ce n'est point non plus une dévotion dont l'exercice attire l'attention des autres. De plus, elle nous excite à faire une abnégation complète de nous-mêmes, en nous invitant à nous dépouiller des satisfactions et des indulgences que nous avons gagnées, et à entretenir un tendre intérêt pour des objets qui ne nous concernent pas directement. Ce n'est pas seulement pour la gloire de Dieu, c'est pour sa plus grande gloire, et uniquement pour sa gloire. Cette dévotion nous aide encore à nous former une idée pure des âmes (ce qui est fort difficile au milieu de ce monde matériel), et à ne voir en elles que les épouses de Jésus-Christ. Nous parvenons ainsi à acquérir des dispositions habituelles, qui nous aident à combattre avec succès l'esprit du monde et la tyrannie du respect humain, et nous offre un puissant antidote contre le poison de l'amour-propre. Si nous pensons sans cesse aux saintes âmes, nous aurons constamment devant nous une image de leurs souffrances ; souffrances qui d'ailleurs ne sont point exclusivement passives, mais auxquelles se mêle une résignation mêlée de joie à la volonté de Dieu. C'est là le pur esprit de l'Évangile, la véritable atmosphère de la sainteté. De plus, une pareille dévotion nous communique, comme par une sorte de sympathie, les sentiments des saintes âmes, et nous porte ainsi à rendre plus respectueux encore le culte de confiance et de crainte que nous rendons à l'adorable pureté

de Dieu ; et, comme il faut être en état de grâce soi-même pour pouvoir satisfaire pour les péchés des autres, c'est là un acte spécialement réservé au sacerdoce laïque des membres de Jésus-Christ. L'esprit de cette dévotion est un esprit de tendre compassion ; c'est là un remède contre la frivolité et la sécheresse, et une admirable preuve de ce caractère affectueux qui appartient à la haute sainteté. Et qui peut dire ce qui arrivera après que nous aurons patiemment gardé sous les yeux pendant de longues années un pareil modèle d'un indicible et patient désir d'être avec Notre-Seigneur ? Oh ! quelle merveille que la vie d'un fervent catholique ! C'est presque de la toute-puissance, c'est presque de l'ubiquité ; car ce n'est pas tant lui qui vit, que Jésus-Christ qui vit en lui ! Oh ! comment se peut-il que nous touchions, ou que nous maniions à toute heure de notre vie ce qui est si plein d'une force surnaturelle, d'une onction secrète, d'une puissance divine, et que cependant, dans notre légèreté, nous négligions les intentions, que nous perdions le temps au milieu de l'étonnant système de grâce qui nous environne, absolument comme une pierre enfoncée dans la terre qui tourne avec elle chaque jour, sans avoir conscience de la révolution qu'elle accomplit.

Il semble superflu d'énumérer les diverses manières dont nous pouvons pratiquer cette dévotion. Elles sont suffisamment connues des catholiques, et il faudrait un volume entier pour les développer avec quelques détails. L'adorable sacrifice de la Messe sera toujours avec les indulgences le principal moyen d'étendre notre charité à ceux qui ne sont plus ; quant aux dévotions auxquelles sont attachées des indulgences, je me propose d'en traiter plus longuement ailleurs. Il serait à souhaiter que la belle dévotion qui consacre le mois de novembre aux âmes du purgatoire, comme le mois de mai a été consacré à Marie, s'acclimatât parmi nous et fût généralement observée. Rappelons-nous seulement dans toutes nos pratiques : 1° quelles petites fautes les élus ont à expier ; 2° combien longue doit paraître une épreuve dont nul mérite n'abrège la durée ou n'adoucit les souffrances.

Exemples des Saints
Mais tout en laissant le choix des pratiques particulières à la dévotion de chacun, disons quelques mots des exemples des Saints. Un

tel sujet, comme on peut le penser, est inépuisable sous ce rapport ; mais mon intention n'est pas de vous accabler sous leur nombre ; je veux seulement confirmer et rendre plus claire la doctrine que je viens d'exposer en citant les exemples de quelques saintes personnes. Les dialogues de saint Grégoire le Grand peuvent être considérés comme la source principale de la dévotion qu'on a eue pour les âmes dans les âges suivants ; et le P. Lefèvre avait coutume de dire que, si Grégoire était un saint qui devait être aimé et honoré pour plusieurs raisons, cependant il n'en était pas de plus forte que celle-ci (j'emploie les paroles du P. Lefèvre) : c'est parce qu'il nous a exposé d'une manière aussi claire, aussi transparente, la doctrine du feu du purgatoire. Il croyait que, si saint Grégoire n'avait pas parlé avec tant d'éloquence de ces saintes âmes, la dévotion qu'on a eue pour elles dans les siècles postérieurs aurait été moins ardente : aussi, toutes les fois qu'il prêchait lui-même sur cette dévotion, il avait soin de la faire marcher de front avec celle que nous devons avoir pouf saint Grégoire.

D'ailleurs, la dévotion envers les morts a été le caractère distinctif de la plupart des saints ; car saint Thomas nous enseigne que la charité est incomplète si elle ne comprend les morts aussi bien que les vivants ; néanmoins, il y a eu certaines personnes que Dieu semble avoir suscitées pour faire de leur vie un sacrifice surnaturel en faveur des âmes du purgatoire. La sœur Joséphine de Santa-Inez, religieuse de l'Ordre de Saint-Augustin, nous en offre un exemple, et un autre nous est donné par une Carmélite appelée la sœur Françoise de Pampelune. Toutes deux semblèrent n'avoir vécu que pour cet unique objet. Elles étaient en communication perpétuelle avec les âmes des fidèles défunts. Leurs cellules en étaient souvent remplies. Celle de la sœur Inez était presque toujours choisie pour être l'endroit où quelques-unes d'entre elles devaient se purifier. Le caractère de la sainteté de ces deux religieuses offre d'ailleurs d'autres traits de rapprochement des plus remarquables. En traitant une matière telle que le purgatoire, nous pouvons sans scrupule nous servir de révélations, en nous autorisant de l'exemple du cardinal Bellarmin, qui, dans son ouvrage sur le purgatoire, ajoute toujours quelque révélation particulière, comme preuve à l'appui. Pour diverses raisons, j'ai préféré prendre mon exemple dans la vie de la sœur Marie-Denise, de la Visitation, qui mourut au couvent d'Annecy, en 1653, et je ne chercherai pas à m'excuser sur la longueur de ma narration, car un seul exemple cité en entier jettera plus de clarté sur mon sujet qu'une multitude d'anecdotes plus courtes.

À l'époque où Mlle de Martignat quitta la cour de France pour se rendre à celle de Charles-Emmanuel, à Turin, vivait dans cette ville une dame connue sous le nom de la Mère Antée. Elle avait reçu du Saint-Esprit un don spécial qui l'attirait à se dévouer au service des âmes du purgatoire. Elle avait déjà vécu de longues années dans l'exercice de cette sainte pratique, lorsque, étant venue à faire la connaissance de Mlle de Martignat, elle obtint de Dieu par ses prières que Marie-Denise lui succédât dans ses hautes fonctions ; et, en effet, son âme fut la première que sa pieuse amie vit sortir du purgatoire, après une détention de cinq heures, pour n'avoir pas correspondu à certaines inspirations que Dieu lui envoya au sujet de quelques bonnes œuvres. La Mère Antée avait dit à Mlle de Martignat qu'elle devait finir par se faire religieuse, et saint François de Sales avait déjà traité de cette question avec elle lorsqu'elle était encore à Paris. Quand le temps fut arrivé, il fut convenu qu'elle irait rejoindre la communauté de la Visitation à Annecy. Elle fut accompagnée dans son voyage par une multitude de saintes âmes, dont la présence se fit tellement sentir à elle, qu'elle passa le Mont Cenis sans s'en apercevoir, tant elle était absorbée dans ses communications avec les âmes souffrantes. Grâces aux prières de la Mère Antée, Marie-Denise avait reçu, tandis qu'elle était en oraison devant le saint Suaire, à Turin, une puissante et mystérieuse grâce, en vertu de laquelle elle fut dotée d'un pouvoir presque illimité sur les âmes du purgatoire ; aussi les premières années qu'elle passa à Annecy furent-elles employées tout entières à de pieuses pratiques en leur faveur. Elles lui révélèrent une foule de choses : entre autres, elles lui firent connaître, pendant qu'elle était infirmière, qu'il n'y avait aucun endroit où il y eût autant de démons et où ils fussent plus actifs qu'une infirmerie, parce que c'est là que l'âme livre ses derniers combats pour conquérir l'éternité.

Ces âmes l'accompagnaient en tout lieu et lui faisaient partout sentir leur présence. Elle dit à la supérieure que loin d'en être effrayée, elle se trouvait aussi à l'aise au milieu d'elles qu'au milieu de ses Sœurs dans la communauté, et qu'elle retirait plus de fruit de ses conversations avec les morts, que de celles qu'elle entretenait avec les vivants. Elle se procurait autant de médailles indulgenciées qu'elle pouvait, et pendant les récréations elle prêchait sans cesse et avec éloquence en faveur de sa dévotion favorite. Sa supérieure lui témoigna un jour le désir de recevoir elle-même la visite d'une âme du purgatoire, si une telle apparition pouvait contribuer à la rendre plus humble et plus agréable à Dieu. Marie-Denise répliqua : « En vérité, ma bonne Mère, si tels sont votre courage et votre désir, prions Dieu Notre-Seigneur, afin qu'il vous exauce. » La supérieure y ayant consenti, fut étonnée de recevoir le soir même un signe mystérieux de la part d'une âme souffrante, qui, dès ce moment, commença à lui faire de fréquentes visites. Plusieurs personnes de la communauté, qui couchaient dans la chambre de la supérieure, furent les témoins oculaires et auriculaires de ces apparitions, qui continuèrent à se produire pendant sept mois entiers. À l'expiration de ce temps, Marie-Denise dit à la supérieure que le séjour prolongé dans le purgatoire d'une âme comme celle dont elle avait reçu la visite devait lui apprendre que les âmes sont retenues dans ce lieu de souffrances infiniment plus longtemps qu'elle ne le croyait d'abord; et cela pour quatre raisons : La première est l'inconcevable pureté dont une âme doit être ornée avant de paraître devant Celui qui est la sainteté et la pureté par essence, et qui ne reçoit personne dans sa glorieuse Jérusalem, si l'on n'est pur comme la cité elle-même. En deuxième lieu, à cause de l'innombrable multitude de fautes vénielles que nous commettons en cette vie, et *du peu de pénitence que nous faisons pour les péchés mortels dont nous nous sommes accusés en confession*. En troisième lieu, à cause de l'impuissance où se trouvent ces âmes de s'aider elles-mêmes ; et enfin, à cause la tiédeur de la plupart des chrétiens qui négligent de prier et de faire de bonnes œuvres pour ces âmes, car les morts semblent s'évanouir dans la mémoire des vivants aussi vite qu'ils disparaissent à leurs yeux, tandis que la véritable charité accompagne ceux qu'elle aime à travers les flammes du purgatoire jusqu'aux joies du ciel.

La fête de Notre-Dame-des-Anges était un jour où Marie-Denise avait coutume d'obtenir la délivrance d'une multitude d'âmes du purgatoire. Une fois, après avoir reçu la sainte communion le jour de cette fête, elle ressentit un violent mouvement intérieur, comme si Notre-Seigneur eût arraché son âme de son corps pour la conduire au bord du purgatoire. Là, il lui fit voir l'âme d'un puissant prince qui venait d'être tué en duel, mais auquel Dieu avait accordé la grâce de faire un acte de contrition avant de rendre le dernier soupir ; et Marie-Denise reçut l'ordre de prier pour lui d'une manière spéciale. Elle le fit pendant neuf ans et trois mois : elle alla même jusqu'à offrir sa vie en sacrifice pour la délivrance de cette âme, sans pouvoir l'obtenir. Cette vision produisit une telle impression sur la religieuse, que la supérieure s'aperçut qu'il lui était arrivé quelque chose d'extraordinaire. Marie-Denise lui raconta la vision qu'elle avait eue, puis elle ajouta : « Oui, ma bonne Mère, j'ai vu cette âme dans le purgatoire ; mais, hélas ! qui la délivrera ? Peut-être n'en sortira-t-elle avant le jour du jugement. Oh ! ma Mère ! continua-t-elle en pleurant, que Dieu est bon dans sa justice ! comme ce prince a obéi à l'esprit du monde ! comme il a marché aux lumières de la chair ! combien peu de souci il a pris de son âme ! combien peu de dévotion il a mis dans l'usage des sacrements ! » L'effet de ces visions, uni aux pénitences qu'elle s'imposa pour cette âme, causa une altération si visible dans sa santé, que sa supérieure crut devoir lui adresser quelques remontrances à ce sujet ; mais elle lui répondit qu'elle devait souffrir sans cesse, puisqu'elle s'était offerte en sacrifice, afin d'apporter quelque soulagement aux tortures de cette malheureuse âme. « Et pourtant, ma bonne Mère, je suis moins touchée du lamentable état dans lequel j'ai vu languir cette âme, que de l'admirable retour de la grâce qui a consommé l'œuvre de son salut. Ce moment béni me semble un excès de la bonté, de la douceur, de l'amour infini de Dieu. L'action dans laquelle il est mort méritait l'enfer. Ce ne sont pas les égards qu'il a eus pour Dieu qui lui ont attiré du ciel ce précieux moment de grâce ; c'est un effet de la communion des saints, en vertu de laquelle il a participé aux prières qui ont été dites en son intention.

La toute-puissance divine a permis, dans son amour, à quelque sainte âme d'agir sur elle, et, dans cette circonstance, elle a été au-delà des limites ordinaires de sa grâce. Ah ! ma bonne Mère ! désormais il nous faut enseigner à tout le monde à implorer de Dieu, de la sainte Vierge et des saints, la grâce si précieuse de la persévérance finale à l'heure de la mort, et aussi à lui préparer les voies par de bonnes œuvres ; car, s'il plaît à Notre-Seigneur de déroger parfois aux coutumes de sa Providence, rien ne nous autorise à présumer qu'un tel privilège doive être notre partage. On trouve plus d'un combat dans l'histoire d'Israël, mais le soleil ne s'arrêta que pour Josué ; il ne rétrograda que pour Ézéchias. Un million d'âmes ont trouvé leur perte dans l'action même où ce prince a trouvé son salut. Il ne recouvra sa connaissance que pour un instant, afin de coopérer à ce précieux mouvement de la grâce ; ce moment lui inspira une contrition véritable qui le mit en état de faire un acte sincère de repentir final. » La supérieure ayant apporté quelque objection contre cette opinion, l'excellente sœur lui répondit : « Ma bonne Mère ! comme le prince n'avait pas perdu la foi, il était, comme une branche de bois sec, prêt à s'enflammer ; de sorte qu'au moment où l'étincelle est tombée sur le point chrétien de son âme, le feu de la charité s'est allumé, et il en a jailli l'acte qui l'a sauvé. Dieu s'est servi de l'instinct qui nous porte naturellement à invoquer notre cause première, quand nous sommes dans un péril imminent de perdre la vie que nous tenons de lui ; c'est ainsi qu'il a touché le prince, et qu'il lui a inspiré la pensée de recourir à une grâce efficace. La grâce de Dieu est plus active que nous ne saurions l'imaginer. Un clin d'œil est moins prompt que l'action de Dieu sur une âme où il cherche une coopération, et le moment dans lequel cette âme fait son acte de coopération avec la grâce est presque aussi rapide que celui dans lequel elle la reçoit ; et c'est alors que l'homme reconnaît comme il a été admirablement créé à l'image et à la ressemblance de Dieu. » La supérieure voyant dans quels abîmes de mystère Marie-Denise allait se plonger, l'interrompit pour lui faire observer que Dieu s'était occupé pendant quarante ans des enfants d'Israël, sans qu'au bout de ce temps ils se fussent convertis. « C'est vrai, ma bonne Mère, reprit la sœur, mais alors il jura dans sa colère que ce peuple endurci n'entrerait pas dans son repos. Il ne fallut qu'un moment à la grâce victorieuse pour renverser saint Paul et triompher de son cœur. La conduite et les jugements de Dieu sont des abîmes qu'il ne nous appartient pas de sonder ; mais je puis vous assurer d'une chose, c'est que, sans ce moment de grâce, l'âme du prince serait maintenant plongée au fond de l'enfer ; et depuis que le démon est démon, jamais peut-être il n'a été aussi trompé dans son attente qu'en perdant cette proie. Car il a été complètement étranger aux mouvements intérieurs de sa victime, dans le cours des quelques secondes que Dieu lui accorda, après avoir été blessée mortellement. »

La langue est impuissante pour décrire les souffrances mentales et physiques qu'endura Marie-Denise pour obtenir quelque adoucissement à celles du malheureux prince. La Mère de Chaugy leur consacre un chapitre entier, et elles sont en tout point égales à celles dont nous lisons le récit dans *la Vie des Saints*. Après un long martyre de cette sorte, il plut à Dieu de lui faire voir dans une vision l'âme du prince légèrement élevée au-dessus du fond de cet abîme de feu ; elle reçut en même temps l'assurance qu'il serait délivré un peu avant le jour du jugement, et aussi qu'une remise de quelques heures de purgatoire lui avait été faite. La sœur demanda à la Mère du Châtel de prier pour elle, et cette bonne religieuse ayant consenti à le faire, ne put déguiser à Marie-Denise la surprise qu'elle avait éprouvée en ne l'entendant parler que d'une remise de quelques heures : « Ah ! ma Mère, reprit celle-ci, c'est déjà beaucoup que la miséricorde divine nous ait permis d'exercer quelque influence sur elle ; le temps dans l'autre vie ne se mesure point comme dans celle-ci ; des années entières de tristesse, d'ennui, de pauvreté ou de maladie en ce monde ne sont rien en comparaison d'une heure des souffrances des malheureuses âmes du purgatoire ! » Il serait trop long d'entrer ici dans des détails sur toutes les communications que Dieu daigna faire à Marie-Denise au sujet de cette âme. Enfin elle offrit sa vie, non pour obtenir la délivrance du prince, mais seulement un adoucissement à ses souffrances, et le sacrifice fut agréé. Quelque temps avant la mort de la religieuse, comme la supérieure disait devant elle que sans doute, par ce temps, l'âme du prince devait être délivrée, Marie-Denise s'écria, avec une grande chaleur : « Oh ! ma Mère, avant d'obtenir une telle grâce, il faudra encore bien des années et bien des prières. » Enfin, elle mourut, et rien ne permet de croire que le prince ait été délivré même au prix de ce sacrifice héroïque, qui couronnait plus de neuf années de souffrances, de prières, de messes, de communions et d'indulgences, que Marie-Denise offrit par elle-même, et par une foule d'autres personnes auxquelles elle avait inspiré sa dévotion, Quel long commentaire on pourrait écrire à ce sujet ! Mais les cœurs embrasés de l'amour de Dieu sauront bien le commenter pour eux-mêmes, Que la divine Majesté soit bénie d'une pureté si jalouse de sa gloire !

Encore un mot. Parmi les soucis qui déchirent les cœurs sensibles, il en est un qui semble grandir tous les jours parmi les générations qui se succèdent dans le monde : c'est l'effrayante extension du paupérisme et de la misère, qui se développe en raison inverse des secours qu'on peut y apporter. Il n'est personne parmi nous qui n'ait fait cette réflexion. La misère est si grande, que ceux qui ont peu à donner ressentent une douleur plus vive que ceux qui n'ont rien, et que ceux qui ont beaucoup en ressentent une plus vive encore. Car donner ouvre le cœur de l'homme, lui fait aimer à donner, et c'est pourquoi ceux qui peuvent faire beaucoup de bien savent mieux que personne combien ce qu'ils font est au-dessous de ce qu'il faudrait faire. Toutefois, ce désir de faire l'aumône vient du sacré Cœur de Jésus, et doit être satisfait ; et comment pouvons-nous mieux le satisfaire qu'en donnant des aumônes à ceux qui en ont le plus grand besoin, aux âmes du purgatoire ? Et nous pouvons tous le faire. Et de quel secours nous pourrions être, même à ces pauvres de la terre qui nous sont si chers, si nous remettions leur cause au sein des âmes que Dieu nous permet de délivrer. Qui nous empêche de faire avec elles une sorte d'aimable contrat, afin qu'aussitôt qu'elles respireront l'air du ciel, après avoir rendu à Dieu leurs premiers hommages, elles prient le Seigneur de répandre ses bénédictions les plus abondantes sur les riches, afin que leurs cœurs s'ouvrent comme les cœurs des premiers chrétiens, qui se dépouillaient pour donner aux pauvres de Jésus-Christ ?

La doctrine du purgatoire, et les merveilleux pouvoirs qui ont été remis aux mains de ceux qui pratiquent la dévotion aux saintes âmes, prouvent mieux que tout le reste le soin que Dieu a pris de tout disposer pour l'amour afin de nous montrer son amour pour nous, et afin de s'attirer lui-même l'amour de ses créatures. D'un autre côté, en négligeant cette dévotion, nous faisons voir l'ingratitude et la perversité que nous présentons à Dieu en retour de son amour, et qui ne sont pas moins étonnantes que cet amour même. Combien est belle et touchante la description que Dieu a daigné faire à sainte Gertrude de lui-même quand il poursuit les âmes.

« De même qu'un pauvre malade qui ne peut plus marcher se fait, non sans peine, transporter au soleil, pour se réjouir de sa chaleur, et qui, surpris par un orage soudain, attend avec patience, quoique désappointé, le retour du beau temps, ainsi en est-il de moi. Mon amour pour vous est plus fort que moi, et m'oblige à demeurer parmi vous, au milieu de le violente tempête de vos péchés, espérant qu'enfin arrivera le calme de votre conversion, et le port tranquille de votre humilité. » Nous pouvons nous écrier avec sainte Catherine de Gênes : « Ô Seigneur ! si je pouvais seulement pénétrer la cause de cet amour si grand et si pur que vous ressentez pour les créatures raisonnables ! » Jésus lui répondit : « Mon amour est infini, et je ne puis m'empêcher d'aimer ce que j'ai créé. La cause de mon amour n'est autre chose que l'amour même ; et, puisque vous voyez que vous ne pouvez le comprendre, restez en paix, et ne cherchez point ce que vous ne trouverez jamais ! » Sur quoi elle s'écria : « Ô amour, celui qui te ressent ne peut te comprendre, et celui qui désire te comprendre ne peut te connaître ! »

Je n'aurais qu'à répéter ici ce que j'ai dit ailleurs, si je voulais entrer dans des détails sur les différentes manières dont la dévotion aux âmes du purgatoire nous aide à avancer vers l'accomplissement des trois fins que nous nous proposons : la gloire de Dieu, les intérêts de Jésus, et le salut des âmes. En réalité, le caractère particulier de cette dévotion, c'est sa fécondité. Elle est animée d'une vie et d'une puissance surnaturelles. Elle est remplie d'enseignements. Elle pénètre partout ; elle se mêle à tout. Nous rencontrons sans cesse dans la pratique un ressort secret dont la portée est plus grande que nous ne le pensions, et les effets plus puissants que nous n'osions l'espérer. Il semble que toutes les cordes de la gloire de Dieu soient tendues sur cette dévotion, et qu'il suffise d'en toucher une pour les faire toutes vibrer. Et alors elles font entendre en honneur de Dieu une suave mélodie, qui n'est qu'une partie de ce cantique céleste que le sacré Cœur de Jésus chante sans cesse dans le sein de la miséricordieuse et adorable Trinité.

Table des matières

Tout pour Jésus, Archevêché de Paris..9
Notice sur la Confrérie du Précieux-Sang..11
Aux fidèles de l'Oratoire de Saint Philippe de Néri, à Londres......13
Préface..17
   Préface de la seconde édition...18
   Préface de la quatrième édition..19
Chapitre 1 — Les intérêts de Jésus...21
   Jésus est tout à nous, tout pour l'amour de nous........................21
   Quels sont les intérêts de Jésus...27
   Les quatre principaux intérêts de Jésus. La gloire de son Père......32
   Le fruit de sa Passion..34
   L'honneur de sa Mère..35
   L'estime de la grâce..37
   Comment nous pouvons avancer les intérêts de Jésus.................39
   La prière, moyen principal d'avancer les intérêts de Jésus............41
Chapitre 2 — De la sympathie pour Jésus......................................45
   La sympathie pour Jésus est une preuve de sainteté.....................45
   Ce qui caractérise les saints. Le zèle pour la gloire de Dieu........51
   Une grande sensibilité en ce qui touche les intérêts.....................53
   La sollicitude pour le salut des âmes...55
   Six avantages qui résultent de l'application de nos indulgences aux âmes du purgatoire..59
Chapitre 3 — Le péché blesse l'amour...69
   Dieu est pour nous le père le plus tendre.......................................69
   Amour de complaisance et amour de condoléance......................75

    Exemples d'amour de condoléance..79
    Diverses méthodes pour pratiquer l'amour de condoléance........88
    On ne peut avoir une douleur véritable des péchés d'autrui, si l'on ne regrette sincèrement les siens propres. — Fruits spirituels de l'amour de condoléance..91

Chapitre 4 — Intercession par la prière......................................103
    Le salut d'une âme..103
    Du mystère de la prière..107
    Les trois caractères de la vie dévote appliqués à la prière d'intercession..113
    Qui sont ceux qui ont droit à nos prières...............................120
    Secret et joie de l'intercession..129

Chapitre 5 — Les richesses de notre pauvreté............................133
    Comment Dieu nous aide à l'aimer..133
    Humanité de Notre-Seigneur..139
    La Passion..141
    La dévotion à la sainte Vierge...148
    Les saints anges...154
    Toutes les choses de la terre...155
    Les perfections de Dieu lui-même..157

Chapitre 6 — Dieu, contre tout...161
    Vanité de la sagesse humaine..161
    La doctrine de l'intention pieusement envisagée....................165
    Les pratiques des Saints..167
    Écrivains spirituels..171
    Esprit de sainte Gertrude..176
    Les récréations, les amusements et toutes les choses ordinaires de la vie..179
    Variété dans la dévotion..188
    Oraisons jaculatoires et attention..193

Chapitre 7 — De l'action de grâces..201
  L'action de grâces négligée..201
  L'esprit des saints est un esprit de reconnaissance....................212
  Divers motifs de rendre grâces à Dieu....................................215
  Reconnaissance pour le don de la foi......................................226
  Action de grâces après la messe et la communion....................232
  Réflexions pratiques sur le même sujet...................................247

Chapitre 8 — Louange et désir...259
  La science et la grâce..259
  Ce que c'est que la louange et le désir....................................262
  Actes intérieurs...266
  Connaissance et amour des perfections divines.......................268
  De l'amour de complaisance...276
  Les saints et la classe moyenne de l'Église formée par les pieux fidèles..282
  Pratiques de louange et de désir..287
  Esprit des Bénédictins...297
  Marie, Jésus, Dieu..308

Chapitre 9 — Du purgatoire...315
  Réflexions sur l'enfer..315
  Dévotion en faveur des pécheurs et des âmes saintes du purgatoire 318
  Deux manières d'envisager le purgatoire................................324
  Traité de sainte Catherine de Gênes sur le purgatoire................329
  Concordance des deux opinions..336
  Excellence et avantages de cette dévotion................................343
  Exemples des saints...353

Aux Éditions La Caverne du Pèlerin

- *Vous serez comme des dieux*, Mario Bosco, 2016
- *Le Livre de l'Apocalypse, interprétation catholique, pour le lire et le comprendre en Église*, Mario Bosco, 2019
- *Sœur Marie Lataste, Œuvre intégrale (13 livres et 27 lettres)*, Pascal Darbin, 2020
- *Lecture de l'Évangile de St Matthieu : Lectura Super Matthaeum*, St Thomas d'Aquin, 2020
- *Commentaire de la lettre de St Paul aux Hébreux*, St Thomas d'Aquin, 2020
- *176 sermons de St Pierre Chrysologue*, St Pierre Chrysologue, 2020
- *Commentaire de la lettre de St Paul aux Galates*, St Thomas d'Aquin, 2020
- *Commentaire du Livre de Jérémie et du Livre des Lamentations*, St Thomas d'Aquin, 2020
- *Explication suivie des 4 Évangiles, Évangile de St Matthieu et Évangile de St Marc, la chaîne d'or, Volume 1*, St Thomas d'Aquin, 2021
- *Explication suivie des 4 Évangiles, Évangile de St Luc et Évangile de St Jean, la chaîne d'or, Volume 2*, St Thomas d'Aquin, 2021
- *Commentaire de la lettre de St Paul aux Romains*, St Thomas d'Aquin, 2021
- *Homélies et discours sur le Livre de la Genèse*, St Jean Chrysostome, 2021
- *Saint Joseph, Époux de la Très Sainte Vierge, traité théologique,*

Cardinal Lépicier, 2021

- *Homélies sur le Livre des Psaumes,* St Jean Chrysostome, 2021

- *Les Saintes Voies de la Croix,* Père Henri-Marie Boudon, 2021

- *Commentaire des lettres à Timothée, à Tite et à Philémon,* St Thomas d'Aquin, 2021

- *Commentaire de la première lettre de St Paul aux Corinthiens,* St Thomas d'Aquin, 2021

- *Homélies sur le Livre des Psaumes,* St Jean Chrysostome, 2021

- *Commentaire sur Isaïe, homélies sur Ozias, David et Anne, Synopse de l'Ancien Testament,* St Jean Chrysostome, 2021

- *Commentaire de la lettre de St Paul aux Éphésiens,* St Thomas d'Aquin, 2021

- *Commentaire de la lettre de St Paul aux Philippiens, aux Colossiens et aux Thessaloniciens,* St Thomas d'Aquin, 2021

- *Dieu seul : le Saint esclavage de l'admirable Mère de Dieu,* Père Henri-Marie Boudon, 2021

- *Échelle du Ciel, ou moyens efficaces de parvenir au vrai bonheur,* St Robert Bellarmin, 2021

- *Sainte Gemma Galgani : Autobiographie, Journal Intime, Extases, L'Heure Sainte : Fille de la Passion du Christ*, Jocelyn Girard, 2021

- *Homélies sur l'Évangile de St Matthieu, 1-39, Tome I,* St Jean Chrysostome, 2021

- *Homélies sur l'Évangile de St Matthieu, 40-90, Tome II,* St Jean Chrysostome, 2021

- *Exercices spirituels,* St Ignace de Loyola, 2021

- *Traité de l'oraison et de la méditation, traité de la dévotion*, St

Pierre d'Alcantara, 2021

- *Vie des Saints Martyrs, Les temps Néronien et le deuxième siècle, volume 1,* R.P. Dom Henri Leclercq, 2021
- *Vie des Saints Martyrs, Le troisième siècle Dioclétien, volume 2,* R.P. Dom Henri Leclercq, 2021
- *Saint Thomas d'Aquin, Patron des écoles catholiques,* R.P. Charles-Anatole Joyau, 2021
- *La Mère des Chrétiens et la Reine de l'Église*, Abbé Joseph Lémann, 2021
- *Le Mystère de l'Église,* R.P. Humbert Clérissac, 2021
- *La divinité de Notre-Seigneur Jésus-Christ*, par Mgr Charles-Émile Freppel, 2021
- *Le monde des esprits, anges et démons*, Dom Bernard-Marie Maréchaux, 2021
- *Vie de Notre Seigneur Jésus-Christ, visions de Anne Catherine Emmerich,* Tome I-II, Abbé Édmond de Cazalès, 2021
- *Vie de Notre Seigneur Jésus-Christ, visions de Anne Catherine Emmerich,* Tome III-IV, Abbé Édmond de Cazalès, 2021
- *Vie de Notre Seigneur Jésus-Christ, visions de Anne Catherine Emmerich,* Tome V-VI, Abbé Édmond de Cazalès, 2021
- *Gloire et bienfaits de la Sainte Vierge*, Abbé Stéphen Coubé, 2021
- *Sainte Véronique Giuliani, Abbesse des Capucines*, Comtesse Marie de Villermont, 2021
- *La dévotion au Saint-Esprit, dons et fruits du Saint-Esprit*, R.P. François-Xavier Gautrelet, 2021
- *Histoire de Notre-Dame de Liesse*, abbés Émile et Aldoric Du-

ployé, 2021
- *Saint Pierre*, Abbé Louis-Claude Fillion, 2021
- *Vie des Saints Martyrs, Julien l'Apostat, Sapor, Genséric, volume 3*, R.P. Dom Henri Leclercq, 2022
- *La douloureuse Passion de Notre Seigneur Jésus-Christ, d'après les méditations de Anne Catherine Emmerich*, Abbé Édmond de Cazalès, 2022
- *La vie de la Sainte Vierge, d'après les méditations de Anne Catherine Emmerich*, Abbé Édmond de Cazalès, 2022
- *Pseudo-Denys l'Aréopagite, œuvres intégrales*, Abbé Georges Darboy, 2022
- *Saint Justin Martyr, œuvres intégrales*, Abbé Antoine Eugène Genoude, 2022
- *Sermons du Curé d'Ars, Tome I,* Saint Jean-Marie Vianney, 2022
- *Sermons du Curé d'Ars, Tome II,* Saint Jean-Marie Vianney, 2022
- *Sermons du Curé d'Ars, Tome III,* Saint Jean-Marie Vianney, 2022
- *Sermons du Curé d'Ars, Tome IV,* Saint Jean-Marie Vianney, 2022
- *Homélie sur l'Évangile de St Jean,* St Jean Chrysostome, 2022
- *Saint Clément d'Alexandrie, Recueil d'œuvres*, Abbé Antoine Eugène Genoude, 2022
- *Lactance, Recueil d'œuvres,* Jean Alexandre C. Buchon, 2022
- *Les Apôtres, ou Histoire de l'Église primitive*, Abbé Claude-Joseph Drioux, 2022
- *Du culte de la Sainte Vierge dans l'Église Catholique, lettre du R.P. Newman au Docteur Pusey,* R.P. John Henry Newman, 2022
- *Bethléem, ou le Mystère de la Sainte Enfance*, R.P. Frédérick-William Faber, 2022

- *Le Pied de la Croix, ou les Douleurs de Marie,* R.P. Frédérick-William Faber, 2022

Printed by Amazon Italia Logistica S.r.l.
Torrazza Piemonte (TO), Italy